JN260632

トマス・アクィナスにおける「愛」と「正義」

トマス・アクィナスにおける「愛」と「正義」

桑原直己著

知泉書館

まえがき

今日の日本で、トマス・アクィナスの研究者として生きることは必ずしも容易なことではない。文科系の研究者に共通する外的な困難――特に昨今、日本の大学を見舞っている一般的状況の中で特にその著しさを増している困難――については、ここでは措くとしよう。トマスの研究を志す者にとっては、内面的にも特有の困難がある。

一般にトマスは「壮大な体系的思想家」として知られている。このことは事実である。トマスは膨大な著作群を遺している。その大半が、概念の細かい分析をこととする「スコラ的」な営為を積み重ねた石積みの建造物のような書物であり、また、例えばプラトンやアウグスティヌスの著作に見いだされるような、時に読者の心を踊らせるような言葉などは殆ど見あたらない。しかも、その「建造物」は巨大である。つまり、トマスの思想は普通知られているよりもはるかに多面的な広がりを有しており、その包括的な理解に達することは容易ではない。

若手の研究者であれば、トマスの著作の一部、その思想の一面を正確に祖述することによって、比較的容易に「手堅いトマス研究」として認められることができよう。しかし、祖述のみに明け暮れるならば、やがて膨大なテキストの大海に溺れ、自分自身を見失ってしまう危険がある。トマスを研究する者は、文科系の研究者なら一度は自問するであろう「自分は何のために研究をしているのか」という問いに、人一倍真剣に直面することを強いられる。しかし、「壮大な体系的思想家」は、安易にその「現代的意味」を引き出すことを許さない。或る現代的な課題について、トマスを一つの典拠として「使う」ことは容易である。しかし、それはトマスその人についての研究にはならない。

筆者が初めてトマスの著作に触れてから三十年、トマスを専門的な研究対象と思い定めてから二十年の月日が経っている。その間、先に述べたようなことを身にしみて経験してきた。本書は、そうした歳月の中でようやく筆者の中で結ぶに至った一つのトマス像をまとめたものである。とは言っても、それはトマスの肖像画としては実に平凡なものである。すなわちそれは、当時の知的世界が初めてその全貌を知るに至ったアリストテレス哲学と格闘するトマスの姿である。

しかし、筆者は、倫理学・倫理思想史の文脈の中でこうしたトマス像を描くことの意義は小さいものではない、と自負している。筆者は特に、アリストテレスが「自然本性（physis＝natura）」という概念のうちに生命活動が自己実現する方向性を示し、「徳（aretē＝virtus）」をその生命エネルギーの充溢の源泉をなす構造的秩序として描いている点に光を当て、アリストテレス哲学のそうした側面をトマスがどこまで受け継ぎ、また、どこに変容を加えているか、を明らかにした。このことの倫理学的・倫理思想史的な「意義」の内実については本書本文中の「序章」「終章」で詳述しているのでここでは繰り返さない。

ただ、筆者が自負する本書の「意義」そのものの価値、そして本書の全体がその「意義」を真に達成しているか、という点についての評価に関しては、読者ご自身の目で御覧頂いた上で、その御判断に委ねることとしたい。

二〇〇五年　正月

著　者

目　次

第二部　人間的自然本性の自己完成と対他性——アリストテレス的倫理学の継承

第四部　愛と正義の諸相

目次

トマス・アクィナスにおける「愛」と「正義」

序　章

第一節　問題意識――倫理学における「愛」の位置づけ

この序章においてはまず、本書を執筆するにあたって筆者が抱いている問題意識を明らかにしておきたい。その上で、そうした問題意識を踏まえ、本書における考察の基本的な方向を提示することとする。

長年にわたり、筆者の思想的関心は倫理学において「愛」がどのように位置づくのか、という問題をめぐって展開している。具体的には、その「愛の倫理」が、特に「キリスト教倫理」の枠内においてどのような形で成立する可能性があるのか、という角度から、主としてトマス・アクィナスの倫理思想を対象として研究を進めてきた。こうした筆者の問題関心は、倫理学における「近代」の評価という問題と、これと表裏をなす形で密接に関連している。思想史上、特に近代以降、倫理学の中に「愛」は位置づきにくい傾向にあったからである。そうした背景を考えるならば、筆者の立場は、「ポストモダン」「共同体論」などといった現代哲学における潮流とも軌を一にするもの、と言えるかもしれない。

近代以降、倫理学において「愛」が位置づきにくかったのは何故なのか。思想史上、この問題については、取りあえず二つの点を指摘することができるように思われる。

第一には、近代以降、目的論的な倫理学と徳倫理が顧みられなくなった、という事情が挙げられる。その結果、倫理学の関心は行為の規則へと、つまり「愛」よりは「正義」の問題へと集中することとなった、と言える。

第二には、そもそも「愛」ということが「規範性」とは馴染まないのではないか、という問題がある。「倫理学」は——その内容の理解には幅があるとしても——何らかの「規範性」をその本質とする以上、一定の「要求」を含意することになる。この規範性という倫理学固有の性格も、「愛」よりは「正義」に親和的である。本来「要求」と馴染みにくい「愛」が規範性を帯びるとき、そこに大きな困難が生じることになる。そして、実際、特にキリスト教倫理において、「愛」が「要求」となることをめぐって、いくつかの問題性が認められるように思われる。

以下、順次これらの問題点について簡単にコメントを加えつつ、本書における筆者の基本的な考察の方向を明らかにしてゆきたい。

第二節　目的論的な視点と徳倫理の閑却

倫理学において「愛」が位置づけられにくくなった原因の一つとして、まず、近代以降目的論的な倫理学と徳倫理が顧みられなくなったことが挙げられよう。一般に「倫理学」に関しては、古代・中世までは「幸福の達成」がテーマであったのに対して、近代以降は「実践的判断」、すなわち「正しい行為」の基準の問題がテーマとなっている、という了解は広く受け入れられている。あるいは、中世までの倫理学の関心の焦点は「善」もしくは「徳」であったのに対して、近代以降はこれが「正」もしくは「義務」へと移った、といった整理もよくなされている。「愛」という語は多義的であるが、いかなる意味においてにせよ、「愛」は何らかの点で「善」と相関的な概念として、「善」に関心を持つ倫理学において主題とされることになる。すなわち、善への希求的な志向としての愛、もしくは人格的な善の結実としての他者への「友愛」という形で主題化される。そして、人格的な「善」、もしくは「幸福」の達成は、何らかの意味での「自己完成」を意味するのであり、その限りで「徳」が問題とされることになる。

これに対して、「義務」もしくは「実践的判断」を問題とする近代以降の倫理学の関心は、「行為における正しさ」つまり「正義」の問題に集中してきた。そうした方向性は、「義務論倫理学 deontological ethics」なる標語をもって呼ばれる立場、典型的にはカントにおいて顕著な表現を見ている、と言える。このように、近代以降、古代から中世にかけて支配的であった目的論的な倫理学と徳倫理が駆逐され、「行為の正しさ」を主題とする倫理学に取って代わられたことが、近代以降の倫理学において「愛」が主題化されにくくなったことの一つの背景となっている、と見ることができよう。

倫理学の歴史がなぜそのような展開を示したのか、という問題について、正確なところを明らかにするためには改めて本格的な考察を要するであろう。しかし、その原因についての一つの説明の可能性として、徳と目的に関する倫理は「普遍化」が困難である、という事情が考えられる。

徳倫理は、外的な行為よりも人間における内的な「自然本性」の完成のあり方を、つまり「人間性の陶冶」を問題とする。その限りにおいて、必然的に個人の品性、もしくは人格の内面的な自己完成の相について立ち入ることになる。つまり、個人において個別化された課題、それもきわめて内面的なあり方が問題とされることになる。ところで、一般に倫理学は、最終的には人間同士の対他的な関係における規範性を問題とすることをその本質とする。徳倫理において、その規範性は「徳」という個人の特性の形で示されるが、その意味内容は、結局のところ何らかの共同体的な絆の中で決定される。その限りにおいて、徳倫理の規範性は、その土台をなしている共同体のあり方と相関的である。

これに対して、一般に「近代」を特徴づける標語は「個人主義」と「普遍性」である、と理解されている。これを反映した近代倫理学は、一方でその個別化された差異性を捨象していわば「質点」のごとく見なした個人を単位とし、行為に対して普遍化可能性を要求する形で規則を課する、という形で成立する。そうした倫理学においては、必然的に「正しい行為の基準」すなわち「正義」が主題とされることになる、と言ってよい。

約言すれば、徳倫理において、「共同体」が規範性の基準となる点で近代的な「個人主義」と異質であり、個人の内面的な差異性が問題となる点で近代倫理が要求する「普遍性」と馴染みにくい面がある、と言えよう。以上のような事情にもとづいて、近代以降徳倫理が後退したことが、倫理学において「愛」が位置づきにくくなったことの一つの原因となった、と言うことができよう。

ところで、一般に人間同士の対他的な関係においては、「愛」(「友愛」)は「正義」より「高い」が、その義務的性格という点において「正義」の方が「愛」よりも「強い」、という理解は広く共通しているように思われる。たとえば、アリストテレス倫理学において「正義 dikaiosynē」と「友愛 philia」とは密接な関係にあるが、両者の比較においては友愛の優位が説かれている。『ニコマコス倫理学』第八巻第一章では、友愛と正義との関係について次のように述べられている。

「さらに友愛はポリスをも保持しているもののように見える。立法家たちがもっぱら心を用いるのも正義の性向をめぐってであるよりは、むしろ友愛をめぐってなのである。というのは、和合は友愛に似た何ものかであるように見うけられるが、立法家は分けてもこれを追い求め、内訌を敵対するものとしてわけても追い払おうとしているからである。また、ひとは互いに友人であれば、何ら正義を必要としないが、正しいひとであっても、さらに友愛を必要とするのである。したがって、最大の正義とは友愛に似た何ものかであると思われている。[1]」

つまり、友愛は正義と成立の場を共にし、正義を内含しつつも、正義を超えた、なにがしか正義よりも高次の共同体的な関係のあり方を示すものとされている。他方、正義は友愛の基礎、もしくはその成立の必要条件をなしている、と見る事もできる。この同じ事態を、カントは逆に義務性の「強さ」を基準として、「完全義務」と「不完全義務」という表現[2]を用いて捉えている点は、まさに彼の近代的な視点を象徴している、と言えよう。

こうした共通理解は、「愛」は単なる「正義」を越えた、より高い倫理の成立の実りである、ということを示唆している。そして、「より高い」次元の倫理を求めるために、近代的な意味での「正義」の倫理を越えて、「愛」の倫理を提唱しようとする傾向は、現代倫理学においても一つの立場の形をとって存在している。

上述の意味での「近代的な正義の倫理学」を典型的に具現する人物としては、誰もがカントを挙げることであろう。現代倫理学において、そうしたカント的な立場は「義務論倫理学」と呼ばれており、J・ロールズをもって現代におけるその代表者と目するのも常識とされている。

現代において、「共同体論 communitarianism」と呼ばれる立場から、そうしたカント—ロールズ流の義務論倫理学に対して批判が展開されていることはよく知られている。一口に「共同体論」と言っても、その論点は多様である。しかし、筆者には、一般に「共同体論者」たちが義務論倫理学に対して不満を抱く真の動機は、その「正義」至上主義のゆえに、「愛」の倫理が等閑に付されている、という点にあるように思われる。たとえば、M・J・サンデルは愛——人と人との友愛関係——にもとづく倫理が成立しているところで正義を増進するならば、それは却って道徳性の減退につながり、「正義は徳ではなく、悪徳でありうる」とさえ述べている(3)。

そうした共同体論者たちにとって、「徳倫理」、特にアリストテレスの倫理学は、いわば帰還すべき「故郷」の指標となっている(4)。この立場の目指すものは、「倫理学」における上述の「近代的」方向が示す偏向を正すことにある、と理解することもできよう。しかしながら、古典的な徳倫理が生きていた古代・中世と、現代との間には時代の隔たりがあり、社会の、従って共同体のあり方も大きく変わっている。従って、単純にアリストテレスやトマス・アクィナスに帰れ、と言って事が済むわけではない。むしろ、古典的な徳倫理に学ぶためには、それが成立していた背景となる社会、特に共同体のあり方を踏まえた上で、当該の理論についてその歴史的な意味を明らかにすることが必要となる。

筆者が本書において企図するところの一つは、特にトマスおよびアリストテレスの倫理学についての「歴史的研究」において、まず、徳倫理そのものの意味と構造に関する解明を果たそうとする点にある。

第三節　「愛」と規範性の問題

ところで、トマスはアリストテレス的な意味での徳倫理をさらに踏み越えて、より一層「愛」と深い関係にある倫理学を構成している。彼は、本来「哲学者」であるというよりは「神学者」であり、彼にあって「倫理学」は基本的にキリスト教倫理の枠内において展開しているからである。まさにその点で、倫理学における「愛」の位置づけをめぐる第二の点が問題となってくる。それは、本来「要求」とは馴染まないように思われる「愛」が規範性を帯びることに伴う困難である。かかる「要求としての愛」をめぐる問題は、思想史的には特にキリスト教倫理との関連で問題とされてきた。

たとえば現代におけるマザー・テレサに見られるように、キリスト教倫理の歴史は、それぞれの時代の思想が直面した社会状況の中で、主我性を越えた他者に対する愛が現実的に成立する可能性を示してきた。特に、「隣人としての他者」に向けられた「主我性を越える愛」は、自己の利害を超えて他者のそれを尊重することを意味する。その根柢には他者への「共感（同情）」という契機が働く。

しかし、まさにこの点において、キリスト教倫理はある種の哲学的な倫理思想の伝統と正面から衝突することになる。たとえば、ニーチェは、他者への「同情」のうちには不純な自己防衛が隠されている、と指摘し、同情そのものを禁止する態度を表明している。その上で彼は、キリスト教倫理そのものを弱者の強者に対するルサンチマンのイデオロギーである、と断じ、これに対して生命価値を阻害するものとして激しい攻撃を加えたことはよく知られている。この、「同情の禁止」という思想には、古代末期のストア派にまで遡る哲学的な伝統があり、ニーチェも実はそうした思想の系譜の中に位置づけられることになる。[5] ニーチェらの批判を待つまでもなく、主我性を越えることとしての「愛」が規範となって課せられる時、それは最終的には「自己放棄」への要求となり、ともすればマゾヒスティックとも言えるような苛酷さを帯びることとなる。さらには、そのような形で「自己放棄」を強要する倫理は、人間の内面に新たなルサンチマンを再生産するメカニズムへと堕する危険性もある。

あるいは、そもそも「主我性を越える愛」なるものが成立することの「可能性」に対する懐疑が示されることもある。一例として、やはりキリスト教を「愛」を規範的に要求する倫理として位置づけた上で、これに対して批判的なコメントを加えている伊藤整の見解を挙げておこう。(6)伊藤は、西洋における市民社会の原理の根幹を「キリスト教的な人間観」に求めている。伊藤によれば、「キリスト教の人間認識」に基づく「ヨーロッパ的道徳」は、「他者を自己と同様の欲求を持つものとして考えて愛せ、という意味のその黄金律から来ている」という。その上で、この考え方が、「他人を自己と同様のものと考えるという意味で個人尊重の考え方を生み、更にそのような独立した他者に、愛という形で働きかける組み合わせ、交際、協力などを尊重する考え方を生み、市民社会というものを形成する原則の一つをなしている」と指摘している。その上で伊藤は、人間の利己心をいわば是認し、これを前提とした上で「消極的な他者との結びつきの安定した形」を追求するものとして彼が理解する「孔子の人間観」と対比して、かかる「キリスト教的な人間観」の中に、人間の利己心を越えることを求める強い倫理的な要求を見ている。しかしながら、伊藤は、こうしたキリスト教の命ずるところが「不可能な命令」なるがゆえに、通常の——おそらくは彼自身をも含めて——日本のインテリたちは「クリスチャン」のうちに「偽善」を感じるのだ、と述べている。

筆者の感想では、伊藤のコメントは、奇妙にもキリスト教そのものよりも先に触れたカントに代表される義務論倫理学のような立場により当てはまるように思われる。しかし、伊藤が察知していたとおり、キリスト教においても、カント的な義務論倫理学においても、その根柢には共通して、人間において根源的な利己性があることを見据えるとともに、これを乗り越えることを求める峻厳でラディカルな倫理的志向があることは事実であるように思われる。

第四節　聖書の伝統における「愛」

まず、実際にキリスト教倫理において「愛」が、これらの批判者が考えるような形で規範的に捉えられているのであろうか。また、もし捉えられている、とすればいかなる意味においてであるのか、という点について確認することとしよう。そのために、ユダヤ教（旧約聖書）をも含めた、聖書の伝統全体に遡って、簡潔に検討することとしたい。

（1）掟としての「愛」

『マタイ福音書』によれば、イエスは律法学者による「試し」の質問に答えて、次のように述べている。

「『心を尽くし、精神を尽くし、思いを尽くして、あなたの神である主を愛しなさい。』これが最も重要な第一の掟である。第二も、これと同じように重要である。『隣人を自分のように愛しなさい。』律法全体と預言者は、この二つの掟に基づいている。」(7)

平行する『ルカ福音書』の箇所(8)では、この答えは律法学者の側から提示されている。ここから明らかなように、トーラー（ユダヤ教の律法）の伝統において「神への愛」と「隣人への愛」とは「掟」、それも最も重要な「掟」とされていた。そして、『ヨハネ福音書』によれば、イエス自身、彼に従う者たちに対して次のような形で「愛」を「新しい掟」として命じている。

「あなたがたに新しい掟を与える。互いに愛し合いなさい。わたしがあなたがたを愛したように、あなたがたも互いに愛し合いなさい。互いに愛し合うならば、それによってあなたがたがわたしの弟子であることを、皆が知るようになる。(9)」

ここでイエスが「新しい掟」と言う場合の「新しさ」とは何か。それは「わたし(イエス)があなたがたを愛したように」という一節の付加にある、と理解される。(10)諸家の註解によれば、その付加は、求められている「愛」が、イエスが示したのと同じような「肉的な愛から区別」された愛、(11)すなわち、エゴイズムから完全に自由な、無制限で、相手にいかなる欠陥があってもこれを全面的に受け入れ、赦す愛である。(12)

そのような「愛」が人間の通常の力を越えている、と考えられる限りで、たしかに、ここでイエスは伊藤整が「不可能な命令」と述べたような意味で「愛の掟」を命じている、と見ることもできるかもしれない。

(2) 聖霊と「愛」

しかし実は、イエスはけっしてこの「命令」を「不可能な命令」として課したのではない。ここで注目すべきなのは、『ヨハネ福音書』において、上述箇所の直後で語られるイエスによる次の言葉である。

「あなたがたは、わたしを愛しているならば、わたしの掟を守る。わたしは父にお願いしよう。父は別の弁護者を遣わして、永遠にあなたと一緒にいるようにしてくださる。この方は、真理の霊である。世は、この霊を見ようとも知ろうともしないので、受け入れることができない。しかし、あなたがたはこの霊を知っている。

この霊があなたがたと共におり、これからも、あなたがたの内にいるからである。わたしは、あなたがたをみなしごにはしておかない。あなたがたのところに戻って来る。しばらくすると、世はもうわたしを見なくなるが、あなたがたはわたしを見る。わたしが生きているので、あなたがたも生きることになる。かの日には、わたしが父の内におり、あなたがたがわたしの内におり、わたしもあなたがたの内にいることが、あなたがたに分かる。わたしの掟を受け入れ、それを守る人は、わたしを愛する者である。わたしを愛する人は、わたしの父に愛される。わたしもその人を愛して、その人にわたし自身を現す。(13)」

イエスのこの言葉は、「掟（命令）としての愛」を実行可能なものとするものとして「聖霊」（「真理の霊」「弁護者」）を示し、自らに従う者たちにその聖霊が派遣されることを約束している。たしかに、「掟としての愛」は単純に人間的な努力のみをもってしては「不可能な命令」であるかもしれない。しかし、それを「不可能」ならしめないために、人間的な力を超えた、いわばより高次の生命エネルギーの源泉として、「聖霊」が示唆され、約束されているのである。

聖霊による人格の刷新こそが、キリスト教の本質的なメッセージであった。「愛」が「聖霊」にもとづくものであることを明示しているのが、パウロの次の言葉である。

「……希望はわたしたちを欺くことがありません。わたしたちに与えられた聖霊によって、神の愛がわたしたちの心に注がれているからです。(14)」

ここで、そうしたキリスト教的な意味における「愛」の倫理的展開についての典拠とされる一つの古典的なテキストを挙げてみたい。

（T）「愛は忍耐強い。愛は情け深い。ねたまない。愛は自慢せず、高ぶらない。礼を失せず、自分の利益を求めず、いらだたず、恨みを抱かない。不義を喜ばず、真実を喜ぶ。すべてを忍び、すべてを信じ、すべてを望み、すべてに耐える。[15]」

ここに掲げたパウロ書簡の一節は、「愛の賛歌」とも呼ばれ、キリスト教的な「愛」についての最も基本的なテキストの一つとして知られている。トマスも、このテキストを神の愛の倫理的な展開を示すものとして扱っており、本書でも、特に第九章以下でこの箇所に対するトマスの扱いについて主題的に論じている。

このテキストは読んだとおりの意味であるが、受け止め方のニュアンスには幅があり得る。簡単に言えば、このテキストに一種の規範的な命令としての意味を込めて理解する受け止め方（「命令文型解釈」）と、愛についての一種の記述として理解する受け止め方（「記述文型解釈」）とがあり得るように思われる。

命令文型の解釈によれば、当該テキストは次のようなニュアンスを帯びる。

（Ti）「愛するためには、忍耐強くなくてはならない。愛する者は情け深くなくてはならない。ねたんではならない。愛は自慢してはならず、高ぶってはならない。礼を失してはならず、自分の利益を求めてはならず、いらだってはならず、恨みを抱いてはならない。不義を喜んではならず、真実を喜ばなければならない。すべてを忍び、すべてを信じ、すべてを望み、すべてに耐えなければならない。」

このように読むならば、当該箇所は前節で問題としたところの、愛が規範的な「要求」となった場合の苛酷さをいささか戯画的に強調するテキストとなる。こうしたニュアンスは、「愛の掟」を単純に「道徳的命令」として受け止める姿勢の帰結である、と言える。その際、人間性を越えた生命エネルギーの源泉である「聖霊」への視座は見失われ、人間は、己れの努力だけで「愛の掟」に直面するものと意識される。

キリスト教倫理の伝統の中で、多かれ少なかれ、「愛の掟」をこのような形で受け止めるような傾向が示されてきたことは否定できない。上述の伊藤整による「不可能な命令としての愛」というコメント、あるいはニーチェによる「ルサンチマンの道徳」という批判が成立するのは、キリスト教倫理におけるこうした傾向によるものである、と言うことができよう。

これに対して、このテキストを記述文型に解釈すれば、次のようなニュアンスになると思われる。

(Td)「もし人において(聖霊による)愛という事態が成立するならば、その人は忍耐強くなる。愛する人は情け深くなり、ねたまなくなり、自慢することなく、高ぶらなくなる。その人は礼を失することなく、自分の利益を求めることなく、いらだつことなく、恨みを抱かなくなる。その人は、不義を喜ばず、真実を喜ぶ。その人は、すべてを忍び、すべてを信じ、すべてを望み、すべてに耐えることができるようになる。」

これまで本節で「愛の掟」の聖書的文脈について述べてきたところによれば、この記述文型の解釈が健全かつ妥当なものであり、また、パウロの――さらにはイエスによる「愛の掟」の――真意もこちらにあることは明らかであろう。この意味で理解された当該テキストは、もし人において聖霊にもとづく愛という事態が成立するならば、その人には、その「愛」がもとづく聖霊による生命エネルギーの充溢の結果として、「忍耐強い」以下の諸現象が生じるであろう、という意味である。それは、聖霊にもとづく生命エネルギーの展開の諸相を描くテキストとしての「愛」の描写である。ここでは、「愛の掟」を実行可能なものとする高次の生命エネルギーの源泉としての「聖霊」との関係が予め了解されている。

第五節　「愛」を記述する言語としてのアリストテレス哲学

本書は、基本的にはトマス・アクィナスの倫理学についての思想史的研究書である。トマスの思想史的な位置づけは、中世ヨーロッパの知的世界を支配してきたアウグスティヌス以来の伝統におけるプラトン主義的な哲学的枠組みに対して、アリストテレス哲学にもとづく理論的な枠組みの流入を受け止め、これらを綜合した点にある、ということは一般によく知られている。このことを、特に倫理学の領域に限定して言うならば、アリストテレスの「性向としての徳」の理論を導入したことにある。

本書における筆者の強調点は、一つには、「倫理学における愛の位置づけ」に関連して前節までに述べてきた問題点との関わりにおいて、トマスが導入したアリストテレスの徳倫理の理論が果たした役割とその有効性を明らかにするところにある。第二節でも触れた通り、アリストテレスの徳倫理学は、善と愛とを主題化して論じることに親和的な概念装置である。アリストテレスは今日風に言えば「生物学者」の思考パラダイムをもとに思索と研究を重ねた哲学者である。彼の哲学全体を貫く「可能態／現実態」という基本的な枠組みも、生命現象を基本的なモデルとする目的論的な理論構造を示している。特にその倫理学――「性向としての徳論」――は、「性向 hexis＝habitus」「徳 aretē＝virtus」そして「行為 energeia＝actus」といった用語を用いて、理性的な倫理的行為の主体としての人間が、その生命エネルギーを発展・展開させてゆく際の諸相を描写することをその本領とするものである。後述するところに従えば、それは「自然本性の自己実現」を記述するための言語的枠組みである。その枠組みの中で、特に、「愛」は生命エネルギーの充溢の結実として描かれることとなる。

また、第三節以降で問題とした「愛」と「規範性」との問題に関して言えば、第四節で明らかにした通り、人間自らの力（「人間的自然本性」）のみをもってしては「不可能な命令」であるところの「愛の掟」を不可能でなくするところの、より高次の生命エネルギーの源泉として「聖霊」を証示するところに、キリスト教の本質が存していた。

アリストテレス自身の徳論言語は、本来、人間的な努力にもとづく、人間の自然本性に内在的な生命エネルギーの展開を描写するためのものであった。しかし、トマスは、アリストテレスに由来する徳論言語の概念装置を、人間の自然本性を超えた「聖霊」の生命エネルギーに関わる「愛」についての記述においても、敢えてこれを用いようとしている。トマスは、アリストテレス的な徳論言語の概念装置をもって、「聖霊」というより高次の生命エネルギーとの関連における人間性の変容と刷新という事態をも記述するために、もともとのアリストテレス自身の枠組みに対して大幅な拡張と変容とを加えている。

本書の主たる考察は、一つには、かかる「愛の倫理」を記述するための装置としてのアリストテレス倫理学の概念がトマスの思想体系の中でいかに機能しているのか、という点を、その変容と拡張までも含めて解明する形で展開することになる。

第六節　「正義」概念のアリストテレス的な限定をめぐって

本書のもう一つのねらいは、「正義」についても、トマスの倫理学の内に、近代的枠組みとは異なった方向性を発掘し、その意義を明らかにすることにある。

この序章ではこれまで、「正義」と「愛」——特に「友愛」——とを、いわば対概念であるかのように対比する形で論述を進めてきた。人間同士の対他的な関係における「愛」——すなわち「友愛」——は、「正義」より「高い」が、その義務的性格という点において「正義」の方が「愛」よりも「強い」、という理解がそれである。

ところで、「正義」と「愛」についてのこうした理解は現代においては一般的なものであるが、トマスの背景をなしていた思想的な諸伝統の中では必ずしもそうではない。「愛」と「正義」についてのこうした捉え方は、基本的にはアリストテレス的な理解である、と言えるが、トマスに至るまでの思想史的な伝統において、特に「正義」はそうしたアリストテレス的な意味においてのみ理解されていたわけではない。トマス自身にとっても、「正義」は、アリストテレス的な意味における「正義」にとどまらず、一般に日本語では「義」と訳される、聖書・キリスト教的な「正義」概念をも包含するものであった。むしろ、「神学者」トマスにとってはこの意味での「正義」の問題の方がより根本的な重要性を持っていた、とさえ言える。また、トマスが直接そのテキストに触れたわけではないにしても、プラトン中期の大作『国家』篇においては、「正義」は、ポリスにおける場合にしても個人における場合にしても、その内的秩序ないしは統合性として定義されている。(16)トマスの背景には、思想史的な伝統としては、このように「正義」を、外的な行為の対他的な秩序としてよりも、魂の内的な統合的秩序として理解するような潮流が存在していた。

アリストテレスにあっても、徳は魂における内的秩序、すなわち理性的部分に対する非理性的部分の従属として理解されていた。しかし、彼はそうした自己の内部における秩序を「正義」と呼ぶ用法については、これを「比喩的な意味における正義」である、として「正義」の本来的用法からはずして考えている。(17) アリストテレスは、「正義」に関してはあくまでもこれを対他的関係において規定しようとしている。「正義」がアリストテレス的な意味における「正義の徳」の意に解されることにより、「正義」の概念は「矮小化される」と言わぬまでも限定されたものとなる。たしかに、アリストテレスは「正義」を「徳の全体である」と称してはいる。しかし、アリストテレス的な意味における「正義」の徳の射程は、外的な行為における対他的な側面における倫理に限定されている。

当然、トマスにおける「正義」についての理解は、上述の聖書的な「義」の概念や、魂の内的な秩序としての「正義」理解の伝統にもとづく、アリストテレス的な「正義の徳」を超える広がりを持つことになる。

本書においては、上述の通り、トマスにおけるアリストテレス的な徳理論の枠組みを導入することの意味を解明することに主眼が置かれる。従って、「正義」の意味と射程とについても、まず第一に、それがアリストテレス的な概念枠に従って限定された意味においてとらえた上で、その位置づけを明らかにすることになる。しかしながら、アリストテレス理論導入の意味そのものの位置づけを明らかにするためにも、トマスの「正義」理解におけるアリストテレス的な概念の枠組みを超える側面については、特にこれを主題的に取り上げ、トマスの「正義」概念の全体像とアリストテレス的な正義との関係を改めて考察することとしたい。

こうした考察によって、「愛」のみならず「正義」についても、前述の近代倫理学の枠組みにおいては見失われていた側面を明らかにすることにつながる、と思われる。

第七節　考察の基本的方向と本書の展望

(1)　考察の基本的方向

一般には、トマスの思想内容は、アリストテレス哲学の継承とキリスト教固有の思想という二つの要素を含んでいる、と理解されている。しかしながら、彼の思想史上の位置に忠実な記述としては、むしろトマスは、プラトン―アウグスティヌス主義的な哲学的教養を土壌として展開してきたキリスト教倫理学の伝統の中にあって、いわゆる「アリストテレスショック」によるアリストテレス思想の流入に対峙し、これを自らの思想体系のうちに血肉化し位置づけた、と言うべきであろう。

これまでこの序章で展開してきた問題意識を踏まえると、本書における考察の基本的な方向は、結局、トマスが、アリストテレス哲学にもとづく倫理学、特にアリストテレスの徳についての理論の枠組みを受容した、ということの意味を虚心に明らかにする、というきわめて「古典的な」トマス研究のスタイルに落ち着くことになる。「愛」と「正義」ということがらの意味については、取りあえず、一般的な意味における了解にもとづいて、主として「正義」に関心が集中している近代以降の倫理学の一般的傾向に対して、アリストテレス的な徳倫理、あるいはトマスのキリスト教的な愛の倫理の意義を強調する、という論調で問題意識を展開することになる。その点の考察は、アリストテレスにおける「友愛」と「正義」との関係を明らかにすることによって展開される。そして、アリストテレス的な意味における「友愛」としての愛の背後に、これを支える「生命エネルギーの充溢」としての、本性の形相的な完全性が想定されていることを明らかにする。

他方、「聖霊」にもとづく、キリスト教に固有な内容の倫理学については、「注賦的性向」という特殊な概念によって、アリストテレス的な枠組みの拡張がなされている。トマスの倫理学におけるかかる部分に関しては、内容的には神学的な文脈に立ち入りながら、そこでなお、「性向」としての「徳」の理論が記述の枠組みとして機能していることの意味を解明する。

（2） 本書の展望

本書全体の構成は以下の通りとなる。

第一部は「トマス倫理学の基本的性格」と題しており、題名の示す通り、トマスにおける「倫理学」の基本的性格について確認し、本書全体の考察の方向を見定める。

第一章では、トマスの著作、特に『神学大全』第II部から「倫理学」を抽出することに伴う問題点を、特にトマスにおける「哲学的倫理学」の可能性の問題を中心に検討する。トマス自身に関する限り、彼の倫理学は純粋に「哲学的な」枠内に収まるものではないことが明らかにされる。第二章では、「自然本性の自己実現」としてのアリストテレス的な意味における哲学的倫理学の枠組みに収まりきらないトマス倫理学の性格を、彼が「人間の自然本性を自己超越的なものとして捉えていること」として規定し、そのことの意味を明らかにする。第三章では、「倫理学」を構成する本質的な契機である「他者（隣人）への志向」を意味する「対他性」としての「自己超越」についての視点を示唆する。これを、第二章で明らかにした「人間の自然本性の自己超越」という視点と併せて、本書全体の考察の方向を見定める。

第二部以降の展開の方向は、以上の第一部における考察にもとづいて明らかにされるが、ここで先取りして示すと以下の通りとなる。

第二部は「人間的自然本性の自己完成と対他性——アリストテレス的倫理学の継承——」と題する。この第二部においては、主としてトマスがアリストテレスの徳倫理を継承している側面の意味を解明する。その際、特に、アリストテレスの「正義の徳」の概念が示す正義の倫理における「対他性」と、人間本性の「内的な完成」としての諸徳との関係を重点的に考察する。そこでは、アリストテレスの倫理体系における「正義」と「愛」との関係が、対他的な「正義」の徳と、魂の内的な完成をもたらす徳に裏打ちされた「友愛」との関係として示唆される。そこで、魂の内面的な完成、現実態性が、正義を踏まえつつ「正義」の徳を超える「友愛」の根拠となっていることが明らかにされる。

ここで我々が概観するアリストテレス的な倫理学の枠組みは、トマスにあっては、いわば、人間の本性そのものが理想的に完成する論理的な可能性と射程を示唆するものとして明らかにされる。最終的には、この序章で問題とした「生命エネルギーの充溢」という事態を記述するための概念的な枠組みとして、トマスが、徳の理論、「正義の徳」の射程についての認識、内面的な完成を基盤とする「友愛」についての理論において、アリストテレスをどこまで受容しているのか、を明らかにする。

第三部は「人間的自然本性の自己超越——恩恵の倫理学——」と題しており、トマスにおけるキリスト教固有の「愛」の倫理を、恩恵および、「神愛 caritas」の徳にもとづく神に向けての「自己超越」の倫理として考察の対象とする。特に、「徳」ないしは「性向」が「注賦される」という、トマスがアリストテレス的な徳倫理の枠組みに加えた拡張の意味を重点的に解明する。

性向の「注賦理論」が問題とされる「恩恵の倫理」が成立するのは、人間と人格的な他者としての神との交流が成立する一種の物語的な場面においてである。筆者は、そうした場面の原点を、『ローマ書簡』、特にその第五章第五節においてパウロが「神愛が神から注がれる」と書き記した場面に求めることとする。この場面を中心に、特にアウグスティヌス、ペトルス・ロンバルドゥスらが展開した、「恩恵」による魂の変容を、「神愛」という形での「愛」を中心に理解しようとする理論の歴史的展開の意味、また、キリスト教的な恩恵を基軸とする倫理においても、「義化」という場面において、アリストテレス的な意味における「正義」とは異なった「(正) 義 justitia」が言及されていることの意味を明らかにする。

最後に第四部は「正義と愛の諸相」と題する。この第四部においては、「正義の徳」が示す「対他性」としての「自己超越」と、「神愛の徳」が示す「対神」という「自己超越」という対比では尽くすことのできないところ、あるいはその両視点が交錯する場面における「正義」「愛」をめぐる問題性について扱う。

次章以降の考察は、このような問題意識と展望の上に立って展開することとなる。

(1) Aristoteles, *Ethica Nichomahea* (以下 *E. N.*), VIII, 1, 1255a22-26.
(2) Kant, I., *Grundlegung zur Metaphysik der Sitten*, A, S. 422.
(3) Sandel, M. J., *Liberalism and the Limit of Justice*, Cambridge University Press, 1982. 邦訳『自由主義と正義の限界』菊池理夫訳、三嶺書房、一九九二年、五七頁。
(4) たとえば、マッキンタイアは、カント以来の近代倫理がアリストテレス的な徳倫理を放擲したことが、現代の道徳的混乱の原因である、と見ている。MacIntire, A., *After Virtue*, 邦訳『美徳なき時代』篠崎榮訳、みすず書房。
(5) この点については、以下を参照。神崎繁『ニーチェ——どうして同情してはいけないのか』(シリーズ 哲学のエッセンス）ＮＨＫ出版、二〇〇二年。

（6）伊藤整「近代日本における『愛』の虚偽」（中村真一郎編『ポケットアンソロジー　恋愛について』岩波文庫別冊、一九八九年、所収）。

（7）『マタイ福音書』二二・三八―四〇。なお、これらの掟については、『旧約聖書』における以下のテキストが典拠である。「聞け、イスラエルよ。我らの神、主は唯一の主である。あなたは心を尽くし、魂を尽くし、力を尽くして、あなたの神、主を愛しなさい。」『申命記』六・四―五、「復讐してはならない。民の人々に恨みを抱いてはならない。自分自身を愛するように隣人を愛しなさい。わたしは主である。」『レビ記』一九・一八。

（8）『ルカ福音書』一〇・二七。

（9）『ヨハネ福音書』一三・三四―三五。

（10）Augustinus, *In Iohannis Evangelium tractatus* CXXIV, sermo 65, 2.

（11）*Ibid.*

（12）W・バークレー著、聖書註解シリーズ6『ヨハネ福音書下』一九九―二〇一頁。

（13）『ヨハネ福音書』一四・一五―二一。

（14）『ローマ書簡』五・五。

（15）『コリント第一書簡』一三・四―七。

（16）Platon, *Respublica*, IV, 11-16, 427D-442D.

（17）*E. N.*, V, 11, 1138b5.

第一部　トマス倫理学の基本的性格

第一章　トマスにおける「倫理学」

第一節　はじめに

トマス・アクィナスにおける「倫理学」とは何か、という問いに答えることは、必ずしも容易なことではない。一般には、『神学大全』の第II部がトマスの「倫理学」である、と見なされている。他には、アリストテレスの註解やいくつかの個別的な主題についての定期討論集などがあるとしても、倫理学に関するトマス自身の見解がまとまって展開されているのは『神学大全』第II部であり、これがトマス倫理学の最も基本的テキストであることは間違いない。しかし、このテキストはあくまでもその第I部、第III部と一体をなす「神学」の教科書として構想された書物の一部である。(1) それゆえ、『神学大全』の第II部をもって「倫理学」のテキストと見なすことには、次の二つの問題があることになる。

第一に、「神学」と「倫理学」との関係の問題が挙げられる。そもそも「神学者」トマス・アクィナスの著作から「倫理学」を抽出することが可能なのか。可能であるとして、その「倫理学」とは「神学」から独立した、つまり「哲学的」な倫理学たりうるのか。あるいはそれは「神学」といかなる関係を持った倫理学であるのか、という問題である。

第二の問題は第一の問題と密接に関連しているが、『神学大全』第II部というテキストに限って見た場合、これと『神学大全』の全体との関係をどう考えるか、という問題である。第II部だけをあたかも独立した書物であるかのように『神学大全』の全体から切り離して扱うことは、正当な方法とは言えないであろう。研究者たち、特に非キリスト教国において、主として「哲学研究」の枠組みの中で研究している我が国の研究者は、ともすればそうした扱いをしがちであるが。テキストに対するそうした扱いが許されないとするならば、我々は第II部を『神学大全』の全体構造の中でいかに位置づけるか、という問題に取り組んだ上で、それを踏まえた形で「倫理学」を見いだしてゆく、という手続きをとらざるを得ない。

本章では、トマス・アクィナスの著作、特に『神学大全』から「倫理学」を抽出することに伴うそうした問題点について、研究史を振り返りつつ概観した上で、それらの問題に対する筆者自身の基本的立場を明らかにしておきたい。問題を検討するプロセスの中で、第一の問題点に関連しては、主としてアリストテレスによる「哲学的倫理学」とトマス倫理学との関係が、そして第二の問題点に関連しては、新プラトン主義的な形而上学的枠組みとトマス倫理学との関係が検討され、解明されることとなろう。

第二節　アリストテレスの「哲学的倫理学」とトマス

(1)　研究史と問題

倫理学に限らず、トマス・アクィナスの思想体系の中でアリストテレス的な要素とキリスト教的な要素、一般的に言えば「哲学」と「神学」とがいかなる関係にあるのか、という問いは、トマス研究における周知の根本問題であり、これをめぐっては古来無数の言説が積み重ねられてきている。ここでは、D・J・M・ブラッドリーが近著『トマスにおける人間の二重の善』(2)において展開している批判的なコメントを手掛かりに、上述第一の問題についての見通しを立てておきたい。

トマスの倫理学は、アリストテレスによる倫理学の体系を「啓示された信仰と矛盾せず整合的ではあるが、論理的には信仰に依存しているわけではない理性的な教説」としてその内部に取り入れている。『神学大全』第II部において、アリストテレス倫理学の枠組みが大きな影響を与えていることは一見して明らかである。ここから多くの哲学者たちは、トマスの神学的著作から哲学的な倫理学が抽出されうる、と考えがちになる。

しかしブラッドリーは、トマスの自律的ないし体系的な道徳「哲学」を抽出しようとする試みは、概念的に不可能ないし不整合である、と主張し、「アリストテレス的トマス主義」の伝統を根柢から拒否している。ブラッドリーによれば、トマスの倫理学を構成する「理性的教説」、具体的にはトマスが取り込んだアリストテレスの倫理学理論が、そのまま「道徳哲学」になったり、トマス本来の神学的文脈から「トマスの体系的な道徳哲学」を引き出すための根拠となったりするわけではない。仮に『神学大全』の第II部を、独立したトマスの「倫理学」のテキストとして見なしうる、としても、トマスはそこで展開されている倫理学におけるアリストテレス的な要素をそのまま自らのものとしているわけではない。そこには、アリストテレスにはない要素があり、またアリストテレス的な要素に関しても一定の変容がなされているからである。

ブラッドリーは、トマスの道徳学は神学的であるとともに完全に「理性的」である、と認めている。しかしこの特徴は、それ自身の固有な主題としての「啓示されるべきことがら revelabilia」へと整合的に収斂する、トマスの、統一された「学的な神学」の概念のもとに理解すべきである、というのが彼の理解である。ブラッドリーがこうした結論に到ったのは、トマスの「理性的な神学的倫理学」と「厳密に哲学的な倫理学」との対比を十分に明らかにするために、トマスによるアリストテレス注解を丹念に検討し、トマスがアリストテレスをどのように読解したかを解明しようとした努力の結果である。

ブラッドリーは、トマスは、至（幸）福 eudaimonia についてのアリストテレス的観念に対して、「不完全な至福 beatitudo imperfecta」と「完全な至福 beatitudo perfecta」という神学的な区別を導入することによってこれに変容を加えている点を強調する。不死は、人間の完全な至福のための、十分条件でないまでも必要条件である、とするトマスの主張は、この区別に依存している。完全な人間の至福は、「天国 patria で」、死後に見いだされるが、それは人間たちが「神の本質の直視」を与えられる限りにおいてである。トマスの立場では、「神の直視 visio Dei」のみが、完全な可知的なものそして完全な善を希求する人間の自然本性的願望を満足させるが、人間は自らに自然本性的なものをもってしては、この神の直視という「至福」に達することができない。通常のアリストテレス的な理解では、「自然本性 physis＝natura」の概念は自己完結的なものとして捉えられているのに反して、トマスの立場からは、人間の本性はそれが自然本性的に達することができない目的を切望することとなる。ここに、哲学的には逆説が帰結する。

過去、トマスの解説者たち、たとえば、カエタヌス、フェラリエンシス、そしてバニエスといった人々は、この逆説を説明すべく精力的な努力を払ってきた。しかし、ブラッドリーは、彼らの所説はトマス自身の教説からはかけ離れたものとなっている、と判定する。また、ブラッドリーによれば、一七世紀以降展開された、「純粋な自然本性の状態」についての近代的な神学論争の結果、人間の自然本性の未完結性についてのトマス的な概念が一層不明瞭になった、という。これらの論争は、「人間の自然本性的目的」なる概念にもとづいた多数の、「トマス的」と称する哲学的な倫理学を生み出した。しかし、ブラッドリーは、こうしたトミストの考え方は、正確にはトマスのものではない、と主張する。ブラッドリーは、最も著名な二〇世紀のトミストたちのうちから、J・マリタンとS・ラミレスの二名だけを取り上げて検討し、批判している。ブラッドリーの見解では、トマスの神学的道徳学から体系的な哲学的倫理学を引き出そうとする彼らの努力は成功せず、次のいずれかの道に陥ってしまう、という。すなわち、（1）マリタンのように、道徳神学をもって道徳哲学と自らを誤称するか、あるいは（2）ラミレスのように、アリストテレス主義風の哲学的倫理学を見当違いに「トマス的な哲学的倫理学」として提示するか、である。

これらのトミストたちに反対して、ブラッドリーは、トマスの真正な教説の行き着くところ、つまり人間の自然本性の未完結性は、哲学的にはアポリアに帰着することを承認する他はない、と主張する。つまり、トマスに由来する限りにおいて、いかなる「道徳哲学」も、正当にアリストテレス主義風の幸福主義 eudemonism に戻ることはできない。しかしまた、それは、哲学である限りは、人間の究極の超自然的な目的についての神学的な断言へと前進することもできない、というわけである。こうした神学と哲学との解きがたい結び目に対するブラッドリー自身の立場は、「ポストモダン的言説」の世界に足を踏み入れることしかない、という。

(2) 検　討

「トマス主義哲学」の可能性を否定するブラッドリーの立場は、彼自身が認めているとおり、きわめて挑戦的なものである。しかし、トマスにおける「倫理学」を、トマス自身に忠実な形で理解しようとするならば、我々はブラッドリーの一見否定的な結論について真剣に受け止める必要がある。ブラッドリーは、彼の言う「ポストモダン的言説の世界に足を踏み入れること」とはいかなることなのか、については具体的に多くを語っていない。しかし、まず我々は彼の言葉から、「哲学」「神学」「倫理学」「思想史」といった学問の意味内容についての近代的な了解の枠組みから一旦自由になる、という方法的示唆を汲み取ることが出来る。

人間の「完結した自然本性」とか「自律的な哲学」といった観念は、トマスと同時代のアヴェロイストたちに端を発し、上述のとおり近代一七世紀以降に大いに問題とされるに到っている。しかし、こうした観念はトマスにも、そして驚くべきことにはアリストテレスにも無縁である、というブラッドリーの指摘(3)には注目する必要がある。ブラッドリーによれば、アリストテレス自身は、人間の「完結した自然本性」を主張し、そのために「自律的な哲学的倫理学」を提唱したわけではなく、単に彼はキリスト教的な超自然的至福の観念を知らず、したがって自らが知っている人間の自然本性の限界内での至福論を展開したにすぎない、という。そもそも、「完結した自然本性」とか「自律的な哲学」といった考え方は、神学との対抗を通じて自己形成したアヴェロイストの——そしてその後継者としての近代哲学の——ものだ、というわけである。さらにブラッドリーは、アリストテレス自身が、人間的至福が「不完全」であること——ただし、それは人間的至福が神々の永遠の至福と比べて不完全である、という意味であるが——さえ認めている点を指摘する。トマスは、こうした人間的至福の「不完全性」に対して、「完全な」至福としての「神の直視」を提唱している。それは、アリストテレス倫理学をアリストテレス自身に即して展開した一つの発展的解釈と見ることができる。しかしだからといって、トマスは、アリストテレス自身がキリスト教的な意味での「神の直視」と比べた意味での「人間的至福の不完全性」を認識していた、としているわけではない、というわけである。

こうした形でトマスとアリストテレスの接点を見いだす視点は、あくまでも「トマス自身とその時代に忠実に」というスタンスから見えてくるものである。筆者も、こうしたスタンスをブラッドリーと共有することとしたい。

それは、基本的には彼が指摘したところの「人間の自然本性」を未完結なものとして捉える、というトマスの人間観の骨格を尊重した形でトマスの倫理学を理解する、ということを意味する。無論、それは近代的な知の枠組みからすれば「神学」を取り込んだ倫理学ということになる。しかし、その際可能な限りトマスにおける「神学」的要素と「哲学」的要素とを洗い出し、また特に神学的要素に関して可能な限りその意味を万人に開かれた形で明らかにすることに力を尽くすべきであろう。そしておそらく、そうしたスタンスこそがトマス自身の方法的姿勢に最も近いものであるように思われる。

(3) トマスにおける「哲学的倫理学」の可能性

ここで改めてトマスにおける「哲学的倫理学」の可能性についての我々自身の立場を明らかにしておこう。まず、『神学大全』第II部からアリストテレス的な倫理学の要素のみを切り出す立場は、ブラッドリーの所論に従い、これを採用しえないものと認める。これは、倫理学を閉じたシステムとしての「人間の自然本性」に内在させる形で完結させようとする立場である。トマスは明確に人間の自然本性の自立性を否定している。ブラッドリーも言及しているように、トマスによれば、人間は「神の本質を観ること」に存するところの至福を「自然本性的」に希求しているにもかかわらず、これを実現することは人間の自然本性的なものをもってしては不可能とされていた。このことは哲学的には逆説である。しかし、次章で主題的に扱うが、この「逆説」は同時に、トマスが人間の自然本性を本質的に自己超越的性格をもつものとして捉える彼独自の視点の指標ともなる。

従って、仮に『神学大全』の第II部を、独立したトマスの「倫理学」のテキストとして見なしうる、としても、トマスはそこで展開されているアリストテレス的な倫理学をそのまま自らのものとしているわけではない。「人間の自然本性の自己超越性」についての洞察は、トマスにおける「哲学的」と見える議論――たとえば彼が取り込んだアリストテレス的な倫理学の枠組みのような――の意味と位置づけにも無視できない影響を及ぼしている。我々は、この「変容」の意味を明らかにしなければならない。

ところで、トマスにおいてはアリストテレス的な意味とは別の意味における「哲学的倫理学」を考える可能性がある。それは、新プラトン主義的な形而上学が示唆するところの、世界を超越した根拠としての「普遍的善」へと向かう人間の志向性を視座に据えた倫理学の可能性である。こうした立場は一種の宗教哲学的な立場ともいえる。一切の形而上学を拒絶する極端な経験主義者は別として、新プラトン主義などに見られるような形而上学的枠組みに一定の意味を認めうるような立場であれば、トマス倫理学のこうした要素に関してこれを「哲学的」な倫理学として理解しうるかもしれない。事実トマス自身も、このような場面では可能な限り哲学的に語る努力をしていた、ともいえる。しかし、現代の解釈者は、ここで意識する、しないは別として、「哲学的」な議論の中に神学的前提を忍び込ませて、「道徳哲学と自らを誤称する道徳神学」を取り出すことにもなりかねない。この問題は、トマス思想における純粋に「神学的な」要素ともいえる「恩恵 gratia」の位置づけとも関連する。

この意味での「哲学」と「神学」との関係について解明するためにも、我々は節を改めて、トマス倫理学の主要なテキストとされる『神学大全』第II部が『神学大全』全体の構造の中で占める位置づけを検討する必要がある。

第三節　『神学大全』の全体構造と第II部

(1) 研究史と問題

『神学大全』の全体構造を、その各「部 pars」、および内容的な節目にあたる「問題 quaestio」における序文をもとに概観すると巻末(四七三頁)に掲げた付表の通りとなる。

ところで、『神学大全』の全体構造をめぐっては、M=D・シュニュが、一九三九年に公刊された論文「聖トマスの神学大全のプラン」[4]において一つの図式を提起し、二〇世紀半ば頃にかけて盛んに論議の的とされてきた。シュニュによれば、「神について」(第I部)、「理性的被造物の神への運動について」(第II部)、「人間でありたもうかぎりにおいて、我々にとっての、神に赴く道なるキリストについて」(第III部)[5]という三つの部分からなる『神学大全』の構造は、新プラトン主義的な「流出と還帰」の図式に従っている、という。すなわち『神学大全』第I部は「流出」、つまり「始源(作出因)としての神」を示し、第II部は「還帰」、つまり「目的因としての神」を示している。そしてこの還帰は「神人キリストによって起こるがゆえに、第III部はこの還帰の『キリスト教的』諸条件を論じる」[6]ものである、とされる。

シュニュによれば、トマスのこうしたシェマは、創造から受肉を経て終末にいたる救済史に従った神学叙述の展開の伝統(たとえばサン・ヴィクトールのフーゴー)と、アリストテレス風の「学問的」記述言語に従った神学の展開の伝統(たとえばペトルス・ロンバルドゥスやアベラルドゥス)とを統合したものであった。救済史が扱う歴史的・偶然的・一回的な出来事の中核には、学問的な記述言語の中に組み込まれることを拒否する「キリストの事跡」という神秘がある。しかし、救済史を「流出と還帰」の歴史として理解することにより、万物の起源であると同時に目的でもある神との関連において万物を記述する、という「学問としての神学」への要求が叶えられる、というわけである。(7)

しかし、こうしたシュニュの理解には一つの難点が指摘されていた。第I部が「流出」として、第II部が「還帰」として互いに相補的であるのに対して、第III部はその位置と役割が不明確で収まりが悪い。そのため、シュニュ自身が認めているように『神学大全』においては、キリストが舞台に登場する以前に、神学はすでに十分に構築されている(8)」という非難を招くことになる。この非難は、前節で問題としてきた哲学と神学との関係についての問題性を、反対側から浮き彫りにしている。つまり、この「キリストが舞台に登場する以前に」「すでに十分に構築されている」神学という非難は、それが啓示とは無関係に完結的に構成された「哲学的神学」もしくは一種の宗教哲学であって、本来的な意味での神学ではないのではないか、というキリスト教神学側からの批判と解することが出来る。

結局、シュニュによれば、第III部は、形式的には第II部の「還帰」の一部をなすものの、第II部から第III部への移行の中に「必然的秩序」から「歴史的現実化」への飛躍を認めざるを得ないことになる。キリストの受肉は「絶対的な神の自由の絶対的に自由意志的なわざ」だからである。

シュニュの主張に対してはその後いくつかの批判がなされ論議の的となるが、結局マックス・ゼクラー(9)、そしてオットー・ヘルマン・ペシュ(10)により、「流出と還帰」を時間的歴史的な展開としてではなく、歴史の各時点を通貫する神学的な認識の構造を示すものとして解する、という方向を徹底する形で修正的に理解されることとなる。ペシュ、ゼクラーによれば、シュニュによる「流出と帰還」の図式は「救済史の直線的な現実構想ではなく、むしろ救済史の構造定式のヴァリエーション」[11]という形で理解され、それは『神学大全』の構成に関しても、そのすべての部分に一貫して働いている、ということになる。

しかし、ペシュにしても、「流出と還帰は、具体的な救済史の時間的な場面 chronologische Phasen としてではなく、あらゆる歴史の瞬間を構成している始源と目的との間の緊張として理解されるのであり、それに対応して、『神学大全』のプランにおいては、これらは、テーマとしては区別されるけれども決して切り離すことができない、始源関係と目的関係という、二つの観点 Gesichtspunkte として理解されるのである。この二つの観点のもとで、唯一の救済史が考察されねばならないのである」[12]と留保をつけるものの、一応第Ｉ部が「流出」、第II部が「還帰」に対応することを認めている。だとすると、第Ｉ部・第II部と第III部の間には、「必然的秩序」から「歴史的現実化」と言わないにしても、「キリストの秘義の救済論的次元」を中核とする「救済史」の次元へ、という断絶があることは、ペシュも認めることとなる。

以上の研究史の概観をもとに、取りあえず以下の点を押さえておくこととしよう。

シュニュの指摘する「流出」と「還帰」という新プラトン主義的な形而上学のモデルは、一種の「哲学的神学」の言語として、つまりアリストテレス的な意味における必然的な因果系として閉じたシステムとしての「自然本性」に対して、これを突破する「超越」の次元について取りあえずは哲学的に語るための概念装置として機能している、と言うことができる。こうした点を、ゼクラー、ペシュらはシュニュを修正的に継承することによって保持している。言い換えれば第Ｉ部を、「作出因」としての神による諸々の本性の創造として、そして第II部を、人間が「目的因」として、すなわち「普遍的な善」としての神に向かう本性の自己超越の運動として捉えることができる。

他方、優れた意味での「超自然」もしくは「恩恵」が語られる場面としての第III部と、第I、第II部との間に落差を認める問題意識は、上述した研究史の展開においては一致して流れていた。その落差とは、歴史的・一回的なできごとを語る言語と、一般論として語る言語との間に横たわる断絶である。

(2)『神学大全』の全体構造再考

以上の研究史を踏まえて、『神学大全』の全体構造とトマスにおける「倫理学」の成立に関する問題について、我々自身の立場を明らかにしてゆきたい。

まず、確認すべきことは、トマスに忠実であろうとする限り、『神学大全』第II部のみを切り離すのではなく、第I部から第III部までを通した全体像を背景に考えなければならない、ということである。そこで、改めて、『神学大全』の全体構造について振り返りつつ、考察を進めることとしたい。『神学大全』全体の執筆意図は、その全巻の冒頭における序文に示されている。

「この著作における我々の意図するところのねらいも、キリスト教Christiana religioに属する諸般のことがらを、まさしく初学者たちの教導に適応するところに従って伝えるにある。[13]」

さらにこの「キリスト教に属する諸般のことがら」の実質的内実は、第I部第二問題の序文に示されている。

「さて、既述(第一問題七項)によって明らかなごとく、この聖教sacra doctrinaの主要な意図は神についての認識を伝えるにあり、それも然し、単にそれ自身においてあるかぎりにおける神にとどまらず、更にまた、諸々の事物の、そして特に理性を有する被造物の、根源でありかつその究極でもあるかぎりにおける神についてであるがゆえに、……(14)」

ここで『神学大全』全体の主題は「神」であることが明記されている。しかし、そこでは神を「特に理性を有する被造物の、根源でありかつその究極」として捉える、という視点が強調されている。つまり、『神学大全』全体の主題は「神」でありつつも、その関心は「人間論」もしくは「倫理」に集中していることが示唆されている。ここでは神を「人間との関与」あるいは「倫理」の視点から見ることが宣言されている、とさえ言える。このことは、第II部冒頭の序言においても確認することができる。そこでトマスは、第I部を振り返って、これを「神の像としての人間」の「範型 exemplar たる神について、ならびに、神の意志 voluntas にもとづき神のちから divina potestas に発する諸般のものごとについて」の考察として位置づけている(15)。

さて、『神学大全』全体の主題は、上述のように人間論との関連から見た「神」である、としても、神を語る際のアスペクトにはヴァリエーションがあり、『神学大全』の各部でその比重が変化している。その点については、前節に概観した研究史を踏まえ、概ね以下のようにまとめることが出来るように思われる。

第I部は、シュニュ以来のシェマに従い、概ね「流出」と見ることができる。つまり、第I部では、神を「作出因」として、つまり諸々の「自然本性」の源泉として見るアスペクトに重点が置かれている。ここでは同時に、諸々の「自然本性」そのものについても、その「何であるか」が解明されている。したがって、人間の自然本性も明らかにされる。否むしろ、人間の自然本性の描写が主眼となっている、とさえ言える。付表に明らかなとおり、トマスの叙述は、物体的本性、純粋に知性的な本性（天使）、そして、物体（身体）と知性との複合的本性としての人間という順序で展開されており、諸々の被造物のうち人間の発出についての叙述が最後となっている。本性の位階秩序から言えば、天使、人間、物体となる筈で、上からの順序でも下からの順序でも、「人間」が最後に来ることはないはずである。ここから、むしろトマスの叙述の重点は、人間の本性に置かれていた、と言うことができる。

第II部は、シュニュによる「還帰」、すなわち「理性的被造物」である人間の「神に向かう運動」が主題となる。第II部では、神を「目的因」として、つまり知性的本性に属する「意志」の対象としての「普遍的善」として見るアスペクトに重点が置かれる、といえる。ここでは神を「起動因」として見る視点は背景に退く。ここでは人間の自由なはたらきが主題であるからである。この運動は、自由であると共に、知性的・意志的な「人格persona」に固有な「自然本性」の運動でもある。しかし同時に、この運動には自然本性に収まらない面が影を落としている。つまり、ここでは先に述べた「至福」をめぐる人間の自然本性の未完結性が問題となり、外的根源としての神との関係が不可避的に論じられることになる。ここで、第III部で主題的に論じられる自由な人格としての神との関係が、人間的行為の外的根源としての「法論」「恩恵論」に先取りされることになる。

第III部は、いわゆる「キリスト論」および「秘跡論」という、普通純粋に「神学的」とされる主題が展開される。第III部において、特に倫理学の観点から実質的に問題となるのは「恩恵gratia」である。この「恩恵論」は、人間にその自然本性を超えることを可能とする、いわば超越的生命エネルギーの所在に対する信仰告白を含意している。

ところで、「恩恵」は、自由な人格同士の出会いの場面において語られる。このことは、神の恩恵のみならず、人間同士の恩恵を語る際にも共通して成り立つ、「恩恵」の一般的構造である。「恩恵」を主題にするとき、自然本性を記述する言語の限界は何らかの形で踏み越えられる。自然本性記述言語は、世界を対象化する言語である。これに対して恩恵の与え手は「自由な」人格的存在としての他者である。そして、自由な人格としての他者は、本性を記述する言語では捉えきることはできない。

トマスが神の「恩恵」を語る際にも、神は自由な人格的他者として捉えられており、そうした意味での神の関与が理解されている、と考えられる。そうした他者としての神は、形の上では人間の自然本性に対しては「外的な根源 principium extrinsecum」として位置づけられることになろう。恩恵に関わることがらは自然本性の内部運動ではないからである。しかし、その場合神が「外的根源」と言われるにしても、それは「目的因」としてでも、「作出因」としてでもない。つまり、本性を記述する一般的な記述の言語にはなじまない特殊な仕方で人間と関わっている。自由な人格的他者としての神は、「出会い」としての出来事の中に訪れ、そこにその痕跡を残してゆくことになるであろう。したがって、本来、こうした意味での神との交渉については、本性の記述に用いられるのとは異なった言語で語られるのが相応しい、とも言える。その言語とは、最終的には、歴史の流れの中で展開する一回的な出来事の軌跡、つまり一種の「物語」的な場面の描写の形をとると思われる。

(3)『神学大全』第Ⅲ部における物語性

事実、第Ⅰ部、第Ⅱ部が一般的な概念を用いた考察であるのに対して、第Ⅲ部は、一定の物語的性格をもった叙述がなされている。そうした意味で第Ⅲ部に特徴的なことがらとして、「適合性 convenientia」という概念の多用が挙げられる。第Ⅲ部の項、特にキリストの事跡について扱った項は、ほぼ例外なく「××であったのは適合的であったか」という問いの形式になっている。

第Ⅲ部において多用されている「適合性」の概念については、一般にはこれを一種の論証言語——いわゆる「適合」の論証、もしくは「適合根拠」の説——と見なすのが通例である。[16] つまり、第Ⅲ部においてトマスが記述している「キリストの受肉」「キリストの受難と死」「キリストの復活」などの事跡は、形而上学的には必然的ではないが、神の善性に適合しているがゆえに「適合的 conveniens なもの」としてある種の「根拠づけ」を見いだしうる、という考え方である。しかし、トマスによる「適合性」の概念を一種の論証、もしくは認識を目指す言語として見るならば、きわめて不完全で欠陥に満ちたものであることは明らかである。果たしてトマスはそのような貧弱な「論証」もしくは「認識」を意図していたのであろうか。

第Ⅲ部における「適合性」を用いた議論の実例を見てみよう。トマスは、『神学大全』第Ⅲ部四六問題三項において、キリストの「受難」による人類の解放は適合的である、とする論拠として、五つの理由を挙げている。すなわち、

第一に、「神がいかに人間を愛しているかを人間が知り、人間の神への愛（人間の救済の完成が存する）が喚起されるため」である。

第二に、「キリストの受難において、我々に従順、謙遜、堅忍、正義その他の徳の模範が示されるため」である。

第三に、「キリストは彼の受難において、人間を罪から解放するのみならず、彼のために義化する恩恵と至福の栄光の功績を予め果たすため」である。

第四に、「このことにより、人間が罪を避けるべき義務がより強く示されるため」である。

第五に、「このようにして、人間により大きな尊厳が帰される」という。すなわち、人間は悪魔に欺かれ征服されてきた。しかし、悪魔を征服したのも人間であった。そして人間が死の責めを負ったように、人間が死ぬことによって死を征服した、ということにより、「人間により大きな尊厳が帰される」という。

以上の例から明らかな通り、トマスは「適合性」という概念を用いて、通常の意味での論証もしくは認識を目指す、というよりは、キリストの事跡という「出来事」のうちに、神の業としての「意味」を見いだそうとするような思索を展開している。第III部の主題となるキリストの事跡は、時間的・歴史的に展開した事象、つまり一つの「物語」である。したがって、キリスト論を主題的に扱う第III部では、時間的・歴史的に展開した物語の中からその意義を汲み取ろうとする思考が中心となる。

ところで、上述の例からも明らかなように、一般にトマスの「適合性」の議論は、必ず多面的な角度から、重層的に展開されている点に注意する必要がある。上の例では、トマスは五通りの角度から事跡の意味（適合性）を汲み取ろうとしている。その際、第I部、第II部で十分に展開された概念的枠組みが、その「意味」を汲み取る際の、多面性、重層性の根拠となっているのである。

（4）第I部・第II部における一般的記述言語の意味

他方、トマスは第I・第II部においては、物語的な言語使用を控え、極力一般的な記述の言語を用い、概念的な思考を展開しようとしている。それは第III部における物語的な思考場面との間に断絶を示しており、その断絶は「研究史」においても問題とされていた。しかし、上述の通り、第I・第II部で展開された概念は第III部における物語的な思考場面において、キリストの事跡から多面的・重層的に意味を汲み取るための枠組みを形成しており、その限りで第Ⅲ部の予備作業である、とも言えるのである。

さらに、第Ⅰ・第Ⅱ部が一般的な記述言語で語られていることには、見落とされがちな重要な意義がある。まず、それは人間のあり方（自然本性）についての「反事実的な」――少なくとも現実の人間のあり方とは異なった人間のあり方を示す――神学的想定について考察することを可能としていることである。それは、たとえば「原罪」というものがなかったとしたら人間はどうなっていたか、といった想定を可能とする。その想定は、単にアダムが罪を犯さなかったならば、という（キリスト教的な意味での）「反歴史的な」想定にとどまらない。そもそも論理的に原罪以前の存在とされる「アダム」そのものについての性格付けをも可能とする。[17]

事実、トマスはアリストテレス的なカテゴリーに根ざした性向論としての徳論言語を駆使して、アダムを「すべての徳を有していた人間」として記述する。[18] そして、これをもう一人の「原罪」から自由にして「すべての徳を有していた人間」である「(人間である限りでの) キリスト」[19] と対置している。

いうまでもなく、これは「一人の人によって罪が世に入り、罪によって死が入り込んだように、死はすべての人に及んだ」といわれる「一人の人」と、「一人の正しい行為によって、すべての人が義とされて命を得ることになった」といわれる「一人の人」とを対置するパウロ神学の基本構図である。[20]

トマスの徳論言語は、アリストテレス的な獲得的な徳にせよ、注賦的な徳を通じての恩恵の中での歩みにせよ、個人にとっての倫理的指針を示す、という意味での「倫理学」にとどまるものではない。それは、アダムとキリスト、そしてその両者の間にあって、前者を通して「世に入ってきた罪」のもとにあり、後者によって救いを得るべきものとされる人間たち、というキリスト教的な人間観の基本構造を、アリストテレス的なカテゴリーを用いて描き切ろうとしているのである。

その意味でも、第II部で展開されている「倫理学」は、第III部における「キリスト論」に基礎を与える予備的考察である、といえる。また、第I・第II部の一般的記述言語による考察は、救済史を予想している、とも言える。すなわち、一つには「アダム」と「キリスト」とは何者なのか、ということを語る概念装置を全人類的な救済史に提供しつつ、個人の救済史としての「倫理学」をも示しているのである。

第四節　トマスにおける「倫理学」と『神学大全』第II部

(1)　第II部の位置づけ

以上の考察をふまえ、ここで改めてトマスにおける「倫理学」と『神学大全』第II部そのものの意義についてより立ち入って考えてみたい。まず、第II部の序において、トマス自身が『神学大全』第II部をどのように捉えているのか、を再確認することにしよう。

「人間は神にかたどって ad imaginem Dei (＝神の像のごとくに) つくられたとあるが、この場合の、神の『かたどり・像 imago』ということばの意味は、ダマスケヌスの説くごとく、それが、知性的 intellectuale であり、意志決定に自由 arbitro liberum であり、主体的行動の可能なるもの per se potestativum であるということにほかならない。われわれはこれまでのところ (第I部) において、その範型 exemplar たる神について、ならびに、神の意志 voluntas にもとづき神のちから divina potestas に発する諸般のものごとについて考察しきったのであるが、なお残された仕事として、以下においては、神のかたどり・神の像としての人間、つまり、やはり自由意思 liberum arbitrium を持ち、自らの所業をつかさどるちから suorum operum potestas を持つという意味において、自らが自らのもろもろの所業 opera の源 principium である人間というものの考察に赴かなくてはならぬ。[21]」

ここでトマスは、第II部から展開されるのは人間についての考察であることを宣言しているが、その人間についての意味づけに注目すべきである。ここで人間は「神のかたどり・神の像」としての人間、つまり、神と同様に「自由意思を持ち、自らの所業をつかさどるちからを持つという意味において、自らが自らのもろもろの所業の源である」人間として捉えられている。つまり、そもそも第II部においては、人間の自由な人格としての側面が強調されている。

この自由な人格としての人間による神への「運動」が特に問題となるのはその次の段階、つまり「人生 humana vita の究極目的 ultimus finis について」論じる問題群、一問題〜五問題以降においてである。第II部の構成上注意すべき点は、この「人生の究極目的についての考察」は、第II部がI－II、II－IIとに分かれる以前の、第II部全体に先立つ部分として展開されていることである。すなわち、

「至福に到達するのは、かくして、かならず何らかの活動 actus によってでなくてはならない」がゆえに「そもそもどのような活動によって至福が到達されたり至福への途が阻まれたりするのかを知るため、以下、もろもろの人間的活動 humani actus についての考察を行なわなくてはならない[22]」

とされる。その上で、「もろもろの人間的な活動についての総論的考察（第I－II部第六問題以下）」と「もろもろの人間的な活動についての各論的考察（II－II）」とが分かれるのである（付表四七三頁参照）。

ここで、トマスは「至福 beatitudo」を規定するにあたって、アリストテレスの「幸福 eudaimonia」についての規定に対して、内容的には一定の変容を加えつつも、形式的にはこれを受け継いで、自らの論述の枠組みとしている点に注意する必要がある。アリストテレスは『ニコマコス倫理学』において、快楽、富、名誉など、幸福の所在についての世人の見解について検討を加えた上で、[23] 幸福を「徳に即した活動 energeia kata aretēn」である、とする自らの規定を与えている。[24] アリストテレスにあっても「徳」は多元的であり、実践活動にかかわる徳（倫理的徳と賢慮）と観照活動にかかわる徳（知性的徳）とがあるが、最終的には観照活動に優位を与えている。[25] これは、人間における自然本性の自己実現のあり方に対してアリストテレスが与えた概観である。トマスは、このアリストテレス的な枠組みを形式的には忠実に継承している。トマスもまた、至福は活動 actus であり、[26] 観照的知性の活動である、[27] としている。ただ、至福の所在について、アリストテレス同様、快楽、富、名誉などに求める見解を検討した上で、[28] さらにアリストテレスを越えて、被造界を越えた神的本質の直視[29]にこれを求めている。[30] このことが、我々がたびたび問題としてきた「哲学的逆説」を生じているのである。しかし、トマスは人間の至福、すなわちその本性の自己実現が最終的に展開される場を「活動」というカテゴリーのうちに置いている点はアリストテレスに忠実に従っている。それゆえに「至福に到達するのは、かくして、かならず何らかの活動 actus によってでなくてはならない」と述べ、考察の場面設定がなされている。

さらにI－IIに限ってその後の構成を見る（付表参照）と、（一）「人間的なもろもろの活動それ自身について」の考察を、（1）「人間に固有な活動、すなわち人間的行為についての考察（第I－II部六問題～二一問題）」と

（2）「人間にも他の諸動物にも共通する活動、すなわち魂の情念 passiones animae についての考察（第I－II部二二問題以下）」とに分けて展開した後、（二）「人間的活動のもろもろの根源 principia についての考察」が、（1）「内的な諸根源についての考察（第I－II部四九問題〜八九問題）」と（2）「外的な諸根源についての考察（第I－II部九〇問題〜一一四問題）」とに分かたれて展開する、という構成になっている。

この構成は、第II部の位置づけが「理性的被造物である人間の運動」とはいっても、それは必ずしも「閉じたシステム」としての人間自然本性が示す運動ではないことを示している。（一）の「人間的なもろもろの活動」とは、人間の自然本性の自己展開としての「運動・変化」である、と取りあえず言うこともできる。（二）の（1）で論じられる「人間的活動の内的な諸根源」とは、人間の自然本性の内部構造を記述したもの、ということになる。しかし、注目すべきなのは、（二）の（2）で「外的な諸根源」について論じている点である。「外的な根源」が語られる限りで、考察の場面はすでに「閉じたシステム」としての人間自然本性に収まらない広がりを示していることになる。

（2）第II部における人間的行為の「外的根源」への視点

トマスによれば、「人間的活動の外的な根源」とは、（1）「悪へと傾かしめる外的根源」としての「悪魔 diabolus の誘惑」と、（2）「善へと動かす外的根源」である神である（付表参照）。そして、神は、われわれを「法でもって教導し、恩恵でもって助ける」[31]とされている。つまり、人間自然本性の自己展開である「人間的な活動」の「場」は、悪魔による誘惑と神による教導と助力とがぶつかり合う狭間に設定されているのである。これは、同時に人間の倫理的活動の場を、アダムとキリスト、そしてその両者の間にあって、前者を通して「世に入ってきた罪」のもとにあり、後者によって救いを得るべき場面に設定する、というトマスの基本的な立場に対応する。実は、上で取りあえず「人間の自然本性の自己展開」としていた人間的活動、そして「人間の自然本性」の内実そのものを示すものとされていた「人間的活動の内的な諸根源」も、トマスにあっては真空状態に置かれているのではなく、上記「外的根源」の影響を宿しているのである。すなわち、現実の人間は、一方で、「十全な自然本性 natura integra」においてではなく、悪魔の誘惑に屈したアダムの罪の結果としての「損なわれた本性 natura corrupta」の内に置かれているものとして認識されている。[32]他方、神は人間を「法でもって教導し、恩恵でもって助ける」とされるが、究極的には外的根源である「他者としての神」による働きかけは「恩恵」に収斂する。

トマスにとって、「法」は本質的に神からの外的な教導を意味していた。トマスによれば、「法」には、人定法、自然法、神法がある。[33]人定法の基準は自然法である。自然法は神の世界創造の理念である「永遠法」に対する人間理性の分有である、[34]とされる。トマスによれば、自然法の第一の原理は「良知 synderesis」と呼ばれる万人に共通的に与えられた性向である。[35]その限りで、自然法はその名のごとく、人間の自然本性に属する法であり、人間本性の内在的・自律的なシステムの内部にある、といえる。しかしトマスにおける実践的理性は、論理的には自律的であると共に、形而上学的には神律的 theonomous である。「良知」の知的な性向によって把握される実践的理性の第一の規則は論理的には自明的あるいは論証不可能な自然的な原理である。けれども形而上学的に見た場合、これらの同じ自然法の規則は、神の精神の中にある天地創造の範型である永遠法を「分有する」ものであり、神の被造物としての人間の精神の自然本性を反映するものである、とされる。[36]さらに、トマスの法論においては、人間の自然本性に対して外部から働きかける神が示唆されている。自然法の内実をより明示的に示すために、神から神法としての旧約の啓示（「旧法」）が与えられ、さらに新約の啓示が「新法」として与えられる。[37] この「新法」は、次に触れられる「聖霊の恩恵」をその実質的な内実としているのである。[38] このように、トマスにとっては、あらゆる「法」は結局神からの外的な教導を意味するのであり、しかもそれらは最終的には恩恵へと収斂する。

恩恵は、人間の本性に対する神による外部からの働きかけの核心をなすものである。恩恵との関わりによって、人間的活動の「内的根源」の意味、そして人間的活動そのものの意味が、自律的に閉じたシステムとしての人間的本性における場合とは変わってくる。たとえば、トマスにあっては人間的行為の「内的根源」たる「性向 habitus」「徳 virtus」論の中にも、恩恵の影が入り込んでいる。その一つはいわゆる「注賦的性向 habitus infusa」の理論である。トマスの「徳論」への「恩恵」の関与は、その構成そのものにおいてすでに窺うことができる。

トマス・アクィナスのいわゆる「徳論」は、総論的には『神学大全』第I－II部四九問題～七〇問題の一連の問題群において展開されている。この問題群は、人間的行為の「内的根源 principium intrinsecum」である「性向」について（第I－II四九問題～五四問題）の一般的考察からはじまり、さらに、「善い性向」としての諸々の「徳 virtutes」についての考察（第I－II部五五問題～六七問題）と、それらに結びついているところの他のもの、つまり諸々の「聖霊の賜物 dona」（六八問題）[39]、イエスの「山上の説教」で展開された諸々の「至福beatitudines」[40]（六九問題）、さらにはパウロが「聖霊の結実fructus」[41] と呼んだ人間的活動の相について（七〇問題）の考察からなっている（付表参照）。

トマスのいわゆる「獲得的な徳 virtutes aquisitae」はアリストテレス的な徳倫理を反映しており、「自ら努力して変わる」という意味で、人間自然本性の内在的・自律的な自己実現のプロセスを示している。しかし、トマスはこれとは別に恩恵との出会いを想定した倫理体系を構想している。恩恵の生命エネルギーと接触することにより、人間は、「対神徳 virtutes theologicae」などのいわゆる「注賦的な徳 virtutes infusae」を通して「(内側から)変えられる」。そしてさらに「聖霊の賜物 dona Spiritus Sancti」と呼ばれる特殊な性向に導かれて、人間は「出会い」において「他者」として訪れる神に自己を明け渡すまでに到るのである。詳細は後述するが、トマスによるこうした「恩恵」および「注賦的性向」に関する諸々の洞察の全体像は、主としてパウロが、特に『ローマ人への書簡』第五章を中心として示した事態についての示唆を、トマスが受け止め、自らのものとした結果として理解することができるように思われる。

こうした、人間本性の自己超越性を示唆する構造は、倫理の「各論」と呼ばれる『神学大全』II－II部の構成にも見ることができる(付表参照)。

『神学大全』II－II部は「道徳の全対象領域」をいわゆる「七元徳[42]」の考察へと還元する形で展開されており、七元徳の一つ一つが一個の「章」のごとき単位をなしている。それぞれの「章」一つ一つの内部構成は、「その徳そのものについて」「その徳に対応するところの賜物について」「諸々の対立的な悪徳について」「その徳に属する諸々の掟について」という内部構成をとっている[43]。この「賜物」についての考察の内に、それぞれの賜物に対応する「至福」「聖霊の結実」についての考察が包含されている。

このようにいわゆる「徳論」の総論にあたる問題群、四九問題～七〇問題の構成と、『神学大全』II－II部における各々の徳についての「章」の内部構成とは対応しており、特に「賜物」とこれに関連することがらの考察が構成上の柱に組み込まれている。このことは、対神徳のみならず、いわゆる「枢要徳」を主題とする「章」においても言えている。つまり、ギリシア以来の枢要徳についても人間本性内在的な視点を越えて、本性超越の次元までを見越しているのである。こうした点に、本来人間的行為の「内的根源」である徳論の中に、「外的根源」である「恩恵」に対する視座が影を落としていることが窺われる。

このように、恩恵についての考察は、第III部を中心に展開する、とされつつも、倫理学としての第II部にも先取され、その意味合いに大きな影を落としている。したがって、我々は『神学大全』第II部から「倫理学」を切り出すにしても、トマス倫理学がもつそうした特性に留意しなければならない。

第五節　結　語

以上、トマス・アクィナスの著作、特に『神学大全』から「倫理学」を抽出することに伴い、想定される問題点を検討してきた。

まず、『神学大全』第II部からアリストテレス的な倫理学のみを切り出す立場は、倫理学を閉じたシステムとしての「人間の自然本性」に内在させる形で完結させようとする立場であるが、これはトマスの真意を見損なうもの、と言わなければならない。むしろ、アリストテレス的な倫理学に加えられた「変容」の意味を明らかにすることがトマス固有の倫理学の意味を明らかにすることにつながるのではないか、との示唆が得られた。

さらに『神学大全』の全体構成を検討したとき、シュニュの提起した新プラトン主義的な枠組みのもとに理解される第I・第II部における一般的記述言語の世界と、第III部において展開される「恩恵」を扱う物語的な考察との間の関係が問題とされていた。その結果、『神学大全』第II部を中心にトマス倫理学を抽出する際に、トマス固有の立場を明らかにするためにも、人間的行為の「外的根源」としての「聖霊の恩恵」の影響を精確に見極める、という手続きが必要とされることが明らかになった、と思われる。

（1）*S. T.* I prologus.
（2）Bradley, D. J. M., *Aquinas on the Twofold Human Good, Reason and Human Happiness in Aquinas's Moral Science.*
（3）Bradley, op. cit. p. 421 ff.
（4）Chenu, M-D., Le plan de la Somme théologique de S. Thomas, in: *Revue Thomiste* 47, 1939, p. 93-107.
なお、シュニュの所論およびその後の研究史の展開については、以下の適切なまとめがあり、筆者もこれによるところが大きかった。片山寛『トマス・アクィナスの三位一体論研究』創文社、一九九五年（第九章「全体構造への問い」一五三－一七三頁）
（5）*S. T.* I q. 2 prologus.
（6）Chenu, op. cit. p. 98.
（7）*ibid.* p. 97.
（8）*ibid.* p. 104.
（9）Pesch, O., H., *Thomas von Aquin*, M. -Grünewald-Verlag 1988, S. 388.
（10）Seckler, M., *Das Heil in der Geschichte-Geschichtstheologisches Denken bei Thomas von Aquin-*, Kösel-Verlag München 1964, S. 33-47, Der Plan der theologischen Summa.
（11）Pesh, op. cit. S. 416 ff.
（12）*ibid.* S. 416.
（13）*S. T.* I prologus.
（14）*S. T.* I q. 2 prologus.
（15）*S. T.* I-II prologus.
（16）片山　前掲書一六二頁

(17) *S. T.* I q. 95 c.

(18) *S. T.* I, q. 95, a. 3 c.

(19) *S. T.* III, q. 7, a. 2 c. なお、ここでの「人間である限りでの」という断り書きは、「キリストは完全な神性と完全な人間性を備え」「神性と人間性とは、混ざらず、変わらず、分かれず、離れない」というカルケドン公会議で確定した教義にもとづいて、キリストの人間性について語ることを示す表現である。

(20) 『ローマ人への書簡』五・一二−二一。

(21) *S. T.* I-II prologus.

(22) *S. T.* I-II q. 6 prologus.

(23) Aristoteles, *Ethica Nichomachea* (以下 *E. N.*) I, 5 1195b14-1196a10.

(24) *E. N.* I, 7, 1098a7-18.

(25) *E. N.* X, 7, 1177a17-18.

(26) *S. T.* I-II q. 3 a. 2 c.

(27) *S. T.* I-II q. 3 a. 5 c.

(28) *S. T.* I-II q. 2 a. 6 c., a. 1 c., a. 2 c.

(29) *S. T.* I-II q. 2 a. 8 c.

(30) *S. T.* I-II q. 3 a. 8 c.

(31) *S. T.* I-II q. 90 prologus.

(32) *S. T.* I-II q. 85.

(33) *S. T.* I-II q. 91 a. 3 c., a. 2 c., a. 4 c.

(34) *S. T.* I-II q. 91 a. 2 c.

(35) *S. T.* I-II q. 94 a. 1 ad. 2.

(36) *S. T.* I-II q. 91 a. 2 c.

(37) *S. T.* I-II q. 91 a. 4 c., a. 5 c.

(38) S. *T.* I-II q. 106 a. 1 c.

(39) S. *T.* I-II q. 68.『イザヤ書』（一一・二）において枚挙された項目をトマスが「性向」として位置づけたもの。魂の全能力を神による動かしに従うよう秩序づけるものとされる。

(40) S. *T.* I-II q. 69. S. *T.* I-II q. 3 a. 8 において「神の本質の直視」のうちに措定された「至福」について、トマスは具体的なアプローチは『マタイ福音書』（五・三）が伝えるイエスの「山上の説教」におけるいわゆる「真福八端」として提示されている。

(41) S. *T.* I-II q. 70. パウロが『ガラテア書簡』（五・二二）で枚挙した、聖霊の力が臨在する徴としての働き。

(42) トマスは『コリント第一書簡』（一三・一三）を典拠とする「信仰 fides」「希望 spes」「神愛 caritas」という三者を「徳」として位置づけ、これを「対神徳 virtutes theologicae」と呼んでいる。これらを「徳」として扱うに到るまでには、歴史的には多くの経緯があるが、この点については後述する。他方、これらのいわばキリスト教固有の徳と並び、ギリシア以来の伝統による徳を「賢慮 prudentia」「正義 justitia」「節制 temperantia」「剛毅 fortitudo」の「四元徳」に還元し、これを「枢要徳 virtutes cardinales」と呼ぶ。S. *T.* I-II q. 61 a. 2 c.
その上でトマスは、三つの「対神徳」と四つの「枢要徳」を併せた七つの徳を、彼の倫理学の基本的な柱として扱っている。

(43) S. *T.* II-II prologus.

第二章　自然本性の自己超越

第一節　はじめに

第一章での検討の結果、トマス・アクィナスの倫理学を神学的な脈絡から切り離して、純粋に哲学的なものとして捉えることはできない、との結論に至った。ところで、よく知られているようにトマスの思想体系の全体は、「自然 natura」と「超自然」もしくは「恩恵 gratia」という区分をもってその骨格としている。一般に、トマスの「自然」の領域における理論に関しては、彼が受け継いだ限りでのアリストテレス哲学がその主な内容をなしているのに対し、「超自然」もしくは「恩恵」の領域とされるものを構成するのはキリスト教神学に固有の要素である、と理解されている。

トマスは人間の生の究極目的を「至福 beatitudo」と呼び、これを「神の本質を観ること visio divinae essentiae」に存するものとしている。(1) トマスによれば、人間は一方ではこの至福を「自然本性的」に希求している、(2) とされるが、他方ではこの至福を実現することは人間の自然本性的なものをもってしては不可能とされる。(3) このことは、トマスの思想体系が人間の自然本性に自立性を認めず、これを未完結なものとして捉えていることを意味し、哲学的には逆説をなす主張となる。しかし同時に、この「逆説」は、人間の自然本性を本質的に自己超越的性格をもつものとして捉える、というトマスの人間観の基本的前提を示唆するものでもあったことも前章で示唆された。この人間の自然本性の自己超越性という事態こそが、「自然」と「超自然」もしくは「恩恵」の対比というトマス思想全体の周知の枠組みに実質的な意味を与えている。

本章の目的は、この「人間の自然本性の自己超越性」と呼ばれる事態が何を意味しているのか、を明らかにし、「自然」と「恩恵」というトマスの思索全体の構造を理解するための基本的な軸の一つについてその意味を明らかにすることにある。さらには、「自然本性」「超越」といった、スコラ哲学の体系内でなかば自明視されている概念の意味について、これを「不問の前提」とするのではなく、現代的な視点から見てもいかなる意味を持ちうるのか、という点についての一定の見通しを与えることをも意図している。

第二節 「自然本性」ということの意味

(1) 「自然」と「本性」

まず、「自然」「本性」natura という用語の意味を問うことから出発しよう。

トマスをはじめ、スコラ学者たちが用いる「natura」というラテン語は、「physis」というギリシア語の訳語である。しかし、この「physis＝natura」という概念を日本語にしたとき、「自然」と訳されたり「本性」と訳されたり、両者を並べて「自然本性」と訳されたりする。ここに、この概念がもつ意味の幅を見て取ることができる。「自然」という語は、日常よく使われる語であり、人為・人工と対比され、特に生物の生命活動を中心とする存在者の領域を意味するものとして理解されている。他方、「本性」という語は、もっぱら哲学的な術語として用いられることが多く、そうした文脈では「本質 essentia」という語と近い意味で用いられる。

トマスにおいても、「natura」という概念の用法には広がりがある。『命題論集註解』において、トマスは「自然本性的 naturale」という表現に二通りの意味を区別する。[4]

（a）第一の意味において、それは「魂の内なる有 ens in anima」から区別され、「自然の中に画定した存在を有するところのものすべて」について語られる。この意味での「自然本性」とは、「魂の内なる有」すなわち、概念、言語、意志と倫理的行為、芸術、技術など、理性が作り出したものの領域から区別され、理性に対しては所与として与えられるもの、すなわちすべての実体を含む広義の用法である。

（b）第二の意味において、それは「質料と運動から切り離された神的な有 ens divinum」から区別された「運動し、事物における生成と消滅へと秩序づけられたもの」のみについて語られる。この意味での「自然本性」は、質料と運動の内にある存在者に限定された、狭義の用法である。

（a）の意味における「natura」は「本性」という意味と重なり、（b）の意味における「natura」は「自然」という日本語と近い、と言えよう。

ところで、こうしたトマスの「natura」の概念は、実はアリストテレスに拠るところが大きい。[5] したがって、これら（a）（b）二つの自然本性概念の相互関係をより精確に理解するためには、アリストテレスにおける「自然本性 physis＝natura」概念を明らかにした上で、トマスがこれをどのように受け継いだか、を見る必要がある。

（2）『自然学』における physis＝natura

「自然本性 physis＝natura」の定義に関しては、トマスは多くの場所でアリストテレスの『自然学』第二巻第一章を典拠としている。ここでの「physis」の規定は、「人為」すなわち人工物（技術 techne の所産）から区別された意味での「physis」を切り出しており、概ね現代人が抱く「自然」の観念に即している、といえる。(6)

ここでアリストテレスは、「自然によって存在するものども」として、「動物とその諸部分や植物や単純な物体、たとえば土、火、空気、水など」を列挙し、「寝台や衣やその他この類の」「技術によって存在するもの」と対置する。その上でアリストテレスは、「physis」を次のように定義している。

「或るものの『自然 physis』とは、これ［自然］がその或るもののうちに第一義的に、それ自体において、そして付帯的にではなしに、内属しているところのその或るものの運動しまたは静止することの根源 archē であり原因 aition である（192b22-24）。」

ここで、アリストテレスが「付帯的にではなしに」とことわっているのは、「或る人が、自ら医者であって、自らにとってその健康の原因であることになるような場合」を除外しているのである。つまり、医者（技術の能動的主体）と患者（受動的対象）とが偶々（「付帯的に」）同一人物であった場合、彼が「健康になる」という「運動の根源 archē＝principium・原因 aition＝causa」は彼自身ということになる。しかし、「根源・原因」であるのはあくまでの「医者としての」彼自身であり、これが「健康になる」という運動をする「患者としての」彼自身に内属するのは「付帯的」にすぎない。つまり、医者としての彼自身は、本来、患者としての彼自身が「健康になる」という運動にとっては、「外的な」「根源・原因」だ、ということになる。このような例外的な事態を通じて逆に明らかにされるのは、「physis」とは、運動したり静止したりする可能性をもつ事物における、運動と静止のあくまでも「内的な」「原因・根源」である、ということである。これに対して、上述の医術のような「技術」は、運動と静止の「外的な」「根源・原因」であることになる。

ここに、アリストテレスの、そしてこれを受け継いだトマスの「physis＝natura」概念の根本的な特徴の一端が明らかとなる。つまり「physis＝natura」とは、まず「運動・変化の根源を自己の内に持つ」というあり方をする存在者において語られ、当の事物における内的な「運動・変化の根源」として立ち現れる、ということである。

（3）『形而上学』における physis＝natura

以上の、『自然学』を典拠とする「physis＝natura」概念の規定は、生成・変化する狭義における自然物の世界に妥当する規定であった。しかし、先に見たとおり「physis＝natura」概念には、神的なものまでも含めて、広く実体一般を意味する「本性」としての意味の広がりがあった。『形而上学』第五巻においてアリストテレス自らが展開している「哲学用語事典」[7]は、こうした「自然本性」概念の広がりを理解するための手がかりを与えてくれる。そこでアリストテレスは、「自然本性 physis」という語のいくつかの用法を解説している。

（1）「生長する事物 phyomenon の生成 genesis＝generatio」。

（2）「生長する事物のうちに内在していて、この事物がそれから生長し始める第一のそれ」すなわち、生物の生長の内在的根源。

（3）「自然によって存在する事物の各々の運動が第一にそれから始まり且つその各々のうちにそうした事物のそれ自体として内在しているところのそれ」すなわち「自然的な諸存在者一般における第一の内在的根源」。

（4）「自然的諸存在者の、存在するのも生成するのもそれからであるところの第一のそれ」、すなわち「質料」。

（5）「自然的諸存在者の実体」もしくはこれを形成する「形相」。

（6）「広く一般にあらゆる実体」。

（1）第一の意味での「physis」について、アリストテレス自身が、「生長する事物 phyomenon の生成 genesis=generatio」のことをいう、と述べた上で「これは physis の y（ギリシア語での発音としては u）を長音に発音してみれば推察されるとおりの意味である」と解説している。

つまり、「physis」の「y（u）」は短母音であるが、これを長母音とするなら「生長する事物 phyomenon」という分詞のもとの動詞形「phy（ū）esthai 生長する・生まれる」が連想される、ということである。ここから、ラテン語でも同様に生長を意味する「nascor」という動詞からの派生語である「natura」が「physis」の訳語とされるのである。

トマスは、この「physis=natura」の第一の、つまり最も固有な意味について「誕生 nascentia」という表現を用いた方がよい、と解説した上で、「自然本性 physis=natura」の意味を解明するための基本的範例は「無生物」を含めた生成変化一般ではなく、「生物」の生長にあることに注意を喚起している。この（1）の意味に即した上で、さらに生物における「生長（生成）」の「内的根源」を特に限定して「自然本性」と呼ぶ用法が、（2）の意味での「physis」の用法である。

さらに、「physis」の意味は、「physis」が語られる範例的な場面である「生物」から、「運動する自然的事物」一般へと拡張され、そうした自然的事物における「第一の内在的な運動の根源」を意味するようになる。これが（3）第三の意味での「physis」の用法である。トマスは、先に引いたアリストテレス『自然学』における「自然本性」概念は、この第三の意味における「physis」であることを指摘している。

既述の通り、この意味での「physis=natura」は、運動・変化する諸事物における内在的な根源を意味している。「質料」と、これを形成して「実体」となすところの「形相」は、かかる諸事物における内在的な根源であるので、それらが「physis=natura」の（4）、（5）の意味を担うことになる。そして、自然的な諸事物の運動は、質料よりもむしろ形相に起因するがゆえに、（5）の「形相そのもの」「実体そのもの」としての用法が、より優先的に「physis=natura」と言われる、とされる。

ここで、「形相」としての「physis=natura」に関連して、アリストテレスは重要な拡張を行ない、その結果、狭義における自然的事物における生成の場面を離れ、（6）の、広く「実体」一般、あるいは「本質」という意味における「physis=natura」を語るにいたる。この点についてトマスは以下のような解説を付している。(8)

形相が「natura」と呼ばれる場合、部分の形相のみが「natura」と呼ばれるのみならず、全体の形相である種そのものも「natura」と呼ばれる。たとえば、我々は、「人間」の外延的な部分をなす個体の形相である「魂anima」を「人間のnatura」と呼ぶが、それだけではなく「人間性humanitas」もしくは人間の「定義が表示するところの実体」をも「人間のnatura」と呼ぶ。後世ボエティウスが、「natura」とは「各々の事物を形相付ける種差」である、と規定しているのはこのためである、とトマスは言う。というのは、種差は種別をもたらすものであり、事物の実体を完成し、これに種を与えるものであるからである。そして、上述（4）（5）の形相もしくは質料は、それが生成の根源であることにもとづいて「physis=natura」と呼ばれるのに対して、「種」と「実体」とは生成の目的（終極）であることにもとづいて「physis=natura」と呼ばれる、とする。それは、生成という運動は生成するものの「種」へと終極するからである。そして、その「種」は形相と質料との合一からもたらされる。

ここに、（1）から（5）までのすべての意味での「physis=natura」、すなわち、生成の根源（始まり）とは対極的な「physis＝natura」の意味が展開される。つまりここで、「physis＝natura」の目的因的性格が示されている。こうして（5）における「形相」から「さらに転意して」、「広く一般にあらゆる実体」を指す「physis＝natura」の用法が拡張されるのであり、それが（6）の意味での「実体」「種的本質」としての「physis＝natura（本性）」なのである。

アリストテレスは、これらの「physis＝natura」の諸義を踏まえ、以下の通り結論づけている。

「第一の主要な意味で自然と言われるのは、各々の事物のうちに、それ自体として、それの運動の根源を内在させているところのその当の事物の実体［本質］のことである。（1015a13–15）」

かくして、ある事物の「physis＝natura」とは、当の事物の実体である種的本質、およびその種的本質の自己実現のプロセス、そしてそのプロセスをもたらす内的根源、という意味の広がりを有するものとされる。

（4）「自然本性 physis＝natura」概念の現代的含意

ここで、以上概観したようなアリストテレス・トマス的な「physis＝natura」概念の本質的な意味について、特にそれが現代的な観点においてもいかなる意味をもちうるのか、という点を中心に簡単に振り返っておきたい。

周知のごとく、現代の「自然」科学は、アリストテレスの自然学とは内容的に異なるのみならず、その飛躍的な発達の結果、これを応用した先端「技術」が「自然」そのものの意味をも変容させつつある。そうした中で、なお「自然本性」を語ることの意義と妥当性についての一定の見通しを確保しておきたいからである。

まず、(2)節および(3)節の(1)~(5)として展開された「運動・変化の内的な根源」という視点は、現代人にとっても「自然」概念の大枠を形成しているといえる。この意味での「physis=natura」は、「外的根源」による「技術」——その本質的な意味はアリストテレスの時代から現代に至るまで保たれている、と言える——の所産から区別されたものであり、現代日本語の「自然」という語義とほぼ一致するものだからである。

この意味での「physis=natura(自然)」概念が現代にまで一貫して保っている本質的意味は何であろうか。それはおそらく、「運動・変化」を因果性という点で自立的な一個の閉じたシステムとして見る、という点にあるように思われる。その上で、その完結した因果系列の閉じたシステムの全体、および特にその中でその運動の「内的な原因(根源)」となるものを「自然」と呼ぶわけである。

それに対して「外的根源」には、二通りのものが考えられる。その第一は、「技術」およびその主体である人間である。そしてその第二は、「自然」を特定の部分的システムに限定した場合、部分的システムの外部からそのシステムに影響を与える原因が「外的根源」となる。たとえば、「水」というものをそれだけ取り出して見た場合、それは「高いところから低いところへと流れる」のが「自然」であるが、月と太陽をも含めて「自然」を考えた場合、水は「潮の干満」という運動をすることになる。「自然」を「高いところから低いところへと流れる水」という部分的システムに限定した場合、月や太陽は「外的根源」ということになる。[9] しかし、月や太陽をも含めたより包括的なシステムとしての「自然」を考えることもできる。その場合には、月や太陽は「内的根源」と見なされることになろう。このようにして、包括性を拡大してゆくと、「全体的自然」というシステムに行き着くであろう。

次いで、(3)節において(6)として言及された「種的本質」「実体そのもの」としての「physis=natura」、すなわち「本性」という概念の意味についても簡単に振り返っておこう。ここでは、「種的本質」としての形相が目的因的な性格のもとに捉えられていた。一般に、近代以降「機械論的自然観」が「目的論的自然観」に取って代わり、これを駆逐するに至った、といわれている。現代人にとって、あるいはこうした目的因としての「physis＝natura」概念は理解しにくいものとなっているかもしれない。

しかし、我々はここでこそアリストテレスの顰みにならい、生命活動を範例にとって考えてみるべきであろう。「生命」という場面において、「自然」の運動には明らかに方向性、目的性が見いだされる。仮にその「メカニズム」について機械論的、もしくは還元主義的な説明が可能であったとしても、である。生物は生長してゆく。その運動は一定の構造的な秩序の完成を目指しており、その限りで自己の完成態としての「種的本質」の実現を終極・目的とする運動と見ることができる。しかもその運動は、上述のごとく「内的根源」による運動、すなわち生物というシステムの内部から働く、いわば生命エネルギーの自己展開ともいうべき性格のものである。一言で言えば、それは「種的本質」の「自己実現」のプロセスと言うことができる。

アリストテレスは、「自然本性」そのものの存在を証明することは不可能であり、そうした企図は無意味である、と述べている[10]。つまり、「自然本性」の存在は自明的な所与として経験的・事実的に体験されるものなのである。

では、先の問題意識に戻って、一見機械論的な見方が支配的であるように見える現代人にとっては、目的因としての「本性」はどこで体験されうるのであろうか。それは、おそらく人間が、世界を分析の対象として見るのではなく、自己の生の現実に身を置き、自己の生の意味を問う場面においてであろう。それはまさに「倫理」が成立する場面でもある。そこで彼は自己の、すなわち人間の「自然本性」を体験する筈である。次節ではそうした人間自身の「自然本性」が成立する場についての考察に進むこととしよう。

第三節　人間と自然本性

（1）「自然」と自由な人格としての人間

人間における「自然本性」とはいかなるものなのであろうか。第二節で検討した「自然本性」の規定を人間にあてはめると、形式的には、人間の種的本質としての形相は「人間性 humanitas」であり、その自己実現のための内的な根源は「質料」としての「身体」と、身体の質料性の中に自存する「形相」としての「魂」ということになる。そして、人間の魂については、トマスは、知性、意志、感覚、感覚的欲求能力などの諸能力 potentiae、そして、それらから形成された諸性向 habitutes へとその構造を分節化している。

トマスによれば、自然界における人間の特徴は「知性 intellectus」と「意志 voluntas」をもつ点にある。[11] 意志とは、「知性的な欲求能力」である。[12] 人間は認識能力として「知性」と「感覚」、欲求能力として「意志」と「感覚的欲求能力」を有している。では、知性および知性的欲求能力とされる意志は、感覚および感覚的欲求能力とどう違うのか。それは、感覚（および感覚的欲求能力）が身体器官の活動に依存しているのに対して、知性（および意志）は、身体性に依存しない、とされている点にある。[13] この「知性は身体性に依存しない」というテーゼは、アリストテレスに淵源を発しつつ、スコラ哲学における基本的前提をなしていると言ってよい。しかし、その意味するところについては少し立ち止まって考えてみる必要がある。

このテーゼは、知性および意志は、人間の身体を支配する外的・物体的な「自然」——現代的な表現でいえば「物理的自然」——の因果系列の支配に服するのではなく、これから独立している、ということを意味している。

つまり、知性および意志の前に開かれる領域は、外部的な自然法則の因果性の支配が及ばない領域を指しているのである。自然法則の因果性からの自由、といえば人はカントを連想しよう。カントの時代においては、自然法則による機械論的・決定論的支配の感覚が支配的だったためか、意志と理性の自由を確保しようとした言説もより鋭利なものとならざるを得なかったであろう。しかし、身体性に依存しない意志と知性というスコラ的観念は、そうしたカント的な自由の観念に直結する先駆である、と言うことができる。

トマスは、当時の自然学的知見の枠組みに従い、「普遍的自然」すなわち全体的システムとしての「自然」の根源をなすものは「天体」である、とみなしている(14)。しかし、注目すべき点は、トマスにとって自然界の因果系列の総体を意味する——その点で近代自然科学もしくはカント的な意味における「自然法則」の総体と等価な——「天体」の力といえども、人間の意志を支配することはない、とされていることである(15)。その意味でトマスは、現象界における自然法則の決定論的支配に対する、「意志の自由」を主張した後世のカントの視点を先取りしていた、と見ることができる。

このことを、トマスは「人間は神の像へと造られた」というキリスト教における伝統的な表現に託している。「人間は神にかたどって ad imaginem Dei（＝神の像のごとくに）つくられたとあるが、この場合の、神の『かたどり・像』imago ということばの意味は、ダマスケヌスの説くごとく、それが、知性的 intellectuale であり、意志決定に自由 arbitro liberum であり、主体的行動の可能なるもの per se potestativum であるということにほかならない(16)」

ここで、「神の像」である、ということの本質をなすものとして「知性的であること」「意志決定の自由」「主体的行動の力能」ということが挙げられている。これらの諸点は、結局、人間は「自由な人格persona」である、という点に帰着する。人間以外の自然的な存在者においては、自然本性それ自体がその存在者のものとして規定されたはたらきの根源である。(17)これに対して人間は、「自らの行為に対する支配」(18)を有する。つまり、彼は意志決定の自由にもとづく自律的な行為能力を有している。そして意志決定の自由こそは、彼が自存する主体としての「人格」であることの証左とされる。

トマスによれば、「知性的被造物」である人間は、宇宙全体の中で特別な位置を占めている。人間は、一個の被造物であるかぎりにおいて、確かに宇宙、すなわち全体としての自然の中にその部分として存在している。しかし同時に、人間は自然の全体に対してすら、ある意味では外在的に超越しているのである。

前節で触れたとおり、人間が外的な自然の総体に対してこのような自由な人格として自己を経験するのは倫理の場面である。たしかに現代の自然科学はしばしば還元主義的な世界像を提示する。たとえば、生命活動とはＤＮＡの塩基配列コード（生成子gene）が自己の複製を残そうとする営みに他ならず、一切の個体の形質、人間について言えば個人の生の全体、さらには社会の文化的営為の全体までもが、そうした生成子の活動のフェイズもしくは上部構造に過ぎない、というような「自然」解釈がそれである。(19)しかし、そうした自然観を描く科学者にしても、人格としての他者に対して責任を負い、またこれを問う、という倫理的場面の中に生きており、また彼が健全な感覚の持ち主である限り、真実の愛が示す価値を疑うこともないだろう。視点の設定如何では「愛」すらもが個体を踊らせる生成子の詭計として「説明する」ことが可能であるとしても、である。さらには、彼自身のそうした科学的探求の営為そのものの価値と意味も実はそうした倫理的な次元が支えている。それは、自己と世界との存在の意味を問い（「知性」）、価値を追求する（「意志」）者としての人間の前に展開する世界である。

（2） 人間にとっての完全性の基準としての「自然本性」

このように、人間はその知性と意志とによって外的な自然の世界に対する超越性を有してはいる。しかし反面、人間の知性も意志も、人間自身の「自然本性」の内的根源であり、その限りで「自然本性」にその基礎を置いている。「我々の内にあっては、理性 ratio ならびに意志のすべてのはたらきは自然本性に基づくところのものから派生する」[20]。したがって、人間が外的自然に対して示す自由も、意志の根柢に内在する人間そのものの「自然本性」に根ざす欲求によって導かれている[21]。「意志の能力自体は自然本性的なものであり、自然本性から必然的に帰結する」[22][23]。

前節で明らかにしたとおり、存在者の自然本性にはその存在者の自己実現の終極としての意味があり、その限りでその存在者の完全性の基準である。人間の自然本性は「完成された人間存在」という目的を規範的に示し、人間がその自発的な傾向性を通して自らの本質に適合した行為を行なうよう導く。そこに「徳 aretē = virtus」が成立する。アリストテレスが『自然学』第七巻（246a13）でのべているごとく、「徳とは完全なものの何らかの状態である。」[24] したがって、私が完全なものと言うのは自然本性に即して秩序づけられたところのものである。ところで、いかなるものの徳も何らかの先在する自然本性への関係において語られている。つまり、いかなるものもそれの自然本性に適合するような、そうした仕方で秩序づけられたときにそのものの徳が語られる。人間が、自らの人間的行為を通じて獲得された諸々の徳 virtutes acquisitae とは、それによって人間が自らの自然本性への関係において適切に秩序づけられるところの状態 dispositiones である[25]。

このようにして、人間の自然本性は、人間の自由な行為に対して目的因として規範的意味を担うことになる。その結果、意志は「自然本性的に」人間の自然本性の自己実現として、善一般、人間の生の究極目的、そして人間の自然本性に適合するすべての善を欲する、とされる[26]。

第四節　人間の自然本性の自己超越性とその意味

(1)　人間の自然本性の自己超越性

自由な人格であるところの人間の意志が最終的に志向するところのものを、トマスは「普遍的善 bonum universale」という表現によって示している[27]。人間の自然本性の自己超越性が問題となるのは、ある意味ではこの場面においてである。

「意志 voluntas」は、非理性的な動物にはなく人間（知性を備えた被造物）に固有な欲求である。トマスによればその対象は、「普遍的善」である。たしかに、意志は知性が把握する普遍的善のみならず、感覚が把握する善にも動かされる[28]。しかし、感覚的欲求が個別的善を対象とするのに対し、意志が固有の対象とするのは普遍的善である[29]。意志は普遍的善に関わるのであり、意志が個別的善によって必然的に動かされることはない[30]。これは前節で見た意志の自由から帰結するところである。しかし、意志は、普遍的に善なるものに対しては必然的にこれに向かう[31]。そして、普遍的善以外のいかなるものも、人間の意志を完全に充足して静まらせることはできない[32]。

ところで、「普遍的善」とは、「自体的・本質的に善 per se et per essentiam bonum」なるもの、すなわち「善性の本質そのもの ipsa essentia bonitatis」である。これに対して、個別的な善は「分有的に善 participative bonum」なるものでしかない。トマスによれば、全被造界において「分有的に善」ならざるごとき善は存在しない。従って、人間の意志の究極的な対象は、「全宇宙の外なるもの」すなわち「神」に他ならない[33]。神は「普遍的善」なるがゆえに知性的存在者から「自然本性的愛」によって愛される[34]。そして、普遍的善としての神をその本質において見ることの内に人間の生の究極目的としての至福が措定される[35]。

トマスによれば、人間はこのように「自然本性的に」全宇宙の外なる超越的根拠としての神を「普遍的善」として希求する。「人間の自然本性の自己超越性」とはこのことを言う。そして、こうした「自然（本性）の自己超越」への「志向」もしくは「可能性」は人間の自然本性そのものに属する。しかし、トマスによればその「自己超越」の「実現」は人間の自然本性に属するものではない。ここに、本章の冒頭で掲げた「逆説」が問題となる。人間は、その「自然本性」にもとづいて、「永遠の至福」を受け入れるための可能性を有する[36]。そして、人間は至福、そして普遍的善を自然本性的に希求する[37]。にもかかわらず、この至福を人間の自然本性的な力によって実現することは不可能とされていた[38]。至福という究極目的は、被造の、すなわち神自身以外のあらゆる自然本性を超える神の本性を分有することであり[39]、それゆえ、それは被造的な自然本性の能力を超えているからである[40]。

トマスによれば、人間の究極目的としての至福の実現は、人間自身の自然本性において定められているわけではなく、神の側から贈られる恩恵 gratia による。恩恵とは「何らかの超自然的な存在 qoddam esse supernaturale へと魂を高める何らかの完全性[41]」である。そして人間の精神 mens がそれによって究極目的に直接結合される恩恵の授与は、ただ神のみからのものである。かくして人間の自然本性が志向する究極目的としての至福の実現は、最終的には神のイニシアティブに委ねられる形になる。言い換えれば、人間の自然本性は自立性をもたず、それ自体としては未完結なものとされているのである。

しかし、人間の魂はこの恩恵に対して「自然本性的に受容可能性をもつ naturaliter anima est gratiae capax」と言われている。[42] 意志の普遍的善に対する直接・無媒介的な関与のゆえに、人間は自らの自然本性を超えて、恩恵によって、より高いものへと挙げられうることが、少なくとも可能性としては認められているわけである。[43] 優れた意味での「人間的自然本性の自己超越性」の意味はここに示唆されている。すなわち、人間は受動的な形ではあるが、恩恵――人格的な他者としての神との関係性――の中で、人間本性に内在する根源によるのとは異なった形で、自らの本性の自己超越を達成するのである。

以下では、こうした「人間の自然本性の自己超越性」という事態を構成することがらの意味そのものについて、しばし立ち止まって考察してみたい。

(2)「普遍的善への志向」の形而上学的意味

まず、人間の生の究極目的としての至福が「普遍的善」としての神をその本質において見ることの内に存する、というテーゼが意味するところについて考えてみたい。

ここでトマスが、至福を「神をその本質において見ること」の内に措定する際に、アリストテレスの『形而上学』冒頭における「探究の原因」としての「驚き」から説き起こしている点に注目する必要がある。[44] 知性の探求は「原因の本質を認識するにいたるまでやむことがない」。至福とはそうした探求の完結としての「第一原因」の本質の知として措定されているのである。このことは、あらゆる事物について、その存在の意味が最終的に明かされることである、と言うことができよう。

他方、ここで究極目的としての神を指す「普遍的善」という表現は、直ちに形而上学の伝統の核心問題につながるものである。まず、「普遍的善 bonum universale」という表現自体が、「善のイデア」を連想させる。「善のイデア」とは、言うまでもなくプラトンが『国家』篇において、「実在の彼方」という表現をもって語ったところの究極根拠が示す超越性の指標である。[45]

そもそも「イデア論」とは、「Xそのもの」という定式のもとに「Xなるもの」が「Xであること」の根拠を示すものである。「Xそのもの」と「Xなるもの」とは同じ意味で「Xである」のではない。「Xそのもの」は「Xなるもの」に対しては根拠の関係にあり、「Xなるもの」は「Xそのもの」を「分有」することによって「Xである」というのが基本的な定式である。この「X」の位置に「善」(「在る(存在)」等々)のような普遍的な根本語が入るような場合、「Xそのもの」は通常の概念を越えた「超越性」の地平を示す。しかし、まさにその点が、アリストテレスによる批判の的となっていた。その批判の論点の一つは、「善い agathon＝bonum」という語は「在る on＝ens」という語と同じだけ多くの意味において語られる、つまり、「善」があらゆるカテゴリーにわたって語られるため、そのすべてにおいて統一的な意味を持ち得ない、というものである。[46] この批判は、アリストテレス自身のカテゴリー論の枠組みを勝手に持ち込んだ批判であるようにも思われる。しかし、『カテゴリー論』とは、あらゆる言語使用の場面に対する網羅的分析としてアリストテレスが自信を込めて提起したものであった。無論トマスは、「註解者」としては、明確にプラトンの「善のイデア」を意味する bonum universale に対して展開されるこうしたアリストテレスの批判的コメントを忠実に解説している。[47]

しかし、トマス自身は、言語使用に関してアリストテレスが課した限定——それは結局ものの「何であるのか」(本質としての自然本性)を記述することを目指している、といえよう——を踏み越えている。「在る」という概念は、ものの「何であるのか」を語る場面では情報量をもたず、その限りでは無規定な述語である。しかし、それゆえにこそトマスは、「自存する存在そのもの Ipsum Esse Subsistens」[48]という表現をもって、一切の完全性、現実態性の根拠としての神を指すものとして用いている。トマスは、「存在そのもの」という表現により、自らは「何であるか」という問いの射程内に入ることを拒みつつ、あらゆる「何であるか」（本質）の現実性の根拠であるところのものを示そうとした。

その上で、「在る」という語と同じだけ多くの意味において語られるような言葉、すなわち「もの res」「一unum」「或るもの aliquid」「真 verum」そして「善 bonum」について、アリストテレス的なカテゴリーを越えるという意味で「超越概念 transcendentalia」と呼び、「存在そのもの」に固有な述語としての位置づけを与える。[49]「超越概念とは『在るもの』を人の言葉で表現しようとする時のアスペクトの多彩さの表現であって『在るもの』と置き換えのきく概念である。[50]」そして「善」とは、「在るもの」についてこれが「欲求と適合的である」という「アスペクト ratio」を示す名称である、とされる。[51]

したがって、「普遍的善」（「善そのもの」）とは、欲求であるところの意志の対象としてのアスペクトにおいて捉えられた「存在そのもの」たる神を意味するのである。神は自らのうちに「普遍的善」をも「普遍的有 ens universale」をもあわせもつ。[52]ただし、「普遍的善」あるいは「存在そのもの」としての「神」と、内世界的な「善きもの」「在るもの」とにおいては、同じ意味で「善」「存在」が語られるのではなく、両者の間には隔絶がある。この隔絶こそが「超越」の超越たる所以であり、人にこの隔絶を閑却することを許さぬ厳しい言葉の彫琢の伝統が「否定神学」を生み出してきたことはよく知られている。他方トマスは、こうした「超越性」の次元と内世界的な次元との架橋として、プラトン以来の「分有」の言語を採用し、至る所でこれを駆使している。[53]

意志の固有対象は普遍的善であるというテーゼは、人間は意志を有する限りにおいて普遍的善という形において超越性の次元へと開かれる可能性がある、ということを意味する。そして、人間がかかる超越性の次元を「志向する」ということ自体は、人間の自然本性に属していることが示唆されている。このような普遍的善に向けての「自然本性的欲求」の概念を示すことによって、トマスは、アリストテレス以来一般に閉じた系として理解されてきた「自然（本性）」概念を変容させ、「自然（本性）」が内側から世界を超越する根拠へと向かう可能性をもつことを明らかにした、と言うことができよう。

他方、人間はその究極目的としての至福、超越性の次元への自己超越の「実現」に関しては、自らの自然本性的な力をもって実現しえず、恩恵を必要とする、とされる。ここに「神」と「人間」との間における本性の位階の断絶、神的本性と被造の自然本性との間における生命エネルギーの断絶が示されている。しかし、このことは逆にトマスが人間をしてその自然本性の射程を超えた目的へと到達させる生命エネルギーの源泉を「恩恵」の内に見ていることをも含意している。もとよりこれは、「恩恵」という表現で示唆された事態の内にそうした生命エネルギーの源泉の所在を主張する「証言」もしくは「信仰告白」を含意している。

ここで一言だけ見通しを述べるならば、トマスの「恩恵」に関する洞察は、主としてパウロの、特に『ローマ書簡』第五章を中心とした証言が示唆している事態に依拠しているように思われる。

(3)「恩恵」の意味

ところで、ここで「恩恵」という言葉が語られることにより、「人間の自然本性の自己超越性」ということの意味に関して、単なる形而上学的な位階の断絶の問題とは異なったアスペクトが導入されているように思われる。

人間の自然本性は、その究極目的を自然本性自体の力をもって実現できない、という逆説は、「自然本性は、必要なるものに欠落することがない」という「自然本性」概念についての基本了解に抵触するのではないか、という反論がなされ得る。無論、トマスはこうした反論は予期しており、次のように答えている。

「……しかし自然は、人間に自由意思 liberum arbitrium という、それによって彼が彼をして至福たらしめる神に向かうことのできるところのものを与えた。『倫理学』第三巻で述べられているとおり、『われわれが友人の力によってなしうることは、われわれはこれを、ある意味ではわれわれによってなしうるといえるのである。[54]』」

この回答では、問題の断絶を埋め、人間における至福の実現を保証するのは、助力となる「友人」に比せられるような神との人格的関係であることが示唆されている。人格的な関係の特色は、相互に自由である、という点にある。それゆえに、トマスはここで人間の側について「神に向かう」自由意思に言及しているのである。無論、その自由の中には「神に向かわない」離反の可能性も秘められているのであるが。他方、言うまでもないことであるが、神の側も自由である。人間における至福の実現は、全面的に神の寛厚（libertas＝自由）に基づいている。[55]「恩恵 gratia」が語られるのは、まさにそうした自由な人格同士の出会いの場面においてである。このことは、神の恩恵のみならず、人間同士の恩恵を語る際にも共通して成り立つ、「恩恵」の一般的構造である。

したがって、恩恵を主題にするとき、自然本性を記述する言語そのものの限界が何らかの形で踏み越えられざるを得ないように思われる。自然本性を記述する言語は、世界を対象化し、理想的にはこれを必然的な因果性の相のもとに捉えようとする言語である。これに対して、恩恵の与え手は「自由な」人格的存在としての他者である。自由な人格としての他者は、本性を記述する言語では捉えきることはできない。

M・ブーバーが「我Ich－汝Du」と「我Ich－それEs」という二対の「根源語Grundworts」を対比していることは周知の通りである。[56] 彼は、「我－汝」における「我」と「汝」とは「人格Person」であるが、「我－それ」の「我」は「経験Erfahren」および「使用Gebrauchen」の「主体Subjekt」として客体（対象）としての「それ」に向かう、としている。[57] ここで「経験」とは人間の知的反省による世界の対象・客体化を意味する。自然本性を記述する言語とは、ブーバー流に言えば「経験」の対象として関与する「我－それ」に対応する、と言える。これに対して、自由な人格は、本性を記述する言語とは「根源語」として区別された「我－汝」において現れる。

トマスが「恩恵」を語る際にも、神は自由な人格的他者として捉えられており、そうした意味での神の関与が理解されている、と考えられる。そうした他者としての神は、形の上では人間の自然本性に対しては「外的な根源principium extrinsecum」として位置づけられることになろう。[58] 恩恵に関わることがらは自然本性の内部運動ではないからである。しかし、その場合神が「外的根源」と言われるにしても、それは「目的因」としてでも、「作出因」としてでもない。つまり、本性を記述する一般的な記述の言語にはなじまない仕方で人間に関わっている。

自由な人格的他者としての神は、「出会い」としての「出来事」の中に訪れ、そこにその痕跡を残してゆくことになるであろう。したがって、本来、こうした意味での神との交渉については、本性の記述に用いられるのとは異なった言語で語られるのが相応しい、とも言える。前章でも触れたとおり、その言語とは、最終的には歴史の流れの中で展開する一回的な出来事の軌跡、つまり一種の「物語」の形をとるように思われる。しかし、トマスは可能な限り一般的な記述の言語を用いて自らの思索を展開しようとしている。トマスが「超自然」あるいは「恩恵」を語る際、彼は一方では、一般的記述言語の機能を、可能な限り拡張して用いているように思われる。しかし、他方では、彼が極力抑えていた「物語」的な要素も姿を現すこととなる。

ともあれ、超越的な次元に対応する生命エネルギーを持ち得ない人間自然本性の限界を補い、人間の自然本性は、その究極目的を自然本性自体の力をもって実現できない、という逆説を埋めるものは、人格的他者としての神との交流の中で、神から自由に与えられる恩恵なのであった。こうした他者としての神との交流との中にコミットすることが、トマスが見ていた「人間本性の自己超越性」の最終局面であったのである。

第五節　結　語

以上我々は、「自然本性」概念そのものの検討から始めて、人間における「自然本性の自己超越」の意味の諸相を考察してきた。

「自然本性」とは、特に生命活動に典型をとるような、目的因的な性格を持つ種的な本質形相の自己実現のプロセスを意味していた。しかしトマスによれば、人間は知性と意志を有する限りにおいて、外部的な自然の総体に対してすらこれを超出するものとして捉えられていた。つまり、人間は自由な人格として倫理的な場面――存在の意味と価値との世界――に定位する。しかし、人間の知性と意志とはそれ自体人間の自然本性に属するものであり、その運動は人間にとって自然本性的なものであった。ところで、トマスによれば、人間は意志を有する限りにおいて「普遍的善」を志向するものであり、その生の究極目的は普遍的善としての神の本質を直視することにある、とされた。つまり、人間は世界全体を超えた根拠たる神の次元を「自然本性的に」志向するものと考えられていた。しかし、この究極目的は高次の本性に参入するがゆえに、人間的な自然本性による自己実現の射程を超えるものであった。したがって、人間の至福の実現は、人間自身の自然本性によるのではなく、神の恩恵による、とされる。

以上の概観から、トマスにとっての、「人間における自然本性の自己超越」に三つの場面、もしくは位相を区別することができるであろう。

第一は、因果的に閉じたシステムとしての外的な「自然」の総体――外部世界――に対する知性的被造物の、特に意志の自由としての超越である。

第二は、世界を超越した根拠としての普遍的善への「開け」としての自己超越である。しかし、この第一、第二の意味での「超越」は、それ自体としては、人間の自然本性そのものの特質として理解することができる。その限りで、それは哲学的な倫理学の射程内の事態と言うこともできよう。

第三は、神の恩恵によってもたらされる自己超越である。これは、形而上学的には人間が自らの自然本性の射程を超えた次元に引き上げられることを示唆するが、同時にそもそも「自然本性」という理解の枠組みそのものをも超えた形での自由な他者としての神との人格的な関係性が問題となる場面でもあった。

以上に示した「人間の自然本性の自己超越性」のフェイズに対応する形で、トマスの念頭にあった人間と神との関係にも三つのアスペクトが区別できるように思われる。

第一には、神は創造者（「作出因」）として、自然本性という因果的に閉じたシステムをプログラムした者として理解される。そこでは自然本性は一定の閉じた性格――自立性――を持っている。これに対して、人間は上述第一の「意志の自由」を発揮する。

第二には、神は普遍的善（「目的因」）として、自由な人格としての人間の意志を動かす。これは、外的自然に対しては超越的であるにしても、知性的本性を有する人間自身の自然本性に従った運動と言える。そして、それは世界を超越する根拠としての善を目指す、と言う意味において超越への志向性である。

第三には、神自身、自由な人格として、恩恵という形で人間に働きかけ、これを動かす。これは、普遍的善への志向という志向を持ちながら、これを自然本性そのものの力では実現できない人間の自然本性の未完結性な開放性に呼応して神が示す人格的な愛である。

（1） *S. T.* I-II q. 3 a. 8 c.

（2） *Summa contra Gentiles* III, 57, n. 2334, *De Veritate* (以下 *De. Verit.*) q. 13 a. 3 ad. 6.

（3） *S. T.* I-II q. 5 a. 5 c.

（4） *In II Sent.* d. 2 q. 2 a. 2 ad. 4. ここでトマスは、当時天使や至福者の魂が置かれた場として措定されていた「浄火天 caelum empyreum」は神的な場であるがゆえに、本文中（a）の意味では「自然本性的」であるが、（b）の意味では「自然本性的」ではない、としている。

（5） トマスにおける「自然（本性）」概念およびその背景についての包括的な叙述については以下を参照。K・リーゼンフーバー「トマス・アクィナスにおける自然理解」（『中世哲学の源流』所収、第一四章、創文社、一九九五年）。

（6） Aristoteles, *Physica*, II, 1, 192b8～193a2, トマス註解 *In II Phys.* 1. 1 n. 145.

（7） Aristoteles, *Metaphysica*, V, 4, 1014b16～1015a19, トマス註解 *In V Metaph.* 1. 5 n. 808～826.

（8） *In V Metaph.* 1. 5 n. 822.

（9） これは、トマスが用いている例である。ここからわかるように、「自然」概念をめぐるこの基本構造は、因果性を、当時の自然学的説明方式にもとづいて理解していたトマスの時代においても、「万有引力の法則」にもとづいて理解する現代においても変わらない、と言えよう。*S. T.* II-II q. 2 a. 3 c.

なお、トマスはこの例を、人間の自然本性が恩恵により外的根源としての神によって動かされる場面についてのアナロジーとして語っている。

(10) Aristoteles, *Physica* II, 1 193a3, トマス註解 *In II Phys.* l. 1 n. 145.
(11) S. *T.* I q. 78 a. 1 c.
(12) S. *T.* I q. 80 a. 2 c.
(13) S. *T.* I q. 75 a. 2 c., a. 3 c., cf. Aristoteles, *De Anima* III. 4, 429a24-27.
(14) S. *T.* I-II q. 85 a. 6 c. S. *T.* I q. 115 a. 3 c.
(15) S. *T.* I q. 115 a. 4 c.
(16) S. *T.* I-II prologus.
(17) S. *T.* I-II q. 10 a. 1 ad. 1.
(18) S. *T.* I q. 29 a. 1 c.
(19) R・ドーキンス著、日高敏隆ほか訳『利己的な遺伝子』紀伊国屋書店、一九九一年（科学選書9）。
(20) 「理性ratio」という表現は、推論によらず端的に可知的真理を把握する天使（純粋知性）的な認識と区別された、「可知的真理を認識すべく、すでに認識された一つのことがらから他の一つのことがらへ進む」という人間的な認識の様態を指す表現であるが、人間における能力としては「知性intellectus」と同一である。S. *T.* I q. 79 a. 8 c.
(21) S. *T.* I-II q. 91 a. 2 ad. 2.
(22) 「しかし、意志は何らかの自然（本性）に基礎付けられたものなのであるから、意志においてはある点に関して自然（本性）の運動が分有されている。……それゆえまた、意志は自然本性的にあるものを意志するのである。」S. *T.* I-II q. 10 a. 1 ad. 1, cf. *De potentia* q. 3 a. 7 ad. 9.
(23) S. *T.* III q. 18 a. 1 ad. 3.
(24) S. *T.* I-II q. 110 a. 3 c.
(25) *ibid.*
(26) S. *T.* I-II q. 10 a. 1 c.
(27) S. *T.* I-II q. 2 a. 7 c.
(28) S. *T.* I-II q. 10 a. 3 ad. 3.

(29) *S. T.* I-II q. 19 a. 3 c.
(30) *S. T.* I q. 82 a. 2 ad. 2.
(31) *S. T.* I-II q. 10 a. 2 c.
(32) *S. T.* I-II q. 2 a. 8 c.
(33) *S. T.* I q. 103 a. 2 c.
(34) *S. T.* I q. 60 a. 5 ad. 4.
(35) *S. T.* I-II q. 3 a. 8 c.
(36) *De caritate* a. 7 c., *De Verit.* q. 14 a. 10 ad. 2.
(37) *In II Cor.* c. 13 l. 2 n. 218.
(38) *S. T.* I-II q. 5 a. 5 c., cf. q. 62 a. 1 ad. 3.
(39) *S. T.* I-II q. 114 a. 5 c., *De Verit.* q. 27 a. 3 ad. 24, *In II Sent.* d. 27 q. 1 a. 4 ad. 5.
(40) *S. T.* I-II q. 5 a. 5, *De Verit.* q. 27 a. 3 c.
(41) *S. T.* I-II q. 112 a. 1 c., cf. *S. T.* I-II q. 110 a. 2 ad. 2, a. 4 c, *De Verit.* q. 27 a. 3 c.
(42) *S. T.* I-II q. 113 a. 10 c.
(43) *S. T.* I q. 12 a. 4 c.
(44) *S. T.* I-II q. 3 a. 8 c.
(45) Platon, *Respublica*, VI, 19, 508e–509b10.
(46) Aristoteles, *Ethica Nichomachea*, I, 6, 1196a23-29.
(47) *In I Ethic.* 1. 1 lect. 6, 8.
(48) *S. T.* I q. 4 a. 2 c., cf. I q. 3 a. 4 c.
(49) *De Verit.* q. 1 a. 1 c.
(50) 宮本久雄「トマス・アクィナスにおける肯定、否定、卓越の途」（『古代・中世哲学研究シリーズ　I』所収、東京大学教養学部哲学研究室、古代・中世哲学研究会発行、一九八一年）。

(51) *De Verit.* q. 1 a. 1 c.
(52) *S. T.* I q. 59 a. 2 c.
(53) トマスの思想体系における「分有」概念の意義については、以下を参照。K・リーゼンフーバー「分有と存在理解――トマス・アクィナスの形而上学において」(『中世における自由と超越』所収、第一六章、創文社、一九八八年)。
(54) *S. T.* I-II q. 5 a. 5 ad. 1.
(55) *De Verit.* q. 14 a. 10 ad. 2.
(56) M. Buber, *Ich und Du*, 1957, Verlag Lambert Schneider, Heidelberg, p. 1.
(57) M. Buber, op. cit., p. 76.
(58) *S. T.* I-II q. 90 prologus, ここでトマスは、「法でもって教導し、恩恵でもって助け」ることによって人間を「善へと動かすところの外的根源」として神を位置づけている。

第三章　愛と正義——倫理学をめぐる視点

第一節　はじめに

第一章において、トマスの著作、特に『神学大全』の第II部から「倫理学」を抽出しようとする際に留意すべき問題点を、特に、その「神学的な」脈絡から切り離して純粋に「哲学的な」倫理学を取り出すことの可能性を中心に検討した。その結果、そうした立場、すなわち、人間の自然本性に関する哲学的な視座の射程においてトマスの倫理学を尽くそうとする立場はトマスの真意を損なうものである、との結論に至った。この結論は、トマスにあって人間の「自然本性」は自己完結的なものとは考えられていない、ということを意味していた。

第二章では、そうした事情を「人間の自然本性の自己超越性」として、すなわち、トマスにあって人間の自然本性そのものが神の本性へと超越する、ということへの志向において想定されていたということ、およびそのことの意味を解明した。

しかし、「超越」ということには、前述のような意味で、人間の自然本性そのものが神に向かって「自己超越」する、という場面とは別にもう一つの相がある。近代以降の哲学においては、「超越」という表現は、いわゆる「意識内在」に対する「超越」ということを意味するものとして理解されている。それは、哲学の視野が「間主観性」の成立という形で外部世界へと、更には「人格的他者」へと開かれてゆくことの可能性を示唆する標語となっている。

無論、トマスの場合「超越」は、こうした近代哲学における「意識内在」に対する「超越」という意味よりは、広い意味での「他者」に向けての「自己超越」という次元で展開している。上述の「人間の自然本性の自己超越性」という形で、神へと「自己超越」してゆく志向という形での展開も、神が「他者」である限りにおいてそうした意味での「超越」の一齣をなしている、と言ってもよかろう。しかし、「他者への自己超越」という場合、一般には人間としての「他者」、すなわち隣人へ向けての「自己超越」の志向が理解される。そして我々の考察も、こうした「隣人としての他者へ向けての自己超越」の展開にも留意しなければならない。

このことと関連して、「倫理学」という概念をめぐる基本的な了解に関しても、検討しておくべき問題性がある。それは、倫理学の歴史におけるトマスの位置づけ、そしてトマス研究としての本書の位置づけにも関係してくる。トマスの倫理学、あるいは一般に中世の倫理学は、古代の倫理学の伝統を受け継いだ「徳倫理」の系譜に属するものである、と考えられている。ところで、一般に、「徳倫理」、特にアリストテレス的な徳倫理は、内面的な自己完成、すなわち人間における自然本性の自己実現を志向する倫理である、と言うことができる。しかし、前章までの考察から、トマスの倫理学における「神に向けての本性の自己超越」という性格は、アリストテレス的な意味での徳倫理に対して大きな変容を加えていることが、明らかとなった。

さらには、トマスの倫理学におけるアリストテレス的な倫理学を継承した部分をとってみても、かかる徳倫理の体系と近代以降の倫理学が示す「行為の倫理」もしくは対他的な倫理学との関係が、トマスにあってどのように位置づけられているのか、という点は、大きな問題となる。特に、「倫理学」という関心からトマスの思想の意味を明らかにする際、隣人に向けての「自己超越」の方向性の意味は十分に配慮しなければならない。神に向けての「人間の自然本性の自己超越」は、純粋に個人が神と向き合う場面のみにおいて考察されるならば、隣人に対しては閉じられた場における一種の自己完成の倫理（或る種の閉鎖的な神秘主義）ともなりうる。倫理学の視点からは、「神に向かう自己超越」の場面においても、その対他的な展開の可能性と意味とを明らかにする必要がある。

本章は、こうした「超越」の諸義について解明することにより、内面的な自己完成としての「徳」と、「神」に向けての倫理、および「隣人」に向けての倫理との関係を明らかにすると同時に、トマスの倫理学全体に対する考察の視点、そして本書の全体構成に対して一定の見通しを与えることを意図するものである。

第二節　あるテキスト

まずここで、上述の観点からトマスにおける「倫理学」について考察するための視点を探る上で、重要な鍵を提供してくれる一つのテキストを引用する。それは、「意志 voluntas は徳の基体 subiectum たりうるか」と題する『神学大全』第I－II部五六問題六項である。

「能力（可能性）potentia は性向 habitus によって働きへとむけて完成されるのであるから、能力に固有の本質 propria ratio potentiae のみをもってしては働きをなすのに充分ではない場合に、能力は善く働きをなすことへむけて（自らを）完成してくれる性向――この性向が徳にほかならないのであるが――を必要とする。しかるに、すべての能力に固有なる本質は対象との関係において捉えられる。ここからして、前述（『神学大全』第I－II部一九問題三項）のごとく、意志の対象は意志に対比的なproportionatum理性的善であるところから、この点に関するかぎり、意志は（自らを）完成してくれる徳を必要とはしない。しかし、もしも人間の意志が自らとの対比proportioを超絶するような善に直面したならば――こうした対比の超絶ということは人間本性の限界limitesを超越するtrancendereところの神的善のように、人間という種の全体に関していわれる場合と、隣人の善bonum proximiのように、個人に関していわれる場合とがある――その場合には意志は徳を必要とするのである。それゆえに、人間の欲求能力affectusを神もしくは隣人へと秩序づけるところの徳、たとえば神愛caritas、正義justitiaおよびこの種の諸々の徳は、意志を基体としてそのうちに見いだされるのである。(1)」

このテキストの意味を解明することによって、トマスの「倫理学」について検討する際に留意すべき二つの「超越」の方向性が示唆されるように思われる。以下、それらの点について順次検討する形で論を進めてゆきたい。

まず、本項そのものの問題性の意味について明らかにしておこう。詳細については後述するが(2)、トマスは、徳を「性向habitus」の一種として規定している。そして、トマスにあって「性向としての徳」とは、下位のもの、より質料的なものを「基体」とし、これをより上位のもの、形相的なものの自己実現に向けて秩序づける性質である。その意味で、「性向としての徳」とは、いわば「補助的形相」とでもいうべきものである。

本項の問いは「意志は徳の基体たりうるか」というものである。つまり、ここでは、「感覚的欲求能力」ではなく、「意志」を基体とする性向としての徳の成立可能性が問われている。この問いは一見愚問に見えるが、問題は「基体」の候補とされているのが「知性的欲求能力」たる「意志」である点にある。感覚的欲求能力は、理性もしくは意志に対してはより下位のもの、質料的なものである。従って、感覚的欲求能力を基体とする徳は、かかる能力に理性への服従をもたらすものとして、人間の理性的本性の内部完成にかかわることになる。具体的には、「欲望的欲求能力 concupiscentia」を「基体」としてこれを完成する「節制 temperantia」系の徳、あるいは「怒情的欲求能力 irascibilis」を「基体」としてこれを完成する「剛毅 fortitudo」系の徳がそれである。これに対して、「意志」は「知性的欲求能力」である。つまり、意志はそれ自体理性的本性がすでに成立していることを前提し、これを基盤としているのである。従って、「意志は徳の基体たりうるか」という問いにおいては、理性的本性の内部的自己完成とは別の次元の、これをさらに超えるような「徳」の存在可能性が問われていることになる。

問題の項における答え、すなわち「意志」を基体とする性向としての徳として、トマスが挙げるのは「神愛 caritas」と「正義 justitia」である。そして、これら両者共に、「人間の意志が自らとの対比を超絶するような善に直面した」場合に、意志を秩序づけるもの、とされている。このことは、これらの徳は、意志が何らかの形で自己の本性的な限界性を超越し、より高次の完全性へと向かう場面で働くものであることを意味している。つまり、これら二つの徳は、共にある意味で、人間の内部における理性的な自然本性の自己完成を超えた、その限りで「自己超越」へと秩序づけられた徳であることが示唆されている。そして、トマスはそうした「対比の超絶」がそれにもとづくところの「意志の自己超越性」に二つの方向性を認めている。

一つは、「人間本性の限界を超越するところの神的善のように、人間という種の全体に関していわれる場合」である。この意味での「対比の超絶」に関して意志を秩序づけるものが「神愛」およびこれに関連する諸徳である。第二章で取り上げた「人間の自然本性の自己超越性」とは、この意味における「意志の自己超越」に他ならない。もう一つの「対比の超絶」は、「隣人の善のように、個人に関していわれる場合」である。この意味での「対比の超絶」に関して意志を秩序づけるものは、「正義」およびこれに関連する諸徳である、とされる。この意味における「意志の自己超越」とは、個人の内部秩序の確立にとどまることなく、他者へと向かう自己超越である。それは倫理の対他的側面への展開を意味している。

つまり、問題の項においては、第二章で触れた、人間の自然本性そのものが神的本性へ向けて自己を超えてゆく、という意味での「自己超越」の場面と、個人が他者（隣人）の善へ向けて個体性の限界を超えてゆく、という意味での「自己超越」の場面という、二通りの「自己超越」の意味が示唆されている。そして、それら両者が、人間の理性的本性が内部的に自己完成する場面とは異なる次元に向かっていることが示唆されているのである。

第三節 「本性」の意味

（1）「自然本性的な愛」と神愛の次元

しかし、ここで、一つの疑問が生じるであろう。それは「意志の対象は意志に対比的な理性的善である」というテーゼをめぐるものである。知性的欲求能力である意志が志向する「理性の善」とは「普遍的な善 bonum universale」ではないのか。そして、第二章での考察が示すとおり、「普遍的な善」とは神そのものなのではないか。だとすれば、神への志向は意志の本性、すなわち「自然本性的な愛」の射程内にあるのであり、「対比の超絶」といった事態には当てはまらないのではないか。

この問題は、意志の自然本性的な射程内にある「理性の善」と「神的善」との関係にかかわるものであり、「人間の自然本性の自己超越性」の意味をより明晰化することを要求する問いである。具体的には、それは、知性的被造物の普遍的善に対する「自然本性的な愛」と「神愛」との関係を問うことを意味する。この点を解明する上での手掛かりとなるのは、『神学大全』第I部六〇問題五項主文である。この項は、天使が「自然本性的な愛」でもって、自分自身を愛する以上に神を愛する、というテーゼを立証するものである。

ここでまずトマスは、知性的本性における自然本性的な愛は、非理性的存在者における自然本性的な傾向性のモデルに従う、と述べる。その上でトマスは、「自然的事物の世界において、およそ、そのもののそのものたる所以のものが本性上他者に属しているごときものは、いずれも自分自身に向かってよりは、それの属しているところのものに向かって、より多く、より根源的な仕方で傾向づけられている」というテーゼを提起する。

その具体例として、手は全身体の保存のため、攻撃に対して、何らの思量もなしに（反射的に）これに差し出されるように、「部分 pars は自然本性的に、全体 totum の保存のために自らを差し出す」という「自然本性的になされる行動」が示される。そして、「理性は自然を模倣する」とした上で、トマスは同様の傾向性が諸々の市民的な徳においても見いだされる、という。たとえば、「徳高き市民は、国家共同体 respublica 全体の保存のためには、死の危険に身を呈することを辞さない」というように。これらの例において、「部分」としての手や市民個人にとって、「そのもののそのものたる所以のもの」は「全体」としての全身、国家共同体という「他者」に属している、と考えられている。つまり「全身あっての部分、国家共同体あっての市民」ということであろう。その結果、それらに関する「自然本性的な愛」は部分そのもの（すなわち「自己自身」）よりも全体を優先する、とされるのである。

ところで、トマスによれば、「すべての被造物はそれぞれがそのものである所以のもののいっさいを挙げて自然本性的に神に属している」。それゆえ、普遍的な善は神そのものなのであり、この善のもとに天使も、そして人間やその他すべての被造物が含まれる。つまり、神は「普遍的な善」として、天使、人間、その他全被造物の「存在の所以」とされている。神あっての天使、人間、被造物というわけである。このことから、「天使も、人間も、自然本性的な愛でもって、自分自身を愛する以上に、そしてより根源的な仕方において神を愛する」と帰結される。(3)

ここで、この「自分自身を愛する以上に神を愛する」ということは「神愛caritas」の徳に固有なことがらなのではないか、という点が問題となる。神愛に基づく愛と、神に対する「自然本性的な愛」との関係はどうなっているのであろうか。

この点については、トマスは次のように解説している。すべての自然本性的な善の依存する普遍的な善であるかぎり、神はありとあらゆるものによって、自然本性的な愛をもって愛される。だが、総じてあらゆる者を超自然的な至福でもって至福たらしめるごとき善であるかぎりにおいては、神は「神愛」の徳に基づく愛をもって愛されるのである、と。(4)

ここで、知性的被造物における普遍的善を志向する自然本性的な愛と、恩恵・神愛系の愛との区別の意味が説明されている。つまり、知性的存在者が「自然本性的な愛」によって神を愛するのは、神が「すべての自然本性的な善が依存する普遍的な善」である限りにおいて、あるいは、「神が天使の自然本性的な存在esseの根源たる限りにおいて」なのである。(5)これに対して、恩恵・神愛系の愛の次元は、「自らの本質を見る者をしてこれによって至福たらしめる者たるかぎりにおける神」(6)に対する愛であり、知性的被造物は、この意味で神を愛するためには、まず、恩恵によって神へと転回する必要がある。(7)そして、その愛、すなわち神愛にもとづく行為を「功績meritum」として、至福へと導かれるのである。

「自然本性的な愛」と「神愛」との次元の相違の意味は以上の通りである。

(2) 損なわれた本性

しかし、上述の「自然本性的な愛」についての記述は、我々を新たな疑問へと導く。それは、そうした「自然本性」についての認識はあまりにオプティミスティックなのではないか、という疑問である。

現実には、人間は利己的な在り方をしており、「自分自身を愛する以上に神を愛する」などということはないように思われる。実際の人間に見られる事実は、「神を愛する以上に自分自身を愛する」というのが現実なのではないか。周知の通り、アウグスティヌスは『神の国』において、「二つの愛が二つの国をつくった。すなわち、その赴くところ神の無視にまでいたる自己愛 amor sui が地上の国をつくったのに対し、その赴くところ自己の無視にまでいたる神への愛 amor Dei が天上の国をつくった」[8]と述べている。それゆえ、自分自身を超えて神を愛するということは、自然本性的なことがらではないようにも思われる[9]。

また、仮に「自分自身以上に神を愛する」ということがあったとしても、それは自分が獲得する善、すなわち自己にとっての最高善として愛しているに過ぎないのではなかろうか[10]。そうした愛をトマスは「欲望の愛 amor concupiscentiae」と呼ぶが、それはほぼA・ニーグレンが神の無償の愛である「アガペー」と対比して、人間の自己中心的で希求的な愛を指すものとして規定した「エロース」の概念とほぼ一致する[11]。

さらにまた、ここで、人間が共通善を実際に「自然本性的に」追求している、という主張もまたオプティミスティックに過ぎるように思われる。人間の社会生活の現実においては、概ね各人は社会の公共的な共通善よりは、自己の私的な善を追求する傾向にあるのではなかろうか。

ここで、『神学大全』第I部六〇問題五項主文に戻り、その末尾において、トマスが次のように述べている点に注意を払う必要がある。

「然らずしてもし、自然本性的に彼が、神を愛する以上に自分自身を愛するとしたならば、彼の自然本性的な愛は錯倒したものであることになるであろう。そしてそれは、『神愛』caritas の徳によって完成されず却って破壊されるものであることになるであろう。」

ここで、トマスは「自然本性的な愛」の「錯倒」の可能性に注意を喚起している。第一章でも触れたように、トマスにあって「人間の自然本性」は真空中に置かれたものではない。トマスによれば、人間の自然本性が自己展開する「人間的な活動」の「場」は、悪魔による誘惑と神による教導と助力とがぶつかり合う狭間に設定されていた。それゆえ、そうした人間的活動、そして「人間の自然本性」の内実そのものを示すものとされていた「人間的活動の内的な諸根源」も、これらの「外的根源」の影響を宿している。すなわち、現実の人間は、一方で、「十全な自然本性 natura integra」においてではなく、悪魔の誘惑に屈したアダムの罪の結果としての「損なわれた本性 natura corrupta」の内に置かれているものとして認識されている。[12] そしてこのことは、人間の倫理的活動の場を、アダムとキリスト、そしてその両者の間にあって、前者を通して「世に入ってきた罪」のもとにあり、後者によって救いを得るべき場面に設定する、というトマスの基本的な立場に対応していた。従って、先の「人間的な現実」にもとづく自己中心的な諸現象は、「損なわれた本性」の様態を示すもの、ということになる。

トマスは、人間は恩恵なしに自然本性的なもののみによって「すべてに優って神を愛すること」は、堕罪以前の十全な本性においては可能とされていたが、損なわれた本性においては不可能である、と主張している。[13] 本来の自然本性的な愛によって、「すべてに優って神を愛する」ためには、恩恵によって本性が癒されることが必要とされる。人間は、自然本性の堕落のゆえに、神の恩恵によって癒されないかぎり、私的善 bonum privatum を追求する、と考えられていた。このことは同時に、自己に優って神を愛することについても、自己に優って共通善を求めることについても妨げとなるのである。[14]

しかしトマスは、「十全な自然本性」という形で、自己中心的な「人間の現実」とは異なった理想的な人間本性のあり方を想定している。第一章でも触れたとおり、それはアダム、[15] あるいはキリスト[16]を描くための概念装置であるのだが、人間本性の理念的なモデルと見ることもできる。人間は本来、そうした本性のあり方に従って、「自然本性的な愛」によって、自己よりも公共の共通善を、そして神を愛するはずのものでありながら、現実には「損なわれた本性」のうちにあって、利己的な逸脱形態としてのあり方を示している、というのがトマスの基本的な人間理解であった。

こうした人間理解は、言うまでもなく、キリスト教的な「原罪」の思想にもとづくものである。しかし、人間の本来のあり方と頽落したあり方とを対比する、という発想は、たとえばプラトンの『国家』篇における第七巻までの「理想国家」およびこれに対応する「哲人」と、第八・第九巻における国家の諸頽落形態とこれに対応する人間像の描写にも見ることができる。そこでは、現実の人間の利己的なあり方を、本来のあり方との対比において、頽落形態として位置づけている、という点でトマスと共通している、と言える。

いずれにせよ、トマスは「十全な本性」という形で、個人よりも共通善を、そしてすべてに優って神を優先する人間の本性の理想状態を想定しているのである。

ここで、先の項においてトマスが示唆していた二通りの「対比の超絶」と、二通りの人間本性、すなわち、「十全な本性」と「損なわれた本性」との関係について概観しておこう。

「正義」は、個人の個体性を超えるものであった。しかし、「十全な本性」においては、人間は「自然本性的な愛」によって、自らの個体性を超え、公共的な社会の共通善、そして、あらゆる存在の根拠たる善としての神を、自己自身に優って愛する、という意味で、個体性は「自然に」超えられるものであった、と言える。[17]したがって、「正義」の徳は、特に、損なわれた本性による、利己的な個体性の限界を超えるものであり、人間の本性の十全なあり方を回復するもの、ということができる。

これに対して、「神愛」は、種としての本性の限界性を超えようとするものであった。この点では、損なわれた本性においても、十全な本性においても、共に人間の自然本性を超えるのでなければならなかった。[18]しかし、「損なわれた本性」にある人間は、「人間の自然本性の自己超越」への要請に加えて、本性の癒しという意味でも恩恵に依存するもの、と考えられていたことになる。[19]

第四節 「倫理学」における「愛」と「正義」

(1) 「倫理学」における「愛」と「正義」

ところで、一般に「倫理学」に関しては、古代・中世までは「幸福の達成」がテーマであったのに対して、近代以降は「実践的判断」、すなわち「正しい行為」の基準の問題がテーマとなっている、という了解は広く受け入れられている。あるいは、中世までの倫理学の関心の的は「善」であったのに対して、近代以降は「正」もしくは「義務」へと移った、といった整理もよくなされている。

「善」に関心を持つ倫理学は、「善」と相関的な概念として「愛」を主題とすることになる。そして、「善」もしくは「幸福」の達成は、何らかの意味での自己完成を意味するのであり、その限りで「徳」を問題とすることになる。これに対して、「義務」もしくは「実践的判断」を問題とする近代以降の倫理学は「正義」を主題としている、と見ることもできる。つまり、「愛」と「正義」という軸は、「善」「幸福の達成」を志向する古代・中世までの倫理学と、「行為における実践的判断の正しさ」を志向する近代以降の倫理学の関心に概ね対応する、ということになる。

しかしながら、こうした図式がかならずしも妥当しない場面がある。トマスの倫理学は、一般には、アリストテレス以来の伝統を受け継いだ「徳」の倫理学である、とされている。そして、一般に「徳」とは、理性的な本性の内部的な完成を支えるものとして理解されていた。しかし、上に見たとおり、トマスの倫理学は、単に個人の内的な自己完成のみを主題としているのではなかった。それは二つの角度からの「自己超越」の方向性を内包するものであった。そして、トマスにおける「愛」と「正義」の名を冠した徳は、そうした「自己超越」の二つの方向性にかかわるものとされていたのである。すなわち、一方ではそれは、隣人との関係、すなわち対他性としての「正義」をも問題としている。さらに、トマスにあっては隣人にとどまらず、神との関係に向けての自己超越を示すものとして「神愛」が問題とされるのである。

ここで、「愛」と「正義」との関係、そして、内面的完成としての「徳」と「対他性」との関係について、トマスにあってはいかなる構成となっているのか、を改めて検討してみる必要がある。

(2) 「愛」一般と「正義」一般

トマス的な概念枠における「神愛の徳」と「正義の徳」について言える「二通りの超越」の方向と、一般的な了解における「愛」一般、「正義」一般との関係とは、若干「ずれ」を示しているように思われる。すなわち、一般に倫理学において成立すると考えられている「愛」と「正義」との関係を示しているのは、以下のようなアリストテレス的な理解であるように思われる。

アリストテレスは「友愛philiaと正義とが共通に成立する場」を「コイノーニア」として示唆していた。アリストテレスは『ニコマコス倫理学』第八巻第九章において、「すべて人と人のコイノーニアのうちには或る種の正しさが含まれ、友愛もまた含まれる」という事実をもとに、「友愛と正しさは同じ事柄にかかわり、同じ人々のうちにある」と指摘している。(20) つまり、アリストテレスにとって、「友愛」という「愛」も、「正義」も、人間同士の「コイノーニア」、つまり隣人との対他的関係を成立の場にする点で共通するものと考えられている。このようにアリストテレス倫理学において正義と友愛とは密接な関係にあるが、両者の関係については友愛の優位が説かれている。『ニコマコス倫理学』第八巻第一章では、友愛と正義との関係について次のように述べられている。

「さらに友愛はポリスをも保持しているもののように見える。立法家たちがもっぱら心を用いるのも正義の性向をめぐってであるよりは、むしろ友愛をめぐってなのである。というのは、和合は友愛に似た何ものかであるように見うけられるが、立法家は分けてもこれを追い求め、内訌を敵対するものとしてわけても追い払おうとしているからである。また、ひとは互いに友人であれば、何ら正義を必要としないが、正しいひとであっても、さらに友愛を必要とするのである。したがって、最大の正義とは友愛に似た何ものかであると思われている。(21)」

つまり、友愛は正義と成立の場を共にしつつ、正義を超えた、なにがしか正義よりも高次のコイノーニアのあり方を示すものとされているのである。他方、正義は友愛の基礎、もしくはその成立の必要条件をなしている、と見る事もできる。

第五節　結語に代えて――本書における考察の視点と前途瞥見

(1) 本書における考察の視点

ここで、これまで検討してきたところに従って、トマスの倫理学を理解するために設定すべきいくつかの視点について整理すると共に、本書全体の前途瞥見を試みることとしたい。

第二節の考察から、「正義の徳」は、人間の魂の内的な自己完成としての徳が成立する場面から、隣人への対他的な関係への自己超越に関わるものとされていることが明らかになった。しかし、第四節(2)から明らかな通り、この隣人に向けての対他性という場面においては、アリストテレス的な意味における「正義」が、同じくアリストテレス的な意味における「友愛」の土台となっている。「正義」は「愛」の前提であり、「愛」は「正義」以上の射程をもつ、ということが成立する。そして、その「友愛」そのものの成立は人間の魂を内的に完成する諸徳の実りでもあるのである。

こうした徳の成立する場面は、基本的にはアリストテレス的な意味での哲学的倫理学の射程に対応するものと言うことができる、つまり、それは人間的自然本性の内的自己完成の場面である。第三節(2)で述べたとおり、トマスにあって、人間の自然本性の「現実」は「損なわれた本性」である。人間の利己的な現実は、トマス的にいえば、「損なわれた本性」の帰結である、とも言える。しかし、アリストテレス的な倫理学の枠組みは「徳ある人間」

という形で、論理的可能性としての「十全な本性」の様態についての見通しを与えるものとして理解することができる。

また、第二節の考察から、「神愛の徳」は、人間の自然本性そのもの――「損なわれた本性」にせよ「十全な本性」にせよ――の神に向けての自己超越に関わるものとして位置づけられていることが明らかになった。神愛の成立する場面は、アリストテレス的な哲学的倫理学の射程を超えた、恩恵の倫理である。つまり、それは第三節（1）で示したように、自然本性的な愛とは別種の愛に導かれている。

しかし、先取りして見通しを述べるならば、この恩恵と神愛にもとづく倫理の場面でも、第四節で問題とした「愛」と「正義」との一般的関係、すなわち、愛は正義と成立の場を共にしつつ、正義を超えた、なにがしか正義よりも高次のあり方を示し、正義は愛の基礎、もしくは必要条件をなしている、という事態が成立している。トマスにおいては、アリストテレス的な意味における正義の徳とは別に、「神の前における正義」――日本語では単に「義」と訳される――という意味での「正義」がある。この意味における「義」は、「性向的賜物としての恩恵」が神から注がれることを意味している。そして、神からのかかる恩恵に対する応答として、つまり、その意味での「義」を前提とし、これを土台とすることにより、「愛」としての「神愛」による行為の倫理が成立することになる。

（2）前途瞥見――本書の章構成

以上の考察の枠組みを踏まえたうえで、やや結論を先取りしつつ、今後の本書における叙述の方向について概観しておきたい。

まず、基本的には今後の本書の論述は、（1）節の概観を踏まえた上で、第二部においては「正義」の徳が示すところの、隣人に対する「対他性」としての自己超越の倫理を、そして第三部においては「神愛」の徳が示すところの、神に向かっての自己超越の倫理を概観することとしたい。結局のところ、この叙述の展開は、実質的には、アリストテレス的な枠組みに従った倫理学に関する叙述（第二部）と、キリスト教的な恩恵を基軸とする倫理の叙述（第三部）という、トマスの思想に対する叙述としては極めて「古典的な」枠組みに従うことになる。

（a）第二部　人間的自然本性の自己完成と対他性――アリストテレス的倫理学の継承

第二部では、「正義」の徳が示すところの対他性としての自己超越と、本性の内的な完成としての徳との関係を問題とする。その前提として、トマスが、アリストテレス的な倫理学の枠組み、特に、アリストテレスの徳の理論をどこまで受容しているのか、という点についての確認が考察の土台となる。その際、アリストテレスの倫理体系における「正義」と「愛」との関係が、対他的な「正義」の徳と、魂の内的な完成をもたらす徳に裏打ちされた「友愛」との関係として示唆される。そこで、魂の内面的な完成、現実態性が、正義を踏まえつつ「正義」の徳を超える「友愛」の根拠となっていることが明らかにされる。

ここで我々がアリストテレス的な倫理学の枠組みを概観することにより、いわば、人間の本性そのものが理想的に完成する可能性と射程とが示唆される、とも言える。その上で、トマスが、徳の理論、「正義の徳」の射程についての認識、内面的な完成を基盤とする「友愛」についての理論等において、アリストテレスをどこまで受容しているのかを明らかにする。

具体的な展開は、概略以下の通りとなる。

第四章は「トマスにおける徳の理論（1）　性向としての徳」と題しており、アリストテレス的な意味における「性向」としての徳の理論の概要と、トマスによるその受容の様態について概観する。

第五章は「徳としての正義――アリストテレス的正義論の導入」と題しており、隣人に向かっての対他的な自己超越を示す「正義の徳」が、アリストテレス・トマス的な徳理論の枠組みにおいては、理性的本性の内部的自己完成としての徳とは異質な、特異な徳であることを明らかにする。

ここで、アリストテレス的な意味での「正義」つまり「正義の徳」は、アリストテレス的な意味での「友愛」の土台となっている事情が明らかにされる。その上で、トマスにあっても、こうした一般的な意味における「正義」が「愛」の土台になっている、という点はアリストテレスを継承している点を明らかにする。

第六章は「倫理的責務と法的責務」と題しており、隣人に対する対他性という領域の内部において、一般的な意味において「正義」に対する「愛」として位置づけられ、自己の内面的な完成としての「徳」に裏打ちされた「友愛」に対応する「倫理的責務」と、厳密な意味における「正義」そのもの（「正義の徳」）に対応する「法的責務」との射程の相違についてのトマスの理解を明らかにする。

第七章は「トマスにおける愛（アモル）」と題しており、トマスにおける「愛」の意味を包括的に概観、整理する。特に、トマスにおける「友愛の愛」の観念が、「徳」ないしは形相的な完全性の実りである限りにおいて、アリストテレス的な「友愛」の射程にほぼ対応し、これを受け継ぐものであることを明らかにする。

第八章は「友愛としての神愛」と題しており、トマスが「神愛」そのものを一種の「友愛」として定義していることの意味を明らかにする。それが、「友愛の愛」として、形相的な完全性にもとづく充溢を基盤としている限りにおいて、アリストテレス的な友愛理論を受け継ぐものであるとともに、それが「対神性」という側面に関わる点においては、アリストテレスを踏み越えていることを明らかにする。

神愛のそうした性格は、第二部と第三部との断絶の意味を明らかにする限りにおいて、両者の橋渡しとなる。

(b) 第三部　人間的自然本性の自己超越――恩恵の倫理学

第三部は、「神愛」にもとづく神に向けての「自己超越」の方向性にしたがった考察となる。これは、恩恵を基軸とする倫理の叙述であり、具体的には「徳」ないしは「性向」が「注賦される」という、アリストテレス的な徳理論の枠組みからすれば、ほとんど形容矛盾に近いほどの概念拡張の意味をいかに理解すべきか、という問題となる。

第一章、そして第二章においてある程度明らかにしたとおり、アリストテレス的に見ると特異とも言うべき徳と性向との「注賦理論」が問題とされるのは、恩恵が成立する場面であり、人間が人格的な他者としての神と交流する、ある種の物語的な場面においてであった。筆者は、そうした場面の原点を、『ローマ書簡』、特にその第五章第五節においてパウロが「神愛が神から注がれる」と書き記した場面に求めることとする。

この場面を中心に、特にアウグスティヌス、ペトルス・ロンバルドゥスらが展開した、「恩恵」による魂の変容を、「神愛」という形での「愛」を中心に理解しようとする理論の歴史的展開の意味、また、キリスト教的な恩恵を基軸とする倫理においても、「義化」という場面において、アリストテレス的な意味における「正義」とは異なった「(正)義 justitia」が言及されていることの意味を明らかにする。

具体的な展開は、概略以下の通りとなる。

第九章は「トマスにおける徳の理論（2）　注賦的性向」と題しており、神愛を中心に、恩恵に基づいて「注賦」される「性向」についてのトマスの理論を概観する。このことにより、トマスにあって一旦は受容されたアリストテレス的な徳倫理に対して、「人間の自然本性そのものの自己超越性」という事態を踏まえてトマスが加えた「変容」の相が明らかにされる。その際、第二章で明らかにしたように、その場面を神との人格的な交流の場として理解することが要求されることとなる。我々は、トマスにあってその「場」がパウロの『ローマ書簡』、特にその第五章における「聖霊によって注がれる神愛」への言及に求められている、という認識に立って、考察を展開する。

第十章は「アウグスティヌスにおける徳の理論とトマス」と題しており、トマスが理解した限りにおけるアウグスティヌスの徳理論を概観した上で、そうした「聖霊によって注がれる神愛」に対する両者の視座の連続性と相違点とを解明する。

第十一章は「徳としての神愛」と題しており、第十章で明らかにしたアウグスティヌスからペトルス・ロンバルドゥスに至る伝統における「神愛」の扱いに対して、トマスが「神愛」を明確に「徳」として規定したことの新しさの意味を明らかにする。

第十二章は「『義』とされること」と題しており、聖書的な「正義」（日本語では単に「義」と表記される）の回復、すなわちいわゆる「義化 justificatio」を、トマスが「性向的賜物としての恩恵」が注がれることとして、神と人間の魂との間の一種の「秩序」の成立として位置づけられていることの意味を明らかにする。

第十三章は「トマス倫理学における恩恵」と題しており、トマスにおいて「恩恵」は、「性向的賜物としての恩恵」と「神的扶助としての恩恵」という二つの側面から考察されていることの意味を明らかにする。さらに、聖霊の恩恵が働く二つの場面、すなわち「義化」と、「神愛」にもとづく行為、すなわち、「愛」の業を意味する「功績」との関係を明らかにする。その結果、上述の神に向けての「人間の自然本性の自己超越性」という場面においても、「(正) 義」は「愛」の土台であり、「愛」は「(正) 義」を前提した上でこれを超えたものである、ということが明らかになるのである。

る。

（c）第四部　正義と愛の諸相

そして、最後に「正義の徳」が示す「対他」としての「自己超越」と、「神愛の徳」が示す「対神」という「自己超越」との対比では尽くすことのできないところの「正義」「愛」をめぐる問題について第四部で扱うこととする。

具体的な展開は、概略以下の通りとなる。

第十四章は「神愛倫理の対他的展開」と題しており、本質的には「神への愛」として、「神に向かっての自己超越」を意味する神愛が、「隣人愛」として、他者としての隣人に対する対他的な関係へと展開する論理構造の意味と射程とを明らかにする。

第十五章は「トマスにおける正義——『秩序』と『対他性』——」と題しており、トマスにおいて「正義」を意味する「justitia」という語が、本章で明らかにした「対他性」をその本質とするアリストテレス的な意味での「正義」と、神の前における正しさ（「義」）としての意味へと広がっていることの意義を解明する。

第十六章は「知性的本性の完全性と悪」と題しており、トマスにあって、人間を含む知性的な存在者の自然本性が内部的な自己完成に、それも「十全な自然本性」における自己完成に達したとしても、なおも悪の可能性を孕んでいる、とされていることの意味を明らかにする。結局、「知性的存在者における自然本性の自己超越性」に対して、当の知性的存在者自身がとりうる態度の自由に関わっていることが示唆される。

以下、上記の構想に基づいて順次考察を展開することとしたい。

（1）*S. T.* I-II q. 56 a. 6 c.

（2）本書第四章。
（3）*S. T.* I q. 60 a. 5 c.
（4）*S. T.* I q. 60 a. 5 ad. 4.
（5）*S. T.* I q. 62 a. 2 ad. 1.
（6）*ibid.*
（7）*S. T.* I q. 62 a. 2 c.
（8）Augustinus, *De Civitate Dei*, XIV, 28, PL41. 436.
（9）*S. T.* I q. 60 a. 5 arg. 5.
（10）*S. T.* I q. 60 a. 5 c.
（11）「欲望の愛」については、*S. T.* I-II q. 26 a. 4 c. 参照。「アガペー」と「エロース」の対比については、次章でも問題とするが、次を参照。Nygren, A: *Agape and Eros, The Study of the Christian Idea of Love.* 邦訳『アガペーとエロース――キリスト教の愛の観念の研究』岸千年・大内弘助訳、新教出版社、一九六七年。
（12）*S. T.* I-II q. 109 において、トマスは人間が善を達成する可能性について様々な角度から検討を加えているが、一貫して「十全な自然本性」と「損なわれた本性」とに分けて考察を展開している。
（13）*S. T.* I-II q. 109 a. 3 c.
（14）*S. T.* I-II q. 109 a. 2 c., a. 3 c.
（15）*S. T.* I q. 95 a. 3 c.
（16）*S. T.* III q. 7 a. 2 c.
（17）*S. T.* I-II q. 109 a. 3 c.
（18）*S. T.* I-II q. 109 a. 2 c., a. 5 c.
（19）*S. T.* I-II q. 109 a. 2 c.
（20）Aristoteles, *Ethica Nichomahea* (以下 *E. N.*), 1159b25-27.
（21）*E. N.* 1255a22-26.

第二部　人間的自然本性の自己完成と対他性

——アリストテレス的倫理学の継承——

第四章　トマスにおける徳の理論（1）——性向としての徳

第一節　はじめに

第二部は、対他性としての自己超越と、本性の内的な完成としての徳との関係を問題とする。これは、差し当たり、アリストテレス的な枠組みに従った倫理に関する叙述が主体となる。そこで、アリストテレスの倫理学的な枠組みを、トマスがどこまで受容しているのか、という点についての確認が考察の土台となる。

一般に、トマスの倫理学は、アリストテレスのそれと同様、「徳の倫理」として位置づけられている。特に、トマスはアリストテレスから「性向 hexis＝habitus としての徳」の概念を取り込んでいることで知られている。ここで、我々は広い意味におけるトマスの「徳論」において、トマスがアリストテレス的な概念をどこまで取り入れているのか、そしてそのどこで拡張・変容を加えているのか、を明らかにしなければならない。

ところで、主としてトマスにおけるアリストテレス的な倫理学の継承という側面に光を当てる本書第二部の冒頭をなす本章では、まずトマスにおけるアリストテレス的な徳論言語の受容の実態とその意味について明らかにし、第二部における考察の視点の基礎を定めることとする。これに対して、アリストテレス的な徳論言語にトマスが加えた「変容」の意味については、「恩恵」にもとづく倫理を扱う第三部冒頭の第九章において解明する。

第二節　「性向」とは何か――本性の自己実現に向けての構造的秩序

トマスはその倫理学における一般的な概念の枠組み――いわば人間の自然本性の叙述――として、アリストテレス的な本性の自己実現の図式、すなわち「能力（＝可能態）potentia」「性向 habitus」「働き、活動（＝現実態）operatio, actus」という段階的な枠組みを採用している。[1] それら三つの段階において、後続する段階は先行する段階に対して「現実態」として、先行する段階は後続する段階に対して「可能態」として位置づけられる。[2] その上で「徳 virtus」を「性向」の一種として位置づけている。そこでまず、トマスがアリストテレス的な「性向」概念をどのように受け継いでいるのか、を概観しよう。

（1）「性向」の定義

トマスが「性向」の概念をアリストテレスから導入するにあたり、『カテゴリー論』[3] および『自然学』[4] を典拠としている。しかしトマスが、最も主要的に依拠しているのは、アリストテレス自身による「哲学事典」といわれる『形而上学』第五巻二〇章における「性向 hexis」の定義であるように思われる。[5] ここで「性向」と訳す「hexis」というギリシア語および「habitus」というラテン語は、共に「持つ echein, habere」という意味の動詞からの派生語である。問題の箇所で、アリストテレスは、「hexis」という語について大きく分けて二つの意味を区別している。

第一の意味では、「hexis とは、いわば、所有しているものと所有されているものとの間の一種の現実活動をいう」[6]。これは単純に「持つこと」を意味するのであって、『カテゴリー論』においては「性質」とは区別された「所有」というカテゴリーをなすものとされる[7]。我々にとって問題となる「hexis」とは第二の意味である。

「hexisとは、それによって、或る状態づけられたものが、それ自体においてにせよあるいは他のものに対してにせよ、善くもしくは悪しく状態づけられるところの、その状態diathesisをいう。たとえば、健康は或るhexisであると言われるが、それは、健康がこのような意味での状態だからである。さらに、hexisと言われるのは、そのものにこのような状態をもった部分がある場合である。この意味を有するがゆえに、それの部分の徳［たとえば魂の部分的能力の徳］さえもそのもの全体のhexisと言われる[8]。」

この意味での「性向hexis」は、「性質poion＝qualitas」のカテゴリーの一種として位置づけられる[9]。さらに『カテゴリー論』においては、この意味での「性向hexis」は、「状態diathesis＝dispositio」という概念とともに、四つある「性質」のサブカテゴリーの内の「第一の種に属する」とされる。

（2）本性への秩序づけと働きへの秩序づけ

「性向」が「性質の第一の種に属する」という位置づけの意味について、トマスは、語の表面的な用法のみを見るシンプリキオスの解釈を批判した上で、「事物の本性natura reiへの関連における基体の様相ならびに確定」と解している[10]。上述の『形而上学』における定義において、「それによって、或る状態づけられたものが、『それ自体において』善くもしくは悪しく状態づけられる」と規定されているのは、この「自らの本性に関して」の秩序づけということを意味している。

ところでトマスによれば、事物の本性は、それ自体生成の終極・目的finis generationisであるが、それはさらに別の終極、目的へと秩序づけられている。その目的とは「働きoperatio」であるか、あるいは作用を通して達成される何らかの「成果operatum」である。したがって、性向はたんに事物の本性そのもののみではなく、さらにその帰結として、本性の終極、目的finis naturaeたるかぎりでの働きへの秩序づけをも有している。[11] 上述の『形而上学』の定義において、「『他のものに対して』善くもしくは悪しく状態づけられる」というのは、この「終極・目的への関連において」という意味である。

このように、性向は、一般に「事物の本性そのもの」および「その目的」に向けての、つまり当該の本性の自己実現に向けての秩序づけとして規定されている。さらにトマスは、性向一般に言える働きへの関与とは別に、「第一かつ主要的にprimo et principaliter働きへの秩序、関連をふくむ」とされる特定の性向がある、とし、これを「作用的性向habitus operativus」と呼んでいる。トマスによれば、作用的性向は、「魂の能力potentia animae」をその「基体sujectum」とするような性向である、とされる。[12]

ところでこの「魂の能力を基体とする」ということは、いかなる意味なのであろうか。トマスによれば、性向の基体とは、そのうちに性向があるところの事物を言う。一般的に「基体hypokeimenon＝sbjectum」とは、言語的には「主語」を、そして存在論的には「性質」のような他に依存する「内属存在」に対してその母体となる存在、つまりかかる内属存在が成立する「場」となるような存在を意味する。ところで、先のアリストテレスによる性向hexisの定義には続きがあった。

「さらに、hexisと言われるのは、そのものにこのような状態をもった部分がある場合である。この意味を有するがゆえに、それの部分の徳［たとえば魂の部分的能力の徳］さえもそのもの全体のhexisと言われる。[13]」

性向の基体は、事物の全体である場合も、一部、たとえば魂の特定の能力である場合もありうる。「定義」における当該規定は、魂の部分的な能力を基体とする性向も、魂、もしくは人間の全体にも帰属される可能性を示唆したものであった。性向の基体が本質的に働きへの秩序・関連をもつものである場合、当の性向も主要的に働きへの秩序、関連をふくむことになる。しかるに、魂の能力の本質は働きの根源たることにある。魂が諸々の働きの根源であるのはその諸能力を通じてであるからである。ここからして、何らかの能力をその基体とするような性向はすべて、主要的に働きへの秩序、関連をふくむとされ、「作用的性向」と呼ばれる。[14]

このように、性向には（a）自然本性そのものに向けての秩序づけである性向と、（b）働きに向けての秩序づけとしての性向（作用的性向）との二種類が区別されている。

後に述べる徳は、すべて（b）のタイプの性向に含まれる。徳は働きとの連関において魂を秩序づける性向だからである。故に、徳は「魂の能力を基体とし、働きへと秩序づける」性向である。この存在論的な身分に関する規定については、トマスがアリストテレスから受け継いだいわゆる「獲得的な徳」のみならず、第九章以下で詳述する「注賦的な徳」についても変わらずに該当する。

これに対し自然本性への秩序づけを有する性向は、その「自然本性」が人間的自然本性を意味する限り魂のうちに有り得ない。なぜなら魂自体が人間本性を完成する形相であるから、もはや性向が必要とされる余地はないのであった。人間的自然本性への秩序づけを有する性向は、より質料的な位置にある基体において、すなわち魂よりは

むしろ身体を基体としてその内に存在する。つまり、「健康」や慢性病のごときがそれである。(15)

以上のことから、性向は、下位のもの（より質料的なもの）をより上位のもの（より形相的なもの）への自己実現に向けて秩序づける未確定性がある場合に成立する。その意味で「補助的形相」とでも呼ぶべきものである、と言うことができる。

ところで、その詳細は章を改めて論じるが、このトマスによる、この（a）「自然本性に向けての秩序づけである性向」と（b）「作用的性向」との区別は、アリストテレス的な性向概念に対して重要な拡張・変容の可能性を開いている。身体という質料的な存在を基体とする性向が、より高次な自然本性に向けて秩序づけられる、という（a）の部類での性向に見られる基本構造を、さらに高次の段階へとシフトさせる形で、「魂の本質を基体とし、より高次な本性――神的本性――に向けての秩序づけ」となる性向として、「恩恵 gratia」が位置づけられることになるのである。

第三節　倫理的徳は賢慮を前提する――性向としての徳の定義

（1）　アリストテレスによる徳の定義と賢慮

アリストテレスの倫理学上の主著『ニコマコス倫理学』から、「徳の定義」を簡潔な形で抽出することは意外に難しい。というのは、彼は何度も「徳とは……」という形で徳に規定を与えるような発言を繰り返しているからである。その意味で、アリストテレスによる徳の本質規定は、ほとんど『ニコマコス倫理学』の全体を通してなされている、と言っても過言ではない。しかし、徳――特に倫理的徳――の定義が一応主題的に論じられている箇所は、第二巻である。

その第五章で、まずアリストテレスは、（倫理的）徳の所属する類を「性向」として位置づけている。[16] ここでアリストテレスは、「魂のうちに生まれてくるもの」として「情念pathos」「能力dynamis」「性向hexis」の三者を挙げ、「徳はこれらのもののうちの一つであろう」とした上で、まず「情念、能力、性向」それぞれの意味を解説している。

「情念とは、欲望、怒り、恐れ、平静、嫉み、喜び、愛、憎しみ、焦がれ、争い、憐れみなど、総じて、快楽、または、苦痛がそれに伴うものを言う。能力とは、それによってわれわれがこれらの情を感受しうるものを言う。性向とは、それによってわれわれがこれらの情念に関係して良い身の持ち方をしたり、悪い身の持ち方をしたりするものを言う。たとえば、怒りの情念について、もしもわれわれがはげしく、あるいは、かすかに怒りを感ずる〔ように身を持する〕ならば、われわれの身の持ち方は悪い。これに対して、これを中庸の程度で感ずるならば、われわれの身の持ち方はよい。他の情念についても同じである。[17]」

その上で、主として徳と悪徳との特徴である賞賛と非難（帰責）が妥当しない、という理由で、徳も悪徳も「情念」「能力」ではない、とする。このようにして、徳は「情念」「能力」ではない、と論じた上で、消去法で「徳は性向である」と結論づけている。そして、アリストテレスは「徳は一種の選択の働きであるか、あるいは少なくとも、選択の働きを欠きえないものである[18]」と規定している。以上のようにして、「類」として徳が一つの性向であるということが確定した後で、第二巻第六章においてアリストテレスは、「種」としての「徳」がどのような種類の性向であるか、を述べようとする。

そこでまずアリストテレスが与える答えは、「すべての徳は、その徳を持つものをそのもの自体良い状態にあるものとして作り上げ、また、そのものの働きを良いものとして発揮させる[19]」というものである。その結果、人間の徳は、「それにもとづいて人が善い人間になり、また、それにもとづいて人が自分の働きを良いものとして発揮するような、そういう性向のことである[20]」という形で規定される。

では、「善い人間」「良い働き」とは具体的には何なのか。アリストテレスは、「善い人間」「良い働き」の基準を「正しい分別 orthos logos=recta ratio」という観念に求めている。

「『正しい分別にしたがって行なう』という原則をすべての人に受け容れられている共通の原則とし、論述の出発点としよう[21]。」

では、その「正しい分別」とは具体的にはどのような基準に基づくのか。

「さて、まず最初に目をとめるべきことは、このようなもの［すなわち、正しい分別にしたがってなされる行為］は、もともと、欠乏と過剰によって失われる性質をもつということである[22]。」

ここで「正しい分別にしたがってなされる行為」が「欠乏と不足によって失われる」とされているが、このことは、これが「中庸 meson」において保たれることを示唆している。つまり、「正しい分別」の具体的現れは中庸にある、というのがアリストテレスの差し当たりの基準である。そしてアリストテレスは、その中庸の基準は「賢慮ある人 ho phronimos」の判断に示されるものと考えている。

「〔諸々の情を感ずることにおいて〕程度の大きすぎるものもあれば、小さすぎるものもある。そして、これらはいずれも良いことではない。これに対して、あるべき時に、あるべきことにもとづいて、あるべき人々に対して、あるべきものを目ざして、あるべき仕方でこれらの情を感ずるのはその中庸をなす最善のものである。これこそまさに徳に固有の働きである。行為についても、これと同じように、過剰と不足と中庸のものがある。[23]」

かくして、倫理的徳は次のように定義されることになる。

「徳とは選択にかかわる性向であり、［この選択において］われわれに対する中庸を保たせる性向のことである。われわれに対する中庸とは分別にしたがって規定された中庸、すなわち、賢慮ある人がそれにしたがってこれ［中庸］を規定するであろうような、そういう分別にしたがって規定された中庸である[24]」。

ここで確認しておくべきことは、（１）倫理的徳における「われわれに対する中庸」は情と行為を対象とし、その具体的なあり方はその情と行為の問題となる場合を構成する諸要素、つまり時、根拠、相手、目的、仕方のそれぞれにおいての「あるべき」あり方、として示されていること。（２）さらにそれは、「賢慮ある人がそれにしたがってこれ［中庸］を規定するであろうような、そういう分別にしたがって規定」されるものとされる、つまり「賢慮ある人」が基準となっていることである。

「正しい分別」は具体的には賢慮ある人の判断のうちに示されるものとされていることは明らかである。つまりアリストテレスは実際には倫理の基準をフロニモス（賢慮ある人）と呼ばれる具体的人間の判断に置いているのである。

（2）「賢慮」の位置

すでにアリストテレスは、『ニコマコス倫理学』第一巻末から第二巻冒頭において知的徳（「思考の働きとしての徳 dianoētikē aretē」）と、倫理的徳（「人柄としての徳 ēthikē aretē」）とを区別している。[25] アリストテレスの「徳 aretē」の概念は、勇気や節制などのような「倫理的徳 ēthikē aretē」の他に、「知識 epistēmē」などのような知的徳をも含みこむ、広い意味を持つ。この中で、賢慮は知的徳の一つに数えられている。しかし、賢慮は倫理的徳からは独立した他の知的徳とは異なり、倫理的徳と密接な関係にある。それは、倫理的徳と知的徳との間にあって特異な位置を占める徳である。

アリストテレスは、賢慮を、知識 epistēmē、智慧 sophia、直知 nous などからは区別された特別のタイプの知的徳と考えている。[26] アリストテレスによれば、知的徳の成立する場面、すなわち魂の「分別を持つ部分」は更に二つの部分に分かれる。すなわち、「存在するもののうち、他でありえない原理をもつものを考究するのに用いる部分」（「学問認識する部分 epistēmonikon」）と、「他で有りうるものを考究するのに用いる部分」（「分別をめぐらす部分 logistikon」）がそれである。

諸々の知的徳のうち、知識、知慧、直知などは、前者の「学問認識する部分」に属し、「存在するもののうち、他でありえないもの」を対象とする。これらは一般に「理論学」と呼ばれているものである。これに対して、賢慮はこのうちの後者、「分別をめぐらす部分」に属する徳であり、「存在するもののうち他で有りうるもの」を対象とする。「他でありうるもの」とは「われわれの観察の外にある時、その『あるか』『ないか』の分からないもの」[27]つまりは経験に依存する個別的対象である。賢慮は倫理学、政治学の実質的内容をなすものであるが、これらは一般に「実践学」と呼ばれている。賢慮が経験に依存する「他でありうるもの」を対象とする、ということはこの賢慮の実践的性格、すなわち「賢慮は行為にかかわる」ことに由来している。

「賢慮は一般的なものにかかわるだけではなく、個別をも認識しなければならない。なぜなら、賢慮は行為にかかわるが、行為は個別にかかわるからである。[28]」

賢慮は倫理的行為において「選択 hairesis＝electio」と「思案 boulēsis」を正しいものにする働きを持つものとされている。

「賢慮ある人の特徴と一般に考えられているのは、自分にとって善いもの、役に立つものについてただしく思案をめぐらしうることであり、…（中略）…、良い生活のために一般的に言ってどのようなことが役に立つかということについてただしく思案をめぐらしうることである。[29]」

賢慮は、倫理的行為において、目的よりは手段に関わる。賢慮がこれを正しいものとする思案、選択は手段的なものにかかわるからである。しかし、後述するように、賢慮は、同時に正しい目的への志向を含意しており、具体的な行為の場面において、目的と手段を一挙同時に把握する力である、とみるべきであろう。つまり、賢慮とは実践の場面において、目的への志向を個別的状況の中での具体的行為へと現実化する理性の力なのである。

徳はこうした賢慮なしには「完全な意味での徳 kyria aretē」にならない。完全な意味での徳は、単なる外的行為への傾向性、もしくは自然的な性向とは異なり、理性と選択の働きを伴ったものだからである。

(3) アリストテレス的な徳の規定のトマス的受容

以上概観したアリストテレスによる徳の規定について、基本的にはトマスは忠実に取り込み、『神学大全』第II部の中に消化している。

ここでは、その中で特に一点、倫理的徳が賢慮を前提している、というテーゼに関する項のみを取り上げる。それは『神学大全』第I－II部五八問題四項である。ここで、トマスは倫理的徳が賢慮なしにはありえない理由を次のように解説している。倫理的徳は選択的な性向 habitus electivus、つまり善い選択をなさしめる性向である。ところが、選択が善いものであるためには二つの条件がある。(1) 第一には、目的がしかるべき仕方で意図されること intendo debita finis である。このことは、倫理的徳自体によって確保される。(2) 第二には、人が目的への手段 ea quae sunt ad finem を正しくとらえることである。このことは「正しく思案し consilians、判断し judicans、命令する praecipiens」ところの理性なしにはありえない。このことは、賢慮および「思慮深さ eubulia」「賢察 synesis」「明察 gnome」という、賢慮の部分としてこれに結びついた諸徳に属することである。(30)

ゆえに、倫理的徳は賢慮なしにはありえない、という。これは、ほぼ上述のアリストテレス自身による議論の流れを受け継いだものである、と言える。

ところで、この項のタイトルは「倫理的徳は知的徳なしにありうるか」というものであり、そこでは賢慮の他に「直知 nous = intellectus」という知的な徳の必要性が説かれている。それは、直知によって、観照的領域ならびに実践的領域において、自然本性的に知られるところの諸原理 principia naturaliter nota が認識されるからだ、と言う。観照的領域における正しい理性が、自然本性的に認識された諸原理から出発するかぎりにおいて、諸々の原理の直知 intellectus principiorum という知的徳を前提とするように、為すべきことがらに関する正しい理性であるところの賢慮もまた、直知を前提とする、とされる。

上述のごとく、アリストテレスによれば、直知は「存在するもののうち、他でありえないもの」を対象とし、「理論学」（観照的認識）の領域に属するものとされていた。しかし、トマスはかかる「直知」を実践的領域においても認め、これを賢慮の成立条件として付加しているのである。この実践的領域における「直知」とは、自然法の第一原理をなすところの「良知 synderesis」を指すものと思われる。(31) つまり、トマスは賢慮の成立という事態に、自然法の概念をもその支えとして導入しようとしている、と考えられる。

第四節　賢慮は倫理的徳を前提する――倫理的徳の働き

（1）賢慮は徳を前提する――アリストテレスの場合

以上、倫理的徳の成立には賢慮が前提されている、ということと、その意味について考察してきた。

ところで、アリストテレスによれば、「賢慮」の方でも、倫理的徳を前提し、これに導かれて成立する。賢慮は、手段に関わる知であるという点で、「才覚 deinotēs」と呼ばれている能力と共通するものをもつ。[32] 現代語、たとえば英語で賢慮は prudence と言うが、これは、むしろ「才覚」に近い意味で用いられ、「抜け目なさ」という否定的なイメージがある、といわれる。[33] しかし、アリストテレスにあってもトマス同様、賢慮は目的への正しい意向を前提する。その点で、賢慮の成立は倫理的徳を前提する。トマスが引いているように

「各人がどのような人であるかに応じて、目的もそういうふうにかれに見えてくる[34]」

「この〔いわば〕『魂の目』〔才覚〕に賢慮という性能がそなわってくるのは〔魂に〕徳がそなわることなしにはありえない。[35]」

「ところで、人柄としての徳は選択にかかわる性向であり、選択は思案にもとづく欲求であるのだから、これらの理由によって、選択が優れたものであるためには、〔思案における〕分別〔の働き〕は真なるものであり、欲求は正しいものでなければならない。[36]」

「こうして、善い人でないかぎり、人が賢慮ある人でありえないのは明白である。[37]」

つまり、アリストテレス的な意味での賢慮はその人の品性、人柄と密接な関係にあり、その成立のためには倫理的徳の存在を前提とするのである。

「徳は目標を正しいものとして与え、賢慮はこれに達する手段を与える。[38]」

賢慮とは実践の場面において、目的への志向を個別的状況の中での具体的行為へと現実化する理性の力である。その限りで賢慮は主として手段発見の知である。しかし、目的の如何を問わず、そのための適切な手段を発見する能力である「才覚」とは異なり、賢慮が賢慮であるためには、予め倫理的徳によってその目的志向の正しさが保証されていなければならない。アリストテレスにとっても、賢慮は単なる理性ではなく、倫理的徳によって方向づけられた善い理性なのである。

（2）徳は、その行為を容易かつ快適にする

「賢慮」の方でも、倫理的徳を前提し、これに導かれて成立する、という事態の意味を、アリストテレス―トマス的に規定された「徳」の性格についての検討を通じて概観しよう。

トマスは、「徳の性向は、人間が即座に、かつ快をともなって活動するために必要とされる」と述べている[39]。つまり、徳はその行為を容易かつ快適にするもの、と考えられているのである。このことは、『ニコマコス倫理学』第一巻第八章において、アリストテレスが述べているところである。

「……正しい行為は正しさを好む人にとって快く、一般に、徳によって生まれる行為は徳を好む人にとって快い。ところで、大衆にとっては、快いものは互いに撞着しあう。それは、それらがそのもの自体の本性によって快いものではないからである。だが、美を好む人々にとってはそのもの自体の本性によって快いものが快い。そのようなものは徳によって生まれる行為である。したがって、この人々の人生は快楽を、いわば、うわべの飾りとしてあわせ要することはなく、そのもの自体のうちに内蔵する。以上に述べたところをさらに補説すれ

ば、美しい（kalon＝善き）行為を喜ばない人は、実際、善い人ではない。おもうに、正しい行為を喜ばない人を正しい人と呼ぶ人はないだろうし、もの惜しみしない心の宏い行為を喜ばない人をもの惜しみしない心の宏い人と呼ぶ人もないだろう。他の場合についてもこれは同じである。もしそうであるとすれば、徳によって生まれる行為はそのもの自体として快いものであることになろう。さらにまた、それは善いものであり、美しいものでもあろう。そして、もしも、立派な人はこれらのそれぞれ、すなわち、美と善を正しく判定するものであるとすれば、それはもっとも優れた意味で善いものであると共に美しいものでもある。そして、すでに述べたとおり、立派な人は実際そのように判定するのである。[40]」

ここからまず、アリストテレスにあっては、徳は快楽のあり方を変容させ、善き行為を快適ならしめる、ということが示唆されている。つまり、アリストテレスの倫理学においては、魂が内的に形成され、性向としての徳が成立することにより、情念のあり方が変容し、善き行為（徳の行為）を容易ならしめるようこれを助けるものとなるのである。

また、ここでは、快のあり方が徳の成立の基準となっていることが示されている。善き行為に快を感じるか否かによって、徳の性向が成立しているか否かが判定される。「克己心」によって己れの中の反対する傾向性を押さえながら善き行為を行なう人間は、未だ徳を具えた人間ではない。たしかに、彼は「無抑制 akrasia」――所謂「意志の弱さ」――に押し流される人間、いわんや悪徳の中にいる人間よりは立ち勝っている。しかし、このような人は、「徳を具えた人間」とは呼ばれず、「抑制 enkrateia を具えた人間」と呼ばれる。[41]

さらに、ここでは、徳の有無が、美と善とに関わる正しい判定者の条件とされている。つまり、徳のある人は、価値についての正しい判断の基準を有するもの、とされているのである。

この最後の論点を特に取り上げて、トマスは「親和的認識 cognitio per connaturalitatem」という名称を与えて論じている。そしてトマスは「賢慮」そのものをこの「親和的認識」として規定し、これを倫理的徳の結実として見ているのである。

（3） 親和的認識

トマスは一般に「主知主義者」とされているが、「親和的認識」とは、いわゆる主知主義的な認識とは相貌を異にする認識の道である。

「判断の正しさは二とおりの仕方でありうる。一つの仕方では、理性の完全な使用にしたがってであり、他の仕方では、判断すべき事柄に対する何らかの親和性 connaturalitas にしたがってである。[42]」

ここでトマスは、後者の「親和的認識」の例として、貞潔 castitas の徳ある人が貞潔の徳に関することがらについて正しい判断を下す場合を挙げている。つまり、親和的認識とは、一言で言えば、愛や欲求能力の完全性に導かれた認識である。そして、『神学大全』第Ⅰ－Ⅱ部五八問題五項において、トマスは賢慮そのものを「親和的認識」として提示した上で、賢慮が倫理的徳を前提としていることを示している。

「他の諸々の知的徳は倫理的徳なしにありうるが、賢慮は倫理的徳なしにはありえない。そのことの理由は、賢慮は為すべきことがら——たんに一般的な意味においてのみではなく、行為がそこにおいて見出される特定の事例という意味でも——にかかわる正しい理性 recta ratio である、ということである。ところが、正しい理性は、そこから推論 ratio が出発するところの原理を必要とする。しかるに、特定の事例にかかわる推論は、たんに普遍的な原理からだけではなく特殊的な原理からも出発する必要がある。ところで、為すべきことがらの普遍的原理についていえば、人は諸原理の自然的な直知 naturalis intellectus principiorum ——かれはそれによって、いかなる悪も為すべきではないことを知るのである——あるいはまた何らかの実践的な学知 scientia でもって正しい状態におかれる。しかし、それだけでは特殊的なことがらについて正しく推論するには充分ではない。というのも、ときとして、直知あるいは学知によって認識されたこのような普遍的原理が、特定の事例に関しては、なんらかの情念によってゆがめられてしまうことがおこるからである。たとえば、欲望に動かされる者にとっては、かれが欲望に支配されている場合には、かれが欲している対象が善いものと思われるのである——理性の普遍的な判断には反するにもかかわらず。したがって、普遍的な諸原理に関しては、人は自然的な直知あるいは学知という性向によって秩序づけられて正しい状態におかれるのであるが、そのように、為すべきことがらの特殊的な諸原理、つまり諸々の目的に関して正しい状態におかれるためには、何らかの性向によって完成されるのでなければならない。すなわち、そうした性向にもとづいて、目的に関して正しく判断することが、その人にとって何らかの意味で親和的なこと connaturale となるのである。ところで、このことは倫理的徳によってなされる。けだし、有徳な者は徳のめざす目的について正しく判断するのであり、それというのも『ニコマコス倫理学』第三巻（1114a32）でいわれているように、『各人がどのような人であるかに応じて、目的もそういうふうにかれに見えてくる qualis unus quisque est, talis finis videtur ei』からである。それゆえに、為すべきことがらに関わる正しい理性、つまり賢慮をもつためには、人は倫理的徳をもつことが必要とされるのである。(43)」

ここで、「諸々の目的 fines へと向かって人が善く秩序づけられていること」ないしは「意志の正しさ」を保証するものは、倫理的徳と呼ばれる性向 habitus であることが明らかにされている。

倫理的徳は欲求能力 vis appetitiva を、後者が何らかの仕方で理性を分有するかぎりにおいて、すなわちその自然本性からして理性の命令によって動かされるようなものであるかぎりにおいて、完成する。(44) 為すべきことがらの普遍的原理の認識は、諸原理の自然的な直知あるいは何らかの実践的な学問が、つまりは自然法の第一諸原理や倫理学の知が与えてくれるかも知れない。しかし、倫理的な生活のただ中にいる人間のため、つまり特定の事例にかかわる具体的な倫理的判断のためにはこれだけでは不十分であり、倫理的徳という性向による支えが必要なのである。そうした性向にもとづいて、目的に関して正しく判断することが、その人にとって何らかの意味で親和的なこととなる、とされる。

「親和性」を実際に導くのは「傾向づける性向 habitus inclinans」である。倫理的な生活を実際に生きている人間の視座から見た倫理的判断は、善きにつけ悪しきにつけ、何らかの性向によって支配された親和性のもとにある。性向は倫理的徳という形で賢慮の成立を支える場合もあれば、悪徳という形でこれを破壊する場合もある。性向によって、たとえば「人に善くすること benefacere alteri」が或る人にとって親和的となり、気前のいい人が他人に快くものを与えることになる。(45) 他方、悪徳的性向は、人間をして霊的な悪に親和的ならしめるのであり、かかる性向の行使は確固たる悪意 malitia certa による罪をもたらす。(46)

以上から、「親和的認識としての賢慮」における親和性の意味が明らかになったと思う。その親和性は性向により決定される。倫理的な生活の現場――倫理的な生活を実際に生きている人間――における判断は、性向に支配された親和性が方向づけるのである。

第五節　「賢慮による諸徳の結合」

以上、見てきたところから明らかなように、アリストテレスによればこの賢慮の徳と倫理的徳とは相互に前提しあう関係にある。すなわち、第三節で見たところから、倫理的徳は賢慮の存在を前提する。他方、第四節で見たところからは、賢慮は倫理的徳の存在を前提する。このように、アリストテレスにあって、賢慮と倫理的徳との間には一種の循環構造がある。

トマスは、これを「循環」と見るよりも、むしろ、「徳の結合」理論の根拠と見た。トマスは『神学大全』第I－II部六五問題一項において「諸々の倫理的徳は相互に結びついているか」と題してこの問題を扱っている。「徳の結合」とは、「一つの徳をもつ者は他の徳をもっている」もしくは「他の徳をともなわない徳は、徳ではないか、あるいは不完全である」という主張である。かかる「徳の結合」理論の歴史的意義、あるいは、なぜ、「徳の結合」が説かれるのか、という問題に対する一つの示唆は、この項の「sed contra」から窺えるように思われる。

そこで挙げられている権威には、二つの伝統があるように思われる。一つは、アンブロシウス、アウグスティヌス、そしてグレゴリウスというキリスト教教父の伝統である。もう一つの伝統を示すものとして、キケロの『トゥスクルム対話録』が挙げられているが、ここではキケロの背後にストア派の伝統を見るべきであろう。「もしあなたが一つの徳をもっていないことを告白するならば、何らの徳ももたないであろうということにならざるをえない」という厳格な要求は、明らかにストア的に理念化された「賢者」の徳を思わせる。こうしたストア的伝統から教父たちへの影響関係の解明は今後の研究課題であるが、少なくとも、教父たちにとっての「徳の結合」は、彼らがすべての徳を「神の愛 caritas」の中に見ようとする姿勢の表れであるように思われる。

この項の問いを処理するにあたり、まずトマスは、倫理的徳に「完全なもの」と「不完全なもの」とを区別する。「不完全な倫理的徳」とは、善い行為を為すことへの単なる傾向性、つまり徳の現象的な表現である。トマスによれば、この意味での倫理的徳は互いに結びついてはいない。生具的な体質的な素質や習慣づけにより、徳の現象的な表現形態は人によってまちまちだからである。しかし、「完全な倫理的徳」、すなわち、善い行為を「善く bene」為すことへと傾かしめる性向は、互いに結びついている、と結論づけている。その上で、トマスはこの結論に導く論拠には二通りのものがある、という。

その一つが、これまで概観してきたアリストテレス倫理学の構造にもとづくものである。すなわち、倫理的徳は選択にかかわる性向である。ゆえに、正しい選択をなすことが倫理的徳にとって固有的なことである。ところが正しい選択をなすためには、正しい目的 finis debitus への傾向性だけではなく、目的への手段 ea quae sunt ad finem を正しく選択しなければならない。そしてこのことは賢慮によってなされる。ゆえに、いかなる倫理的徳も賢慮なしには所有されえない。これは、第三節における論理展開のまとめ、というべき論旨である。

他方、賢慮は為すべきことがらに関する正しい理性であるが、理性は為すべきことがらの（諸）目的を原理としてそこから出発する。そして人がそれら目的へと正しく秩序づけられるのは倫理的徳によってである。それゆえ、賢慮も諸々の倫理的徳なしには所有されえない、とされる。これは、第四節における論理展開をまとめたもの、と言える。そして、以上の両面から、諸々の倫理的徳は相互に結びついている、と結論が導きだされる、という。

「徳の結合」についてのもう一つの論拠は、グレゴリウス、アウグスティヌスら、キリスト教教父の伝統によるものである。彼らは、アリストテレスのように倫理的諸徳を、それらがかかわることがら materia にもとづいて区別するのではなく、「徳の何らかの一般的な条件 conditio にもとづいて」、つまり、分別 discretio が賢慮に、正しさ rectitudo が正義に、抑制 moderantia が節制に、堅固さ firmitas が剛毅に属するというふうに——それらがどのようなことがらにかかわっているにせよ——区別している、という。

トマスによれば、「この立場にしたがえば、結びつきの論拠はあきらかである。というのも、堅固さは、そこに抑制、ないしは正しさ、分別がともなっていなかったならば、徳として賞賛されることはないからであり、他の条件についても同じことがいえる。」と述べている。これは、後に改めて論じることとなるが[47]、すべての徳を「神の愛 caritas」の中に見ようとする伝統にもとづく論拠であるように思われる[48]。そして、これは「人間の自然本性の自己超越性」が問題となるような倫理の場面である。先取りして見通しを述べるならば、筆者は、トマスがこの教父以来の伝統にもとづく「徳の結合」の思想を、第九章以下で検討する「神愛による徳の結合」という方向で解釈し直そうとしているのではないか、と考えている。

他方、アリストテレス的な論拠にもとづいて理解されたこうした徳の結合関係は、「賢慮による諸徳の結合 connexio virtutum per prudentiam」と呼ばれている。トマスによれば、かかる意味での倫理的徳（「獲得的倫理徳」）は、人間の自然本性的能力を超えない目的への秩序づけにおける善い行為を生ぜしめるものであり、人間的行為によって獲得可能なもの、とされる。これは、「異教徒の場合」に見られる徳として、神愛、あるいは注賦的な徳とは関係なく存在することが可能であることをトマスも認めている[49]。これが、トマスの内に取り込まれた限りにおけるアリストテレス風の「哲学的倫理学」と見えるものの実体である。しかしそれは、トマスにあっては限定的な位置づけのもとに置かれていることも忘れてはならない。

第六節　結　語

本章では、トマスにおけるアリストテレス的な徳論言語の受容の実態とその意味についての解明を試みた。

アリストテレスにおける「性向」概念は、基本的には本性の自己実現・生命エネルギーの充溢に向けての秩序づけを意味していた。しかし、そこにはさらに段階があり、本性そのものに向けての秩序づけと、本性がさらにその自己実現として志向する「働き」への秩序づけという段階が見られた。徳は「働き」への秩序づけとしての「性向」であった。

トマスによれば、「本性そのものに向けての秩序づけ」である性向は、より質料的な位置にある基体を、より高次の本性へと秩序づける性向であった。これは第三部で詳述する「恩恵」が人間の魂を神的本性へと秩序づける「性向」として語られる場を確保するものであることをここで示唆しておく(50)。

アリストテレスによれば、倫理的徳は賢慮に依存し、その成立は賢慮の存在を前提する。他方、賢慮も倫理的徳の存在を前提する。このように、アリストテレスにあって、賢慮と倫理的徳との間には一種の循環構造がある。トマスは、これを「循環」と見るよりも、むしろ、「徳の結合」理論の根拠と見た。トマスは、自らが受け継いだ限りでのアリストテレス的な徳理論を「獲得的な徳」と呼んで自らの倫理学の体系内に位置づけたが、そこで、賢慮と倫理的な諸徳とのそうした相互に前提しあう関係を、「賢慮による諸徳の結合 connexio virtutum per prudentiam」と呼び、徳が一個の全体的構造を示していることを示唆していた。

しかし「徳の結合理論」は、ストア的および教父的な二つの伝統にもとづいて主張されていた。トマスにとって特に重要だったのは、教父的なそれ、つまりすべての徳を「神の愛 caritas」の中に見ようとする伝統にもとづく論拠であるように思われる。それは、人間の自然本性の自己超越が問題となる場面につながるからである。

そうした場面の意味については、「注賦的な諸性向」の意味の解明により明らかになる。そしてそれは、第三部、特に第九章の課題となる。

（1） *S. T*. I q. 77 a. 3 c., q. 87 a. 2 c.

（2） ……ex hoc ergo quod recipit species intelligibilium, habet quod possit operari cum voluerit, non autem quod semper operetur, quia et tunc est quodammodo in potentia, licet aliter quam ante intelligere; eo scilicet modo quo sciens in habitu est in potentia ad considerandum in actu., *S. T*. I q. 79 a. 6 c.

（3） Aristoteles, *Categoriae* (以下 *Cat*.), 8., 8b26ff.

（4） Aristoteles, *Physica*, VII, 3, 246a11-13.

（5） Aristoteles, *Metaphysica* (以下 *Met*.), V, 20, 1022b10-14; cf. トマス註解 *In V Met*., l. 20, 1064.

（6） *Met*., V, 20 1022b4-5.

（7） *S. T*. I-II q. 49 a. 1 c.

（8） *Met*., V, 20 1022b10-14.

（9） *S. T*. I-II q. 49 a. 1 c.

（10） *S. T*. I-II q. 49 a. 2 c.

（11） *S. T*. I-II q. 49 a. 3 c.

（12） *ibid*.

（13） *Met.*, V, 20 1022b13-14.
（14） *S. T.* I-II q. 49 a. 3 c.
（15） *S. T.* I-II q. 50 a. 1 c.
（16） Aristoteles, *Ethica Nichomahea* (以下 *E. N.*), II, 5, 1105b19ff.
（17） *ibid.*, 1105b21-28.
（18） *ibid.*, 1106a2-4.
（19） *E. N.*, II, 6, 1106a15-17, cf. *S. T.* I-II q. 55 a. 2 c., a. 3 c.
（20） *ibid.*, 1106a22-24.
（21） *E. N.*, II, 2, 1103b31-32.
（22） *ibid.*, 1104a11-13.
（23） *ibid.*, 1104a20-24, cf. *S. T.* I-II q. 64.
（24） *ibid.*, 1106b36-1107a2.
（25） *E. N.*, I, 13, II, 1, 1103a1ff., cf. *S. T.* I-II q. 58 c.
（26） *E. N.*, VI, 5, 1140a24ff.
（27） *E. N.*, VI, 3, 1139b21-23.
（28） *E. N.*, VI, 7, 1141b14-16.
（29） *E. N.*, VI, 5, 1140a25-28, cf. *S. T.* I-II q. 58 a. 5 c.
（30） *S. T.* I-II q. 57 a. 6 c., cf. *E. N.*, VI, 1143a25.
（31） *S. T.* I q. 79 a. 12 c., I-II q. 94 a. 2 c.
（32） *E. N.*, III, 5, 1113b3-5, VI, 12, 1144a23-29.
（33） 「賢慮 prudentia」に対応する現代語（'prudence' 等）がもつ語感にまつわる問題性については、たとえば以下を参照。
稲垣良典『トマス・アクィナスの倫理思想』第九章「知慮と自然法」二一二頁。
（34） *E. N.*, III, 5, 1114a32.

(35) *E. N.*, VI, 12, 1144a29-31.
(36) *E. N.*, VI, 2, 1139a22-24.
(37) *E. N.*, VI, 12, 1144a36-b1.
(38) *ibid.*, 1144a7-9.
(39) *De Carit*. a. 5 arg. 10, ad. 10.
(40) *E. N.*, I, 8, 1099a10-24.
(41) *E. N.*, VII, 9, 1151b32-52a6.
(42) *S. T*. II-II, q. 45 a. 2 c.
(43) *S. T*. I-II q. 58 a. 5 c.
(44) *S. T*. I-II q. 68 a. 3 c., *ibid*. q. 58 a. 3 c.
(45) *S. T*. I-II q. 32 a. 6 c.
(46) *S. T*. I-II q. 78 a. 2 c., II-IIq. 156 a. 3 c.
(47) 本書第三部。
(48) 第三部の諸章で詳述するが、こうした考え方の原点には、パウロが『ローマ書簡』(五・五)「わたしたちに与えられた聖霊によって、神の愛がわたしたちの心に注がれている」という言葉、および『コリント第一書簡』(一三・四―)の「愛は忍耐強い。愛は情け深い。……(以下)」という言葉で述べているような事態がある。
(49) *S. T*. I-II q. 65 a. 2 c.
(50) この点については第九章で詳述する。cf. *S. T*. I-II q. 50 a. 2 c.

第五章　徳としての正義――アリストテレス的正義論の導入

第一節　はじめに

第四章では、アリストテレス的な意味における「性向」としての徳一般についての理論の概要と、トマスによるその受容の様態について概観した。本章では、第三章において、隣人に向かっての対他的な自己超越を示すものであることを指摘した「正義」の徳が、トマスの倫理学において占める位置を明らかにする。

「正義」の徳に関してトマスが展開している『神学大全』II－II部の五七問題以降の論述が、アリストテレスの『ニコマコス倫理学』第五巻とよく対応するものであることは、一般によく知られている。徳としての「正義 dikaiosynē＝justitia」は、「法律にかなうこと nomimon＝legale」としての正義と「均等なこと to ison＝aequalitas」としての正義とに二分され(1)、前者は「一般的徳 virtus generalis」（アリストテレスの表現では「徳の部分ではなく、徳の全体 holē aretē」）としての正義ないし「一般的正義 justitia generalis」(2)、そして後者は「特殊的正義 justitia particularis」と呼ばれ、さらに「配分的正義 to dianemētikon dikaion＝justitia distributiva」と「規制的正義（交換的正義） to diorthōtikon dikaion＝justitia commutativa」(3)とに二分されること。また、配分的正義においては「幾何学的比例 analogia geōmetrikē＝geometrica proportionalitas」、規制的正義においては

「算術的比例 analogia arithmētikē＝arithmetica proportionalitas」に即して、その「中庸 meson＝medium」が客観的に確定していること（トマスの用語では「事物の中庸 medium rei」）[4]。

こうした基本的構成において、両者の記述はほぼ完璧な対応関係を示している。にもかかわらず、トマスの正義論はアリストテレスのそれの単なる模写ではなく、トマス独自の問題圏の中での思索の結実であった。

本章ではまず、トマスの「正義」の徳についての論述がいかなる背景のもとに成立していたのか、を解明する。次いで、トマスがアリストテレスから受容した徳論言語の中で、正義が占める特殊な位置づけの意味を明らかにする。その結果、隣人に向かっての対他的な自己超越を示す「正義の徳」が、アリストテレス・トマス的な徳理論の枠組みにおいて、理性的本性の内部的自己完成としての他の倫理的な徳とは異なった特異な性格をもつ徳とされている点を明らかにする。

第二節　トマスによる先行思想の扱い

（1）ローマ法学とアウグスティヌス

トマスの正義論がいかなる場面に成立していたか、その背景を端的に明らかにしているのが、「正義」そのものの定義を扱った、『神学大全』第I－II部五八問題一項である。

まず、項の主題そのものが、「正義は各人に彼の権利を帰属させようとする不動にして恒久的な意志である justitia est constans et perpetua voluntas jus suum unicuique tribuens」とする、『ローマ法大全』[5]において示された「法学者たち jurisperiti による定義」についてその適否を問うものである。

北イタリアのボローニャで『ローマ法大全』、特にその主要部分である『学説彙纂』が再発見され、再び読まれるようになったのは、十一世紀末から十二世紀初頭にかけてのことである。その後、ローマ法学はヨーロッパ各地に伝播し、また大学で専門教育を受けた職業的法律家（法曹）という一つの新しい社会的身分を持つ職業集団が形成され、実務にも活躍するようになっていた。トマスの時代には、ローマ法学はすでに正義を論ずる際には触れずには済まされぬ権威となっていたものと思われる。

他方、この項の第六異論においてアウグスティヌスの『カトリック教会の道徳』(6)における「正義」についての記述が権威として引用されている。「正義は神のみに仕え、そのことのゆえに、人間に下属している他のことがらを善く命令するところの愛である」という、このアウグスティヌスによる正義のいわば「定義」は、『神学大全』第II－II部五七問題一項の第三異論にも引用されている。ただし、そこには強調点の相違が見られる。本項（『神学大全』第II－II部五八問題一項）においては、「正義」が「愛」である、という側面に力点があるのに対し、五七問題一項においては「神への従属」という側面が強調される。

また、アウグスティヌスにおける「正義」と「愛」との同一視の側面に関していえば、『神学大全』第II－II部五八問題一一項の第一異論における『三位一体論』(7)への言及をも参照すべきである。そこではアウグスティヌスが、正義とは「悲惨な人々を助けること」である、とする権威として引かれている。これは、いわば正義と隣人愛との同一視である。参考までに、これに続く第二異論では、「他者に自分のものを与える」という点で、このようなアウグスティヌスの正義観と共通するところの「親切 beneficientia ないし慈愛 benignitas、寛厚 liberalitas」を「正義に属する」とするキケロの『義務について』(8)の権威にも言及されている。

アウグスティヌスの「正義」観にあって特徴的なのは、彼が「神への従属」を重視するとともに、「愛」と「正義」とを同一視している点である。そこには、ローマ法学やギリシア哲学とは異質なものがある。詳細は後述する[9]が、それは、アウグスティヌスには、ギリシア以来の四元徳（「枢要徳」）のすべてを、「神への愛」の諸様態として定義する、という徳全般に対する理解があったためである、と考えられる。

このように、一方ではローマ法学、他方ではアウグスティヌスのキリスト教的「正義」観という先行権威を背景とする中で、トマス自身はいかなる正義論を展開しようとしているのであろうか。

（2）ローマ法学の権威に対して——アリストテレス徳論言語の導入

ローマ法学の権威に対してトマスのとった道は、『神学大全』第II－II部五八問題一項の主文において明らかにされている。それは、前述の「法学者たちによる定義」に一定の承認を与えると共に、これに改訂を施し、アリストテレスによる正義の定義に適合させる、というものであった。

トマスはまず、「すべての徳は善い行為の根源たる性向 habitus である」という、アリストテレスの性向論を踏まえた徳についての自らの定義[10]を大前提とし、これをもとに、「徳は当の徳にとって固有の事柄 materia propria にかかわるところの善い行為によって定義されなければならない」とする。そして「各人に彼の権利を帰属させる」という問題の定義の前段を、正義に「固有の事柄および対象」への言及として意味づける。

他方、問題の定義の後段についての考察においても、アリストテレスの立場が大前提とされる。後段の文言を『ニコマコス倫理学』[11]で提示された、（a）「知っていて行為すること」、（b）「選択し、然るべき目的のために行為すること」、（c）「動揺のない仕方で行為すること」、という徳の行為の成立条件への言及として解釈するのである。すなわち、「意志」という言葉により「正義の行為が意志に発するものたるべきこと」——（a）および（b）

――、「不動」および「恒久性」ということで、行為の堅固さ――（c）――が示されている、と解する。

これだけの解釈を施した上で、「前述の定義は性向の代りに行為をもってきていることを別にすれば、正義の完全な定義である」という評価を与える。ここからがいわば「総仕上げ」であって、トマスは問題の定義に「性向habitus」の概念を持ち込み、「正義はそれによって或る人が不動かつ恒久的な意志をもって各人に彼の権利を帰属させるところの性向である」という形に改訂する。しかし、この改訂はトマスにとっては改訂ではなく、「定義の然るべき形式にもどす」ことなのである。つまり、法学者たちの「定義」は、アリストテレスの徳論言語の特徴をなす「性向」という概念を用いていない、といういわば欠陥を補ったわけである。そして、この改訂された形の定義は、「正義はそれによって或る人が、選択に即して正しいことを行なうといわれるところの性向である」という、アリストテレスが『ニコマコス倫理学』第五巻[12]において下している定義と「ほぼ同一」だとする。

このようにして、トマスは、おそらくは当時における権威であったところの「法学者たちによる定義」を、やや強引にアリストテレスに適合させている。

(3) アウグスティヌス的正義観に対して――愛と正義との分離

次いで、アウグスティヌス的な正義観に対するトマスの対応について見てみよう。

まず、正義と愛との同一視についてである。先述の『神学大全』第II－II部五八問題一項の第六異論に対するトマスの回答は次のようなものである。

「神への愛のうちには隣人への愛がふくまれている。そのようにまた、人が神に仕えることのうちには各人に、彼に帰すべきものを帰属させることがふくまれている」。

つまり、正義は愛に包含されている、というのである。このことをより正確に言うならば、正義の充足は愛のための必要条件である、ということになる。「不正なことを為す者は誰でも大罪 peccatum mortale を犯すのであるか」と題する五九問題四項はこのことを明示している。トマスによれば、「大罪（死をもたらす罪）peccatum mortale」とは、「霊魂に生命をもたらす神愛 caritas に反対、対立するところの罪」である。したがって、この項は正義と神愛との関係に触れるものである。トマスはこの問いに次のように答える。

「不正は常に他者に対して加えられる危害に存する。そして、神愛は他者の善を意志するようにと（われわれを）動かすものである。したがって、他者に対して加えられるすべての危害 nocumentum は、それ自体からして神愛に反するものであって、明らかに「その類からして ex genere suo 大罪である」と。

つまり、「正義に反するならば必然的に愛にも反する」ということであり、裏を返せば「正義は愛の土台（必要条件）である」ということが示唆されているのである。

また、『神学大全』第II－II部五八問題一一項の第一、第二異論に対する回答では、アウグスティヌスの正義観における隣人愛的な側面を示す「悲惨な人々を助けること」「惜しみなく親切をすること」は、憐れみ深さ misericordia、寛厚といった「正義」に対しては第二次的な諸徳（正義の「可能的部分 partes potentiales」）に属するものとされ、「一種の還元 reductio によって、主要的な徳としての正義に属するもの」と位置づけられている。

ある徳の「可能的部分」とは、主要的な徳の「本質側面 ratio」の一部を共有しつつ、一部を欠くような徳のことである。そして、憐れみ深さ、寛厚は、外的事物にかかわる点とその対他的性格を正義と共有するものの、「責務debitum」の性格において、正義の要件であるところの「法的責務 debitum legale」としての側面を欠き、「倫理的責務 debitum morale」に基づいたものである、という点で正義と異なる、とされる。[13]そして、次章で詳述するが、トマスは、「倫理的責務」にもとづく「正義の可能的部分」を愛に親和的なもの、アリストテレス的には「友愛」の射程に対応するものと考えていた。要するに愛と正義との関係は、正義の責務（法的責務）の方が愛の責務（倫理的責務）よりも強いが、愛の責務の方が正義の責務よりも高い、という関係にあるのである。

他方、アウグスティヌスの正義観における、正義を神との関係（従属性）において捉えようとする傾向に関しては、『神学大全』第II－II部五七問題一項における第三異論に対するトマスの回答を見てみよう。

「正義は均等ということを含意するものであるのに、神に対して等価なものを返すことはわれわれには不可能であるからして、完全な意味に即しての正しいもの justum を神に帰することはわれわれにはできない。ここからして、神法 lex divina は厳密な意味では jus ではなく fas と呼ばれる。なぜなら、われわれが自分に可能なことを遂行すればそれで神にとっては充分だからである。とはいえ、正義のめざすところは、人間がその精神を全面的に神に従属させることによって、できうるかぎり神に（その責務・負い目を）返すことである。」

つまり、人間と神との間には本来の意味での正義にもとづく関係は不可能だ、というのである。そして神に対する責務は、対他性、責務性については正義と共通するが、正義の本質をなすところの「均等性 aequalitas」の側面

を欠く、という、上記の寛厚等とは別のタイプの「正義の可能的部分」たる「敬神 religio」の徳に帰される。(14)

(4) トマス正義論成立の場

以上の考察をもとに、トマスが自らの正義論を展開した場面についての見通しをまとめてみよう。

まず、先述のローマ法学者たちの権威に対するトマスの論述のうちからは、行為と性向との区別を知らぬ法学者たちの言説の場に、「性向としての徳」というアリストテレス的な概念を導入し、自らの正義論を徹頭徹尾アリストテレスの徳論言語という枠組みの上に展開しようとする強い姿勢を感じ取ることができる。

次に、アウグスティヌスの正義観に対するトマスの対応の奥には、次のような基本的態度を見ることができる。まず、トマスはアウグスティヌスが同一視していた「愛」と「正義」とを切り離している。そして、「正義」を「愛」よりは強い、しかし「愛」よりは低い（基本的な）責務性の成立する場面において捉えている。そして、上述の寛厚や憐れみ深さのような、一般に「愛」と親和的な対他的諸徳は、狭義の責務性、つまり「正義」が要求する強い意味での責務性（法的責務 debitum legale）の側面を欠くが、その高さにおいて法的正義を超える責務性（倫理的責務＝或る人が徳の高潔さからして果たすべき責務 debitum morale）にもとづく、というタイプの「正義の可能的部分」に位置づけられることになる（cf. q. 80 a. 1）。

他方、トマスは「正義」の本質をあくまでも「均等性」に置く。したがって、本来の意味での正義が成立するのは、返報の責務において「均等性」が成り立つ限りでの関係、つまり当事者間に或る一定の平等性がみられる関係に限定されることになる。そして、神、あるいは親や身分的上位者に対するような傾斜的な関係においては、それぞれ「敬神 religio」「孝養 pietas」「敬順 observantia」という、「均等性」を欠いたタイプの「正義の可能的部分」

たる諸徳が帰されることになる。(15)

「愛」とは区別され、「均等性」が成り立つ場面、ここにトマスはアリストテレスから受け継いだ徳論言語を基盤とする自らの正義論を展開したのである。このように、トマスの正義論は、「正義」をあくまでもアリストテレスから受け継いだ「性向としての徳」という概念の中で捉えようとするものである。ところで、正義が「性向としての徳」である、ということをめぐっては一つの問題性がある。そして、トマスはこの問題性をアリストテレスと共有しているように思われる。このことを明らかにするのが次節の課題である。

第三節　徳としての正義

(1)「正義が『徳』である」ということ

五八問題三項の題目である「正義は徳であるか」という問いは、愚問きわまるようにも思われる。そもそも、『神学大全』II－II部の構成そのものが、諸々の倫理的主題を「七元徳」という柱へと還元することを骨格としたものであった。今さら、その中の——最大といってもよい——柱である正義について、「徳であるか」などと問うことに意味があるのであろうか。事実、この項でのトマスの主文は簡潔を極める。

「人間的徳 virtus humana は人間的行為を善いものとし、また人間自身を善い者たらしめる。(16)ところで、このことは正義についてあてはまることである。」

しかし、実は「正義が徳である」ということは必ずしも自明なことではない。そして、かの愚問とも見える問いの持つ意味は、むしろ異論の中に示唆されている。

「(一)『ルカ福音書』(一七・一〇)には「あなたたちは命じられたことすべてを果たしたとき『わたしたちは役に立たないしもべです。為すべき義務を果たしたにすぎません』と言いなさい」といわれている。しかるに、有徳な行為を為すことは役に立たないinutileことではない。というのは、アンブロシウスは『義務論』において「われわれがいう有用utilitasとは金銭的な利得の評価ではなく、敬神(の徳)を獲得することである」とのべているからである。それゆえに、われわれが為すべきことを為すのは有徳な行為ではない。だがそれは正義の行為、業opus justitiaeである。それゆえに、正義は徳ではない。

(二)必然性からしてex necessitate為されることは功績あることmeritoriumではない。しかるに、或る人に対して彼のものを帰属させること――それが正義に属することなのであるが――は必然性necessitasに属する。それゆえに、功績あることではない。しかるに、われわれは諸々の有徳な行為を為すことによって功績をうる。それゆえに、正義は徳ではない。」

これらの異論の趣旨は、大まかにいえば、正義の本質をなすものとして先にも触れたところの、強い意味での責務性ないしは必然性という側面が「徳」の概念を奪うのではないか、というものである。このことを、第一異論は、相手に積極的な有用性を与える、ということの欠如として、また、第二異論は、功績性の欠如として提示している。こうした異論の背後に、「徳」は責務性、必然性を超えるものであり、その限りで、先に述べたところの「愛」に近いものである、という了解が前提されている。さらに言えば、徳論の言語は、一人の人間を評価するものである、というところから、人間を一つの行為の場面のみを切り離して評価するのではなく、その全体において、特にその内心のありようを問題とする。ここからしてアリストテレスは、『ニコマコス倫理学』第一巻で「正しい行為に悦びを覚えないような者は正義の人ではない」と述べている。[17]徳の行為に随伴する悦び（快楽）は、徳の成立の規準ないしは証拠とされているのである。

「正義」の概念のうちに含まれる責務性、必然性の観念は、このような「徳」の概念に対して緊張を孕む関係にある。そして、トマスは「徳としての正義」の持つこうした問題性を、アリストテレスと共有しているように思われる。

（2）徳としての正義の特殊性――その対他的性格

ここからして、「正義」が、「徳」としては特殊なものであることが帰結する。つまり、正義は他の倫理的徳と比べて一種例外的な性格をもつものなのである。このことは、実はトマスのテキストの中で様々な角度から示唆されている。諸々の倫理的徳の中で、正義のみが「正しさ jus」という、[18]自体的（客観的）に確定した「対象 objectum」をもつ、ということ。[19]正義のみが「常に他者にたいするものである」ということ。[20]他の倫理的徳が「感覚的欲求能力を基体 subjectum とする」のに対し、正義は「意志を基体としてそのうちに見出される」ということ。[21]他の倫理的徳が情念 passio にかかわるのに対し、正義の徳は情念にはかかわらず、[22]外的行為および外的事物のみをそのかかわることがら materia とする、[23]ということ。他の徳の中庸は、ただ当の有徳なる者との関連において捉えられるところの、理性に即しての中庸 medium rationis あるのみであるのに対し、正義の中庸は事物の中庸 medium rei である、ということ。[24] こうした諸点がそれである。

以上の諸点は、相互に関連を有している。そして結局それらの諸点は、正義が「他者 alter にかかわるところのことがらにおいて人を秩序づけ、完成する」ものである、という対他的性格を帯びているのに対して、正義以外の諸徳は魂の内的な自己完成、すなわち「人を、彼自身として見られたかぎりでの彼に適合するところのことがらにおいてのみ、完成する」ものである、という点に帰着するように思われる。

（a） 自体的に成立する「正しさ jus」と「事物の中庸 medium rei」

この対他性という、他の諸徳に対して正義を基本的に特徴づける性格は、トマスの正義に関する一連の論考の冒頭を飾る五七問題一項において示されている。そして、自体的に成立する「正しさ jus」と「事物の中庸 medium rei」という概念の成立根拠となっている。

この項の前提は、「正義 justitia は何らかの均等 aequalitas を意味する」という正義の語義についての一般的了解である。そして、均等は他者との関係において成立するものなるがゆえに、「他者 alter にかかわるところのことがらにおいて人を秩序づけ、完成するということ」が、「他の諸々の徳とくらべた場合に正義にとって固有的」な特徴として示される。

ここからして、「正義の働きにおけるただしさ rectum は行為者への関係を別にしても、他者との関係において成立する」ものとされる。それは、「われわれの働き operatio においては、何らかの均等さに即して他者に対応するところのことが正しいこと justum と呼ばれる」ということにもとづく。この「均等さに即して他者に対応するところのこと」とは、まさに、後に五八問題一〇項において「事物の中庸」として提示されるところの、正義の中庸にほかならない。トマスによれば、このように、正義において「それ自体において確定されている」ところの

「正しいことjustumと呼ばれる対象」があり、それが「正しさ（法・権利）jus」なのである。

これに対して正義以外の諸徳は「人を、彼自身として見られたかぎりでの彼に適合するところのことがらにおいてのみ、完成する」ものとされる。それゆえ、他の諸徳の固有的対象は、「たんに行為者agensとの関係においてだけ問題にされる」。これは、q. 58 a. 10における、「ただ当の有徳なる者との関連において捉えられる」ところの、「われわれとの関連における、理性に即しての」中庸と対応する。

（b）正義は「意志を基体としてそのうちに見いだされる」ということ

「正義は意志を基体としてそのうちに見いだされるか」と題する五八問題四項においても、正義の対他性が鍵となっている。この項の結論を導く中心的な前提は次のものである。

「各人に対して彼のものを帰属させる行為は感覚的欲求能力から発出することは不可能である。なぜなら、感覚的知覚は一つのものの他者にたいする関連proportioを考察しうるところまでは達しないのであって、それは理性に固有の働きだからである。」

ここでは、「一つのものの他者にたいする関連proportio」を考察し得ない、という一点において、正義の基体が感覚的欲求能力である、という可能性が否定され、理性的欲求能力たる意志が正義の基体とされる。

（c）正義は「外的行為」と「外的事物」のみにかかわり、「情念」にはかかわらない

正義の徳のかかわることがらが、外的行為および外的事物に限定され、情念が排除されているのも、正義の対他性の結果である。

五八問題八項においてトマスは、倫理的徳のかかわることがら、すなわち理性によってただしくされ得ることがらとして、「霊魂の内的な情念interiores animae passiones」、「外的行為exteriores actiones」、および人間の使用に供される「外的事物res exteriores」の三つを挙げる。しかるに、「一人の人間の他者にたいする関係が問題になるのは、それによって人々が相互に交わりをもつことが可能になるところの、外的行為および外的事物を通じて」であって、「内的な情念との関係においては、人間を彼自身において正しいものとすることが問題になる」とされる。ところで、「正義は他者へと秩序づけられているものである」という件の前提により、正義は「倫理的徳のかかわることがらの全体にかかわるのではなく」、それらに即して一人の人間が他者に関係づけられるcoordinariかぎりにおいて、「外的行為および事物にのみかかわる」とされる。

また、「正義は情念にかかわるか」と題する五八問題九項では、正義の徳の情念への関与（正確には「かかわることがらmateria」としての関与）が正面から取り上げられ、二通りの理由によって否定される。第一の理由は、「正義の基体そのものからして」の理由であり、「正義の基体は意志であり、その運動ないし働きは情念ではない」ことによる。第二の理由は、「正義のかかわることがらからして」の理由であり、「正義は他者にたいする事柄にかかわるもの」であるが、「われわれは内的情念によって直接的に他者へと秩序づけられるのではない」というものである。しかし、そのいずれの理由をとっても、その根本は正義の対他的性格にあることは、改めて説明の要はないであろう。

（d）正義の性格

このように、「正義」とは、魂の内面的な完成としての「徳」として見た場合、例外的ともいうべき特殊な性格をもつものであった。すなわち、正義は、（a）徳をもつ当の人格のありようとはかかわりなく自体的に成立する

「正しさ」という対象と「事物の中庸」としての中庸を有し、（b）「意志を基体としてそのうちに見いだされ」、（c）「外的行為」と「外的事物」にのみかかわり、「情念」にはかかわらない、とされる。これらの性格のうちには、一見徳の概念になじまないように見える側面もある。

しかし、徳としての正義が示すかかる特殊な性格は、すべてその対他性、つまり、正義が「他者 alter にかかわるところのことがらにおいて人を秩序づけ、完成する」ものであることの帰結であることも明らかになったことと思う。

（3）徳としての正義

ところで、以上に検討してきたように、正義の徳が魂の内的な自己完成に関わる他の倫理的徳に比して例外的な性格をもつ、ということ、つまり、正義と他の（剛毅 fortitudo、節制 temperantia 系の）倫理的徳とは別の種類をなす、ということは、実はⅠ－Ⅱ部においてあらかじめ触れられている。[25]『神学大全』第Ⅰ－Ⅱ部六〇問題二項は、「働き operatio にかかわる倫理的徳は情念にかかわる倫理的徳から区別されるか」と題し、「働きにかかわる倫理的徳」たる正義と「情念にかかわる倫理的徳」たる剛毅、節制系の倫理的徳との区別について主題的に論じている。

トマスは、働き operatio および情念 passio と徳との関係を、二つに区別する。すなわち、徳の結果としての関係と、徳のかかわることがら materia としての関係である。そして、前者に関しては、すべての倫理的徳は快楽・苦痛という情念を結果とするが、後者、つまり倫理的徳のかかわることがら materia としての関係においては、働きにかかわる倫理的徳と情念にかかわる倫理的徳とは区別される、と結論づける。

このことの理由をトマスは次のように説明する。まず、彼は二種類の行為を区別する。すなわち、（a）「行為の善悪が、当の行為に対する情意 affectio の如何にかかわりなく、行為自体に、つまりそれら行為の他者にたいする均衡に基づき定まる行為」と、（b）「行為の善悪が、行為主体への均衡のみに基づいて確定される行為」とがそれである。

この前者（a）は「他者に対する責務 debitum の有無が見いだされる行為」であり、正義およびその諸部分がかかわる領域をなす。これに対して、後者（b）においては「行為の善悪が、情意 affectio の善悪にもとづいて確定される」のであり、節制、剛毅系の徳がかかわる領域をなす、という。

ここで、注目すべき点は、「徳の結果としての関係」に関しては、すべての倫理的徳は快楽・苦痛という情念を結果とすることが認められている点である。正義の徳の情念への関与が正面から取り上げられ、否定された五八問題九項においても、正義が情念に対して、かかわることがらとしての関与ではなく、「何らかの随伴的な目的 finis consequens にたいするような仕方で」の関与をすることは認めている。このことにより、『ニコマコス倫理学』第一巻[26]でいわれているごとく、「正しい行為に悦びを覚えないような者は正義の人ではない」という記述、つまり、「徳の行為に随伴する悦びは徳の特徴である」、という徳の成立要件が満たされるのである。

また、トマスは先の五八問題三項の異論、つまり責務性、必然性の概念と徳の成立との両立の問題に対して次のように答えている。

「（1）については、それゆえ、こういわなくてはならぬ。或る人が為すべきことを為すとき、彼は為すべきことを為している当の相手に対して利得の有用性 utilitas lucri をもたらすのではなく、むしろただ彼に対して害を為すことをさし控えるだけである。しかし、彼は為すべきことを自発的かつ敏速な意志でもって spontanea et prompta voluntate 為す――それは有徳な仕方で行為することである――かぎりにおいて、自らにとっては有益なことを為しているのである。……

（2）についてはこういわなくてはならぬ。必然性には二つの種類がある。その一つは強制の必然性 necessitas coactionis であり、これは意志と両立しないがゆえに、功績という側面を取り去ってしまう。これに対して、もう一つは掟の拘束力からくる必然性、あるいは目的の必然性 necessitas finis からくるものである。すなわち、或る人が或る特定のことを為さなければ徳の目的を達成できない場合がそれである。そして、この種の必然性は功績という側面を排除しないのであって、それは或る人がこの意味で必然的なことを意志的 voluntarie に為すかぎりにおいてである。……」

つまり、責務性についても、「自発的かつ敏速な意志による遂行」（第一異論回答）のなかに徳の概念が保たれる。そして、「必然性」も「掟の拘束力からくる必然性」、あるいは「目的の必然性 necessitas finis」という意味で必然的なことは、意志的 voluntarie に為されるのであり、この種の必然性は功績という側面を排除しない（第二異論回答）、というのである。

このように、「正義」の徳は、外的行為にかかわる対他的なものでありつつ、その行為に際しての内面性のあり方――自発的であり、意志的であること――のうちに徳の側面が保たれている、とされる。

（1）正義を「一般的な徳」ならしめる可能根拠としての対他性

前節で、徳としての正義がもつ特殊性は、その対他的性格の帰結であることを見てきた。ところで、この対他性とこれに伴う正義の特殊性が、正義を「一般的な徳」ならしめる可能根拠となっているように思われる。

まず、先述の『神学大全』第Ⅰ－Ⅱ部六〇問題二項において、一つの注目すべき示唆がなされている。先になされた区別にしたがえば（a）にあたる「他者にむけられた行為」において、霊魂の無秩序な情念によって徳の善がおろそかにされる場合、徳の破壊には二面性が認められる、という。つまり、外的行為の均衡が破壊される限りにおいて、それは正義の破壊であり、内的情念の均衡が破壊される限りにおいて、それは他の徳、たとえば穏和さmansuetudoの破壊であるのだ、という。

逆に言えば、他者に向けられた同一の行為の善について、これを外的行為の均衡と見る限りにおいて正義に、またこれを内的情念の均衡と見る限りにおいては他の徳に帰されることになる。つまり、正義と他の倫理的徳とは、同じ一つの行為について、これを対他的連関と、対自的連関という、いわば表側と裏側からの両面から支える関係にあるわけである。そして、正義の「反対側」には、剛毅、節制系のあらゆる倫理的徳が来て差し支えないことになる。なにしろ、正義は対他的なものである以上、他のすべての対自的な倫理的徳とは「反対側」にあるのであるから。このように、正義が他のすべての倫理的徳と表裏の関係に立ちうる、ということが、正義が「一般的な徳」となることの可能根拠となっていると思われる。

このように正義と他の諸徳とが表裏の関係に立つ、という構造は、『ニコマコス倫理学』第五巻第一章における、いわゆる「一般的徳」としての正義、アリストテレスの言葉では「徳の全体」としての正義としての「法的正義」についての記述に見ることができる。この部分を引用すると以下の通りである。

「このようにして、この（法律にかなうという）意味での正義の性向は徳の部分ではなく、徳の全体である。また、その反対の不正の性向は悪徳の部分ではなく、悪徳の全体である。そして、徳とこの種の正義の性向とが相違する点はこれまで述べてきたところから明らかである。すなわち、それらは同じものであるが、それが「何である」〔と定義されるか〕という点が同じではなく、他人に対するものとしてみれば正義の性向であるが、そのもの自体として、その人のもつそのような性向としてみれば徳なのである。[27]」

ここに、「一般的な徳」としての「法的正義」が、他のすべての徳と表裏をなす関係において一体をなすものとして提示されている。加藤信朗氏はこの箇所についての訳注を次のように結んでいる。

「……両者の違いは、正義の性向を自己連関において見るか、他者連関において見るかの違いであって、そのもの自体としては両者は同一である。[28]」

(2) 「一般的な徳」をめぐって——トマスとアリストテレス

さて、トマスにおいてこの一節に対応するのは、『神学大全』第II–II部五八問題六項における、「一般的徳としての正義はすべての徳と本質的に同一であるか」と題する項である。一見して、アリストテレスの上記テキストは、このトマスが立てた問いに対する肯定的答えを意味するもののように見える。ところが、この項についてのトマスの答えは、何と基本的には否定の立場なのである。その議論の概略は次の通りである。

トマスによれば、法的正義が一般的徳と呼ばれるのは、他の諸徳の行為を自らの目的へと秩序づける（命令することによって他のすべての徳を動かす）かぎりにおいてである、という。このように、法的正義が一般的徳と呼ばれる場合の「一般的（類的）generale」という意味は、「動物」が「人間」、「馬」に対して「一般的（類的）」である、と言われる場合のような、述定による意味ではなく、普遍的原因である太陽が、そのすべての結果に対して「一般的」と言われる場合のような、「その力virtusに即して」言われる意味で「一般的（普遍的）」と言われているのだ、とされる。そして、この意味で「一般的（普遍的）」であるもの（太陽）は、それらに対して一般的（普遍的）であるところのものども（諸物体）と本質において同一である必要はない。ここから、この意味で「一般的」な徳は、その本質において特殊的たりうる、とされる。

注目すべきなのは、ここで「正義」が「神愛caritas」と並んで、パラレルに論じられていることである。これらは、第三章で検討した二つの方向の「自己超越」に関わる徳であった。

「神愛がすべての徳の行為を神的善へと秩序づけるかぎりにおいて一般的徳と呼ばれうるように、法的正義もすべての徳の行為を共通善へと秩序づけるかぎりにおいて一般的徳と呼ばれる。それゆえ、神的善を固有対象としてそれにかかわるところの神愛が、自らの本質に即して何らかの特殊的徳であるごとく、法的正義も、共通善を固有対象としてそれにかかわるかぎりにおいて、自らの本質に即して特殊的徳である」。

このようにして「一般的徳」としての「正義」と「神愛」とにその本質に即しての特殊性を確保した上で、トマスは正義と他の徳との関係、つまりは先のアリストテレスのテキスト解釈の問題に戻る。すなわち、すべての徳は、本質においては特殊的であるが、力に即しては一般的・普遍的である徳である「法的正義」によって共通善へと秩序づけられるかぎりにおいて、「法的正義」と呼ばれることが可能である、とされ、このような語り方をした場合、「法的正義はすべての徳と本質において同一であるが、概念においては異なる」という言い方が可能となるのだ、という。そして前述のアリストテレスのテキストはこの意味で語っているのだ、とされる。

以上見てきたように、トマスはアリストテレスと一見異なる結論につながる概念装置（力に即しての一般性）を用いていた上で、改めて一見対立することになったアリストテレスの記述についてその位置づけをしているのである。彼は何故、このような手の込んだことをしなければならなかったのか。それは「一般的徳」が、「その固有対象にかかわるかぎりにおいて、自らの本質に即して特殊的徳である」ことを確保する点にあった。つまりトマスは、「固有対象」において区別された複数の「一般的徳」が並立する可能性を開こうとしたためであろう。

項のテキストが明らかに示すごとく、それは正義と並ぶもう一つの「一般的徳」、すなわち神愛にその固有の場を用意するためであったと思われる。[29]「正義」の徳も「神愛」も、共に、魂の内的な自己完成を超えた「自己超越」へと向かう志向を含意する「徳」であった。それゆえ、上述のような仕方で、魂の内的な自己完成を志向する徳と協働する様態が示されなければならなかった。つまり、魂の内的な自己完成と「対神性」「対他性」という「自己超越」とが重なり合う場面が展開されることになるのである。

第五節　結　語

以上の考察から得られた知見をまとめておこう。まず、トマスはローマ法の伝統およびアウグスティヌス的な正義観の伝統の中で、アリストテレス的な正義論を導入した。その際、前者に対しては、「性向」としての徳という概念を強調した。

他方、アウグスティヌス的な正義理解に対しては、「愛」と「正義」とを分離する、という方向で対応した。アウグスティヌスにあっては「正義」の中に取り込まれていた対他的倫理における「愛」に浸透された成分については、トマスはこれを正義の「可能的部分」として位置づけている。「正義の徳」は、内面的な統合性としての徳（「節制」「剛毅」系の諸徳）とは区別された、徳としては特殊な性格を持つものであった。これに対して、「正義の可能的部分」とされる領域は、「愛」（友愛）と親和的であるとともに、内面的統合としての徳とも親和的である。つまり、内的完成としての徳の実りとしての「愛」の射程を示している、という見通しが成り立つ。「正義」そのものと「正義の可能的部分」とを分かつのは、「法的責務」と「倫理的責務」との区別である。次章で、この責務の相違の意味を明らかにすることにより、「対他的な倫理」の場面における愛と正義、あるいは「正義」と「正義の可能的部分」との関係を明らかにしたい。

（1）　Aristoteles, *Ethica Nichomahea* (以下 *E. N.*), V, 1-2, *S. T.* II-II q. 58 a. 5 c., a. 7 c.

（2）　*E. N.*, V, 1, 1130a8-10, *S. T.* II-II q. 58 a. 5 c.

(3) *E. N.*, V, 3, 1130b31, *S. T.* II-II q. 61 a. 1 c. トマスの「justitia commutativa」に関してはラテン語の訳語としては「交換的正義」と訳すべきである。稲垣良典氏も「交換正義」と訳している。他方、アリストテレスに関していえば、現代のアリストテレス理解では、『ニコマコス倫理学』第五巻第五章において、「交換による人と人との結びつき」の場面で一種の正しさとして認められたところの「比例による、平等にはよらない応報の理」についての考察を、「配分的正義」「規制的正義」とは別の第三の正義を論ずるものとする見方が一般的であり、「交換（的）正義」の語は、この意味での正義の名称として用いられている。トマスは、第五巻第五章で論じられる「正義」を独立のものとは見ず、「規制的正義」の一種、つまり、第二章末尾で挙げられた「人々の意志的な係わりあい」の場面でのそれ、と解しているようである。しかしトマスは、――メルベケ訳のテキストに「規制」にあたる directiva という語が登場するにもかかわらず――その『注解』において一貫して 'justitia commutativa' の語を「規制的正義」に対応させる形で用いている。cf. Thomas Aquinas, *In V Ethic.*

(4) *E. N.*, V, 3, 1131a29, V, 4, 1131b32, *S. T.* II-II q. 58a. 10c., q. 61 a. 2 c.

(5) 『学説彙纂』I, 1, 10; KR I 29b'『法学提要』I, 1, 1; KR I, 1a.

(6) Augustinus, *De Moribus Ecclesiae Catholicae*, I, 15, PL32, 1322.

(7) Augustinus, *De Trinitate*, XIV, 9, PL42, 1046.

(8) Cicero, *De Officio*, I, 7. 親切、慈愛、寛厚などの諸徳については、トマスは後述する「正義の可能的部分」として位置づけるが、キケロの枚挙はそうした「正義の可能的部分」の典拠となっている。

(9) こうしたアウグスティヌスの徳論がいかなる基礎の上に立っており、これをトマスがどのように受け止めたか、という点については、本書第十章以降で主題的に論じることになる。

(10) S. T. I-II q. 55 a. 3c.

(11) *E.* N., II, 4, 1105a31.

(12) *E.* N., V, 5, 1134a1.

(13) S. *T.* II-II q. 80 a. 1 c., q. 117 a. 5 c, a. 5 ad. 1

(14) S. *T.* II-II q. 80 a. 1 c., q. 81.

(15) S. *T.* II-II q. 80 a. 1 c.

(16) *E. N.*, II, 6, 1106a15.

(17) *E. N.*, I, 8, 1099a18.

(18) 稲垣氏は jus を「権利」と訳しているが、これはとらない。II－II での jus は、基本的にはアリストテレスの dikaion の訳語として動いており、「正しさ」としておくのがよいように思われる。

(19) *S. T.* II-II q. 57 a. 1 c.

(20) *S. T.* II-II q. 58 a. 2 c.

(21) *S. T.* II-II q. 58 a. 4 c.

(22) *S. T.* II-II q. 58 a. 9 c.

(23) *S. T.* II-II q. 58 a. 8 c.

(24) *S. T.* II-II q. 58 a. 10 c.

(25) *S. T.* I-II q. 59 a. 4 c., q. 60 a. 2 c.

(26) *E. N.*, I, 8, 1099a18.

(27) *E. N.*, V, 1, 1130a8-13.

(28) 加藤信朗訳『ニコマコス倫理学』「アリストテレス全集」13、岩波書店、第五巻第一章註(12)四〇一頁。

(29) 無論、アリストテレスにおいても、「神愛」と対応する「愛」として、「友愛 philia＝amicitia」の概念を有している。そして、正義と友愛との関係は、アリストテレスにおいても大きな問題性をもつことがらであり、トマスにおける正義と神愛との関係と或る意味でパラレルなものである、といってよい。しかし、アリストテレスはこれを明確な意味で「徳」として位置づけてはいないように思われる。この点の理解が、アリストテレスの「友愛」を理解する上での大きな問題点である、といえる。この問題については、次章以降で扱うことになる。

第六章　倫理的責務と法的責務

第一節　はじめに

前章において、トマスはアリストテレス的な正義論の枠組みを導入することにより、それまでのアウグスティヌス的な正義理解の伝統においては同一視されていた「愛」と「正義」とを分離する、という方向をとったことを明らかにした。その上で、アウグスティヌスにあっては「正義」の中に取り込まれていた対他的倫理における「愛」に浸透された成分、あるいは内面的統合としての「徳」の反映としての成分については、トマスはこれを正義の「可能的部分」に位置づけている。ところで「正義」そのものと「正義の可能的部分」とを分かつのは、「法的責務 debitum legale」と「倫理的責務 debitum morale」との区別であった。

本章では、この倫理的責務と法的責務という対比が、トマスの倫理学において意味するところについての展望を与えることを意図している。

第二節　責務の区分——倫理的責務と法的責務

トマスが「法的」「倫理的」という「責務」の区分について主題的に論じているテキストは、『神学大全』の中に二箇所ある。

(1)　責務の区分(1)——『神学大全』第II-II部八〇問題一項主文

まず、『神学大全』第II-II部八〇問題一項主文において、トマスは責務について、(A)「倫理的 morale」および(B)「法的 legale」という二種類の区別を導入している。

すなわち、(B)法的責務とは「それの遂行へと或る人が法によって拘束されるところのもの」とされる。他方、(A)倫理的責務とは「或る人が徳の高潔さからして果たすべき責務」とされ、トマスはこれをさらに二種類の段階に区別する。(A1)倫理的責務の第一の種類は、「それなしには倫理的生活の高潔さが保持できないほどに必要不可欠なもの」であり、「責務という性格をより多くそなえている」という。(A2)倫理的責務の第二の種類は、「それなしにも倫理的生活の高潔さは保持されるとはいえ、より大いなる高潔さに寄与するものである」との意味で「必要」とされる。

この項は、「正義 justitia」の徳をめぐる論考の中で、正義の徳のいわゆる「可能的部分 partes potentiales」とされる諸徳、すなわち、それらのもつ対他的性格という側面において正義と共通しながら、正義の徳の特徴である「均等性 aequalitas」ないしは責務性という側面において何らかの欠落がある点で正義とは異なる諸徳の位置づけを行なっている項である。そこでは、正義の徳が本来的にかかわるのは（B）の法的責務としての責務とされ、倫理的責務としての責務は、いわばより弱い意味の責務として、正義そのものとは区別された、その「可能的部分」としての諸徳を特徴づけるものとして提示されている。

トマスは倫理的責務（A1）にかかわる徳として、「真実 veritas」、「感謝 gratia」、「復讐 vindicatio」の諸徳を挙げている。真実の徳にかかわる倫理的責務は、「責務を負う者自身の側から捉えられる」ものであり、その内容は「人が他者にたいして言葉と行動において、自らをあるがままに明示すること」である。感謝と復讐の徳にかかわる倫理的責務は、「責務が帰せられるべき人の側から捉えられる」ものであり、その内容は「或る人が他の者に、相手が為したことに応じて報いる」ことである。そして、その「為したこと」が善いことである場合、その返報は感謝の徳に属し、悪いことである場合、その返報は復讐に属する、とされる。また、倫理的責務（A2）には、「寛厚 liberalitas」、「愛想好さ affabilitas」もしくは「友愛amicitia」[1]、その他の徳がかかわる、としている。

なお、この項でトマスが責務の分類を説き起こすにあたり、アリストテレス『ニコマコス倫理学』第八巻[2]における友愛論の一節を典拠としていることを指摘しておこう。

（2）責務の区分（2）――『神学大全』第I－II部九九問題五項主文

これとほぼ平行する形で、トマスは『神学大全』第I－II部九九問題五項主文においても責務の種別について論じている。そこでは責務は、まず（A′）「理性の規則 regula rationis」にもとづくものと（B′）理性の規則を特殊的に「確定するところの法の規則 regula legis determinantis」にもとづくものとに区分される。前者はここでも「倫理的責務 debitum morale」と呼ばれ、さらに二種類に区分される。すなわち、理性が（A′1）何らかの為すべきことを、「それなしには徳の秩序 ordo virtutis が成立しえない場合に、必要不可欠のこととして命ずる」場合の責務と、（A′2）「徳の秩序がよりよく保持されるのに役立つこととして命ずる」場合の責務である。

この項は、トマスの法論において、「神法 lex divina」の中の「旧法 lex vetus」、つまり法としての旧約の啓示（律法）について触れ、旧法の規定 praecepta の種別が「倫理的 moralia、司法的 iudicialia、および祭儀的 caeremonialia」の三種に尽きることを示そうとしたものである。

トマスは、上記の責務の区分にもとづいて律法にふくまれている諸規定の分類を行なっている。すなわち、（A′）の道徳的責務は倫理的規定に属するのであるが、（A′1）その或るものは「厳密に praecise 規定として命令され、もしくは禁止されている」ものであり、これらが「固有の意味で proprie 規定 praeceptum である」とする。その具体例は、「殺してはならない」「盗んではならない」といった規定である。また、（A′2）別の種類の規定は「いわば厳密に責務としてではなく、そのほうがよりよいとの理由で」命令ないしは禁止されている。トマスによれば、これらは「何らかの誘導 inductio や説得 persuasio」をふくんでおり、「規定 praeceptum」というよりは「戒め mandata」と呼ばれる。この種の規定の例として、トマスは『出エジプト記』（二二・二六）に記されている「もし隣人の着物を質に取るようなことをするのなら、日没までに彼に返さなければならない」というものを挙げている。

他方（B′）「法による特殊的確定に由来する責務」は、「人間的なことがらに関しては司法的規定に属し、神的なことがらに関しては祭儀的規定に属する」とされている。

トマスはここでも『ニコマコス倫理学』の権威を典拠として責務の分類を展開している。すなわち、上記（A′）と（B′）との区別が、『ニコマコス倫理学』第五巻[3]における「正しいこと justum」の二つの種類、すなわち倫理的なそれ morale と法的なそれ legale との区別に対応していることが述べられている。

（3） 問題——徳論の文脈と法論の文脈

上記二つのテキストにおける区分はよく対応している。そこで一応、（A1）（A2）（B）と（A′1）（A′2）（B′）とは同じものを指す、とも考えられるが、いくつか注意すべき点がある。

まず、注意すべきなのは、二つのテキストの置かれた脈絡の違いである。『神学大全』第II－II部八〇問題一項主文は、徳論の文脈の中にある。トマスによれば、徳は「行為の内的根源 principium intrinsecum」である。そして、問題のテキストは、アリストテレスからキケロ、マクロビウスらにいたる徳論の伝統における「正義の徳」の部分分けについての言説の中に位置づく。これに対して、『神学大全』第I－II部九九問題五項主文は法論の文脈の中にある。トマスによれば、法は「恩恵 gratia」とならび「行為の外的根源 principium extrinsecum」とされる。そして、問題のテキストは「神法」の中の「旧法」における「倫理的規定」の位置づけについて論じたものである。

第二に注意すべき点は、テキストそのものの相違である。両テキストを注意深く読めば気づくことであるが、（B）と（B′）では表現が違う。（B）は「法的責務」とされているのに対し、（B′）はアリストテレスのいう「法的な正しいこと」との対比は語られるものの、直接「法的責務」とは呼ばれず、「（理性の規則を特殊的に）確定するところの法の規則にもとづくもの」という表現が採られている。また、このことに関連して、法ないしは正義の観念が持つ射程について、二つのテキストは微妙な相違を示しているように思われる。

しかし、以上の問題点にもかかわらず、これら二つのテキストが対応する、とするならば、この「倫理的責務」

と「法的責務」ないしは「法による特殊的確定に由来する責務」という概念は、トマスにおける徳論と法論という二つの世界をつなぐ架け橋となっているのではないか、との見通しが得られる。以下その見通しに即して考察を進めたい。そのために、二つのテキストをめぐる文脈をより詳しく明らかにしつつ、その対応関係の意味と問題点について考察することとする。

ところで、倫理的責務と法的責務との区分についての言及は徳論の場面で圧倒的に多く見られる。そこでまず、徳論の文脈における倫理的責務と法的責務とについてのトマスの言及について概観することにしよう。

第三節　徳論の文脈における倫理的責務と法的責務

(1)「正義の可能的部分」と「倫理的責務」

先述のごとく、徳論の文脈において「倫理的責務」という表現は、「法的責務」が正義の徳の特質であるのに対し、「正義の可能的部分」たる諸徳、すなわち、前述の「真実」、「感謝」、「寛厚」、「愛想好さとしての友愛」を特徴づけるものとして登場する。これらの徳は、いずれも正義を特徴づける「法的責務」にかかわってはいない、とされ、これとの対比において「倫理的責務」の概念が導入される。しかし、それぞれの徳の論述において微妙な色合いの違いがある。そこで、これらの徳について各個に見ていくことにしよう。

「真実」という徳は二つの点において、つまり、その対他性と、ある種の均等性（「人が他者にたいして言葉と行動において、自らをあるがままに明示する」という真実性）において正義と合致する、とされる。他方、「倫理的責務」の導入に関しては、真実という徳は、「一人の人間は高潔さ honestas からして他者に真理の明示を負うているかぎりにおいて」倫理的責務にかかわっている、とされる。[4] ここで、有徳性を示唆する「高潔さ」という概念に言及されている点に注意しておきたい。

「感謝」の徳は、アリストテレスが『ニコマコス倫理学』第五巻[5]において示唆している「対比的な応報 retributio proportionalis」にかかわる、という点で、「交換正義 justitia commutativa」と共通している。この徳の徳としての独自性を主題とする『神学大全』第Ⅱ－Ⅱ部一〇六問題一項の第二異論のテーマは、まさにこの点で正義と感謝とは同一ではないのか、という問題であった。この点についてのトマスの回答は次の通りである。

「対比的な応報は、たとえばこれだけのものにたいしてはこれだけのものを支払うべしということが契約によって確定されている場合のように、法的責務にもとづいて捉えられるときは交換正義に属する。しかし、もっぱら高潔さにもとづく責務 debitum honestatis からして為される応報——つまり、人が自発的に為すところの応報——は感謝もしくは謝恩の徳に属する。ここからして、セネカが『恩恵について』[6]でのべているように、謝恩はそれがもし強制されたものであるならばそれほど感謝に満ちたものではない。[7]」

ここで、「高潔さにもとづく責務 debitum honestatis」という表現が用いられている。この表現は（Ａ１）の徳である「感謝」にも、（Ａ２）の徳とされる後述の「愛想好さとしての友愛」にも用いられており、また先の「真実」の徳における「高潔さ」への言及に鑑みても、これは「倫理的責務 debitum morale」と同義と考えてよかろう。また、この表現は、別の箇所ではやはり感謝の徳との関連で、「徳が要求するところの」何らかの「高潔さにもとづく責務」という表現で言及され、徳の特徴としての性格が強調されている。[8]

重要なのは、この「感謝の徳」が「対比的応報」という交換正義とほぼ完全に重なる問題場面にありながら、純粋にその責務性の相違――「法的責務」と「高潔さにもとづく責務」――においてのみ区別される、という点である。この点は後にさらに詳しく検討することにする。

「愛想好さとしての友愛」については、法がそれの返済を強制するような「法的責務」によってか、あるいはまた「自分が或る恩恵を受けたことから生ずる何らかの負債、責務」によって或る者が他者にたいして責務づけられる場合のように、完全な意味での責務性が見いだされない、とされる。ここでは、単に法的責務のみならず、感謝の徳がかかわるような応報にかかわる倫理的責務もない、とされている。この徳は「たんに何らかの高潔さにもとづく責務にかかわるのみである」とされ、これは「他者の側からというよりは、むしろ他者にたいして自ら為すのが当然のことを為すという風に、有徳な者自身の側に由来するもの」とされる。(9)

「寛厚」の徳について「倫理的責務」が導入される場合も、同様である。ここでは倫理的責務は「他者にたいして義務づけられていることにもとづいてではなく、それ自身の何らかの適わしさ decentia にもとづいて捉えられる」とされ、「責務ということの最小限の要素がふくまれている」とされる。(10)

「愛想好さとしての友愛」「寛厚」といった、先に（A2）に分類された徳においては、対他性という性格が弱くなっているように思われる。「他者の側からというよりは、むしろ他者にたいして自ら為すのが当然のことを為すという風に、有徳な者自身の側に由来する」とか「適わしさ」といった表現は、いわば、有徳な人格のあるべき姿、自己内部の完全性の表現、というニュアンスが窺われる。ここから、（A1）の諸徳と（A2）の諸徳との相違は、その対他性の強弱による、ということが言えるのではないか、と思われる。

（2）友愛と正義

ところで、法的責務と倫理的責務とについて注目すべき点は、トマスは明らかに正義と法的責務、友愛と倫理的責務、という対応関係を認めている点である。

『神学大全』第II－II部二三問題三項は、「神愛 caritas は徳であるか」と題する項であるが、その第一異論をめぐるテーマは、『ニコマコス倫理学』第八巻[11]における有名な、「友愛は人間の徳の一つであるか、あるいは、人間の徳に伴う何ものかなのである」というテーゼの解釈問題となっている。つまり、問題の箇所でアリストテレスは、神愛の類概念である「友愛 philia＝amicitia」を徳とみなしているか否か、が問われている訳である。

この異論に対する回答において、トマスは、まず、アリストテレスは当該箇所において、友愛が徳であることを否定しているわけではない、と述べる。そして友愛は、「正義とは異なった本質側面 ratio」の下においてではあるが、正義と同様に友愛を「他者に向けられた働き、行為にかかわる倫理的徳である」ということができる、とした上で、その「本質側面」の相違を次のように説明している。

「正義が法的責務 debitum regale という本質側面の下に他者へと向けられた働き、行為にかかわるのにたいして、友愛は何らかの友愛的および倫理的責務 debitum amicabile et morale という本質側面の下に、あるいはむしろアリストテレスが『ニコマコス倫理学』第八巻[12]で述べているところから明らかなごとく、無償の恩恵 beneficium gratuitum という本質側面の下にそうした行為にかかわるからである。[13]」

しかし、続く箇所では一転して、「友愛は他の諸々の徳から区別された、それ自体としての徳ではない、ともいえる」との見解も示している。その理由は、友愛が「賞讃に値いし、高潔であるとの本質側面 ratio laudabilis et honesti を有するのはただ対象からのみ、すなわち、それが諸々の徳の高潔さ honestas に基礎をおくものであるかぎりにおいてだから」であるという。快楽および有用性にもとづく友愛は「賞讃に値いし、高潔であるとの本質側面」を持たない。結局、友愛が徳であるか否か、という問題については、友愛は「それ自体で徳であるというよりは、むしろそれが有徳 virtuosa であるのは諸々の徳からの或る帰結なのである」というのがトマスの結論である。

まず、友愛が一個の徳であるといえるか否か、という問題について、トマスはここでの議論において明らかに立場の揺れを示している点に注意したい。

ところで、この箇所で何より注目すべき点は、友愛が成立する場面と倫理的責務との明確な対応関係を告げていることである。ここでは「倫理的責務」は、「友愛的および倫理的責務 debitum amicabile et morale」という形で、「友愛的 amicabile」という表現とも言い換えられている。また、友愛的な場面を特徴づけるものとして、倫理的責務と並んで「無償の恩恵」という可能性も挙げられている。

ところで、あるテキストでは、倫理的責務を「有用性にもとづく友愛」における恩恵に対する返報と対応するもの、とされている。(14) ここで、倫理的責務の射程は有用性にもとづく友愛に対応するのか、あるいは徳にもとづく友愛にも対応するのか、という疑問が生じる。また、この「返報」の問題は、先に「感謝の徳」の問題領域として示唆されたものであり、それは、倫理的責務と法的責務、つまりは正義の徳との接触点としても示唆されていた場面であった。

ここで、恩恵に対する返報、という問題をめぐり、正義、友愛、感謝の諸徳の関係はどうなっているのか、という問題が生じる。この点をめぐり、恩恵に対する返報をめぐるトマスの理解を追っておきたい。

(3) 恩恵に対する返報――正義、感謝、友愛

トマスが恩恵に対する返報をめぐる正義、感謝、友愛の諸徳の関係について包括的に論じている箇所は、「恩恵の返報にあたっては授け主の情意 affectus と結果 effectus のいずれを規準とすべきか」と題する『神学大全』第II－II部一〇六問題五項主文である。

ここでまずトマスは、恩恵の返報が属す可能性のある徳として、問題の正義、感謝および友愛の三つの徳を挙げている。(1) 返報が法的責務の側面をおびている場合、それは正義に属する。それは、たとえば貸借のような事態である。そしてその場合、返報は与えられたものの量を規準とすべきだとされる。(2) 他方、返報が倫理的責務の側面をおびている場合、それは (2a) 友愛および (2b) 感謝の徳に属する、とされる。(2a) 友愛にもとづく返報については、友愛の原因によりさらに種別が分かれる。(2a1) 有用性にもとづく友愛 amicitia utilis の場合、返報は人が恩恵から得た効用が規準とされるべきだ、という。(2a2) 他方、徳にもとづく友愛 amicitia honesti の場合には、返報において授け主の選択 electio もしくは情意に注目すべきだ、とされる。その理由は、『ニコマコス倫理学』第八巻を典拠に[15]、情意が「主要的に徳にとって必要とされるものだからである」という。(2b) 他方、感謝 (の徳) にもとづく返報も、結果よりはむしろ授け主の情意に注目する、という。それは、感謝 gratia は無償で gratis 授けられるかぎりでの恩恵にかかわるものであるからであり、無償で恩恵を授けることは情意に属することであるからである。

ここから、トマスは、倫理的責務の射程について、たんに「有用性にもとづく友愛」のみならず、「無償の恩恵」

を特徴とする「徳にもとづく友愛」にまで及ぶものと考えていたことが明らかになった。しかしながらこのテキストでは、（2a2）の徳にもとづく友愛と、（2b）の感謝の徳とは、ほとんど区別がつかない。この二つの徳については返報の規準についても同じ結論であり、「授け主の情意」を重視する、というものである。ここから、この両者は実質的にはほとんど重なる内容を持ちながら、何らかの理由で別のものとされているのではないか、との推察が可能となろう。その「理由」についての筆者なりの解釈については後に展開する。

（4）感謝における情意の優位

『神学大全』第II－II部一〇六問題四項の第一異論をめぐる議論において、「情意の優位」という感謝の徳における倫理的責務の特徴が、正義の責務、つまり法的責務と対比される形で扱われている。この項は、「人は直ちに恩恵の返報をすべきであるか」と題し、返報の時期を問題とするものである。

異論は、「期限の確定なしにわれわれが負うているところのものは、直ちに返却しなくてはならない」という原則のもと、恩恵の返報には期限が定められてはいないがゆえに、人は直ちに恩恵の返報をしなくてはならない、というものである。これに対するトマスの回答は、次のようなものである。

「法的責務は直ちに返済しなくてはならぬ。さもなければ、つまり一人が他者の物財をその同意なしに保持したならば、正義の均等性は保全されないであろう。しかし、倫理的責務はこれを負う者の高潔さに依存する。したがって、徳のただしさが要求するところにもとづいて、ふさわしい時期に返済すべきである。」

この「ふさわしい時期」に関連して、主文でトマスは「もし或る人が適当な時期にではなく、直ちに贈物にたいして贈物を返そうと欲したならば、有徳な返報であるとは思われない」と注意している。「甚だしく急いで返済しようと欲する者は、不本意ながら恩に着せられているのであり、不本意ながら恩に着せられている者は、感謝していないからである」というセネカの『恩恵について』の権威を引いている。[16] これは、感謝の徳における「情意」の重要性を説いたものと考えられる。

また、『神学大全』第II－II部一〇六問題六項主文では、感謝における返報の量について論じられている。ここでも、「情意」と「意志」の重要性が示唆されている。まず、トマスは、「感謝の返報は、恩恵の授け主の意志にもとづいて恩恵に目を向ける」と述べる。トマスは、授け主に関して「賞讃に値する」点を「かれが責務に縛られてはいないのに無償で恩恵を授けたこと」に見る。ここから、「恩恵を受ける者は、高潔さにもとづく責務からして、同様に無償で何かを与えるように責務づけられる」とする。

ここで返報の量の問題が前面に出てきて、受けたものよりも少ないか、あるいはそれと等しいものを返報することは、受けたものを返却しているに過ぎないがゆえに、恩恵を受けた者が「何かを無償で与える」とは、受けた恩恵の量を超え出ることにほかならない、とされる。そこから、「感謝の返報は、常に――自分に可能なかぎり――何かより大きなものを返すことを目ざす」とされる。

ところで、「受けたものより多くを返す」ということが責務とされる、ということは、トマスにあっては微妙な問題性を孕むことになる。つまり、そのことは、彼（および彼の時代の人々）にとっては「罪」であった「利子usura」を事実上容認することになるからである。トマスは、「或る人は貸した金のゆえに何か他の便益を要求できるか」と題する『神学大全』第II－II部七八問題二項、特にその第二異論をめぐる論議においてこの問題を扱っている。

まず、異論は、「人は誰でも何らかの高潔さにもとづく責務から、自分に恩恵を与えてくれた人に何らかの返報をすることを義務づけられている」というおなじみの前提を提示する。次いで、「窮地に立っている者に金を貸す人は恩恵を与えている」のであり、それゆえに、貸借を受けた者は「ある自然本性的な責務 debitum naturalis」によって、何かを返報することを責務づけられる、とする。ここで異論は、「誰かが自然的正（自然法）jus naturale から義務づけられていることがらにたいして、自らを義務づけることは不当とは思われない」という注目すべき前提を述べ、それゆえ、「もし或る人が金を他人に貸して、何らかの返報を義務として要求したとしても不当とは思われない」と結論づけている。

主文の趣旨は、金銭ないしは金銭に換算できるようなものを「暗黙のもしくは明示的な契約 pactum tacitum vel expressum によって受けとる」ことは罪になるが、そのようなものを「無償の贈物として受けとる」こと、また好意や愛のような金銭に換算できないようなものを要求することは正当である、というものである。

かかる主文を踏まえ、トマスは先の異論に次のように答えている。まずトマスは、「恩恵 beneficium」にたいする「返報 recompensatio」は二様の仕方で為されうるという。

その第一は「正義にもとづく責務 debitum justitiae として」であり、これにたいしては或る人は明確な契約によって義務づけられることができる。この責務はその人が受けた恩恵の量に即して捉えられ、貸してもらった者は、貸してもらった事物以上のものを返済する責務はないし、もしそれ以上のものを返済するように義務づけられたならば、正義に反することとされる。

その第二は、「友愛の責務 debitum amicitiae からして」の返報である。この場合は、「与えられた恩恵の量よりは、むしろ誰かが恩恵を与えるさいの情意 affectus が考慮」されるのであり、このような責務に関しては、「何かの必然性を導入することによって自発的な返報への余地をなくしてしまうところの市民法上の義務 obligatio civilis は適合しない」としている。

まず、ここでも友愛の責務、つまり倫理的責務を特徴づけるものは情意である、ということが確認されている点、そしてここではそれに加えて正義の責務、つまり法的責務を特徴づけるものは「明確な契約」であることが示されている点、に注目しておこう。

また、異論において、「高潔さにもとづく責務」「自然本性的な責務 debitum naturalis」「自然的正（自然法）jus naturale からして」の責務、という表現が同義のことがらであることが前提されている点にも注目したい。この前提はトマス自身も認めている前提と考えられる。そして、トマスの「回答」は、かかる「自然本性的な責務」と「市民法上の義務」との間の相違を強調することで異論に答えている、という訳である。この箇所で、トマスは倫理的責務の観念と自然的正の観念を対応する、ないしは同義のものと考えていることが暗示されている点に注意を喚起しておこう。

第四節　トマスとアリストテレス――典拠としての『ニコマコス倫理学』

ここで、いよいよ責務についての区分を示した二つのテキストの相互関連とその意味について扱うことにしよう。ところで問題の両テキストは、それぞれ『ニコマコス倫理学』を典拠として論を説き起こしていた。本節ではそれぞれのテキストが典拠としている『ニコマコス倫理学』の箇所の検討を手掛かりに考察を進めたい。

（1）『神学大全』第II－II部八〇問題一項主文の典拠──『ニコマコス倫理学』第八巻（1162b21-25）

まず、『神学大全』第II－II部八〇問題一項主文では、『ニコマコス倫理学』第八巻（1162b21-25）を引いている。問題の一節が含まれる第八巻第十三章は、友愛関係に起こりがちな紛争の原因とその回避について論じた箇所である。

周知のごとく、アリストテレスは「友愛」については、その原因となる「善（徳）」「快楽」「有用性」[17]という三つの「愛されるに値するもの」に応じて、三種類の「友愛」を区別しているが、紛争、すなわち「不平や叱責」が起こってくるのは、徳にもとづく友愛、快楽ゆえの友愛の場合ではなく、有用性にもとづく友愛においてであることがまず指摘される[18]。

アリストテレスによれば、「徳のゆえに友である人々は無償で相手に恩恵を与えようと励む」。それが徳と友愛の特徴だからである。それゆえ、この点で競い合う人々の間に不平や争いは起こらない。かれが恩誼を感じているのであれば、相手に恩恵を施すことによって返報をする。また、与える恩恵において優越する人は、自分が求めていることを達成したのであるから、不平は生じない[19]。

そして、問題の「有用性にもとづく友愛」における紛争について主題的に分析するのに先立ち、「有用性にもとづく友愛」を二種類に区分しているのが問題の箇所である。

「おもうに、正しさ to dikaion＝justum にも文字に書かれないものと法律による kata nomon＝secundum legem ものの二通りあるのと同じように、有用性にもとづく友愛にも、倫理的な ēthikē＝moralis それと法的な nomikē＝legalis それとの二つがあるようである。（1162b21-25）」

この箇所についてのトマスの注解[20]によれば、トマスはアリストテレスのテキストにおける「文字に書かれない正しさ」を「書かれてはいないが理性に与えられたもの」と言い換え、彼が以前に「自然的正しさ justum naturale」と名づけたものである、とする。また、テキストの「法律による正しさ」については、「書かれた法による正しさ」と言い換え、以前に「法的な正しさ justum legale」と名づけたものである、としている。

「自然的正しさ」と「法的な正しさ」との区別はまさに、『神学大全』第I－II部九九問題五項主文が典拠とした『ニコマコス倫理学』第五巻における「ポリス的な正しさ」についての区分である。つまり、アリストテレスは第八巻の箇所における区分を第五巻の箇所における区分と同一視しているわけである。この点は重要である。

『ニコマコス倫理学』のテキスト[21]に戻ろう。後続の箇所において、アリストテレスは「法的な」有用性にもとづく友愛を「取決め（契約）にもとづくもの」と規定している。他方、「倫理的な」有用性にもとづく友愛は、「取決めにはもとづかず、相手を友とみなしてこれに無償で物を与えたり、何であれその他のことをしたりする」が、実はかれは「贈与したつもりではなく、貸与したつもりなので、与えたものと等しいもの、もしくは、それ以上のものが与えられるのを要求する」ような場合とされる。

アリストテレスはこうした場合に生じる紛争の解決策として、「できるなら、人は受けた恩恵に値するものを返すべきである」とし、「あたかも、取決めにもとづいて恩恵が与えられたかのようにみなして、人はこの交わりを解消すべきである」という。そして、その場合の返報の基準について、アリストテレスは「もしも、その愛が有用なもののためであったとしたなら、与えられた側の得た利益こそが規準」である、としている。

まず、この箇所は、第三節（3）で概観したトマスの「恩恵に対する返報」についての議論に完全に対応している点を指摘したい。というより、トマスの方がアリストテレスに対応している、というべきであろう。ただし、トマスにおいては「恩恵についての返報」については「感謝」の徳の問題として論じられていた。アリストテレスに特別な徳としての「感謝」はなく、友愛論におけるこの箇所の中で、実質的に感謝の徳に相当する事柄について論じている、と言える。

この点は、アリストテレスにあって「友愛」自体が一個の徳であったか否か、という問題が関連するように思われる。アリストテレスに忠実であるならば、かれは（真の）友愛を徳の果実とみなしているが、それ自体を一個の個別的な徳とは認めていない、というべきであろう。それゆえ、それに代わるものとして、トマスはキケロらの伝統の中で導入されてきた「感謝」の徳を提起しているのではないか、と推察される。

そこで、この『ニコマコス倫理学』におけるアリストテレスの議論を、第三節（3）で述べたトマスの枠組みにより補って理解すると次のようになるであろう。「友愛」にもとづく恩恵の授受の関係においては、実質的には「感謝」の徳が問題となるような「恩恵に対する返報」が問題となる場面である。そして、「有用性にもとづく友愛」において返報について取決め（契約）がある場合（「法的な」有用性にもとづく友愛）、返報の責務は法的責務であり、交換正義に従って処理されることになる。他方、返報について取決めがない場合、「倫理的責務」によることになるが、本来の友愛は、徳にもとづくものであり、それは本来「無償」ということになる。したがってその場合、返報する人の情意が重要となる。他方、有用ゆえの友愛の場合は、効用・利益を規準とした返報によって事態を処理することが「倫理的責務」になる。

ここで何よりも重要な点は、トマスにあって「倫理的責務」が支配する「倫理的な」有用性にもとづく友愛、そしておそらくは徳にもとづく友愛における返報の問題は、「自然的正しさ justum naturale」と対応するものと考えられ、第五巻の文脈と対応もしくは同一のものとされている点である。その点の意義の解明も兼ねて、『神学大全』第I－II部九九問題五項主文が典拠とする第五巻の箇所についての解明に移ることとしよう。

（2）『神学大全』第I－II部九九問題五項主文の典拠――『ニコマコス倫理学』第五巻（1134b18-21）

当該箇所（1134b18-21）は『ニコマコス倫理学』第五巻第七章冒頭の有名な一節である。

「ポリス的な正しさto politikon dikaion＝politicum justumのうち、或るものは自然的なものphysikon＝naturaleであるが、或るものは法的なものnomikon＝legaleである。自然的な正しさはあらゆる所で同じ力をもつ正しさであって、人がそれを認めるか否かに左右されない。法的な正しさとは、もともとは、そのようであろうと、他のようであろうとどうでもよいことであるが、一旦、法律として定まれば、それがどうでもよくなくなるような正しさである。」

この箇所についてのトマスの注解(22)を手がかりに、アリストテレス自身の論述の中での意味と、これに対するトマスの理解を追ってみよう。

結論から先に言うならば、この箇所でのトマスの基本姿勢は、一言でいえば、アリストテレスの「自然的な正しさphysikon dikaion＝justum naturale」の中に自らの「自然的正jus naturale」ないしは「自然法lex naturalis」の思想を読み込もうとするものである、ということができる。

まず、アリストテレスのいう「ポリス的な正しさ」について、トマスはローマ法学者たちの用語法にまつわる誤解の可能性を避けるべく、概念の整理を行なっている。トマスは、まずイシドールスの権威に従い、「正しさ」

justumという表現と、「権利」あるいは「法」とも訳される「正」jusという表現とは同義であることを宣言する。[23]

トマスは、「ポリス（市民）の」politikos=civileという形容詞は、法学者たちにあっては「原因から」、つまり制定者を指すために用いられているのに対し、アリストテレスにあっては「使用から」、つまりかかる「正しさ」をポリス（市民国家）が用いている、という意味であるとし、用いられている「正しさ」には、「自然が人間の精神に刻みつけたもの」も「法によって定められたもの」も共に含まれる、とする。

そして「自然が人間の精神に刻みつけた正しさ」は、「自然的正jus naturale」であることが示される。「自然的正」の特質についてトマスは、アリストテレスのテキストに即して、それが「あらゆる所で同じ力をもつ」こと、そしてそれが「人がそれを認めるか否かに左右され」ることがないこと、つまり、それは人間の意見からではなく、自然に起源を有することを述べた後、次のように述べている。

「思弁的なことがらにおいて、自然本性的に知られることがら——たとえば、論証不可能な原理、およびそれらと密接に結びついたことがらのごとき——と、人間の研究によって到達されたことがら、およびそれらに結びついたことがらとがある。これと同様に、実践的なことがらにおいても、いわば論証不可能な原理、ならびにそれらと結びついたことがらのように、自然本性的に知られる原理——たとえば、悪を避けるべきである、何びとも不当に傷つけられてはならない、盗んではならない、のごとき——と、人間的努力によって見いだされることがらがあって、後者は法的な正しさと呼ばれている。[24]」

稲垣良典氏が指摘するごとく、[25]ここでトマスは「自然的な正しさ」について、「自然的正」とするところからさらに一歩を進め、『神学大全』第I－II部九四問題二項で自らが展開しているところの「実践的第一原理」としての自然法の概念を「読み込もう」としているのではないか、と思われる。

アリストテレスにおいて「自然法」の思想が認められるか否か、という問題については諸家の間に議論のあるところである。稲垣氏によれば、結局それは「自然法の概念をどのように、またどの程度の厳密さにおいて捉えるか」による。そして氏自身の見解では、アリストテレスにおいて「トマス的な意味での自然法」、つまり上述の「実践的第一原理」としての自然法の概念は認められず、ここで「トマスはアリストテレスのうちに自己の立場を読みこんでいる」という。この稲垣氏の評価は妥当であるように思われる。アリストテレスの念頭にあったのは、ソフィスト的相対主義者のうちの極端な立場、つまり法的な正しさのみを認め、自然的な正しさの存在を認めない立場であり、問題のテキストでは、かかる立場に対して、ポリス的な正しさの中に、普遍的な有効性をもつ「自然的な正しさ」を内容とするものが存在する、という点だけを主張しているように思われる。少なくとも、アリストテレスにおいてトマス的な洗練された形での自然法理論の展開があるとは思われない。

したがって、ここではトマスはアリストテレスが萌芽的に示唆した「自然的な正しさ」の概念のうちに、自らの自然法理論を読み込もうとしている、といえる。この「読み込み」はアリストテレスと比較した場合のトマスの独自性を示している、といえよう。

(3)　本節における洞察と展望

以上、トマスが二つのテキストで典拠としている『ニコマコス倫理学』の二つの箇所についての考察から、以下の点が明らかになったと思われる。

まず、トマスは、『ニコマコス倫理学』第八巻で展開されているアリストテレス友愛論における「恩恵に対する返報」をめぐる問題場面、そして自らの枠組みにおける友愛、感謝の徳との関連における「恩恵に対する返報」の問題場面を支配する「倫理的責務」を、『ニコマコス倫理学』第五巻における「自然的な正しさ」に対応するものである、とする理解を示している。

次いで、トマスは、『ニコマコス倫理学』第五巻における「自然的な正しさ」への示唆の内に、自らの自然法論の構造を読み込んで、自然法により確定される「自然的な正 jus naturale」を意味するものと解している。

以上の二点をあわせて考えると、トマスは、友愛関係、感謝の徳にかかわる謝恩についての問題を、「倫理的責務」の観念を媒介に、自然的正の問題として、ひいては自然法の射程内の問題として考えようとしていたことになる。そして、トマスが倫理的責務と法的責務についての区別を示す二つのテキストを対応させている、ということはそのような理解の現れであった、と言えよう。ここから、トマスの自然法論、彼の自然的正の概念は、実は徳論と友愛論の示唆する地平に深く浸透されたものであり、そのようなものとして理解し直すべきなのではないか、という見通しが得られる。

こうした問題に答えるためにも、今度はトマスの法論の文脈における倫理的責務の位置づけについて概観することにしたい。

第五節　法論の文脈における倫理的責務の位置づけ

法論の中で「倫理的責務」について言及されているテキストは、先の第I－II部九九問題五項主文のみである、と言ってよい。そこでは、（A′）の倫理的責務は「旧法の倫理的規定」に対応することが示されていた。そこで、トマスの法論における「旧法の倫理的規定」の位置づけについて確認しておこう。

（1）「旧法の倫理的規定」と自然法

まず、トマスにとって、旧法の倫理的規定とは実質的には自然法に対応するものと考えられていたことを指摘しておきたい。

『ローマ書簡』（二・一四）におけるパウロの「律法を持たない異邦人が、生まれながらに、律法の命ずることがらを行なう」という言葉のうちに、律法は啓示によらぬ人々をも支配する普遍的な法、すなわち自然法をその内容としている、とする洞察が含まれているものとする理解は、トマスにとっては伝統の権威であった。(26)

トマス自身、「すべての倫理的規定が自然法に属するものであることは必然的である」と断言している。ただし、「すべてが同一の仕方においてではない」と留保をつけ、「いかなる人でもその自然的理性によって即座に、自体的に per se、為すべきであるとか、あるいは為すべきではないと判定する」ことのできるものから、「より賢明なる人々」による、あるいは場合によっては神による「教導 instructio」を必要とするようなことがらに至るまで、その明白さに程度の差があることを指摘している。しかし、トマスは基本的には旧法の倫理的規定は実質的に自然法をその内容とするものと理解していた、と言ってよかろう。(27)

次いで、倫理的規定と、先のテキストで（B′）に位置づけられていた他の規定、つまり「祭儀的規定」と「司法的規定」との関係についてもう少し詳しく見ておこう。

第I－II部九九問題五項主文では「責務」の観念について展開されていた（A′）（B′）の区分は、第I－II部一〇四問題一項主文においては別の角度から、すなわち法の規定の区分として展開されている。すなわち、法の規定において、(A′) 或る規定は理性の命令 dictamen そのものからして拘束力を有するのであり、それが倫理的規定である、とされる。(B′) 他方、或る規定は、それ自体において「べし」とか「べからず」といった側面を有しないがゆえに、理性の命令そのものからしては拘束力を持たず、「神あるいは人間による何らかの制定によって ex aliqua institutione divina vel humana」、拘束力を持つようになるのであり、それらは倫理的規定に加えられた特殊的規定とされる。そして、(B′1)「祭儀的規定」とは、「倫理的規定が人間を神へと秩序づけるようなことがらに関して、神の制定によって特殊的に確定」されたものであり、(B′2)「司法的規定」とは、「人間相互の秩序づけにかかわることがらにおいて」確定されたものである、とされる。

この項の主題は、「隣人との関係を秩序づけるものたることが司法的規定の本質であるか」というものであるが、結論として、司法的規定の本質は、たんに「人間相互間の秩序づけにかかわるものであること」のみならず、「理性のみからではなくて、制定されたということからして拘束力を有する」ことをも含む二点にある、とされている。この結論は、司法的規定が実定的制定によるものである、という性格を強調するものである。ここにトマスは、(B′) の司法的規定（そして祭儀的規定も）について、(A′) の倫理的規定に加えられた特殊的規定としての位置づけを与えている。

ここで、先に見た、旧法の倫理的規定は実質的に自然法をその内容とする、というトマスの理解を加えて考えると、トマスは (A′) の倫理的規定と (B′) の祭儀的・司法的規定との関係を、自然法とその実定的確定という関係で捉えていることがわかる。これは、人定法についてその自然法からの「導出」について論じた有名なテキストである第I－II部九五問題二項主文において、自然法から「或る共通的、一般的なことがいわば特殊的に確定、規定

determinatio されるような仕方」で導出されるところの、人定法における純粋に実定的な部分の特質に対応するものと言えよう。

ここで、先に指摘したところの、責務の区分についての二つの基本的テキストである第II－II部八〇問題一項主文と第I－II部九九問題五項主文との間に見られた微妙な相違、すなわち、(B′)がなぜ(B)のように「法的責務」と呼ばれるのではなく、「(理性の規則を特殊的に)確定するところの(実定)法の規則 regula legis determinantis にもとづくもの」という表現がとられていたのか、が明らかになったと思われる。それは、(A′)と(B′)との関係が、自然法とその実定的確定というモデルで捉えられていたからであった。

そして、第I－II部九九問題五項主文では「法」の概念と射程は広くなっている。そもそもこのテキストは「法論」なのであり、「法的」という意味が(B)ないしは(B′)の意味で限定されてしまうならば、(A′)が入る余地はなくなってしまう。したがって、「法」の概念は、当然(A)に対応する(A′)を含むような、広い射程を持つのでなければならない。

(2)「旧法の倫理的規定」と友愛

事実、トマスによれば、旧法における倫理的規定の射程は広い。それは、結局神と人間との間に友愛を樹立することを目的とするものであった。

旧法の倫理的規定の存在とその意義を主題とする第I－II部九九問題二項主文において、トマスは「人定法が主としてめざすところは人々の相互間の友愛をつくりだすことであるごとく、神法の意図するところは主として、神にたいする人間の友愛を確立することである。」と述べている。愛の成立する根拠は類似である、ということから、至善なる神にたいする人間の友愛が成立するための必要条件として、「人々が善い者とされる」ことが要求される、という。そして人間を善い者たらしめるのは徳 virtus であるがゆえに、旧法は諸々の徳の行為に関しても規定を定めることが求められ、それが律法の倫理的規定である、とされる。

倫理的規定と徳の行為との関係についてさらに見ておく必要があるのは、第I－II部一〇〇問題二項主文である。ここでトマスは、法について、その目的としての共同体と共通善との関連において論じている。まず、トマスは、法の諸規定は共通善へ秩序づけられる、という前提から、法の諸規定の多様性は共同体のあり方の多様に応じるとして、共同体の分類を行なう。そこで区分される共同体とは、(1) 人定法がそれへと秩序づけられている共同体と (2) 神法がそれへと秩序づけられている共同体とである。

(1) の意味での共同体は、市民的共同体 communitas civilis (＝アリストテレス的な意味でのポリス共同体 politikē koinōnia) であり、そこでは人々は外的行為により相互に秩序づけられ、交わるものとされる。トマスによれば、かかる共同体での交わりは正義の側面に属する。故に、人定法が制定するのは正義の行為にかかわる規定のみであり、他の徳の行為については、正義の側面を有する限り命ずるものとされる。アリストテレス的な意味での法の観念、そしてポリス的な正義の射程はほぼここに位置づけられることになる。

これに対して、(2) の意味での共同体を、トマスは、現世および来世での神との関係における人々の共同体である、としている。ところで、人間は理性 ratio もしくは精神 mens において神と結びつけられる、という。なぜなら、トマスによれば理性・精神のうちに神の像 imago Dei が内在しているからである。故に、神法は人間理性を秩序づけるすべてについて規定を制定するが、人間理性の秩序づけは、すべての徳の行為による。かくして、神法はすべての徳の行為に関して規定を制定するものとされる。

その際、「それなしには徳の秩序 ordo virtutis つまり理性の秩序 ordo rationis が保持されえないようなことがら」が「規定としての義務 obligatio praecepti」とされ、徳の秩序にとって不可欠ではないが「完全なる徳による優れたあり方に属するところのことがら」は、「勧告としての諭し admonitio consilii」として与えられる、という。この区分は先の（A′1）（A′2）の区分に対応するものであろう。

このように、トマスは実質的には自然法を内容としつつも、神法であるところI－IIの「倫理的規定」の射程を、アリストテレス的な市民共同体とその正義の射程を遙かに超える、神との共同体にまでおよぶものと考えていたのである。

第六節　結　語

第五章において概観したごとく、トマスは、厳密な意味での「正義」を規定する際には、アリストテレス的な枠組みを導入し、「法的責務」を条件とする狭義における「正義」が成立する場面を、正義以外の徳と「友愛」が働く場面から区別していた。すなわち、「正義」は、あくまでも、外的行為における対他的秩序として扱われると同時に、強い意味での「責務」である「法的責務」を条件とするものとされていた。

これに対して、アリストテレス的な倫理学における「友愛」ないしは「徳」と親和的な倫理については、トマスはこれを「正義の可能的部分」としての諸徳に属するもの、として位置づけていた。その条件をなす「倫理的責務」は「責務」としては「法的責務」よりは弱いが、トマスによれば、狭い意味におけるアリストテレス的な「正義」を超える倫理の射程を示していた。それは、魂の内的な統合性としての秩序とその実りである、と言ってよい。

そして、トマスにおける諸々の「法」の射程を概観し、その中に位置づけたとき、トマスは「倫理的責務」を条件とする「友愛」ないしは「徳」と親和的な倫理を、「自然法」そして旧約の律法における「倫理的規定」に対応するものとして位置づけようとしていたことが明らかになった。

（1） この「友愛 philia＝amicitia」とは、『ニコマコス倫理学』第四巻第六章（1126b21ff.）において扱われている個別的な徳としてのそれであり、第八・九巻の主題となっている友愛とは異なる点に注意。
（2） Aristoteles, *Ethica Nichomahea* (以下 *E. N.*) VIII, 13, 1162b21.
（3） *E. N.*, V, 7, 1134b18.
（4） *S. T.* II-II q. 109 a. 3 c.
（5） *E. N.*, V, 5, 1132b31.
（6） Seneca, *De Beneficiis*, III, 7, 2.
（7） *S. T.* II-II q. 106 a. 1 ad. 2, なお cf. q. 108 a. 2 ad. 1.
（8） *S. T.* II-II q. 107 a. 1 c.
（9） *S. T.* II-II q. 114 a. 2 c.
（10） *S. T.* II-II q. 117 a. 5 ad. 1.
（11） *E. N.*, VIII, 1, 1155a3.
（12） *E. N.*, VIII, 13, 1162b1 ff.
（13） *S. T.* II-IIq. 23 a. 3 ad. 1.
（14） *S. T.* II-IIq. 77 a. 1 arg. 3.
（15） *E. N.*, VIII, 13, 1163a21.
（16） Seneca, *De Beneficiis*, IV, 40, 5. このセネカによる分析は、日本人が義理を精算したがるような場面の心理によくあてはまるように思われる。たとえば、『菊と刀』においてベネディクトが言及している有名なくだり、すなわち、夏目漱石の『坊ちゃん』の主人公が、「赤シャツ」の誹謗に乗せられて「山嵐」に敵意を持つに至り、彼に以前奢ってもらった「一銭五厘の氷水」の代金を突き返す場面を思い起こされたい。

(17) *E. N.*, VIII, 2, 1155b19-21.

(18) *E. N.*, VIII, 13, 1162b5-21.

(19) *E. N.*, VIII, 13, 1162b6-13.

(20) *In Ethic.*, VIII, l. 13, 1733.

(21) *E. N.*, V, 7, 1134b18 ff.

(22) *In Ethic.*, V, l. 12, 1016 ff.

(23) ところが、「ポリス的」politikos という語を完全にラテン語に訳すと civilis という語になる。ここから、アリストテレスのいう「ポリス的な正しさ」to politikon dikaion は、ラテン語では jus civile という表現に置き換えられることになるが、この jus civile とは、法学者にとっては「ローマ市民法」を意味する表現である。そして、ローマ法学者たちにとっては、「市民法」としての jus civile とは、自然法ときわめて近い意味で理解されていた「万民法」jus gentium のまさに対立概念であったのである。

(24) *In Ethic.*, V, l. 12, 1018.

(25) 稲垣良典『トマス・アクィナス哲学の研究』創文社、一九七〇年、三〇六頁以下。

(26) *S. T.* I-II q. 100 a. 1 sc.

(27) *S. T.* I-II q. 100 a. 1 c.

第七章　トマスにおける愛（アモル）

第一節　はじめに

前章までの考察で、我々は、トマスにおけるアリストテレス的な徳論の受容の様態を検討してきた。そこで、人間の自然本性の内部的な完成としての徳と、対他的な関係を秩序づける正義の徳との関係を明らかにしてきた。その結果、正義は友愛よりも強い責務において捉えられる反面、友愛は正義を前提し、これより高い射程を有する愛の次元を示唆していることが明らかとなった。

しかし、「愛」は多義的である。ギリシア語においては、「愛」はエロース erōs、ピリア philia、アガペー agapē 等の語によって示される。これらのうち、エロースは主としてプラトンおよびプラトン主義の、ピリアはアリストテレスの思想圏を、そしてアガペーは新約聖書の語法をそれぞれ背景として理解される。これらの諸概念の関係は錯綜している。そうした中で、神の無償の愛であるアガペーに示される新約聖書の愛の観念を、高みを希求する自己愛としてのエロースにみられるギリシア哲学の精神から峻別しようとする主張がみられたりもする。(1) 他方、トマスが用いるラテン語においては、アモル amor、ディレクティオ dilectio（後述の理由により「意志的愛」と訳す）、カリタス caritas、アミキティア amicitia 等の語が「愛」を意味する。このうち、カリタスとアガペー（以後統一的に「神愛」と訳す）、アミキティアとピリア（以後「友愛」と訳す）はほぼ訳語として対応していると言える。しかし、アモルはエロースに訳語として対応する場面もあるが、むしろ広く愛一般を指す語であるように思われる（それゆえ、以後アモルを単に「愛」と訳す）。

トマスにおいて「愛の倫理」と言えば誰もが「神愛caritas」を連想しよう。トマスはその神愛を一種の「友愛」として定義している。しかし、本章では、トマスにおける友愛、さらには神愛の位置づけを明らかにするためにも、まず、トマスにおいて最も広い意味での「愛」を意味するアモルの概念を中心に、トマスにおける「愛」についての扱いの概観を試みることとする。

第二節　愛の区分——amor, dilectio, amicitia, caritas

『神学大全』において、アモルとしての愛についてのまとまった論述は、第I－II部二二－二八問題の、いわゆる「情念論」の中で展開されている。しかし、アモルについての規定は同時に愛一般についての規定をも含む。愛が情念論の枠組みの中で規定されている、ということはトマスの「愛」理解の展開に微妙な影を投げかけている。

トマスは、『神学大全』第I－II部二六問題三項において、「amor（愛）」「dilectio（意志的愛）」「amicitia（友愛）」「caritas（神愛）」といった、広い意味で「愛」を意味するラテン語の諸概念の区分について整理をしている。

まず、トマスはアリストテレス的なカテゴリーに従ったいわば存在論的区分を行なっている。つまり、「友愛」は、「性向habitus」のごときものであるのに対し、「愛」と「意志的愛」は、活動（actus能動）もしくは情念（passio受動）という様相によって表示される。そして「神愛」はそのいずれの様相でも解されることができる、という。他方、働きとして理解される「愛」「意志的愛」「神愛」についてはトマスは次のように整理する。まず、「愛」をこれら三者のうちでは最も共通的なもの、としている。つまり、意志的愛ないし神愛は、すべて愛ではあるが、しかしその逆ではない、というわけである。そして「意志的愛」dilectio には、愛ばかりではなく、その名の示すとおり、先行する「選択」electio ということも加味されている、としている。それゆえ、意志的愛は、感覚的欲求能力たる欲望のうちにではなくもっぱら意志のうちに、そして理性的本性 natura rationalis のうちにのみある、とされる。筆者が dilectio を「意志的愛」と訳してきた所以はここにある。他方、「神愛」のほうには、愛だけでなく、その愛の完全性 perfectio といったことが加味されている、という。つまり、そこにその愛されているもの、つまり神の価値の高さが含意されている、というわけである。

ここで、「友愛」のみが「性向」とされて別扱いにされている点に注意しておきたい。これは、アリストテレスの『ニコマコス倫理学』第八巻における叙述が典拠になっているものと考えられる。(2) ここでアリストテレスは、「友愛 philia＝amicitia」そのものを、「愛する働き philēsis＝amatio」と区別し、選択の原理である持続的な性向として措定している。この存在論的規定は、「友愛」を、単なる働きもしくは情念としてではなく、働きや情念の「内的根源」をなすところの個人に内在する持続的な性質として規定することを意味しており、ひいては友愛を一種の「徳 virtus」として扱うことを可能にしている。(3) トマスは徳としての神愛を、神と人間との間の一種の友愛として規定しているが、「友愛は性向である」という規定はそうした神愛の存在論的身分にまで効いてくるのである。

第三節　愛の受動的性格と知性的愛

（1）愛の受動的性格

トマスはアモルとしての愛を、さしあたり情念論の中に位置づけつつこれを解説している。『神学大全』第I－II部二三問題四項主文において、トマスは魂の諸情念の区分について概観しており、アモルとしての愛について、これら諸情念の中での位置づけと実質的定義を与えている。情念としての「愛」の位置づけは、愛の受動的性格を示唆している、といえる。

まず、トマスは魂の情念passio animaeを考察する際、受動passio一般についての考察から始め、魂の諸情念を自然学的な能動・受動のモデルに従って説明している。魂の情念（＝受動）に対して能動者の位置を占めるのは「善」と「悪」である。魂の欲求的な部分pars appetitivaが行なうもろもろの運動にあって、善は、引付けるattractivaちからをもつ能動者であり、悪は、排撃するちからをもつ能動者ということになる。

「善」の側の能動性に限って見た場合、欲望的欲求能力concupiscibilisにおける事態は次のようになる。第一に、善は欲求的な能力のうちに、善への何らかの傾向性inclinatioないし適性aptitudoあるいは親和性connaturalitasを原因する。これが「愛amor」の情念に属する事態である。第二に、もし、その善がまだ所有されていないなら、愛される善にまで辿り着きたいという運動motusが欲求的な能力には与えられるのであって、これが「熱望desiderium」ないし「欲望concupiscentia」という情念に属する。第三に、この善が獲得されてしまったときには、欲求は獲得されたその善のうちに休らうことになる。これが「快delectatio」あるいは「喜び

gaudium」に属することである。

ここでトマスは、諸情念を、目的としての善を達成する際の序列において、自然学的な「傾向性→運動→静止」のモデルに従って説明しているが、「愛」については、まずこれを欲求能力のうちに善によって原因されたもの、として規定した上で、その系列における第一の情念として位置づけている。

『神学大全』第I－II部二三問題一項においてトマスは、「善」が愛の「唯一の原因」であることを確認している。愛は欲求的な能力 potentia appetitiva に属する。そして、欲求的能力は受動的な力 vis passiva である。つまり対象であるところの「善」に出会うことによって発動する能力である。そして愛とは欲求対象たる善との出会いによって欲求者のうちに最初に生じる主体の変容、すなわち、欲求対象に対する親和性もしくは好感を意味していた。しかし、トマスによれば、欲求対象たる善と欲求者との出会いには、欲求者における認識 cognitio もしくは把捉 apprehensio が介在する。つまり、善は欲求対象という仕方によって愛の原因であるが、善が欲求の対象であるのは善が把捉されていることに応じてでしかない。それゆえ、愛の成立のためには、その対象である善が何らか把捉されることが必要となる。このために、認識は、善が愛の原因であるのと同じ理由によって、愛の原因として措定されることになる。善も、認識されていなければ愛されることはありえないからである。(4)

このように、認識によって提示された対象との出会いによってはじめて愛が発動する、という意味で愛は受動的な性格を示す。

(2) 自然本性的愛、感覚的愛、知性的愛

ところで、愛は単に「情念」にとどまることはない。つまり、理性および知性的な「愛」も当然存在する。こう

した点についての扱いはどうなっているのであろうか。

『神学大全』第I－II部二六問題一項において、トマスは諸々の愛の段階的な種別について述べている。まずトマスは、愛は欲求に属するものなるがゆえに、愛の種別を欲求の種別に即して区分する。欲求についてはトマスは三つの種別を立てている。

まず、〔1〕トマスが「自然本性的な欲求 appetitus naturalis」と呼ぶ欲求で、これは「欲求者自身の把捉 apprehensio によるのではなく他者の把捉に従う欲求」である。次いで、〔2〕理性をもたない諸動物にみられるような「感覚的な欲求 appetitus sensitivus」が挙げられる。これは「欲求者自身の把捉にはよるものの、自由な判断 iudicium からではなく必然 necessitas から生じる」欲求、とされる。そして最後に〔3〕「理性的ないしは知性的な欲求」すなわち「意志 voluntas」が挙げられる。これは、欲求者の把捉に、しかも自由な判断に即してしたがう欲求である。

そして、トマスは「これら三つの欲求のいずれにあっても、愛される目的 finis を目指す運動の始源 principium であるところのものが愛 amor といわれる」とした上で、愛についても上記〔1〕～〔3〕の欲求の種別に対応する形で、〔1〕「自然本性的愛 amor naturalis」〔2〕「感覚的愛 amor sensitivus」〔3〕「知性的な愛 amor intellectivus」を区別している。

ここでまず注目すべき点は、トマスにあっては、まず愛は純粋に自然学的な場面をも含めたきわめて広い意味で語られていることである。〔1〕の「自然本性的欲求」ないしは「自然本性的愛」の具体例は、重い物体が地球の中心の場所に対して有する親和性 connaturalitas である。愛の概念は重力の働きまでをも含むのである。

第二に注目すべき点は、トマスはまずこのように「愛」の意味を広くとった上で、上述の種別を立てることによって、愛のうちに「自由」ないしは能動性の成立する段階を見ていることである。〔1〕の自然本性的欲求は、当のものの固有の把捉によるのではなく、そのものの自然本性 natura の設立者 instituens がもっている把捉による。つまり、それはいわば「プログラムされた親和性」であり、ここには能動性もしくは自由が成立する余地はない。〔2〕の感覚的欲求は、感覚が善と把捉したものに対して必然的に発動する。その限りで、感覚的愛も当の愛するものにとっては自由無き受動、すなわち情念である。しかし、この感覚的愛についてトマスは、「人間にあっては、それが理性に服従しているかぎりは、幾分か自由を分有する」と述べている。つまり、人間にあっては、理性の関与によって、感覚的愛は能動的性格を帯び、自由なものへと変容する可能性があるのである。そして、〔3〕の意志にいたって、欲求者自身の把捉と自由な判断を伴うがゆえに、知性的な愛において完全な意味での自由と能動性がみられることになる。

(3) 能動的な愛は「情念」か

ところで、一部の愛にこうした能動性が認められるとするならば、これを「情念 passio＝受動」と位置づけること自体に問題が生じる。『神学大全』第Ⅰ－Ⅱ部二六問題二項は「愛は情念であるか」と題してこの問題を正面から取り上げている。

トマスによれば、受動 passio とは、能動者 agens が受動者 patiens のうちにはたらきかけた結果 effectus である。ところで、欲求能力に対しては欲求対象が能動者である。能動者としての「欲求対象 appetibile」は、まず欲求に、自らへの或る適格性 coaptatio、つまり気に入られることによる自らへの好感 complacentia を付与するのであり、ここから、その欲求対象への運動が続く、という形ではたらきかける。欲求対象によって欲求が受ける最初の変化——つまり、欲求対象が欲求の気に入ること・欲求対象への好感——が「愛 amor」と呼ばれる。そして、この好感から、引き続いて、その欲求対象へ向かう運動が生じるのであって、これが「熱望 desiderium」なのである。そして最後に、この運動が静止に至るならば、それが「喜び gaudium」である。このように、愛は欲求対象との出会いによって欲求能力にひき起こされる或る変化として成立するものなるがゆえに、愛は情念・受動である、ということになる。

ただしトマスは、愛が「情念・受動 passio」であるということが、本来的な意味において言えるのは、愛が感覚的欲求能力たる欲望のうちにある場合にかぎられるのであって、愛が意志のうちにあるかぎりにおいては、共通的な仕方において communiter、すなわち、この名称を拡張することによって、「情念・受動」と言われる、と述べている。

このことの意味は、『神学大全』第I－II部二二問題一項主文で説明されている。ここでトマスは、「受動する・（はたらきを）蒙る pati」という語に三つの意味を区別する。〔1〕第一の意味が、共通的な仕方において communiter であって、それによれば、およそ何かを受け入れること recipere は、たとえその際、受け入れる側には斥けられるものが何もなくても、すべて「受動」と呼ばれる。トマスは、大気が照明されるとき、「受動する」といわれる、という例を挙げる。しかし、これは、より本来的には、「受動する」ことではなく、「完成される」ことである、という。〔2〕第二の意味が、「受動」の本来的な用法であって、それは、「或るものが受け入れられ、代わって他の何ものかが斥けられる」場合である。だが、この第二の意味はさらに二通りに区別される。〔2a〕斥けられていくものが当の事物には適合していないものである場合がある。その例は、身体が健康にされるとき、「身体が健康を受け入れ、病気が斥けられる」ことを指していう「受動」である。〔2b〕これとは逆に、適合するものが斥けられ、適合しないものが受け入れられる場合があり、これこそ受動の最も本来的な様態である、とされる。すなわち、病気になることが「受動する（患う）pati」といわれるような場合である。

トマスは、「感覚することと知性認識することとは、一種の受動である」と語られるのは、〔1〕の、ただ純然たる受け入れ、に即してである、と述べている。これに即して言えば、「知性的ないし理性的な愛」、つまり意志における愛が「受動」と語られるのはこの拡張された〔1〕の意味において、つまり、完成としての意味であることになる。

このように、愛は一方において単なる受動ではなく、自由で能動的な知性的ないしは理性的な欲求能力の完成としての意味も担うことになる。しかし、愛は欲求対象との出会いによってひき起こされる主体の変容である、という点において、愛する主体にとっては根本的に受動的な性格は残り、この性格は「知性的ないしは理性的」な意志における愛についてもいえる、というわけである。

第四節 「友愛の愛」と「欲望の愛」

（1） 「友愛の愛」と「欲望の愛」

続いてトマスは、『神学大全』第I－II部二六問題四項において、愛のうちに「友愛の愛 amor amicitiae」と「欲望の愛 amor concupiscentiae」との区別を導入している。

まずトマスは、アリストテレスが『弁論術』において提示した[5]、「愛するということは何者かのために善を欲することである amare est velle alicui bonum」という「愛の定義」についての定式を取り上げる。この定式にもとづいて、「何者かに欲する善」と「善を欲する相手」との二つの対象をもつ、という愛の基本構造が示される。そして前者（「何者かに欲する善」）は「欲望の愛」の対象とされ、後者（「善を欲する相手」）は「友愛の愛」の対象とされる。友愛の愛の対象は端的・自体的に愛されるのに対し、欲望の愛の対象は端的・自体的に愛されるのではなく、他のもののために愛される。故に、友愛の愛は端的な愛であるのに対し、欲望の愛は付随的な愛である、とされる。この友愛の愛と欲望の愛との区別は、トマスにおける愛の理論において重要な意味を持っている。つまり、「真の（端的な）意味での愛」としての友愛の愛を特徴づける基準として、愛をめぐる様々な規定において機能してくるのである。

ところで、この友愛の愛と欲望の愛との区別は、思想史的にはクレルヴォーのベルナルドゥスによる影響が指摘されている。(6) ベルナルドゥスはその著『神を愛することについて』*Liber de diligendo Deo* において、人間が肉的な自己愛から離れ純粋な神への愛へと向かう愛の脱自的プロセスを四つの段階に分けて叙述している。そこで、単なる自己愛の段階（第一段階）を脱した人間が、「神を愛するが、神のためではなく、自己のために愛する」にいたる段階が「第二段階」として、またさらにこれを超えて「もはや自己のためではなく、神のために神を愛する」という段階が「第三段階」として規定されている。(7) このうちの第二段階は「自己のために使用するものとしての神への愛」という意味で欲望の愛に、また第三段階は「もはや自己のためではなく、神のために神を」愛するがゆえに友愛の愛を示唆している、というわけである。

しかし、次章でも詳述するが、トマスにあっては、友愛の愛と欲望の愛との区別は、いくつかの点で多分にアリストテレス的な意味合いを帯びているように思われる。まずトマスは、「愛するということは何者かのために善を欲することである」というアリストテレスに由来する命題を取り上げ、これを「愛する」ということの一般的な内部構造を分節化するものとして用いている。

一般にキリスト教倫理、もしくは「純粋な愛」を追求する志向をもつ倫理においては、「利己性」をいかに排除するか、という点に関心が集中しがちである。しかし、自己目的化した「利己性の排除」は、時に不毛な自虐性の空転に陥る危険がある。この点、トマスによるアリストテレス的な定式の採用は、「何者かに欲する善」と「善を欲する相手」とに対する関与を対比することにより、手段的関与と目的的関与、もしくは「事物Sache」に対する関与と「人格Person」に対する関与の対比[8]という形で「利己性」の問題を実質的に処理しつつ、友愛の愛という、愛のあるべき姿についての積極的位相を提示することに成功しているように思われる。

また、友愛の愛と欲望の愛との区別は、アリストテレスの友愛論における「本来的な愛」としての「善(徳)にもとづく友愛」と「付帯的意味での友愛」である「有用にもとづく友愛、快楽にもとづく友愛」との区別[9]に対応するものであるように思われる。無論、これらの区別が直接イコールであるわけではない。トマスによれば「有用にもとづく友愛にあっても、快楽にもとづく友愛にあっても、我々は何らかの善を、やはり友のために願っている。だから、そのかぎり、ここにおいても友愛の特質が失われてはいない。」しかし、「その善は、とどのつまりは、それを願う本人にとっての快楽ないし有用に帰着するのであるから、ここからして、快楽と有用にもとづく友愛は、欲望の愛へ引きよせられる程度に応じて、真の友愛の本質側面ratioを欠くことになる」と述べ、欲望の愛へのベクトルの中に「付帯的意味での友愛」の「付帯的」たることの所以を認めている[10]。

(2) 類似性と愛――「友愛の愛」の根拠としての形相的完全性の共有

『神学大全』第I-II部二七問題三項において、トマスは「類似性は愛の原因であるか」と問うている。この問いは、プラトンにまで遡る愛をめぐる古典的な問題である。プラトンは、友愛を主題的に論じた『リュシス』篇において、「類似したもの同士が友か、あるいは反対のもの同士が友か」「善きもの同士が友か」という形の問いを登場人物「ソクラテス」に扱わせている。[11] 初期対話篇の通例として、『リュシス』篇そのものは様々なトピックを展開させつつアポリアに終わってしまう。したがって、この問題をめぐるプラトン自身の立場は『リュシス』篇だけからは見えにくい。しかし、この対話篇が提起した問いはその後の愛、特に「友愛」をめぐる議論に古典的な「場」を設定した。

アリストテレスも『ニコマコス倫理学』第八〜九巻における友愛論を展開するにあたり、随所でこの『リュシス』篇における問いを意識している。[12] 結局、徳という完全性を共有する者同士、つまり、「善き者」として「類似した者同士」にこそ「完全な友愛」が成立する、というのがアリストテレスの提示した解答であった。

トマスも、「類似は本来的な意味において語られるなら、愛の原因である」と答えることにより、基本的にはアリストテレスの立場を継承している。しかし、トマスは「可能態 potentia・現実態 actus」というアリストテレス自身の枠組みを駆使することにより、『ニコマコス倫理学』の立場をさらに発展させている。

トマスによれば、二つのものの間における「類似」は二通りの仕方で看取されうる。

〔1〕第一は、両者が同一のものを現実的に in actu もっていることにもとづく類似、つまり完全性を共有するもの同士の類似であり、〔2〕第二は、一方が現実的にもっているものを、他方は可能的に in potentia、および、何らか傾向性において in inclinatione もつということにもとづく類似、つまり完全なものと不完全なものとの間に成立する類似である。

トマスによれば、〔1〕の類似は友愛の愛もしくは「好意 benevolentia の愛」を原因する。それは、或る二つのものが共に一つの形相 forma を有するものとして互いに類似しているならば、そのことからして両者はその形相においていて何らか一なるものであるからだ、という。たとえば、二人の人間は「人間」という種 species において一であり、二つの白いものはその「白さ」において一なのである。こういうわけで一方のひとの情意 affectus は、自分と一なるものとしての相手へ向かい、こうして彼は相手のために、ちょうど自分のために欲するように、善を欲するのである。

他方、〔2〕の類似は、欲望の愛あるいは「有用ないし快楽に基づく友愛」を原因する。なぜならば、可能態においてあるものには何にでも、それが可能態においてあるかぎり、その現実態を求めようとする欲求が内在しているからである。

そして『リュシス』篇以来、類似性が愛の原因である、という主張に対する反対論の「定番」となってきた「同業者（＝ライバル）」の例については次のように処理する。すなわち、欲望の愛は実際は自己愛なのであり、愛する者が欲しがっている善を望むとき、本来的には自分自身を愛しているのである。ところで、誰しも他者よりは自分のほうをいっそう多く愛する。それは、自分自身とは実体 substantia において一であるのに、他のものとは或る形相の類似という点において一であるに過ぎないからである。それゆえ、相手が同じ形相を分有しているという点で自分と類似していても、そのことによって、自分の愛している善の獲得が妨げられるならば、自分にとって憎らしいものとなる。その結果、同業者同士は争い合う、というわけである。

ここでトマスは、実体的一性が類似による形相的一性にまさること、つまり、自己愛が同種のものに対する愛よりも強力であることを当然の事実として認めている。その上で、友愛の愛と欲望の愛との区別、つまりは通常の意味での「利己性」を離れた愛と「利己的」な愛との相違を、現実態性、つまり形相的完全性、さらに換言すれば生命エネルギーの充溢を共有するか否かという点に帰着させている。結局、通常の意味での「利己性」とは、可能態性、つまりは形相的不完全性に由来するものであることが示唆されている。

第五節　愛の諸現象と「友愛の愛」「欲望の愛」

『神学大全』第I－II部二八問題においてトマスは「愛の結果」、つまり愛という情念がもたらすいくつかの現象について論じている。ここで、上述の友愛の愛と欲望の愛との間での愛の現れ方の相違が明らかにされている。ところで、「愛の結果」すなわち愛の諸々の現象としては、トマスは擬ディオニシオスの『神名論』の典拠にしたがって、「合一」「相互内在」「忘我」「熱意」を枚挙している。(13)

(1)「合一 unio」

「合一」とは、今日の心理学者が「自我境界」と呼んでいるもの、およびその変容に対応することがらである。トマスは、『神学大全』第I－II部二八問題一項第二異論回答において、「合一」が愛に関わる三通りの仕方を区別する。

〔1〕第一に、愛の原因である合一がある。自分が自分自身を愛する場合、この愛の原因となるのは、「実体的な合一 unio substantialis」つまり、自分が自分自身と一であることである。また、自分が他者を愛する場合、この愛をもたらすのは、上述の「類似の合一」つまり同一の形相を共有することである。

〔2〕第二に、本質的に愛そのものである合一がある。これは「情意の適格性 coaptatio affectus」にもとづい

た合一である。愛がこの種の合一を作りだすのは形相的な仕方において formaliter である。

〔3〕第三に、愛の結果 effectus である合一がある。これは「実在的な合一 unio realis」、愛するものが愛されるものについて求めている合一、である。それは愛されているものが愛するものに現在的な仕方で praesentialiter 現存することであり、具体的には、一緒に暮らすとか、よく語りあうとか、何かこういったことで結ばれることである。愛はこの種の合一を作動的な仕方で effective 作りだす。なぜなら愛は、自らに適合し自らに属するものたる「愛されるもの」の現前を欲し、かつ、求めるよう、ひとを動かすからである。

トマスはこの項の本文で、〔2〕の「情意の適格性にもとづいた合一」のあり方を、欲望の愛と友愛の愛という二通りの愛について、それに先立つ把捉との関連からさらに詳しく考察している。トマスによれば、〔a〕欲望の愛と〔b〕友愛の愛のいずれも、愛されるものと愛するものとの合一という事態についての或る把捉から発している。〔a〕ある人が欲望の愛によって何かを愛するとき、その人はそのものを、自分の福利安泰に属するものとして把捉している。〔b〕他方、ある人が他の人物を友愛の愛をもって愛するときには、その人は、ちょうど自分自身に善を欲するように、相手のために善を欲する。だから、自分自身に欲するのと同じように相手のために善を欲しているかぎり、相手を「もうひとりの自己」atler se と把捉しているわけである。

こうした把捉にもとづいて、愛する者は愛されるものに対して、〔a〕欲望の愛においては、「自分のもの」に対するごとく関わり、〔b〕友愛の愛においては「自分自身」に対するごとく関わっている限りで、これらはそれぞれ「実体的な合一」に似通っている、と述べているが、つまりは、それぞれの愛においてそうした形で「自我境界の拡張」がなされているわけである。かかる自我境界の拡張としての「合一」が「本質的に愛そのものである」というわけである。

（2）「相互内在 mutua inhaesio」

愛の結果、愛する者と愛される者は、互いに相手の中に「入り込む」。このことをトマスは「相互内在」と呼び、『神学大全』第I－II部二八問題二項主文においてその諸相を明らかにしている。

まずトマスは、「相互的な内在という愛の結果は、〔1〕把捉力 vis apprehensiva からみても〔2〕欲求力 vis appetitiva からみても、これを理解することができる」と述べる。

まず、〔1〕把捉力に関していうならば、〔1a〕愛される者が愛する者のうちにあるといわれるのは、それが愛する者の把捉のうちに停留しているかぎりにおいてである、とされる。これは平たく言えば「心の中のスペース」を占めている、という事態である。他方、〔1b〕愛する者が愛される者のうちにあるといわれるのは、「愛する者が相手の表面的な把捉では意に満たず、さらに進んで、相手に属する個々のものごとを立ち入って尋ね、こうして相手の内部にまで入りこむかぎり」においてである。

他方、〔2〕欲求力に関してであるが、〔2a〕愛される者が愛する者のうちにあるといわれるのは、愛する者に気に入られ、その情意 affectus のうちにあるかぎりにおいてである。他方、〔2b〕愛する者が愛される者のうちにあるといわれる場合についてであるが、トマスによれば、欲望の愛によるのと友愛の愛によるのとでは事情を異にする。

〔2b〕－①欲望の愛の場合、愛する者は、愛されている者の外的・表面的な獲得・享受だけで休らうものではなく、愛されている者を完全な仕方で所有しようと求め、その者の内奥 intima にまで至ろうとする、という形で、愛される者のうちにあるといわれる。

〔2b〕－②友愛の愛の場合、愛する者が愛される者のうちにあるのは、愛する者が自分の愛する友 amicus の善

悪を自らの善悪と見なし、友の意志を自らの意志と見なすことで、あたかも、友の善悪をその友のうちに自分で受けたり感受したりしている、と考えられるかぎりにおいてである。つまりこれは、愛する者が相手のものごとを自分のものと評定しているかぎりにおいてということであって、先の「合一」と同じことであり、自分自身と友とが重ね合わされる形での自我境界の拡張によるのである。

〔2b〕―③さらに、友愛の愛が相互的である場合、つまり愛の返報 redamatio ということがなされる場合、友同士は愛し合い、互いに相手のために善を欲したり、はたらいたりする形で「相互内在」する。

この「相互内在」の諸相の描写から看取されるかぎり、「欲望の愛」は「エロース」における愛に、「友愛の愛」は本来的な意味での「ピリア」における愛に、それぞれほぼ対応するように思われる。

（3）「忘我 extasis」と「熱意・嫉妬 zelus」

『神学大全』第Ⅰ－Ⅱ部二八問題三項においては、愛の結果として「我を忘れること（忘我）」について論じている。まずトマスは、あるひとが「忘我を身に受ける extasim pati」といわれるのは、そのひとが「自分の外に extra se 置かれる」ことである、とした上で、このことは把捉力に即しても欲求力に即しても、ありうる、と指摘する。

〔1〕先ず把捉力に即していうならば、あるひとが自分の外に置かれるといわれるのは、彼が自らに固有の認識の外に置かれる場合である。〔1a〕その一つの場合は、その人がより上位の認識にまで高められた場合である。つまり、人間が、感覚 sensus をも理性 ratio をも超えているものを何か把握するところまで揚げられると、理性および感覚という人間本性適合的な connaturalis 把捉の外に置かれるかぎりにおいて、忘我を身に受けるといわ

れる。〔1b〕他の場合は、より下位のものごとへ押し下げられた場合である。たとえば、誰かが熱狂 furia とか狂気 amentia の状態に陥ると、そのひとは忘我を身に受けたといわれる。愛はこの種の忘我を態勢的な仕方において dispositive つくりだす。愛は、愛されるものにひとを集中させるからである。

〔2〕欲求的な力に即しては、ひとの欲求が何らかの仕方で彼自身の外に出て他のもののなかへ連れていかれるとき、「忘我を受ける」といわれる。愛はこの種の忘我を直接的に directe つくりだす。ただし、〔2a〕欲望の愛にあっては、愛する者が自分自身の外へ連れ出されるのは、彼が今もっている善を喜ぶことに満足せず、未だ自分の外にある善を享受しようと求めるかぎりにおいてである。その外的な善を所有しようと求めるのは自分のためにであるから、彼は自分の外へ端的な仕方で出るわけではない。しかし、〔2b〕友愛の愛にあっては、ひとの情意は端的な仕方で自分の外へ出ていく。なぜなら、そのひとは、友にむけて善を願い善をはたらくのであり、いわば、友のことを、友自身のために、気遣ったり配慮したりする労を厭わないからである。

通常「忘我的愛」とは、しばしば「自己愛」を完全に捨て去った、いわば一切の利己性から清められた愛の理想像として求められるものである。トマスは、上述の通り「忘我」の諸々の意味を整理した上で、そうした「忘我的愛」を友愛の愛として示している。

『神学大全』第I－II部二八問題四項において、zelus という愛の結果について論じている。この「zelus」という語は、英語でいう「jealousy」、つまり「嫉妬」という否定的な意味もあると同時に、「熱意」という肯定的な意味もある両義的な概念である。トマスは、熱意・嫉妬 zelus は強度の愛から起こる、とする。何らかの力が対象に強く向かうとき、それに反対対立しているものや、背馳しているものをすべて、それだけ強く排斥する。これが熱意・嫉妬であるわけである。ただし、その排除の行なわれる仕方は、欲望の愛においてと友愛の愛においてとでは、別様である。
〔1〕欲望の愛にあっては、何かを激しく欲しがるひとは、愛されているそのものの取得 consecutio ないし安らかな享受 fruitio に背くものには何にでも対抗する。この意味での zelus は「嫉妬」と訳されるべきものである。妻についての嫉妬、野心家の嫉妬がその例である。
〔2〕友愛の愛は愛される友の善を求める。だから、この愛は、激しいときには、人間を、友の善に背馳するものにはすべて対抗するようにさせる。この意味での zelus は「熱意」と訳されるべきものである。友人への熱意、あるいは神の意志、神の栄光に反するものを力の限り退ける神への熱意がそれである。
このように、zelus の意味が肯定的なもの(「熱意」)となるのか、否定的なもの(「嫉妬」)となるかは、その原因である愛が友愛の愛であるのか欲望の愛であるのか、に依存している。

以上見てきたように、愛の結果、すなわち愛の現れである諸現象において、友愛の愛と欲望の愛との間にはあらゆる点で相違がみられる。大まかにいえば、欲望の愛はギリシア的な語彙によれば「エロース」的な自己愛に、友愛の愛は本来的「ピリア」である善にもとづく友愛の愛に対応する、と言ってよかろう。しかし、いずれの愛も「愛するということは何者かのために善を欲することである」という定式のもとに、一方は現実態にあるものの愛、他方は可能態にあるものの愛として統一的に位置づけられているのである。

第六節　神の愛

以上、『神学大全』第I−II部二六〜二八問題における「愛」についての論述を概観してきた。しかし、これらの記述は、「情念論」という枠組みの中にある、という点に留意しなければならない。トマスの愛についての理論的な枠組みについて全体的な見通しを得るためには、「情念」という枠組みにどうしても入らないような「愛」についても視野に置かなければならない。そこで忘れてはならないのは、神における愛である。愛（アモル）は、被造物のみならず、神においても語られる。神においては如何なる受動passioも存在しない。然るに、一般に愛は情念であり受動である。それゆえ、神においては愛が存在するとするならば、この愛は、情念としての愛という枠組みでは扱い得ず、情念論から出発する「愛」理解に対しては当然拡張を要求する。

通常「情念・受動」を意味する「愛」を神に適用することに関しては、すでに我々が見てきた、『神学大全』第I－II部二二問題一項主文および『神学大全』第I－II部二六問題二項で展開されていた「情念（受動）」としての愛の概念を、意志における愛へと拡張する一般的な論理が用いられている。その上で神には意志が認められる以上愛も認められる、としている。(14)

しかし、神の愛にあって特殊な点は、むしろ次の点にある。すなわち、我々の意志にあっては、意志は事物の善性の原因ではなく、むしろこれを対象として意志がそれによって動かされる。それゆえ、我々が何ものかのために善を欲する場合における我々の愛も、決してそうしたものの善性の原因たるのではなく、却って逆に、そのものの善性が愛を喚起する。これに対して、神の愛は、善性を注ぎいれ、事物のなかにこれを造りだすごとき愛なのである。(15)神の愛ないしは意志は、事物の善性の結果ではなく原因である、という事態の含意は、『神学大全』第I部二〇問題四項における「神はより善きものを常により多く愛するか」という問いの扱いにおいて明瞭となる。

結論としては、神はより善きものをより多く愛する、とされる。ただし、神の意志が事物の善性の原因であるのであるから、神が或るものをより多く愛するということは、神がそのもののためにより大いなる善を欲するということにほかならない。ここから、何ものかがより善きものであるのは、神がそのもののために、より大いなる善を欲することの結果である、という。つまり、より善いものなるがゆえに神がこれをより愛する、というのではなく、神がより愛したがゆえに、ものはより善きものである、というわけである。

我々にあっては、意志的な愛は単なる情念に比べれば自由と能動的性格をもつ。しかし、善を原因とし、これとの出会いによってひき起こされる、という点では受動的性格をもっていた。しかし、神の愛は事物の善性を原因として仰ぐのではなく、神の愛が事物の善性の原因なのである。このように、神の愛は能動性のきわみの様態を示している。にもかかわらず、トマスにあっては「神の愛」すらも我々における愛と共通の枠組みにおいて扱われている。この点を示しているのが『神学大全』第I部二〇問題一項第三異論回答である。

「愛の働きの向かうところのものとして、常に二つのものが見いだされる。すなわち、ひとが何者かのために欲するところの善、ならびにその者のために善を欲するといったその当の者が。けだし、本来的な意味において『何者かを愛する amare aliquem』とは、『その者のために善を欲すること velle ei bonum』にほかならないのだからである。されば、ひとが自己を愛するかぎり、彼は自己のために善を欲する。そして彼は、可能なかぎり、そうした善を自らに合一させることを求める。こうしたところからして、愛はやはり神にあっても『合一せしめる力 vis unitiva』と呼ばれるのであり、そこにもとより複合があるわけではない。神が自己のために欲するところの善は、自己、すなわち、さきに示されたごとく、その本質によって善であるところの自己自身にほかならないのだからである。ひとが、また、他者を愛するかぎり、彼はこの者のために善を欲する。かくて彼は、この者の善をあたかも自分自身の善のごとくに考え、この者を遇すること、あたかも自分自身を遇するごとくである。そして、こうした点よりして、愛は『合成させる力 vis concretiva』と呼ばれる。つまり、ひとはこれによって他者を自己に合体させ、自らが他者に対すること、あたかも自分自身に対するごとくになるにいたるという意味である。神の愛もやはり、神が諸々の他者のために善を欲するかぎりにおいては『合成させる力』なのであって、もちろん、だから、ここでも神のうちに複合が見いだされるなどというわけではない。(16)」

この異論回答の論旨は、本来「複合性」の概念になじまない神について「合一せしめる力」「合成させる力」という擬ディオニシオスに由来する表現(17)を神に適用することの正当性を弁証することにある。

ここで注目したいのは、トマスが「愛するということは何者かのために善を欲することである」という愛についての一般的な定式を神についても適用し、これを神の自己自身に対する愛についても、他者に対する愛についても妥当するものとしている点である。

神の愛は、我々における愛とは異なり、完全な意味で能動的な愛である。我々にあっては愛は欲求対象たる善を原因とし、これによる結果であるのに対して、神にあっては愛は事物の善の結果ではなく、むしろその原因なのである。にもかかわらず「愛するということは何者かのために善を欲することである」という「愛の定義」についての一般的定式は、こうした神の愛をも包括する定式なのである。

第七節　結　語

最後に、以上、トマスにおけるアモルとしての愛の理論を概観した結果、得られた洞察を簡単にまとめておきたい。

まず、指摘したいのは、アリストテレスに由来する「愛するということは何者かのために善を欲することである」という定式が、トマスが様々な愛に位置づけを与える際の骨格としての役割を担っている点である。この定式は、エロース的自己愛にも、対等な者の間のピリアにも、そして神の愛にさえも適用可能な、一般的定式とされている。そして、この愛についての定式をもとに区分された欲望の愛と友愛の愛との区別は、トマスの愛の理論における基本的な区分となっている。大まかに言えば、欲望の愛はエロース的自己愛における愛、友愛の愛はアリストテレスの言うところの「完全な」ピリアにおける愛に対応する、と言ってよかろう。

欲望の愛においては利己性が示唆されている。キリスト教倫理がしばしば多くの関心を注ぐ「利己性の克服」という課題は、トマス的な枠組みからすれば真の愛としての「友愛の愛」の達成という課題に置き換えられる。そのかぎりで、トマスはクレルヴォーのベルナルドゥス以来の伝統に立っている、と言ってもよいかも知れない。

しかし、トマスにおける友愛の愛の観念はどちらかといえばアリストテレス的なものである。トマスはこれをさらに現実態・可能態の観念を導入して解説し、友愛の愛は現実態にあるもの同士、つまり形相的完全性、生命エネルギーの充溢を共有するもの同士の間に成立するものであることを明らかにしている。「利己性の克服」のみに熱心になると、しばしば欲望の愛を貶め、これを否定する傾向に結びつきがちである。しかし、欲望の愛の否定的な側面（利己性）は、実は形相的完全性の欠如の結果である。したがって、本当に大切なことは「利己性の克服」ではなく、「形相的完全性の獲得」と、これにもとづく生命エネルギーの充溢の結果として「真の愛」としての「友愛の愛」を達成することなのである。トマスが取り入れ、さらに発展させた愛についてのアリストテレス的な理論的枠組みは、こうした見方を可能としてくれる。

もう一点指摘しておきたい点は、アモルとしての「愛」はあくまでも活動・情念として規定されている、ということである。「働き」もしくは「情念」としての愛は、欲求対象における「善」との出会い、そして「合一」「相互内在」といった「愛の結果」たる諸現象にみられる自我の変容のドラマを展開する。

しかし、注目しておきたいのは、トマスは「友愛」そのもの（「友愛の愛」ではなしに）は「性向」である、として、働き・情念としての愛とは別のカテゴリーに属するものとして区別している点である。つまり、トマスは、上述の出会いと自我変容のドラマを通じて、その底層に持続性をもった別のカテゴリーの「愛」の成立する場を確保しているのである。それは「性向」としての友愛、ないしは徳としての神愛である。こうしたレベルにおける愛、つまりは「徳としての愛」の諸相およびその構造についての解明は次章以降の課題である。(18)

（1） Nygren, A: *Agape and Eros, The Study of the Christian Idea of Love.* 邦訳『アガペーとエロース―キリスト教の愛の観念の研究』岸千年・大内弘助訳、新教出版社、一九六七年。

（2） Aristoteles, *Ethica Nichomachea* (*E. N.*), 8, 5, 1157b28-29, eoike d' hē men philēsis pathei, hē de philia hexei. (assimilatur enim amatio quidem passioni, amicitia autem habitui.)「また、愛すること（philēsis=amatio）は情念であるが、友愛（philia=amicitia）は性向であるように見うけられる。」

（3） *S. T.* II-II q. 23 a. 3 c. なお、トマスが神愛を「徳」として規定したことの意味については、第十一章で主題的に扱う。

(4) *S. T.* I-II q. 23 a. 2 c.

(5) *E. N.*, II, 4, 1380b35-36, estō de to philein to boulesthai tini ha oietai agatha…….

(6) 金子晴勇『「愛の秩序」の思想史的研究』岡山大学文学部研究叢書5、一九九〇年、八九－九一頁。

(7) Bernardus, *De diligendo Deo*, 9, 26.

(8) Kant, I, *Grundlegung zur Metaphysik der Sitten*, A, S. 434.

(9) *E. N.*, VIII, 3, 1156a16-17.

(10) *S. T.* I-II q. 26 a. 4 c.

(11) Platon, *Lysis*, 214B-215D.

(12) たとえば、*E. N.*, VIII, 1, 1155a33-31 など。

(13) (ps) Dionysios Areopagites, *De Divinibus Nominibus*, IV, 12-13, 167-172.

(14) *S. T.* I q. 20 a. 1 c.

(15) *S. T.* I q. 20 a. 2 c.

(16) *S. T.* I q. 20 a. 1 ad. 3.

(17) (ps) Dyonisios Areopagites, *De Divinibus Nominibus*, IV, 15. 180.

(18) 「友愛」として位置づけられた神愛の意味については、次章で明らかにする。

第八章　友愛としての神愛

第一節　はじめに

神愛 caritas はトマス倫理学の中心をなしている。トマスは、「賢慮による諸徳の結合 connexio virtutum per prudentiam」と呼ばれるような形で構造化された[1]アリストテレス的な徳の理論を自らの体系の内に取り込み、人間の自然本性の射程内に成立する「獲得的な徳 virtutes aquisitae」の世界として位置づけていた。

しかし、トマスによれば獲得的徳は「相対的な意味での徳」にすぎず、「端的な意味での徳」ではない。彼にとって、完全かつ真実の意味での徳とは、「人間の自然本性の自己超越性」をも射程に入れた徳、つまり「超自然的究極目的への秩序づけにおいて善い行為を生ぜしめる」徳である「注賦的徳 virtutes infusae」である。[2] 第三部、特に第九章で詳述するが、注賦的な徳の世界は神愛を核として構造化されていた。それがいわゆる「神愛による諸徳の結合 connexio virtutum per caritatem」である。[3]

ところでトマスは、神愛を神と人間との間に成り立つ一種の友愛 amicitia として定義している。[4] トマスによれば、神は自らの至福を我々に分かち与える communicat がゆえに、人間と神との間に何らかのコムニカティオ（分かち合い communicatio）が成立している。ゆえに、このコムニカティオの基礎の上に何らかの友愛が成立する、とされ、これが神愛である、という。

「友愛 philia＝amicitia」についての理論といえば、人はアリストテレスを連想しよう。事実、友愛の観念はアリストテレスの『ニコマコス倫理学』第八・九巻において主題的に展開されている。本章では、トマスが神愛を「友愛」として規定したことの意味、そしてトマスの神愛論とアリストテレス的友愛論との関係の意味を明らかにする。そのためにまず、かかる文脈におけるアリストテレスの友愛論そのものの意味を明らかにした上で、トマスが神愛の本質の規定において、アリストテレスから受けとっているものとその意味を解明する。また、トマスとアリストテレスとの概念的枠組みとの間のずれを解明することを通して、トマスにおけるアリストテレス的な枠組みの変容の意味を明らかにし、これを通じて友愛をめぐるトマスの思索の独自な意味をも明らかにしたい。

第二節　「アガペーとエロース」――ニーグレンの問題提起

ところで、我々が「神愛」と訳すラテン語の「カリタス caritas」は、元来新約聖書におけるキリスト教的な愛の概念を示すギリシア語「アガペー agapē」の訳語である。しかし、A・ニーグレンによれば、カリタスの概念は純然たる「アガペー」ではなく、キリスト教的な「アガペー」と、ギリシア哲学の基本精神である「エロース erōs」とが、アウグスティヌスによって総合されたものだ、という。(5) 彼の見るところ、中世哲学は基本的にはアウグスティヌスによるカリタス論の枠組みの支配下にあった。従って、トマスの神愛論も基本的にアウグスティヌスのそれを受け継いだもの、とされている。

ニーグレンの基本的な考え方の枠組みは、新約聖書に由来する「アガペー」と、プラトン系の哲学に由来する

「エロース」とは本来「全く正反対の」性格をもつ二つの愛の観念である、という主張に支えられている。

「アガペー」は、神が人間を愛する際に示す、「下降的な」、「無償の」愛（「与える愛」）である。それに対して、「エロース」は、人間が高きもの——神や真理——を希求する、「上昇的な」、しかし「自己中心的な」愛（「奪う愛」）である、とされる。こうしたニーグレンの思考は、キリスト教教会内にしばしば見られる、キリスト教からギリシア哲学的な要素を排除しようとする思想傾向の表現と言える。「アガペー」と「エロース」とを「正反対の性質の愛」として見ようとする態度の奥には、「エロース」をその「自己中心性」ゆえに敵視する姿勢がある。

本章の考察は、かかるニーグレンによるトマス評価の当否を直接論ずるものではない(6)。しかし、トマスの神愛論におけるアリストテレス友愛論導入の意味について検討する際、ニーグレンが提起した「アガペー」対「エロース」という図式が提起した問題性を、かかる図式の妥当性そのものも含めて、我々自身が考察を進める際の手がかりの一つとすることにしたい。

ニーグレンがトマスについて特に注目しているのは、彼がアリストテレスの友愛論を導入し、神愛を「一種の友愛」と規定した点である。ニーグレンは「トマスが彼の思想の全体がその上に立っているエロース・モティフと、キリスト教のアガペーなる愛との間の緊張を感じ、これを〈友愛の愛〉の観念の助けをもって解決しようとした」と見る。しかし、ニーグレンによれば「この企ては失敗する」。それは「この外面的な匡正は、トマスの愛の教理の第一の前提そのものと結びついている自己中心性を中和することができないこと」、そして「アリストテレスも友愛を究極的に自己愛から引き出していること」による。「それは私が私の友人を友人自身のために愛するとしても、私はなお私自身のために〈善〉であるものだけを愛しているからである」。かくして、トマスの神愛論は、一貫して「エロース・モティフ」の特徴である「自己中心性」を示すものとされる(7)。

ニーグレンは、アリストテレス友愛論の導入という「付加物」により「トマスの愛の教理の一貫性は損傷をうけた」と言う。しかし、筆者の見解では、「損傷をうけた」のはむしろニーグレンがトマスの中に見ようとした「エロース・モティフ」の図式であるように思われる。そもそも、アリストテレス的な「ピリア（友愛）」を、強引に「アガペー」対「エロース」という二元的な図式のもとに押し込めることには無理がある。アリストテレスの友愛論は、ニーグレンがプラトンおよび新プラトン主義哲学の図式をベースとして構築した「エロース・モティフ」の類型とは異質なものを含んでおり、少なくとも「愛」についての「第三の概念」として定立することを要求するものであるように思われる。ニーグレン自身も認めているとおり、少なくともそれは利己性を越えた愛の地平を示唆している。次節では、まずその点を明らかにしたい。

第三節　アリストテレスにおける友愛

（1）『ニコマコス倫理学』における友愛の規定

アリストテレスは、『ニコマコス倫理学』第八巻第二章において友愛の概念規定を行なう。(8) アリストテレスによれば、友愛の成立根拠は善、快楽、利益の三つのうちのいずれかである。友愛とは、「それらの内の一つを動機にすることによって、互いに相手に対して好意をいだき、相手のために善いことを願い、かつ、そのことが互いに相手に気づかれている」（1156a3-5）ような関係である、と規定している。

この規定において、「互いに相手に対して好意をいだき」「そのことが互いに相手に気づかれている」、という好意にかかわる相互性と、「（自分のためではなく）相手のために善いことを願う」、という利他性という二つの契機が示されている。

相互性の強調の意味するところは、友愛の成立は人格的な交流が前提となっているということである。友愛が友愛として成立するためには、相手からの「応答 antiphilēsis」の存在が不可欠の条件である。従って、無生物（たとえば、美味なるワイン）に対する愛情においては友愛は成立しない（1155b27-29）。また、人間が相手の場合でも相手の応答がなければ友愛は成立しない。アリストテレスによれば、一方的に相手方の善を願う単なる好意（eunoia）は友愛ではなく、単に友愛の「端緒 archē」であるに過ぎない。

他方、アリストテレス友愛論における利他性の規定の意味は重要である。(9) アリストテレスによれば、善、快楽、利益のそれぞれを動機とする三種類の友愛のうち、快楽と利益を動機とする友愛は、「付随的に kata symbebēkos」友愛であるにすぎない（1156a16-17）。それは、相手が「（自分にとって）有用であること」や「（自分にとって）快いこと」をもたらしてくれるという点において愛されるような関係だからである（1156a10-24）。ここで、自分にとって「有用であること」「快いこと」とは、あくまで相手に付随すること（属性）であり、相手がその属性を失えば彼らは互いに愛することを止めるし、その愛はその属性をもつ任意の相手に転移可能である。つまり、彼らが本当に愛しているのは相手の人間そのひとではなく、自分の利益や快楽であり、その「友愛」も、利益や快楽を獲得するための手段として互いに相手を利用し合う関係にすぎない。それ故に、かかる「友愛」は本当は利己的な自己愛であり、真の友愛ではない。

こうした付随的友愛に対して、「善」すなわち人柄のよさ（徳）を動機とする限りでの友愛（1156b7-8, 1162b7, cf. 1164a12, 1165b8-9）は、相手に付随するものによってではなく、相手がその人自身であることにもとづく（1156b10-11）関係であり、「完全な」（b7）友愛と呼ばれている。アリストテレスによれば、このような「完全な」友愛は、有徳の善い人々同士の間においてのみ成立する。この完全な友愛は、「すすんで相手に恩恵を与えようと励む」（1162b7）ものであり、利他的である。このように、利他性が認められるのは完全な友愛であり、付随的友愛は利己的である。

完全な友愛と付随的友愛におけるこうした態度の区別は、カントの「手段としての相対的価値をもつだけ」の「物件」に対する態度と、「この存在者をすでに目的自体として――換言すれば、単に手段として使用することを許さないような或るものとして特示し、従ってまたその限りにおいていっさいの主我的な意志を制限し、そしてまた尊敬の対象となる」「人格」に対する態度の相違を連想させる。(10) カントもアリストテレスも、人間の利己性の事実、つまり現実には多くの場合、他者の人格の目的的性格を認めず、相手を手段として扱う態度が入り込んでいる、という冷酷な事実を見据えていた。カントにあっては、「相手を目的として」扱う関係が成立するのは「目的の国」という理念的共同体においてであった。しかし、アリストテレスにあっては、徳の成立を条件として、利己性を超えた人格的な関係が現実に成立可能なものと考えられていた。

（2）「友愛は自己愛から派生する」ということの意味

ニーグレンは、「アリストテレスも友愛を究極的に自己愛から引き出していること」をもって、友愛を自己中心的な「エロース」に還元しようとしていた。

ところで、アリストテレスの考える「自己愛」とこれからの友愛の派生は、本当に彼の友愛論の自己中心的性格を示すものなのか。次に、この点を考察しなければならない。アリストテレスによれば、「自己」には二通りの意味があり、それに応じて「自己愛」も二通りあることになる。

一方は、「大衆が呼び慣わしている」自己愛であって、当然非難さるべき利己性を示す（1168b15-23）。それは、金銭、名誉、肉体的快楽などにおいて、他人より多くを自分に分かち与えることである。その場合の「自己」は、外的善を欲する欲望を意味する。これに対して、正しい行為、節制ある行為その他、もっぱら徳にかなった行為に励み、「行為の美しさ kalon をいつも自分のために取って置こうとする場合、誰もこの人を自愛者とは呼ばないし、またこの人を非難する者もない」。しかしアリストテレスによれば、「このような人こそ、いっそうすぐれた意味での自愛者である」。それは利己的要素を排した自己愛である（1168b23-1169a6）。と同時にそれは、真の「自己」すなわち「自分のうちでもっとも支配的な部分」である知性を愛するものなるが故に、「真の意味での自己愛」とされる。

欲望としての自己とは、徳をもたず、かかる「真の自己」が成立していない人間の不完全なあり方を意味する。いわゆる「利己性」すなわち外的善への欲望は、そうした自己の不完全なあり方に起因する。それ故に、かかる不完全な自己に根ざす友愛は、必然的に利己的となる。ここでも、「自愛の原理」を結局「理性的存在者としての有限性（不完全性）」に根ざすものとしたカントの立場が連想される。これに対し「真の自己」は、自己の同一性を魂の思惟的部分すなわち知性に見いだすところに成立する。しかし、カントの場合と違い、アリストテレスにとってかかる「真の自己」の成立は単なる理念ではない。アリストテレスは、人柄の善さ、すなわち徳を土台としてかかる自己が成立する、と考えたのである。

ここから、「真の自己愛」と「善い人の友愛」との関係は明らかになった。「善い人の友愛」は人柄の善さすなわち徳を前提とする友愛であり、利己的な意味での「自己愛」とは両立不可能な関係にある。他方、「真の自己愛」は、「善い人の友愛」とその利他性の成立根拠でもある人柄の善さを示す徴である。

ところで、アリストテレスはさらに強い主張、つまり「真の自己愛」からの「善い人の友愛」の派生を論じている（cf. 1166a1-2）。それは、ニーグレンがアリストテレスの友愛論に「エロース・モティフ」を見いだす所以でもある。この「派生」は、友人が「もう一人の自己」である、ということ、つまり、何らかの形相的な一致によって、自己の同一性が友人にまで拡張されることにもとづくもの、とされている。このことが、アリストテレスの友愛論における「自己中心性」を示すものであるか否かを見極めるためには、アリストテレスがこの「派生」についていかに考えていたか、について触れなければならない。

一般には、友人を「もう一人の自己」とする形相的な一致は、「人間の自然本性」における一致、と理解される。それはいうまでもなく、徳を通じて実現される人間の「知性的な本性」の完成である。トマスもその方向でアリストテレスを理解している。しかし、アリストテレス解釈という点に限って言えば、最近、この「一致」をさらに強力な根拠、すなわちいわゆる「能動知性」の普遍性にもとづく解釈も提起されている。[11]

先述の通り、アリストテレスが真の自己とみなすものとは、知性（1168b35）である。ところで、アリストテレスの知性には段階がある。周知の通り、『霊魂論』第三巻第五章において、知性は「すべてのものどもになることにおいて質料のような」いわゆる「可能知性」と、「すべてのものを作ることにおいて、その作出的原因のような」いわゆる「能動知性」とに区別されている。この「能動知性」は、現代における通常のアリストテレス解釈では、[12]人間の魂に属するものというよりは、神的な離存的知性と解釈されている。『ニコマコス倫理学』第十巻第七章において、人間の究極的な幸福は観想活動にある、と結論づけられている。しかし、「このような（観想の）生は人間の程度を上まわる」とされる。「というのは、ひとは人間としてあるかぎり、そのような生を持ちえず、或る神的なものが人間のうちに存するかぎりにおいて、これを持ちうると考えられるからである」[13]。この「神的」な観想的知性が、かかる解釈において能動知性と同一視される。かかる解釈者によれば、能動知性は人間の個体性を超えており、そこでは「自他の区別、利己、利他の区別は意味をなさ」ない。当該解釈は、ここに「強い意味での純粋な利他性の可能根拠」を見る。「真の自己愛の対象である真の自己とは、我々の魂の内で活動する限りでの普遍的能動知性」すなわち個体化された知性としての自己であるが故に、そのような自己同士の間に差異に先立つ一種の同一性が存する。そして、「真の自己愛」からの「善い人の友愛」の派生の媒介となる「もう一人の自己」(1166a31-32, cf. 1161b28-29) という表現の意味するところは、両者において共通にはたらく能動知性という「いわば質料的差異性に先立つ形相的同一性の相互承認」にある、と解するのである。

アリストテレスは、友愛を人格相互間の交流にもとづく関係として示している。それは欲望的愛と区別された、相手自身に対する愛であり、そこに利己性のない純粋な愛の可能性が示唆される。かかる愛の成立可能性は、自己の同一性を知性に見る視点の成立による。知性を自己として捉える視点は、「自己愛」を利己性を超えたものとする。さらには、「もう一人の自己」という概念を媒介に、かかる利己性を超えた自己愛から純粋な友愛が派生する。この派生の根拠となるのは「人間の本性」ないしは能動知性の普遍性である。

このようにして知性を自己として捉える視点の成立は、徳という土台に依存している。第五章で明らかにしたとおり、アリストテレスの徳の理論には、「賢慮による諸徳の結合」、すなわち、後にトマスが「獲得的な徳」と呼び、自らの体系のうちに取り込んだ構造があった。アリストテレスによれば、一方で倫理的徳は賢慮なしには「完全な意味での徳 kyria aretē」にならず、賢慮の存在を前提する。完全な意味での徳は、単なる外的行為への傾向性、もしくは自然的な性向とは異なり、理性と選択の働きを伴ったものだからであった。他方、賢慮の方も倫理的徳の存在を前提した。賢慮が賢慮であるためには、予め倫理的徳によってその目的志向の正しさが保証されていなければならないからであった。つまり、アリストテレスにあって、賢慮と倫理的徳との間には一種の循環構造がある。アリストテレスが、かかる徳の成立基盤をポリス的人倫の内に見ていたことも哲学史の常識であろう。しかしこの事態は、「循環」と見るよりも、むしろ「徳の結合」理論の根拠と見ることができた。つまり、アリストテレスの徳の理論においては、すべての徳は賢慮を核として結びついている、と見ることができる。そして、このことが「人間の知性的な本性」が完全なものとなっていく自己実現のプロセスの構造を示すものであった。

このようにして「徳」の獲得を通じて自己完成を目指す限りにおいては、アリストテレスの倫理思想は上昇的なエロース・モティフの中にある、と言ってもよかろう。しかし、そうした中でも、友愛自体は、上昇的エロースの愛というよりは、すでに完成に達した者における、実りとしての愛なのである。

アリストテレスは、結局自己の同一性を人間の本性という普遍的なものの中へと引き移すことを志向している。というよりは、近代人や現代人が自我と考えているものを普遍の中に解消してしまおうとしている、とさえ言えよう。かかるアリストテレスの立場は、仮にこれを「自己中心的」と呼びうるとしても、その標語は極く形式的な意味しか持たないだろう。しかしながら、まさにこうした普遍主義という点で、また知性としての完成を人間の究極目的と考える点で、ニーグレンの「エロース・モティフ」とは別の意味で、アリストテレスの立場はギリシア哲学の精神を反映したものである、と言うこともできよう。

第四節　トマスにおける「友愛」

（1）「友愛の愛」と「欲望の愛」

次に、「友愛」についてのトマスの捉え方を概観しよう。結論を先取りしていえば、前章で触れた「友愛の愛 amor amicitiae」という観念において、トマスはアリストテレス的な「友愛」論を受け継いでいる、といえる。

前章でも述べたとおり、トマスは、「友愛の愛」を「欲望の愛 amor concupiscentiae」との対比において論述している。『神学大全』第Ⅰ－Ⅱ部二六問題四項においてトマスは、アリストテレスが『弁論術』において提示した、「愛するということは何者かのために善を欲することである amare est velle alicui bonum」という「愛の定義」についての定式を取り上げる。この定式にもとづいて、「何者かに欲する善」と「善を欲する相手」との二つの対象をもつ、という愛の基本構造が示される。そして前者（「何者かに欲する善」）は「欲望の愛」の対象とされ、後者（「善を欲する相手」）は「友愛の愛」の対象とされる。「友愛の愛」の対象は端的・自体的に愛されるのに対し、「欲望の愛」の対象は端的・自体的に愛されるのではなく、他のもののために愛される。故に、友愛の愛は端的な愛であるのに対し、欲望の愛は付随的な愛である。

ここでトマスは、「愛」における目的的・人格的契機と、手段的契機とを区別している。と同時に、彼はアリストテレスが立てた「付随的な友愛」と「完全な友愛」との間の区別を受け継いでいる。トマスは、最初から人格的な「友愛の愛」を「完全な友愛」に限って考えている。「付随的友愛」は、手段的な存在者に対する態度である「欲望の愛」と同一視されることになる。(14)他方、人格をもたない非理性的披造物に対する「愛」は、「友人のため希求される善」としての資格にもとづく。つまり、それはもっぱら「欲望の愛」の対象である。非理性的被造物は友人としては愛され得ない。

重要なのは、トマスが愛の原因としての「類似性」に言及する場面である。[15] ここでトマスは、「友愛の愛」、「欲望の愛」という愛の種別に応じて、その原因となる「類似性」についても二種類を考えている。すなわち、両者共に現実態において同一のものを有する事による類似性と、一方のものが可能態にあって、他方のものにおいて現実態にあるものに対する傾向性を有するような場合の類似性、ないし可能態が現実態に対して有するような類似性である。前者の類似性は、友愛の愛、善意の愛の原因となる。その具体的例として、「二人の人間が人間性という種における一致を有する」場合が挙げられている。後者の類似性は、欲望の愛、有用・快楽ゆえの愛の原因となる。トマスは、欲望の愛は実際は自己愛である、と考える。そして、ここから、たとえば商売仇となる同業者や傲慢な人同士の争いにおける場合のような、一見類似性が愛ではなく、憎しみの原因となるような場合について説明している。すなわち、自己愛は他者への愛より強いが故に、他者が自分の欲するものの獲得の障害になる場合、この相手は憎しみの対象となる、というわけである。

他方、ここで「友愛の愛」の成立条件としては、完全性が求められていることがわかる。「可能態にあること」、すなわち自己の内部にある不完全性が、愛を「欲望の愛」にする。すなわち、「利己性」はかかる不完全性に由来し、かかる不完全性を補おうとすることから生じる。従って、「友愛の愛」が成立するためには「現実態にあること」すなわち完全性、つまり徳が要求される。

また、「形相的な一致」、すなわち共に同じ形相において完全で（現実態に）あることが友愛の愛の成立根拠であることに対する示唆が与えられている。これは、アリストテレスの「もう一人の自己」論について我々が先に展開したような形での理解を、トマスもまたとっていることを示している。このことは、アリストテレスの友愛の規定において、共有する善がその本質をなしており、さらに、「善（徳）ゆえの友愛」においては、徳という形において人間の知性的本性が現実化していることがその善である、とされる事態に対応している、と言ってよかろう。

愛するものの愛されるものへの合一[16]、そして愛するものの愛されるものへの内在[17]という「愛の結果」においても、友愛の愛と欲望の愛とにおいては異なった様相が示されている。

愛するものの愛されるものに対する情意に従った合一は、先行する把捉による。欲望的愛の場合、対象は自己が善くあることに貢献するものとして把捉される。これに対して友愛の愛の場合、愛の対象に自分自身に善を欲するように善を欲するのであり、彼は「もう一人の自己」として把捉される。ここにアリストテレス的意味での「もう一人の自己」の思想が明示的に示されている。

また、愛する者の愛されるものへの内在については、欲望の愛による場合、愛する者は愛されるものの外的・表面的な所有・享受では満足せず、愛されるものの完全な所有と内面まで入り込むことを求める。これに対し、友愛の愛による場合、愛する者は愛されるものの善・悪を自己自身のそれとして見、愛されるものの意志を自らの意志とする。そして、友愛の愛が返報的である場合、両者が愛し合い、互いに相手にとっての善を欲する。ここに、友愛の愛の「利他性」が示されている。

(2) アリストテレスとの接点

以上の「友愛の愛」についての規定を見る限り、そこに基本的にアリストテレスの友愛論の枠組みが継承されていることがわかる。「友愛の愛」と「欲望の愛」との区別は、アリストテレスの「完全な友愛」と「付随的な友愛」

との間の区別を受け継いだものである。「友愛の愛」は、人格的存在者に対する愛であり、利他的である。かかる「友愛の愛」が成立するためには、まず自己自身の完全性（徳）が前提される。そして、他者との友愛を可能とする「もう一人の自己」の視点が、完全性における「形相的一致」として示される。

しかし、アリストテレスの友愛論を素材としつつも、トマスがこれをさらに発展させた、と思われるような面も見ることができる。

特に、愛の原因としての類似性についての議論において、トマスが現実態と可能態という枠組みを導入したことにより、愛についての考察がいわば形而上学的レベルで語られることになる。これは、愛の根拠についてのトマスの形而上学的理論、すなわち完全性・現実態の充溢が愛をもたらす、という原理へとつながるものである。[18] 一般に、トマスの愛についての形而上学的理論は、アリストテレスの現実態・可能態の枠組みを取り入れつつ、『神名論』に見られる擬ディオニシオスのキリスト教的新プラトン主義に基礎を置くものである、と理解されている。確かにアリストテレスの友愛論は完全性への要求と形相的一致の思想への示唆を含んでいた。トマスはアリストテレス友愛論のかかる側面を強調することにより、これを新プラトン主義的な愛の形而上学と統一的に理解している、とも言うことができる。

また、「愛するということは何者かのために善を欲することである amare est velle alicui bonum」という定式は、それ自体アリストテレスに由来する命題であるが、トマスはこれを「愛する」ということの一般的な内部構造を分節化するものとしていた。「善を欲する相手」には自己自身を代入することも可能である。この場合、その「愛」はエロース的自己愛となる。この定式は、エロース的自己愛にも、対等な者の間のピリアにも、そしてアガペーといわぬまでも少なくとも上位の者からの下降的な愛にも適用可能な、一般的定式とされているように思われる。

第五節　友愛としての神愛

ところで驚くべきことには、トマスは『神学大全』においては、「友愛の愛」一般、ないしはアリストテレス的な意味でのポリス的友愛について主題的に論ずるために一項も設けてはいない。(19) 結局トマスにとっての「友愛の愛」の概念は、もっぱら「種概念」である神愛を規定するための「類概念」として、その本質の土台をなすものとして準備されたものであるようである。つまり、トマスにとって「友愛」として念頭にあったのは、あくまでも神愛だったのである。

(1) 永遠の至福のコムニカティオ

では、いよいよ、トマスによる「友愛としての神愛」への言及を検討することにしよう。『神学大全』第II－II部二三問題一項において、トマスはまず、ある愛 amor が友愛という本質側面をそなえるための三つの条件を挙げる。すなわち、第一に好意、第二に何らかの相互的な愛し返し、そして第三にこうした相互的な好意が基礎をおくコムニカティオ (communicatio 分かち合い・交わり) が挙げられている。

これは、アリストテレスの『ニコマコス倫理学』第八巻の叙述にほぼ忠実に従ったものであるが、若干の拡張がある、とも考えられる。先述の通り、第一の好意ないし利他性と、第二の愛し返しあるいは相互性についてはアリストテレスが『ニコマコス倫理学』で明示的に挙げている。しかし、第三の「相互的な好意が基礎をおくコムニカティオ」については、直接には『ニコマコス倫理学』のテキストに見いだすことはできない。しかし、これまでの我々の検討から、アリストテレスにおいても、トマスにおいても、形相的完全性の共有が「真の友愛」もしくは

「友愛の愛」の成立根拠であることが明らかになった。トマスが「付加」した第三の条件は、この「形相的完全性の共有」の導入と理解することができよう。

その上でトマスは、神愛を「神が自らの至福を我々に分与するcommunicatことにもとづいて」成立する、「人間と神との間の何らかのコムニカティオ」の基礎の上に成立する「何らかの友愛」である、としている。

類としての「友愛」の中から神愛を特徴づけている「種差」は、この「神が自らの至福を我々に分与することにもとづいて」成立する、「人間と神との間の何らかのコムニカティオ」である。それ故、神愛の意味にとって、このコムニカティオは本質的である。各々の友愛は、トマスによれば、何らかのコムニカティオのうえに存し、コムニカティオに応じて友愛の種類も区分される。だとすれば、「超自然的な神への友愛」である神愛が基礎をおくコムニカティオの意味を明らかにすることによって、友愛としての神愛の意味も明らかになることになる。

神愛を基礎づけるコムニカティオの本質について、J・ケラーとM・ココニエルとの間に解釈上の論争があったことが知られている。[20]「コムニカティオ」という語は、日本語では「共有、分かち合い」とも「交流・交わり」とも訳すことができる。したがって、ここで「神との友愛」としての神愛を特徴づける「コムニカティオ」を、「神との超自然的な親密な交流」という意味に解することができる。そしてココニエルはコムニカティオをこの意味で理解した。これに対してケラーは、ここでのコムニカティオは「自動詞的」意味に解すべきであり、「形相におけるコムニカティオ」の意味に解すべきである、と主張した。

ケラーは、我々が先に触れたトマスのテキストから以下のことを強調した。まず第一に、類似性は二人の人間が殆ど「形相において一」となることをひき起こす。[21] そして、類似性における合一が愛の原因となる、という点である。[22] ケラーによれば、神への友愛は、あらゆる友愛がそうであるように、「類似性の合一」に基礎をおくのでなければならない。しかもこの「類似性における合一」は、形相の、そしてまた本質の類似性を意味するのであって、外的な善の単なる外的な所持ないし所有を意味するのではない。そしてケラーは、神愛の根底にあるコムニカティオとは、神的存在と生との共同体を意味する、と結論づけた。以下ケラーの解釈の大要を追ってみよう。

トマスの説くところでは人間の生の目的は幸福である。生の種類は、それへと秩序づけられた幸福に一致する。このことは、世俗的生、自然的な人間の生一般についても言える。ところで、我々に神からある幸福が約束された。この幸福は、我々には本質的に超自然的であり、神自身にとってのみが自然的であるような幸福である。我々の幸福は、その幸福の目的である生命、すなわち神的生命への我々の分有でなければならない。

一般には友愛が成就するのは、愛される者との類似性にもとづく自然本性の傾向性とこの自然本性の徳の性向habitusによる。ところが、神との友愛は本性の類似性をその基礎とすることはできない。なぜなら神の本性は人間の本性を超えるからである。そしてその故にその基礎は「特別な賜物」を通じて生じせしめられるのでなければならない。ところで、この「特別な賜物」とはまさに「永遠の生命のコムニカティオ」である。これは、神との交際と神にとって自然本性的な「至福beatitudo」という幸福を享受する資格を与えるものである。そしてそれは我々を神に似たものとする。我々が神に似たものとなるのは、神の恩恵による外的な賜物と神との交際によるのではなく、我々の存在が神への類似へと高められることによる。実際トマスは明白に、神との友愛は聖霊自身の分有、すなわち被造的神愛の内に存する、と述べている。これを通して、人間は神の内におかれ、神と一つになる。

「類似性の合一」を強調するケラーの解釈は形而上学的な色彩の強いものであるが、アリストテレス―トマスの友愛論の前提としての「形相的完全性の共有」という洞察に根ざすものである。それはトマスの神愛論を彼の愛に関する形而上学的理論の中に統一的に位置づけるものであり、形相的完全性、生命エネルギーの充溢が、神愛の愛が成立する根拠であることを強調している。その限りにおいて、我々にとって魅力的な解釈である。

（2）　相互性の意味——神との人格的関係

もとより、ケラーとココニエルの論争についてここで最終的な判断を下すつもりはないが、少なくとも神愛を神との親密で人格的な交流と解する方向には重要な示唆がある。そして、その方向の中で、トマスの神愛論の「エロース・モティフ」に収まりきれない側面が明らかになると思われる。

『神学大全』第II－II部二三問題二項を見てみよう。ここでトマスは、神愛は精神の内に住む聖霊自身であり、愛の運動は何ら性向を介さずに聖霊から来る、とするペトルス・ロンバルドゥスの権威に反対し、神愛を霊魂のうちに創造された或るもの、すなわち一種の性向である、としている。

その理由をトマスは次のように述べている。神愛の運動が聖霊から来るのは、物体が外的原因によって動かされる様な仕方によってでも、意志が道具を動かすような仕方によってでもない。さもなければ、神愛の運動から随意性が奪われることになる。意志は聖霊によって、意志自身もこの働きを生ぜしめるような仕方で動かされる。ところで、働きが完全な仕方で生ぜしめられるためには、行為の根源である形相により能動的能力に対して親和的となる事が必要である。故に、すべてをふさわしい目的へと動かす神は、個々の事物に形相を賦与した。しかるに、神愛の働きは意志能力の自然本性を超えている。故に、意志を愛の働きへと傾かしめる形相が自然本性的能力に付加されなければ、愛の働きは不完全・困難である。しかし、神愛は自らの働きへの最大の傾向性と最大の悦びをもつ。故に、神愛の働きのために、我々の内に自然本性的能力に付加された何らかの性向的な形相の存在が必要である、という。

トマスが神愛を聖霊そのものとするペトルス・ロンバルドゥスに反対した意図の詳細については、第三部で主題的に扱う予定である。ここでは、トマスが神愛の運動において人間が神に対して単なる道具ないしは自動人形のような関係に立つのではなく、魂の自発性を保とうとしていた、という点に注目しておこう。このことによって、人間と神との相互的な「愛し返し」の関係が保証される。また、このことは神愛は一人ひとりの霊魂のうちに創造される、ということを示唆している。このことは、神愛の働きにおいて、神と人間との関係が真に人格的な関係として理解されていることを示唆するものと言える。

だが、このように神愛を「性向」そして「徳」であるとし、さらには「功績 meritum」の基礎と考える、という点こそ、一部のプロテスタント系の人々がトマスの神愛概念のうちにペラギウス主義の嫌疑を抱く原因であった。しかしながら、ここでの「徳」ないしは「性向」という概念がよって立つ基盤は、実はアリストテレスのそれとはまったく異なっている点に注意しなければならない。

神愛とは、永遠的至福のコムニカティオに基礎を置く神に対する人間の何らかの友愛である。ところでトマスは、アリストテレスに従い、一般に友愛の基礎となるコムニカティオの多様性にもとづく友愛の種別として、（a）同族間の友愛、（b）市民仲間の間の友愛、（c）巡礼者の間の友愛という三種類の種別を挙げている。[23] これは明らかに、ポリス生活において人格的交流が成立する場としての社会的共同体の種別を示している。しかしここでトマスは、神愛の基礎となる永遠の至福のコムニカティオは一つである、とし、故に神愛にこの意味での種別はない、と結論づけている。

ポリス共同体は、アリストテレスの考える「善ゆえの友愛」の主体であるべき「有徳な人間」が現実に成立するための社会的基盤であった。しかし、トマスが神愛を語るとき、彼はそれを「神的善に（共に）与るものとして」

という、アリストテレスが考えたポリス的人倫のうえに立脚した人間的自然本性の実現とは全く別の相のもとにおけるコムニカティオにもとづくものと考えている。

トマスによれば、神愛の基礎となるコムニカティオは自然本性的善きものについてではなく、恩恵的賜物に即している。従って、神愛そのものも自然本性の力を超えている。故に、神愛は自然本性的にあることも自然本性的能力で獲得することも不可能であり、聖霊の注賦による、という。(24) これが、神愛生成の原因は神からの注賦による、という有名な神愛の注賦理論である。

しかし、この注賦の理論を、一見アリストテレスの徳・性向論の枠組みを基礎としているかに見えるトマスの倫理学の中に位置づけて見た場合、それは重要な意味をもってくる。アリストテレスの考える性向は行為の反復、つまり訓練によって生成する。それは人間的な努力の成果である。そしてかかる努力で達成可能な領域が人間の「自然本性」の射程を示す。徳や性向の「注賦」による生成という思想は、アリストテレスの徳・性向論を打ち砕く。少なくともそれを根本的に変容させるものである。トマスはアリストテレス的な倫理の枠組み、つまりは人間的な努力にもとづく人間の知性的な本性における内在的な完成をもって究極的なものとは見ていない。徳の注賦という思想は、かかる「自然本性」の自己完結性の破れ目を端的に示すものである。

前節まで見てきたように、アリストテレス倫理学の枠組みはトマスの倫理学、なかんずくその神愛論においてさえ重要な役割を演じてきている。しかし、この最後の点においてはトマスは明らかにアリストテレスを踏み超えているのである。

「神愛の注賦」という思想はアウグスティヌス以来の立場であるが、ニーグレンもここにカリタス概念の内に伝えられた「アガペー・モティフ」を見ている。sed contra に引かれている権威が示すように、それは直接に聖書に由来している。それは、次章以降で詳しく検討することになる『ローマ書簡』(五・五)のパウロの言葉である。

「希望はわたしたちを欺くことがありません。わたしたちに与えられた聖霊によって、神の愛がわたしたちの心に注がれているからです。」

このパウロの言葉に対して、トマス自身は『註解』[25]において、ここでの「神の愛」に二通りの意味を区別する。(1)その第一は「神がそれによって我々を愛する神愛」という意味であり、(2)第二は「我々がそれによって神を愛する神愛」という意味である。

(1)については、御父と御子との愛である聖霊が「私たちに与えられる」ということは、我々が聖霊であるところの愛の分有へと導かれることであり、その分有によって、我々は「神の愛する者たちDei amatores」とされる、という。そして、『箴言』(八・一七)の「わたしを愛する人をわたしも愛し、わたしを捜し求める人はわたしを見いだす」という言葉のように、「我々が神を愛する」ということが、「神が我々を愛する」ことの徴である、とする。ただしそれは、『ヨハネ第一書簡』(四・一九)の言葉の通り、「我々が先に神を愛するのではなく、神が先に我々を愛した」のである。

他方、この(2)の意味での神愛が「わたしたちの心に注がれている」と言われるのは、それが魂のすべての道徳性moresと活動とを完成することへと自己展開するがゆえにである、とされる。そしてその聖書的典拠は、序章でも触れた『コリント第一書簡』(一三・四〜)の「愛は忍耐強い。愛は情け深い。……(以下)」に求められる。

この(1)の意味での「神愛」が、「友愛としての神愛」の思想の源泉と言える。「神の愛する者たちDei

amatores」という表現がそのことを示唆している。さらに、ここでは（2）の愛も一つの「徴」としての契機を構成し、両者が絡み合うことの中で、神と人間との愛の相互性が示唆されている。しかし、あくまでも（1）の「神の側からの愛」が先行し、（2）の成立根拠となっている。このことが、この「愛」は、その根拠に関して言えば、人間の側からは受動的であることを示している。

こうした記述は明らかに、神との人格的な交流の中での人間の心の変容を描いたものと言える。そして、この「注賦」の理論こそは、トマスの神愛論からペラギウス主義の嫌疑を一掃するものである。

（3）「コムニカティオ」の意味

ここで、ケラーの「コムニカティオ」解釈との接点を見いだすことができよう。ケラーは、「神との友愛」としての神愛を特徴づけるコムニカティオを「自動詞的」意味に解すべきであり、「形相におけるコムニカティオ」の意味に解すべきである、と主張した。つまり、神との形相的な完全性の共有として、コムニカティオを解釈すべきだ、と主張したわけである。

その「形相的な完全性」の基礎は「特別な賜物」すなわち「永遠の生命のコムニカティオ」を通じて生じせしめられる。これは、単に神の恩恵による外的な賜物と神との交際によるのではなく、我々の存在が神への類似へと高められることによる、としたのである。その際、ケラーは、トマス自身が、神との友愛、すなわち神愛が聖霊自身の「分有」である、と述べていることを典拠としている。

この「神愛が聖霊自身の分有である」というテーゼは、『ローマ書簡』に関してトマスが、（1）の側面の神愛について与えた解説であった。そして、その完全性のエネルギーは、（2）の側面として、『コリント第一書簡』（一三・四〜）の「愛は忍耐強い。愛は情け深い。……（以下）」に見られるような形で、倫理の全領域にまで自己展開するほどの充溢を示しているのである。さらに、そうした（2）の側面は、先行する（1）、つまり神の側からの愛、神の自己贈与に依存し、これに基礎を置いているのである。

神との親密で人格的な交流場面の原点を描いている聖書的な典拠が、同時に、神によって与えられる形相的完全性の内実をも明らかにしているのである。この場面を、あくまでも「交流」として見る視点がココニエルであり、これを形而上学的視点において表現しようとしたのがケラーであった、と言うことができるのではなかろうか。

第六節　結　語

本章では、トマスが神愛を「友愛」として規定したことの意味、そしてトマスの神愛論とアリストテレス的友愛論との関係の意味の解明を試みた。

その際、『アガペーとエロース』においてニーグレンが提起した問題性との関係についても考慮した。ニーグレンは、アリストテレスにおける「友愛」も、基本的には自己中心的な「エロース・モティフ」の一種として考えようとしていたが、アリストテレスにおける友愛にはこれに収まりきらない側面があった。

『ニコマコス倫理学』における「友愛」、特に「善ゆえの友愛」の観念は、通常の意味での利己性を超えた、人格的な愛の成立可能性を示していた。また、ニーグレンが「友愛」に自己中心性の影を見ようとする「友愛は自己愛から派生する」というテーゼも、「自己」の概念が「知性」とされることにより、通常の利己性を含意するような意味での「自己愛」とは異なることが明らかにされた。

トマスは、「欲望の愛」と区別された意味での「友愛の愛」の観念の中に、アリストテレス的な意味での「真の友愛」の観念を受け継いでいた、と言える。その際、アリストテレス自身をさらに超えて、アリストテレス的な「現実態」「可能態」という区別を友愛の成立場面に導入することにより、トマスは形相的完全性、生命エネルギーの充溢が「友愛の愛」の成立根拠である、との洞察をより明確に打ち出した。そして、トマスが神愛を「神と人間との間の一種の友愛」と規定したとき、その前提となる「コムニカティオ」は、ケラーが示唆するように、神の自己贈与ともいうべき「永遠の至福」の分与という形相的完全性の共有を意味しうることが明らかになった。また、同時にそれは、『ローマ書簡』でパウロが描いていたような神と人間との人格的交流の場面をも意味していた、と言うことも出来る。

次章以降、第三部では、アリストテレス的な自然本性の完成の射程を超えた、「神愛」を中心とする倫理の意味についての主題的な解明へと進むこととする。

（1） S. T. I-II q. 65 a. 1 この「賢慮による諸徳の結合」については第四章で明らかにした。
（2） S. T. I-II q. 65 a. 2 c.
（3） S. T. I-II q. 65 a. 2 c., a. 3 c.
（4） S. T. II-II q. 23 a. 1 c.
（5） その著『アガペーとエロース』は、キリスト教的な「愛」におけるヘブライズムとヘレニズムとの関係の問題を、神が人間にその功績に関わりなく注ぐ無償の愛としての「アガペー」と、人間がより高い価値を追い求める上昇的な愛としての「エロース」という、二つの愛の類型を対比した分析で有名である。Nygren, A., *Agape and Eros, The Study of the Christian Idea of Love.* A・ニーグレン著『アガペーとエロース——キリスト教の愛の観念の研究』岸千年・大内弘助訳、新教出版社、一九六七年。

(6) 一言だけ見通しを述べるならば、トマスを「没我の愛」の追求への動きの中に位置づけるのは正しくないように思われる。この神への「没我の愛」の要求とこれに伴う愛の「純化」への動きが、やがて極端な道徳主義となり、それがルターの宗教改革――カリタス的総合の崩壊――の前夜をなすに至る、というのがニーグレンの基本的な見方である。しかし、トマスはこうした「没我の愛」の幻想を追うことに対して最も警戒心を抱いていた、と言われている。他方、中世後期のカトリック教会に何故極端な道徳主義が出現したか、は別の問題である。

(7) ニーグレン邦訳、二一八―二二一頁、また二二八―二三一頁。

(8) Aristoteles, *Ethica Nichomahea* (以下 *E. N.*), VIII, 2, 1155b18～.

(9) これらの点について、従来の諸解釈とその問題点を整理した上で、アリストテレスの趣旨を忠実に追い、「利己愛ならざる自己愛が利他的友愛の可能根拠たり得ることを示し」たものとして以下を参照。土橋茂樹「アリストテレスのフィリア論――自己愛と友愛」日本哲学会編『哲学』四〇号、所収。

(10) Kant. I., *Grundlegung zur Metaphysik der Sitten*, A, S. 428.

(11) Kahn, C. H., Aristotle on Altruism, *Mind* 90, 1981, p. 20ff. また土橋氏もその方向で考えている。以下の論述は、引用も含めて土橋氏の叙述に従っている。ただし、トマス自身に関して言えば、彼は「能動知性」を各人の魂に内在するものと考えているので、「形相的一致」の根拠は「人間の自然本性」ということになる。この点に関しては次註の拙稿を参照。

(12) 「トマス・アクィナスにおける『能動知性』と『個としての人間』」、日本哲学会編『哲学』第四七号、一九九六年、一九七―二〇六頁。

(13) *E. N.* X, 7, 1177b26-28.

(14) *S. T.* II-II q. 25, a. 3 c.

(15) *S. T.* I-II q. 27, a. 3 c.

(16) *S. T.* I-II q. 28, a. 1 c.

(17) *S. T.* I-II q. 28, a. 2 c.

(18) こうした見通しについては、たとえば、Egenter, R., *Gottesfreundschaft*, 1928 参照。

(19) Jaffa. V. H., *Thomism and Aristotelianism, A Study of the Commentary by Thomas Aquinas on the Nicomachean Ethics*, University of Chicago, 1952, Chicago, p. 134.

(20) Coconnier, M. Th., La charité d'après saint Thomas d'Aquin, Revue thomiste, 1904. XII, 641 ff. 1906 XIV, 5 ff. 1907 XV, 1 ff. Keller, J: *De virtute caritatis ut amicitia quadam divina*. Xenia thom. II, 233 ff. Rom 1925. Egenter: op. cit. p. 55 ff. 参照。

(21) *S. T*. I-II q. 27, a. 3 c.

(22) *S. T*. I-II q. 28, a. 1 c.

(23) *S. T*. II-II q. 23, a. 5 c.

(24) *S. T*. II-II q. 24, a. 2 c.

(25) *Super ep. ad Romanos*, cp. 5 lc. 1.

第三部　人間的自然本性の自己超越

――恩恵の倫理学――

第九章　トマスにおける徳の理論（2）——注賦的性向

——アリストテレス的徳論言語の変容——

第一節　はじめに

第二部では、主としてトマスにおけるアリストテレス的な倫理学を継承した側面について解明してきた。その冒頭の第四章においては、トマス倫理学において、特にアリストテレス的な「性向 hexis＝habitus」としての徳の概念がいかにして受け継がれてきたか、という点を中心に概観してきた。

第三部では、主として、「人間の自然本性の自己超越」を志向する倫理、すなわち、聖霊の「恩恵」にもとづいて、人間が神に向かってゆく局面において成立する倫理について解明する。これは、トマス倫理学において、アリストテレス的な自然本性の自己完成を射程とする倫理が超えられてゆく場面についての考察となる。

第三部の冒頭にあたる本章では、トマスがアリストテレス的な徳論言語に加えた「拡張と変容」の意味を解明することとする。トマスが、アリストテレス的な性向概念に対して加えている最大の変更点は、彼が性向生成の原因の一つとして「神による注賦 infusio」ということを認めている点である。[1] したがって、本章ではトマスによる「注賦的性向」という概念の意味を中心に、トマスがアリストテレス的な「性向」の倫理学の枠組みに加えた変容の様態と、その意味を明らかにしたい。具体的には、「信仰 fides」「希望 spes」「神愛 caritas」といういわゆる

「対神徳 virtutes theologicae」、注賦的な倫理的徳、そして「聖霊の賜物 dona Spiritus Sancti」といった広い意味でのトマスの「徳論」における独自な諸要素の意味についての解明を行なうことになる。

第二節　性向の注賦

(1) 性向の注賦

徳をはじめとする性向が「注賦」によって生成する、ということはアリストテレスの枠組みではほとんど形容矛盾に等しい。アリストテレスの枠組みでは、性向は人間的な努力の産物である。知的な性向（徳）は教育によって、倫理的な性向（徳）は当の性向と同種の行為の反復、すなわち訓練によって形成されるものであった[2]。その限りで、アリストテレス的な意味での「性向としての徳」の概念は、日本語で「習慣」と訳すことも可能とされるような意味あいをも持っていた。

そうした人間的な努力によって獲得される性向を、もちろんトマスも認めている[3]。トマスはこうした訓練によって獲得される善き性向としての徳を「獲得的な徳 virtutes aquisitae」と呼んでいる。第四章で概観したとおり、トマスにおける「獲得的徳」の世界は、ほぼアリストテレスの徳倫理そのもの、と言ってよい。トマスはそうした性向としての徳についてのアリストテレス的な枠組みをそのまま取り込み、これを「賢慮による諸徳の結合 connexio virtutum per prudentiam」という人間観のもとに位置づけていた。それは、「人間の自然本性に対比的な目的」に向かう、人間自然本性の「自己実現」の原理を構造化したモデルを示すものである、と言ってよい。

これに対して、「注賦による」とされるのは、「人間本性を超え出た目的」への秩序づけに属する、とされる諸々の性向である。トマスによれば、性向は目的に対応する。しかし、人間本性を超え出た目的へ秩序づける性向も人間本性の能力を超え出ている。人間の究極的・完全な目的である「至福 beatitudo」は、人間本性の能力を超え出る目的であるがゆえに、これへと導く性向、つまり恩恵的な徳は、神からの注賦による以外に人間のうちにありえない、とされるからである。(4) これは、第二章で問題とした「人間の自然本性の自己超越性」が前面に出てくる場面であり、そこでは、恩恵にもとづく神との人格的な関係の中で成立する倫理が展開される。「注賦的性向」とは、そうした場面を描くために、その本来のアリストテレス的な概念に対して、許容限度一杯まで拡張と変容を加えながら、なおも「性向」という枠組みを何とか駆使しようとする、トマスの努力の産物である。

トマスは、「信仰 fides」「希望 spes」「神愛 caritas」という所謂「対神徳 virtutes theologicae」、また神愛と共に注賦されるとする注賦的な倫理的徳、そして後述する「聖霊の賜物」、さらには、神愛による人間自然本性の自己超越の倫理全体が成立する根拠ともいうべき「聖霊の恩恵」そのものまでも、かかる「注賦による性向」として枚挙している。トマスによれば、これらの注賦による諸性向はすべて何らかの仕方で神愛と結びついている。(5)

ところで我々は、先に第一、第二章の考察において、恩恵にもとづく神との人格的な関係は、本来物語的な形で展開する、という見通しを得ている。ここから我々は、「注賦的性向」に関するトマスの精緻にして膨大な概念の体系についても、その原点となる物語的な場面へと立ち返ることにより、より有効にして生きた形での理解が得られるのではないか、との方法的な見通しをもつのである。

（2）「注賦的性向」という思想の原点――『ローマ書簡』第五章

我々は、トマスの「注賦的性向」という思想の原点となるような、人間と神との人格的な関係を示唆する場面を、パウロの『ローマ書簡』、特にその第五章に求めることが出来るように思われる。(6) その第五節においては、明示的に「神愛 agapē＝caritas」が「注がれること（注賦）」が語られており、また、上述のごとく、すべての注賦的な諸性向はすべて何らかの仕方で神愛と結びついている、とされているからである。ここで、この第五節までにいたる第五章冒頭を引用する。

「(五・一) このように、わたしたちは信仰によって義とされたのだから、わたしたちの主イエス・キリストによって神との間に平和を得ており、(五・二) このキリストのお陰で、今の恵みに信仰によって導き入れられ、神の栄光にあずかる希望を誇りにしています。(五・三) そればかりでなく、苦難をも誇りとします。わたしたちは知っているのです、苦難は忍耐を、(五・四) 忍耐は練達を、練達は希望を生むということを。(五・五) 希望はわたしたちを欺くことがありません。わたしたちに与えられた聖霊によって、神の愛がわたしたちの心に注がれているからです。」(新共同訳)

ここで、最低限度の釈義を試みることとしよう。まず、冒頭の一節（五・一）から明らかなように、この箇所は、第三章、第四章で展開されてきた「信仰による義化 justificatio（もしくは義認）」という有名なパウロ神学の基本テーゼを受けている。一般に第五章全体が、(四・五) の「しかし、不信心な者を義とされる方を信じる人は、働きがなくても、その信仰が義と認められます」という事態の成立を説明するもの、と理解されている。「信仰による義」は、決して人間の行為によって成立するものではない。それは「キリスト・イエスによる贖いの業を通して、神の恵みにより無償で」与えられる「義」である（三・二四）。それゆえこれは、アリストテレス的な意味にせよ、いかなる意味にせよ、人間的な努力にもとづく、という意味での「徳」の上に成立する場面ではない。（五・二）では、「わたしたち（パウロ自身および想定された聴衆である信徒たち）」は「信仰によって導き入れられ」た結果、今、「恵み（恩恵）」のうちにあることの自覚が述べられている。その上で、『コリント第一書簡』（一三・一三）においても列挙され、トマスにおいては「対神徳」として位置づけられている「信仰」「希望」「（神）愛」が順次登場してくる。「信仰」は前述の通り「義化」の契機である。「希望」とは「神の栄光にあずかる」こと、トマス的に言えば「至福」への希望である。そして問題の「神愛」となる。（五・五）における「神の愛がわたしたちの心に注がれている」というパウロの告白は、「希望はわたしたちを欺くことがない」ということの理由として語られている。そしてこの文脈では「希望」は、「苦難」という基本的状況の中で、「忍耐」「練達」を経て結実してくるもの、とされる。この「希望」が失望に終わることはない、という確信の根拠としての「神の愛が注がれる」体験とは、苦難の中に輝く何らかの「力」の実感を伴うものである。その意味で、それは何らかの「徳 virtus＝力」と言えるようなものと結びついている。「聖霊の賜物」は、直接ここには登場しない。しかし、トマスはこの（五・五）を典拠として、「聖霊はわれわれのうちに神愛によって住む」ことのゆえに、諸々の「聖霊の賜物」が神愛において結びついている、と論じている。(7)

以上の文脈を踏まえた上で、先に挙げた「注賦的性向」のそれぞれについて、トマスがいかなる意味を込めていたのかを、特にそれが「性向」である、とされることの意味を中心に明らかにしてゆくことにしよう。

第三節　「信仰」「希望」「神愛」と「注賦的倫理的徳」

（1）「神愛が注がれる」ということ

上述『ローマ書簡』に登場し、『コリント第一書簡』（一三・一三）でも枚挙されている「信仰」「希望」「神愛」は、トマスにあっては「対神徳」と呼ばれ、ギリシア以来の「賢慮」「正義」「節制」「剛毅」の四元徳（「枢要徳virtutes cardinales」）と併せた「七元徳」として、トマス倫理学の柱を構成していることは、第一章で触れたとおりである。しかし、実はこれら三者、特に神愛が「徳」とされる、ということ自体には歴史的にも、思想内容の点でも解明を要する重要な問題性がある。この問題性については、次章以降で主題的に扱うことになるが、ここではまずそうした問題に立ち入る前に、（五・五）の「希望はわたしたちを欺くことがありません。わたしたちに与えられた聖霊によって、神の愛がわたしたちの心に注がれているからです。」というパウロの言葉に対するトマス自身の註解を参照してみたい(8)。

まず、トマスは「わたしたちに与えられた聖霊によって、神の愛がわたしたちの心に注がれているからです」という一文は、パウロが希望の確実性を主張する理由の一つである、という文脈を確認した上で、ここでの「神の愛」に二通りの意味を区別する。

（1）その第一は「神がそれによって我々（人間）を愛する神愛」という意味であり、（2）第二は「我々（人間）がそれによって神を愛する神愛」という意味である。その上でトマスは、（1）（2）のいずれの意味においても、神の愛は「わたしたちに与えられた聖霊によって」「わたしたちの心に注がれている」、という事情を明らかにする。

（1）については、御父と御子との愛である聖霊が「我々に与えられる」ということは、我々が「聖霊であるところの愛」の「分有」へと導かれることであり、その分有によって、「我々は神の愛する者たちDei amatores」とされる、という。そして、『箴言』（八・一七）の「わたしを愛する人をわたしも愛し、わたしを捜し求める人はわたしを見いだす」という言葉が示すように、「我々が神を愛する」ということが、「神が我々を愛する」ことの徴であることを指摘する。ただしそれは、『ヨハネ第一書簡』（四・一九）の言葉の通り、「我々が先に神を愛するのではなく、神が先に我々を愛した」、という順序関係になる、という。

（1）の意味での神愛が「我々の心の中に注がれている」ことは、「我々に刻印された聖霊の賜物」によって明らかに示される。その聖書的典拠としてトマスは、『ヨハネ第一書簡』（三・二四）に「神がわたしたちの内にとどまってくださることは、神が与えてくださった〈霊〉によって分かります」という言葉を挙げる。

（2）の意味での神愛が「我々の心に注がれている」と言われるのは、それが魂のすべての道徳性mores と活動とを完成することへと自己展開するがゆえにである、とされる。そしてその聖書的典拠は、『コリント第一書簡』（一三・四―）の「愛は忍耐強い。愛は情け深い。……（以下）」に求められる。

（1）は、「友愛としての神愛」の思想の源泉と言える。「神の愛する者たちDei amatores」という表現がそのことを示唆している。さらに、ここでは（2）の愛も一つの「徴」としての契機を構成し、両者が絡み合うことの中で、神と人間との愛の相互性が示唆されている。しかし、あくまでも（1）の「神の側からの愛」が先行し、（2）の成立根拠となっている。このことが、この「愛」の根拠は人間の側からは受動的であることを示している。

他方、（2）は、「徳としての神愛」の思想の源泉と言える。アウグスティヌスは、（五・五）の「神の愛」をもっぱら（2）の意味に解していた、と言われている。しかし、（1）と（2）が密接な関係にあり、（2）は（1）に支えられている、という点は、この箇所のトマス的な理解として心に留めておく必要がある。

（2）神愛と「対神徳」

ここで、トマスにおける「信仰」および「希望」と「神愛」との関係について簡単に触れておきたい。トマスによれば、神愛あるところ、かならず信仰と希望の存在は前提される。後に詳論するが、上述『ローマ書簡』の箇所からも示唆されているように、「神愛」とは「神に対する何らかの友愛」である。友愛とは、単なる愛ではなく、相互的交わりを伴う相互的愛の返しが含意される。つまりそれは人間と神との人格的な交わりであり、親密な語り合いの関係である。その交わりは、人間と神との交わり、語り合いを信じる限りでの信仰と、交わりに到達することを希望する限りでの希望が前提されており、これらなしに、神愛を持つことは不可能である、とされる。(9)

他方、上述『ローマ書簡』のテキストからも暗示されるように、生成の順序にしたがい、行為に即して言うならば、信仰は希望に、希望は神愛に先行する。(10) それゆえ、一応論理的には、信仰、希望は神愛なしに存在し得る。しかし、トマスは、そうした信仰および希望は、その発端の不完全な状態にあるもの、と性格づけている。(11) トマスによれば、それらは徳の完全な存在に即しては、神愛なしにはあり得ず、そうした完全な性向としては、信仰および希望は神愛と同時に注賦される、という。(12) かくして、信仰および希望は、その完全なあり方においては神愛と結びついているものとされる。

トマスは、こうした信仰、希望、神愛を「対神徳」として位置づける。トマスは「対神徳」なる概念を次のよう

に意味づける。(13)

人間は徳によって、己れを至福へと秩序づける行為を為し得るように完成されるが、トマスは二通りの至福を区別する。その第一は、人間の自然本性に対比的な――ただしトマスによれば「不完全な」――至福であり、これは人間の自然本性に備わった諸根源により到達可能とされる。しかし、第二の意味での、トマスにとっての完全な至福は、人間の自然本性を超え出ており、神性の分有にもとづいて、神的力によってのみ到達可能とされる。この意味での至福への秩序づけは、人間に自然本性的に備わった諸根源では不十分である。なぜならそれは、人間の自然本性への対比を超出しているからである。ここから、完全な意味での至福に向けて、人間を秩序づける諸根源が神的に人間に付加されることが必要とされる。これが対神徳であった。つまり、対神徳とは、まさに人間が自らの自然本性を超越してゆくことに向けて、人間を内部から動かす内的諸根源であった。その「自己超越」の運動は、知性および意志という、人間の魂の能力に対応しており、したがって対神徳もこれに対応している。

トマスによれば、知性の超自然的な目的への秩序づけに関しては、「神的な光 lumen divinum」によって把捉されるところの、何らかの「超自然的な諸根源 principia supernaturalia」が人間に付加された、という。これが諸々の「信ずべきことがら credibilia」であり、信仰はそれらにかかわる。

他方、意志の超自然的な目的への秩序づけには二つの面がある。一つは、到達可能なものへと向かう仕方で当の目的へと向かっていく「意図の運動 motus intentionis」に関してであり、これは希望に属する。もう一つは、それによって意志が或る仕方で当の目的へと変容せしめられるところの、何らかの「霊的一致 unio spiritualis」に関してであって、これが神愛によってなされる、とされる。(14)

(3) 「注賦的な倫理的徳」

ところで、上述、『ローマ書簡』(五・五)に対するトマスの註解において、(2)の意味での神愛の倫理的領域への自己展開を示唆する典拠とされた『コリント第一書簡』(一三・四―)の「愛は忍耐強い。愛は情け深い。……」というテキストは、すべての倫理的領域を覆い尽くさんばかりの神愛のエネルギーを示唆している。[15] 実際に人がこのような場面に立ったならば、おのずと「神愛はすべての徳である」という思いが沸き起こって来るであろう。そして、アウグスティヌスはそのように主張したのであった。[16] 他方、トマスは、「神愛はすべての徳である」と主張する代わりに、「神愛と共にすべての徳が注がれる」と主張した。[17] このことに関係する問題については、次章以降で詳述するが、ここでは、「神愛と共に注がれる」徳、いわゆる「注賦的倫理的徳」の意味について触れておきたい。

トマスによれば、神愛と同時にすべての倫理的徳が注がれる。このことを立証するために、トマスは、「神が自然の業 opera naturae においてよりも恩恵の業 opera gratiae においてより不完全に働きをなすことはない」という確信を前提として立論している。自然の業において、或る事物のうちに何らかの業をなすための根源があれば、かならずそうした業を遂行するのに必要なことがらが与えられている。たとえば、動物の魂に何らかの働きをなすための能力があれば、必要な身体器官も与えられている。神愛は、それが人間を究極目的へと秩序づけるかぎりにおいて、究極目的へと秩序づけられうるようなすべての善き業にとっての根源である。これは神の恩恵の業に属する。ここで、先の確信による前提により、神愛と同時に、人がそれぞれの種類の善き業の遂行に必要なすべての倫理的徳が注がれるのでなければならない、と結論づけられる。[18]

こうした立論は、哲学的論証として見るならば、独断的という印象を通り越してほとんどナンセンスと感じられるであろう。しかし、この議論を上述『コリント第一書簡』（一三・四一）が示すような場面を前提し、これを解釈したものと見るならば、むしろ自然なものと感じられる。つまり、「注賦的倫理的徳」とは、パウロが描いたような、すべての倫理的領域を覆い尽くさんばかりの神愛のエネルギーを示す場面における「徳としての神愛」の自己展開の相を示したものとして理解すべきものなのである。

こうして、諸々の注賦的な倫理的徳は、賢慮のゆえにのみではなく、また神愛のゆえにも相互に結びつきを有する、とされる。これが、「神愛による徳の結合 connexio virtutum per caritatem」と呼ばれる事態である。

（4）「徳」と「注賦」

ここで、これらの徳が「注賦」される、ということと、それらが「徳」である、ということとの意味について考えてみたい。

「徳が注賦される」ということは、ある人間が当該の徳という「性質」を持つに至ったのは、訓練もしくは人間自身の側からの努力によるのではなく、「神から注がれる」という受動的なプロセスによる、ということを意味する。つまり、そうした徳の生成は、一切の人間的努力によるものではない、ということが示されている。このことを『ローマ書簡』の文脈に遡って理解するならば、神愛およびこれに伴う諸徳の「注賦」は、「信仰によって義とされている」ことにもとづいており、この「義」が、アリストテレス的な意味にせよ、いかなる意味にせよ、人間的な努力にもとづく、という意味での「徳」の上に成立する場面ではない、という事態の帰結である、と言うことができる。

しかし、当の徳そのものはあくまでも「性向」であり、行為の「内的な根源」であることには変わりはない。ここから、その徳に即した行為はあくまでも当人の行為――それも当人の内面から発する自由な行為である、ということが帰結する。しかし、その運動は人間の自然本性の射程内にある目的に向かうのではなく、人間の自然本性を越えた「高次の」――つまり「神的な」――自然本性に応じた目的に向かう運動である。それ故、注賦的徳なるものの意義は、人間の本性を越えた目的に向かう運動を、あたかも自然本性の内発的な自己展開であるかのごとくに行なわしめる、というところにあることになる。

以上、「獲得的な徳」と「注賦的な徳」との関係は次のようにまとめることができよう。すなわち、獲得的な徳は、人間が自己の自然本性の射程内において「自ら努力して変わる」ことの成果であるのに対し、注賦的な徳は、「信仰による義」という場面における神との人格的な関係の中で、人間的な自然本性の生命エネルギーを越えた目的に向けて「内側から」ではあるが「変えられる」ことの結果である、と。

第四節　性向としての恩恵

(1)「恩恵」という場面

第二章では、トマスの人間観の骨格をなす「人間の自然本性の自己超越性」という事態は、最終的に「恩恵」の中にその実現を見るものとされていた点を明らかにした。そして、人間の自然本性の展開そのものとしての「倫理」に関しても、そのアリストテレス的な枠組みに変容を与える基本的な要素は「恩恵」であった。

ところで、神愛あるいは神愛と共に働く注賦的な諸徳と、恩恵とは表裏の関係にある。このことは前述『ローマ書簡』のテキストから見て取ることができる。すなわち、(五・二) では、「信仰によって導き入れられ」、今、「恵み（恩恵）」のうちにあることの自覚が述べられていた。このことは、「恵み（恩恵）」が、徳としての信仰、希望、神愛、さらには神愛の倫理的展開――すなわち「注賦的な倫理的徳」――が働く基本的な「場」として設定されていることを示唆している。ここから、恩恵はこれらの諸徳の「基礎をなすもの」もしくは「奥底にあるもの」である、という直観的な見通しを得ることができる。しかし、「恩恵」そのものがいかなる存在論的な身分を持ち、いかなる構造を持っているのか、という点は、この『ローマ書簡』のテキストからは明示されていない。ここに、トマス独自の解釈が展開することになる。

第一章で示した概観によれば、トマスの倫理学において、「恩恵」とは、人間の自然本性に対する「外的な根源」としての神の働きかけとして位置づけられるものであった。しかし、驚くべきことに、トマスは恩恵そのものをも一種の「性向」として捉える視点を示している[19]。たしかに、恩恵は基本的には人間の魂に対しては「外的な根源」として働く。しかし、トマスは恩恵の関与を人間の内側から働くものとしても理解している。その表れが「性向的賜物 donum habituale としての恩恵」という観念である。

トマスは「恩恵」として、人間の魂に注賦される「性向的賜物としての恩恵」と、かかる性向的賜物としての恩恵の注賦に先だって働く「神的扶助としての恩恵」との二通りの恩恵を考えていた[20]。後者は人間の魂の外から人間を動かす恩恵であり、人間的行為にとって外的根源である人格的他者としての神そのものの働きを指す。これに対して、前者は、人間の魂の内側から働く恩恵であり、普通「神意に適せしめる恩恵 gratia gratum faciens」ないし「成聖の恩恵 gratia sanctificans」と呼ばれている。『神学大全』第I－II部五〇問題二項において、トマスはかかる恩恵を「魂の本質を基体とし、人間的自然本性を超えた高次の自然本性（神的本性）へと秩序づける」一種の「性向」として言及している[21]。

（2）性向的賜物としての恩恵

かかる恩恵が「性向」の一種と呼ばれるとしても、それは「徳」――それが「注賦的な」徳であったとしても――が性向と呼ばれる場合とは異なり、極めて特殊な意味においてである。それは、ここ（『神学大全』I―II部五〇問題二項）で問題となる恩恵は、「魂の本質 essentaia animae を基体 subjectum とし、人間的自然本性を超えた高次の自然本性（神的本性）へと秩序づける」性向とされている点である。

第四章で述べた通り、一般に「性向」には或る自然本性への関連における秩序づけとしての性向と、働きへの関連における秩序づけとしての性向（「作用的性向 habitus operativus」）との二種類が区別されていた。[22] 働きへの関連を有する作用的性向は、魂の本質ではなしに、その諸能力 potentiae を基体としてそれらの内に存在するものとされている。魂が諸々の働きの根源であるのはその諸能力を通じてであるからである。[23] 一般的に徳は、この働きとの関連において魂を秩序づける作用的性向であった。[24] ゆえに、徳は「魂の能力を基体とし、働きへと秩序づける」性向である。この存在論的な身分に関する規定については、獲得的な徳のみならず注賦的な徳についても変わらずに妥当する。

これに対し自然本性への秩序づけを有する性向は、その「自然本性」が人間的自然本性を意味する限り魂のうちに有り得ない。なぜなら魂自体が人間本性を完成する形相であるから、もはや性向が必要とされる余地はないのであった。[25]

以上の性向概念は、アリストテレスに典拠を有している。あるいは、こう言ってもよい。アリストテレスを継承する限りでは、「性向」とは、「魂の能力を基体とし、働きへと秩序づける」ものであるか、あるいは「身体を基体とし、（人間的）自然本性へと秩序づける」ものであるかのいずれかである、と。

しかるにここでトマスは、「人間がそれを分有する者となりうる」高次の本性へと秩序づける性向が、魂のうちにその本質に即して存在しうる、とし、かかる性向とは恩恵である、というのである。(26)「自然本性」そのものへと傾向づける性向は、むしろ質料的な存在者を「基体」とし、これをより上位の形相たる本性へと秩序づけるものであった。たとえば、「健康」のごとき性向は魂よりはむしろ身体を基体としてその内に存在し、人間的自然本性への秩序づけを果たすのであった。このように、身体における健康が魂（人間的本性）へ向けて身体を秩序づけることとアナロジカルな形で、魂の本質における恩恵は、神的本性へ向けて魂を秩序づけるものとして考えられていたのである。

（3）恩恵と徳との関係

では、かかる恩恵と徳とはいかなる関係にあるものと考えられていたのであろうか。

まず、ここで恩恵が「魂の本質を基体とする」ということの意味に注意したい。トマスは、恩恵と注賦的徳とは、「理性の自然本性的光」が「獲得的徳」から区別されるような意味で区別される、としている。(27) このことは、恩恵は徳よりも「先なるもの」とされていることを意味する。それ故に、恩恵の基体も徳の基体である魂の諸能力よりも先なるもの、即ち魂の本質である、とされる。(28) そして、魂の本質から働きの根源であるところの魂の諸能力が流出するごとく、恩恵から諸能力を行為へと動かす諸々の徳が注賦される、というのである。その意味で、恩恵は徳と同じものではなく、諸々の注賦的徳の「端緒にして根元 principium et radix」である、という。(29)

では、恩恵が徳よりも「先なるもの」である、ということは何を意味するのであろうか。恩恵が徳に先行するのに応じて、恩恵の基体も徳の基体である魂の能力より先なる魂の本質とされる。ここで、魂の能力は働きの根源であるのに対して、魂の本質は生命そのもの、生きるものの存在そのものの根源である。ここから、問題の「先」ということの意味も明らかとなる。恩恵が徳に、魂の本質が魂の能力に「先立つ」と言われる場合の「先」とは、「存在 esse」が「働き operatio」に先立つ、という意味においてのことなのである。[30] ここに、恩恵が働きへと秩序づける性向ではなく、自然本性へと、但しここで自然本性と言っても分有による高次の自然本性へと秩序づける性向である、とされていたことの意味も明らかであろう。それ故、トマスは言う。

「人間はその知性認識能力によって、信仰の徳を通じて神的認識を分有し、また意志能力に即して、神愛の徳を通じて神的愛を分有するごとく、そのようにまた人間は魂の自然本性を通じて、何らかの類似に即して神的本性を分有する。[31]」

つまり信仰の徳は認識、神愛は愛というそれぞれの働きへと知性、意志を秩序づけるが、恩恵は魂をその存在において神的本性の分有へと高めるのである。

以上の考察から明らかな通り、「性向的な賜物としての恩恵」は、一切の働きに先だってより内なる存在のあり方を高める性向であった。

「恩恵が功績的働きの根源であるのは、ちょうど、魂の本質が諸能力を媒介とすることによって生命活動の根源であるように、諸徳（特に主要的には神愛）を媒介とすることによってである。[32]」

働きの場面で前面に出るのは徳であり、恩恵そのものはどこまでもその背後にあって存在のあり方に関わるのである。これに対して、働きの場面においては直接前面に出るのは神愛および徳であり、人は徳にもとづいて神的扶助としての恩恵に導かれつつ善き働きを為すのである。

こうした規定は、上述『ローマ書簡』において、恩恵が、諸徳が働く基本的な「場」として設定され、これらの諸徳の「基礎をなすもの」もしくは「奥底にあるもの」として示唆されていた、ということの意味についてのトマス的な解明であった、と言える。

第五節　聖霊の賜物

（１）「聖霊の賜物」と徳

トマスはその徳論の終わり近くで「聖霊の賜物 dona Spiritus Sancti」と呼ばれる性向に言及している。「聖霊の賜物」とは、『イザヤ書』（一一・二―三）を典拠とし、預言により来たるべきキリストに帰属されるべきものとして語られている属性である。具体的には、「聖霊の七つの賜物」として「智恵 sapientia・悟り intellectus・思慮 consilium・剛毅 fortitudo・知識 scientia・孝養 pietas・怖れ timor」が枚挙されている。[33] トマスによると、これらは「人間を、彼が神（聖霊）からの誘発 instinctus に善く従うように秩序づけるところの人間の完全性」であり、一箇の人間全体（すべての「魂の能力」）を基体とする性向として規定されている。[34]

トマスは、賜物と徳との関係について次のような見通しを与えている。[35] トマスによれば、人間においては、彼を動かす根源 principium movens として、内的根源たる理性と外的根源たる神という二つがある。賜物とは、「神的霊感 inspiratio divina」によって人間のうちに見いだされるものである。「霊感」とは外部からの何らかの運動を意味するからである。諸々の人間的な徳が人間を完成するのは、彼が内的ならびに外的に為すことがらにおいて、人間が自然本性からして理性によって動かされるようになっているかぎりにおいてである。神愛と共に注賦される注賦的な賢慮と倫理的な徳とは、神愛に導かれてはいるものの、なお理性の性向として、人間を動かす内的根源である。トマスによれば、人間の究極目的は「超自然的」なものであって、これへの関係においては、人間は理性によって動かされるだけでは不十分であり、神（聖霊）による誘発と動かしが必要であった。それゆえに、人間が神によって動かされうるためには、彼をそのことへと状態づけてくれるような、人間的な徳より高次の完全性が彼のうちに見いだされるのでなければならない。そして、ちょうど倫理的徳が魂の欲求的な能力を理性に従うよう秩序づけるように、人間の魂におけるすべての能力を神（聖霊）からの誘発に従うように秩序づける性向として要請されるのが、「聖霊の賜物」なのである。(36)

ここで、「賜物」の一例として、「智慧の賜物 donum sapientiae」を取り上げ、「賜物」と「徳」との相違について見てみることとしよう。トマスによれば、「智慧」はアリストテレス的な意味での「知的な徳 dianoētikē aretē = virtus intellectualis」にも数えられると共に、聖霊の賜物の一つにも数えられている。「賜物」としての「智慧」と徳としての「智慧」はどこが異なるのだろうか。

トマスは、「智慧」の賜物についての規定を与える際に、(37)まず、アリストテレスの『形而上学』第一巻第二章で(38)展開されている「智慧 sophia = sapientia」一般の意味規定に従うことから出発している。すなわち智慧に属するのは「最高原因について考察すること」であり、その原因によって我々は他のことがらについて最も確実な判断を行ない、それにしたがってすべてのことを秩序づけることとなる。ところで、最高原因は二つの意味、つまり端的な意味と、医術や建築術のような「特定な類 genus」における意味とに解することができる。いかなる特定な類においても最高原因を知り、そのことによってその類に属するあらゆるものを判断し秩序づけることのできる者は、その類において智慧ある者と呼ばれる。他方、端的な最高原因、つまり神を認識している者は、端的な意味で智慧ある者であると言われる。なぜなら彼は神の規則に従ってすべてのものを判断し秩序づけることができるからである。以上の分析は、いわば智慧一般の意味の分析であって、知的徳としての智慧にも共通して該当する規定である。無論、アリストテレス的な意味での知的徳としての智慧は、教授と学習によって獲得されるものである。

しかしトマスは、この同じ智慧一般の意味分析の上に立った上で、『コリント第一書簡』を典拠に、聖霊を通して与えられる「智慧」を示す。つまり、「霊はあらゆることを、神の深みさえも究める Spiritus omnia scrutatur, etiam profunda Dei」（二・一〇）というところから、神の認識が、そして「霊の人はあらゆるものを判断する Spiritualis iudicat omnia」（二・一五）というところから、すべてのものを判断し秩序づけることが示唆される。

ここに、徳と同じ名称を持つ「智慧」という性向が、「霊」の働きという、徳とは全く異なった次元で成立していることが示唆されている。智慧の賜物とは、人間の魂を場としつつも、神愛によって結ばれた神（聖霊）そのものに動かされる働き、という微妙な事態の中に成立する知なのである。

ここで、『コリント第一書簡』の引用において、主語が「（聖）霊 Spiritus」である点に注意しよう。対神徳は、徳としての生成の原因は注賦という形で神に依存しているが、魂の内的根源たる徳である限りにおいてその働きの主体はあくまでも人間であった。これに対して、「聖霊の賜物」は、その生成の原因という点でも、その働きという点でも、神という外的根源に依存する完全に受動的な完全性を示している。それは自己の内的根源によるのではなしに、聖霊によって外部から動かされていながら、なおかつそれが人間の魂をその場としている、という事態を成立させている。「聖霊の賜物」とは、こうした人間の魂における霊の働きという極めて微妙な事態の特質を浮彫りにすべく、トマスによって入念に構成された概念であった。

(2)「聖霊の賜物」の存在意義と神愛との関係

しかし、人間を超自然的目的に向けて秩序づけるのは対神徳ではなかったか。だとすれば、このような「賜物」など要請されずとも、人間には対神徳があれば十分なのではないか、という疑問はあり得る。これに対してトマスは、対神徳の「我々にとっての所有の完全性」という点から、こうした賜物が対神徳に加えて要請されてくる事情を示している。(39)

人間の理性は二つの仕方で神によって完成される。つまり、その第一は自然本性的な完全性をもって、すなわち、理性の自然本性的な光に即してであり、第二は、先述した神愛などの対神徳によって与えられる何らかの超自然的な完全性をもってするものである。ところでトマスは、「この第二の完全性は第一のものよりもより偉大であるが、第一の完全性が第二のものよりもより完全な仕方で人間によって所有される」という。われわれが神を愛し、認識するのは不完全な仕方においてだからである。これら二つの完全性は、それ自体の偉大さと、われわれにとっての所有の完全性という点で逆転した関係にある。

完全な仕方で或る本性、形相、または力 virtus を有するところのものは、すべて自力で per se 働きをなすことができるが、不完全な仕方で或る本性、形相、力を有するものは、他によって動かされるのでなしに、自力で働きをなすことはできない。トマスはこのことを、太陽と月の照らす力、そして、医術を完全に知っている医者と、医術をまだ完全に学んではいない弟子の例を用いて説明している。弟子は、師匠たる医者によって教導されることなしに、自力で働きをなすことはできない。このようなわけで、人間は自らにとって本性適合的な目的finis connaturalisへの関係においていえば、理性の判断によって自力で働きをなすことができるが、超自然的な究極目的との関係においては理性が動かすだけでは不十分で、聖霊の誘発と動かしとが上から加えられなければならない、という。それゆえに、超自然的究極目的に到達するためには、人間は聖霊の賜物をもつことが必要だ、とされる。対神徳や、神愛による意志の変容にともなって注がれる注賦的な倫理的徳も、それだけではまだ非力で不完全とされるのである。賜物とは人間の超自然的な究極目的の追求という文脈において、不可避的に要請されてくる、聖霊による外部からの助力としての誘発に関与するものとして位置づけられている。

ところで、「聖霊の賜物」は、外的な根源としての聖霊の働きに身を委ねる、という限りでは対神徳を越えたものであるが、その存在は神愛に依存している。倫理的徳が魂の欲求的な能力を理性に従うように秩序づけるように、人間のすべての能力を神（聖霊）からの誘発に従うように秩序づける性向として要請されるのが、「聖霊の賜物」であった。ところで、われわれの理性が賢慮によって完成されるごとく、聖霊はわれわれのうちに神愛によって住む、という。ここからして、諸々の倫理的徳が賢慮において相互に結びついているように、神愛を有する者は聖霊のすべての賜物をもち、賜物のうちのどれひとつ神愛なしには所有されえない、という仕方で、聖霊の賜物は神愛において相互に結びついている、という。(40)

「注賦的性向」の思想の原点として我々が先に検討した『ローマ書簡』第五章のテキストに、「聖霊の賜物」なる概念は直接登場しなかった。しかし、上の立論において「聖霊はわれわれのうちに神愛によって住む」というテーゼの典拠として、トマスが引いているのは、前述の『ローマ書簡』（五・五）の「わたしたちに与えられた聖霊によって、神の愛caritasがわたしたちの心に注がれている」というパウロの言葉であった。つまり、トマスは「聖霊の賜物」についても『ローマ書簡』第五章の場面を原点として考えていたのである。

第六節　諸徳の結合——二つの人間観

第三章において、獲得的な徳、すなわちトマスが受け継いだアリストテレス的な徳理論において、賢慮と倫理的な諸徳とが相互に前提しあう関係にあり、これが「賢慮による諸徳の結合 connexio virtutum per prudentiam」と呼ばれる構造を示していたことを明らかにした。

ところで、本章第三節–第五節の考察から、「神愛による諸徳の結合 connexio virtutum per caritatem」と呼ばれる事態が明らかになる。すなわち、第三節から、「信仰」「希望」といういわゆる「対神徳」、そして「注賦的な倫理的徳」が、神愛によって結びついていることが明らかになった。また、第五節から、「聖霊の賜物」も神愛において相互に結びついていることが示された。さらには、第四節から、「性向的賜物」としての恩恵そのものも、神愛の奥底にあって人間の「存在 esse」を高めるものとして位置づけられていたことが示された。一言でいえば、すべての「注賦的性向」は神愛によって結びついており、その神愛を「性向的賜物としての恩恵」そのものが支えている、というのが、「神愛による諸徳の結合」の構造であった。

賢慮による諸徳の結合が示す意味での倫理的徳（「獲得的な倫理的徳」）は、人間の自然本性的能力を超えない目的への秩序づけにおいての善い行為を生ぜしめるものであり、人間的行為によって獲得可能なもの、とされる。これは、「異教徒の場合」に見られる徳として、神愛、あるいは注賦的な徳とは関係なく存在することが可能であることをトマスも認めている。(41)

しかしトマスによれば、注賦的な徳と行為の習慣化からして獲得された徳とは種的に異なっている。[42] 注賦的な徳は「聖なる民に属する者・神の家族の一員」たることへ秩序づけるのに対し、獲得的倫理的徳は「人間的事柄への善き秩序づけ」を意味する。トマスによれば、獲得的徳は、「相対的な意味における徳 virtus secundum quid」ではあるが、「端的・無条件的な意味における徳」ではない。[43]「完全な」、「端的・無条件的意味における徳」とは、端的な究極目的へ人間を秩序づけるものでなくてはならない。トマスにおいて「端的な究極目的」とは「普遍的な善」であり、「超自然的究極目的」である。したがって、完全かつ真実に徳と呼ばれるものは、「超自然的究極目的」への秩序づけにおいて善い行為を生ぜしめるものであって、人間的行為により獲得することはできない。トマスによれば、これは、あくまでも人間の自然本性の自己超越性を反映した注賦的な諸性向によるのである。

第七節　結　語

本章では、「注賦的な性向」の意味を中心に、トマスがアリストテレス的な徳論言語に加えた「拡張と変容」の意味の解明を試みた。ここで、その結論を振り返ると共に、本書においてさらに進められるべき解明への見通しを述べておくことにする。

本章の考察は、「注賦的性向」という概念を、その物語的な原点としての『ローマ書簡』第五章のテキストに立ち戻って概観した。その結果、かかる諸性向の注賦理論は、すべてその（五・五）における「わたしたちに与えられた聖霊によって、神の愛がわたしたちの心に注がれている」という事態を説明したものとして理解できるし、また、そのように理解すべきではないか、との見通しが得られたことと思われる。それは、ことがらとしては、人格的な他者である神との関係としての「恵み（恩恵）」のうちにある、というきわめて素朴な事態である。と同時に、これを、本来は本性記述の用語である「性向」という概念の諸相として描こうとしたとき、これまで素描してきたような錯綜した重層構造としての様相を示すのである。

「注賦的性向」として、トマスは、「信仰」「希望」「神愛」という所謂「対神徳」、また神愛と共に注賦されるとする注賦的な倫理的徳、そして後述する「聖霊の賜物」、さらには、神愛自体の根拠ともいうべき「聖霊の恩恵」そのものまでも挙げている。そして、トマスによれば、これらの注賦による諸性向はすべて何らかの仕方で神愛と結びついていた。これは、「神愛による諸徳の結合」と呼ばれる事態を形成するものである。

トマスは『ローマ書簡』の当該箇所についての註解の中で、「神がそれによって我々を愛する神愛」と「我々がそれによって神を愛する神愛」とを区別していた。前者は後者の成立根拠として後者を支えると同時に、「友愛としての神愛」の思想の源泉を示すものである。神愛のこうした側面の意味については、前章（第二部第八章）で主題的に扱い解明したところである。後者は、前者に支えられながら神愛の倫理への自己展開、「徳としての神愛」の思想の源泉をなしていた。「注賦的な倫理的徳」とは、この「徳としての神愛」の自己展開を示したものといえる。この「徳としての神愛」および「注賦的な倫理的徳」の意味およびこれら相互の関係については、次章以降で主題的に解明する。

また、トマスは恩恵そのものをも「性向的賜物」として位置づけていた。かかる恩恵は、魂の諸々の活動に先立って、その「存在」を高めるものとされていた。これは、パウロにあって、「恩恵」が、諸徳が働く基本的な「場」として設定され、これらの諸徳の「基礎をなすもの」もしくは「奥底にあるもの」として示唆されていた、ということの意味についてのトマス的な解明であった。この「性向的賜物としての恩恵」は、アリストテレス的な意味での「正義」を超えて、本来的な意味での「正義」としてトマスが考えていた「神の前における義」の本質をなすものである。こうした意味での「義」の射程については、第十二章において明らかにする。やや先取りして見通しを述べておくと、「性向的賜物としての恩恵」を本質とする「義」は、「神愛」による人間の自然本性の自己超越に向けての倫理が展開する上での土台をなすもの、ということになる。

また、「聖霊の賜物」と呼ばれる性向は、外的根源として働きかける神（聖霊）への随順をもたらす特殊な性向であったが、人間の自然本性を超えた目的への運動に対して、内的な根源のみでは不完全な人間を助け、協力する神の働きを受容するための準備的な性向であった。第十三章で概観するが、トマスは「恩恵」は人間に対して二つの側面から働きかけるものとしている。一面において、「恩恵」は上述の「性向的賜物としての恩恵」として魂の内側から働きかける。他面において、「恩恵」は、「外的根源」としての神による外部からの働きかけ——トマスはこれを「神的扶助としての恩恵」と呼ぶ——として働きかける。「聖霊の賜物」とは、そうした場面で人間と協力する神（聖霊）の働きに身を委ねることを可能とする性向であった。

（1）*S. T.* I-II q. 51 a. 4 c.
（2）Aristoteles, *Ethica Nichomahea* (以下 *E. N.*), II, 1, 1103a14-18.
（3）*S. T.* I-II q. 51 a. 2 c, q. 63 a. 2.
（4）*S. T.* I-II q. 63 a. 3 c.
（5）*S. T.* I-II q. 65 a. 2 c., a. 3 c., a. 4 c., a. 5., q. 68 a. 5 c., q. 114 a. 4 c.
（6）この箇所は、トマスが神愛の注賦を論じる項において、sed contra の権威として引かれている。*S. T.* II-II q. 24 a. 2 sc. なお、cf. I-II q. 65 a. 2 c., q. 68 a. 5 c., q. 70 a. 3 c.

(7) *S. T.* I-II q. 68 a. 5 c.
(8) *Super Ep. ad Romanos*, cp. 5, l. 1.
(9) *S. T.* I-II q. 65 a. 5 c.
(10) *S. T.* I-II q. 62 a. 4 c.
(11) *S. T.* I-II q. 65 a. 4 c.
(12) *ibid.*
(13) *S. T.* I-II q. 62 a. 1 c.
(14) *S. T.* I-II q. 62 a. 3 c.
(15) cf. *S. T.* I-II q. 65 a. 3 arg1.
(16) Augustinus, *De Moribus Ecclesiae Catholicae*, cp. 15, (PL 32, 1322).
(17) *S. T.* I-II q. 65 a. 3 c.
(18) *ibid.*
(19) *S. T.* I-II q. 50 a. 2 c.
(20) *S. T.* I-II q. 109. なお、「恩恵」に関するこの区別の意味、特に「神的扶助としての恩恵」については、本書第十三章において考察する。
(21) トマスは「賜物としての恩恵」そのものを性向として立てている、とはいうものの、筆者の知る限りではトマスが恩恵を明示的に「性向 habitus」として言及しているのは『神学大全』の中では当該箇所のみで、恩恵そのものを論ずる *S. T.* I-II q. 109 以降では恩恵は「性向的賜物 donum habituale」という形容詞形が用いられ、明示的に habitus とは呼ばれていない。これは、本来人間的行為の「外的根源」と位置づけられている恩恵を、「内的根源」である性向のカテゴリーで呼ぶことに躊躇いがあったため、と考えられる。
(22) *S. T.* I-II q. 49 a. 3 c.
(23) *S. T.* I-II q. 50 a. 2 c.
(24) *S. T.* I-II q. 55 a. 2 c.

(25) *S. T.* I-II q. 50 a. 2 c.
(26) *ibid.*
(27) *S. T.* I-II q. 110 a. 3 c.
(28) *S. T.* I-II q. 110 a. 4 c.
(29) *S. T.* I-II q. 110 a. 3 ad. 3
(30) *S. T.* I-II q. 111 a. 2 c.
(31) *S. T.* I-II q. 110 a. 4 c.
(32) *S. T.* I-II q. 110 a. 4 ad. 1
(33) *S. T.* I-II q. 68 a. 4 c.
(34) *S. T.* I-II q. 68 a. 3 c.
(35) *S. T.* I-II q. 68 a. 1 c.
(36) *S. T.* I-II q. 68 a. 3 c.
(37) *S. T.* II-II q. 45 a. 1 c.
(38) Aristoteles, *Metaphysica*, I, 2 982 a 8.
(39) *S. T.* I-II q. 68 a. 2 c.
(40) *S. T.* I-II q. 68 a. 5 c.
(41) *S. T.* I-II q. 65 a. 2 c.
(42) *S. T.* I-II q. 63 a. 4 c.
(43) *S. T.* I-II q. 65 a. 2 c.

第十章　アウグスティヌスにおける徳の理論とトマス

第一節　はじめに

トマスの徳論は、徳を性向 habitus として規定している点、[1] また、枚挙される徳の具体的内容、さらには、倫理的な諸徳が賢慮 prudentia を核として結合するものと考えられている点など、[2] アリストテレスの徳論を忠実に継承している側面が認められるのは先に第四章で明らかにしたとおりである。また前章において、トマスが、聖霊の「恩恵」に基づく倫理の場面においても、アリストテレスの「性向としての徳」の理論に、大幅な変容と拡張とを加えながら、これを記述のための概念装置として用いていたことを概観した。

他方、アリストテレス哲学の流入に先だって中世哲学を支配していたのは、主としてアウグスティヌスの哲学であった。トマスは、アリストテレス倫理学の枠組みを導入する際に、先行する思想的土壌としてのアウグスティヌス的な倫理学の枠組みと直面していたことになる。

本章および次章においては、「徳論」という文脈に関連して、アウグスティヌスとアリストテレスという二つの権威の関係をトマスがどう扱っていたか、あるいは、アウグスティヌス的な徳論が支配していた中にアリストテレス的な徳論を導入するにあたり、トマスはどのような課題に直面しなければならなかったか、という問題についての思想史的解明を行なう。そのため本章では、まずトマスにとっての先行的権威である限りにおける「アウグスティヌスにおける徳論」の構造を明らかにする。

周知のごとく、アウグスティヌスはトマスとは異なり、体系的な思想家ではない。従って、アウグスティヌスの「徳論」も必ずしも体系的な形で展開されているとはいえない。トマスによるアウグスティヌスへの言及も、いくつかの著作に分散している。こうした事情を踏まえ、本章では、その中で特に『神学大全』の中で、「徳とは何か」という問題（徳の定義）に関連してトマスがアウグスティヌスに言及している箇所を取り上げ、トマスが「アウグスティヌスの徳論」として受け止めていたものの意味を明らかにするとともに、これに対するトマスの扱いを概観することとする。

第二節　徳の「アウグスティヌス的」定義――『自由意思論』

（1）徳の「アウグスティヌス的」定義――『自由意思論』

まず、検討の対象となるのは、『神学大全』第Ｉ－II部五五問題四項においてトマスが主題的に取り上げている、「徳とは（人が）それによって正しく生き、なんぴともそれを悪用することはなく、それを我々のうちに、我々なしに生ぜしめるのは神であるところの、精神の善い質である」という、伝統的にアウグスティヌスの権威に帰されてきた「徳の定義」である。

この「定義」に関連して、アウグスティヌス『自由意思論 *De libero arbitrio voluntatis*』の第二巻第十八章(3)を典拠とする「なんぴとも徳を悪しく用いることはない」というテーゼへの言及は、『神学大全』の中で実に頻繁に繰り返されている。[4] また、「徳とは（人が）それによって正しく生きるところのものである」というテーゼは、多くの箇所[5]で言及されており、さらに『神学大全』第I－II部五五問題一項第二異論では、「徳は自由意思 liberum arbitrium を善く行使することである」という形で、また『神学大全』第II－II部一一七問題一項主文では、「我々が悪しく用いることの可能なものを善く用いることが徳に属する」という形での言及がみられる。徳は「神が我々のうちに我々なしに生ぜしめる」というテーゼについては、問題の『自由意思論』第二巻十九章にも言及されているが、[6] これに関しては『詩篇』第一一八を論じた『詩篇講解 *Enarrationes in Psalmos*』、[7]『恩寵と自由意思について *De gratia et libero arbitrio*』[8] も典拠とされている。[9]

問題の「定義」は、ペトルス・ロンバルドゥスの『命題論集』に伝えられるもので、伝統的に「アウグスティヌスによる徳の定義」とみなされてきたものであるが、必ずしもアウグスティヌスに直接依拠したものではなく、「おそらくポワティエのペトルス（Petrus Pictaviensis）に由来するものと推定される」[10] と言われている。しかし、トマス自身「前述の定義はアウグスティヌスの言葉から、とくに『自由意思論』第二巻[11]における言葉から集成されたもの」[12] と述べており、トマスはこれを『自由意思論』の当該テキストを中心にアウグスティヌスの著作にもとづくものと考えていたことは明らかである。

そこでまず、当該テキストがアウグスティヌス自身にとって持っていた意味、そしてその中に問題の「定義」の要素がどのような形で含まれているのか、を確認することにしよう。

（2）アウグスティヌス自身にとっての当該テキスト

アウグスティヌスの受洗（三八七年）直後の時期に執筆が開始された『自由意思論』は、通常彼の初期の著作に属する「哲学対話集」の中に位置づけられ、世界を善と悪との二元的な対立原理の葛藤と見るマニ教徒の見解に対して、世界全体の中に善と秩序とを見るアウグスティヌス自身の見解を提示しようとした著作である。

本書は全部で三巻からなる。第一巻では、「神は悪の創造者ではない」ということ、そして「悪はただ人間の意志の自由な決定にのみ由来する」ことが示される。第二巻では、神の存在が証明され、自由意思を含めすべての善きものは神からくることが明らかにされる。第三巻では、自由意思が罪を犯しうるものであるにしても、それが宇宙の秩序に与っている限りにおいて、神はこの秩序のゆえに讃美されるべきであることが主張される。

トマスが引く「定義」が典拠とする第十八・十九章は、第二巻の中でも、すでに神の存在が証明され、およそ善たる限りのものはすべて、神に由来することが明らかにされた後で、自由意思を善きものと数えるべきかどうか、という問題に答えようとする文脈の中にある。アウグスティヌスはそこで、自由意思もまた神からくる善きものであることを示し、神からくる諸々の善の中での自由意思の位置づけを示そうとしている。

「(第十八章)……前略……

正義 justitia については、だれもそれを悪しく用いないことを君は知っている。正義は人間のもつ善の最高のものである。また、正しく有徳な生をもたらす精神のすべての徳もそうである。またたれも賢慮や剛毅 fortitudo や節制 temperantia を悪しく用いない。君の挙げた正義と同様、これらすべての徳にあって正しい理性が支配し、これなしには徳はみな徳たりえない。そして、だれもこの正しい理性を悪しく用いることはできないのである。

(第十九章)

それゆえ、これらの徳は大きな善である。しかし大きな善だけではなく、どんな小さな善でも、すべての善の源たる神によるのでなければありえないことを、君は忘れてはいけない。これは先の討論の結論であり、君はいつも喜んで同意したのである。

したがって、人がそれによって正しく生きる徳は大きな善であるが、身体の美は、それなしにも正しく生きられるものであるから、もっとも小さな善である。他方、精神の諸能力は、人はそれなしには正しく生きえないのだから、中間の善である。人は徳を悪しく用いることはないが、他の中間の善と最小の善は、善く用いるだけでなく悪しく用いることもできる。徳を悪しく用いないのは、悪しく用いうるものを善く用いることが、徳の働きだからである。人は、善く用いながら悪しく用いるということはない。それゆえ、神は溢れ出る大きな恵み〔善性〕によって、大きい善だけでなく、中間の善も最小の善も、我々のために用意したのである。神の恵みは、中間の善よりは大きな善において、最小の善よりは中間の善において、いっそうたたえられるべきであろう。しかし、神がすべてのものに等しく善を分け与えなかったとしても、すべてのものにおいて、神の恵みをいっそうたたえなければならない。」

ここでアウグスティヌスは善に、「それなしにも正しく生きられるもの（最小の善）」と、「それなしには正しく生きられないもの（中間の善）」、そして「人がそれによって正しく生きるもの（大きな善）」という三つの段階を設けている。その上で、「徳」を「大きな善」に位置づける一方で、「自由意思」をも含む「精神の諸能力」を「中間の善」に位置づけ、それらは悪用される可能性はあるものの、それら自体は「善」であることを示そうとしているのである。

以上から明らかなごとく、アウグスティヌス自身にとって、当該テキストの文脈は「徳の定義」を示したものではない。[13] あくまでも「善の秩序」の中での自由意思の位置づけを示すことが目的であり、自由意思との対比の中で「徳」が「大きな善」に位置づくことが述べられているだけである。

伝えられている「定義」における「なんびともそれを悪用することはない」という一節は、引用冒頭の数行、第十八章末尾を典拠としているものと考えられる。また、「それによって人が正しく生きる」という一節は、「人がそれによって正しく生きる徳は大きな善である」という一節から引かれたものである。また、「我々が悪しく用いることの可能なものを善く用いることが徳に属する」「徳は自由意思を善く行使することである」という形での言及は「徳を悪しく用いないのは、悪しく用いうるものを善く用いることが、徳の働きだからである。」という一文に由来するものであろう。しかしながら、「それを我々のうちに、我々なしに生ぜしめるのは神である」という一節に該当する表現は当該テキスト（第二巻第十八・十九章）には見あたらない。たしかに、すべての善が善である限り神による、というテーゼはこの箇所の基調となる主張であるが、徳の注賦理論を示唆する「我々なしに生ぜしめる」という表現はここには見あたらない。しかし、徳の注賦理論は明らかにアウグスティヌス的な立場を示すものであり、『自由意思論』の当該テキストに典拠はなくとも、先に挙げた『詩篇講解』、『恩寵と自由意思について』などを本来の典拠と考えることができよう。

ところで、「精神の善い質」という表現は、後述するようにトマスによって補足修正はされるものの、基本的にはアリストテレス、トマスの徳の本質規定になじむテーゼである。しかしながら、少なくとも『自由意思論』のテキストのうちにその典拠を見いだすことはできない。なお、『自由意思論』とほぼ同時期に執筆された『カトリック教会の道徳』第一巻第六章[14]においては、「徳が（霊魂の外部に、霊魂なしにも）自存するものであるのか、または霊魂の中にしか存在しえないものであるのか」という問いを発している。この問いに対して後者の選択肢をとる立場をアウグスティヌスはまた「霊魂の性向habitusであり、また霊魂のうちにしか存在しえない賢明な霊魂の質qualitasといったようなもののみを徳と呼ぶ」[15]立場と言い換えているが、これこそはアリストテレス的な徳論の立場である。つまり、アウグスティヌスは徳の存在論的な身分に関してアリストテレス的に規定する立場を知っていたのである。しかしアウグスティヌス自身はこの問題について、「これは非常に深い問題で、長い論議を要する問題である」と述べ、この点について自らの見解を提示することを留保しているように思われる。

(3) トマスの扱い

次いで、この「定義」の適否を主題的に論じた『神学大全』第I－II部五五問題四項の主文におけるトマスの扱いを見てみたい。

結論としてトマスは、問題の「定義」は「徳の意味するところの全体tota ratioを完全に包括している」ものとしてこれを是認する。そしてアリストテレスの四原因説に即して、問題の「定義」は「徳のすべての原因を包含している」ことを示している。こうした主文の中で、特に注目すべきなのは、徳の「形相因causa formalis」、そして「作動因causa efficiens」に関してのトマスの論述である。

徳の「形相因」に関しては、「善い質bona qualitas」という表現のうちに、徳の「類」としての「質」、「種差」としての「善」が示されている、という。ただし、「質」のかわりに「近接的なる類genus propinquum」たる「性向habitus」の語を用いたならば、「定義」はより適切なものだったであろう、としている。つまりトマスは、アリストテレス的な概念枠にもとづいて、諸範疇の中の「質」、「質」の中の「性向」という風に、「徳」の存在論的な身分を体系的に確定してゆく、という方向を貫徹させる形で徳の定義を修正することを示唆しているのである。

また、徳の「作動因」に関してであるが、ここでトマスは問題の「定義」はトマスのいわゆる「注賦的な徳 virtus infusa」のみに関わっている、という限定つきのものであることを主張し、「それを神が我々のうちに、我々なしに生ぜしめる」という表現を徳の作動因としての神を示唆するものとして示す。その上で、もし「この小さい部分」が除去されたならば、「定義の残りの部分は獲得的徳 virtus acquisita も注賦的徳もふくめて、すべての徳に共通にあてはまるものとなるであろう」と述べている。いうまでもなく、トマスは「この小さい部分」の除去により、「獲得的徳」、すなわちアリストテレス的徳論の全体構造の導入という「大変革」を目論んでいるのである。

以上の概観から、問題の「定義」を一応は是認しつつも、ここにアリストテレス的な枠組みを導入しようとするトマスの基本姿勢を見て取ることができる。

しかしながら、この五五問題四項における「アウグスティヌスによる徳の定義」は、「定義」というよりは「徳」の本質的な特性を示す基準として、トマスの徳論の全体構造に対して意外に大きな影響を与えているようにも思われる。

上述のごとく、アウグスティヌス自身にとって、「定義」の典拠とされたテキストは「徳の定義」を示したものというよりは、善の秩序の中での徳の位置づけに触れた箇所であった。そこでは、徳が「最小の善」である「身体の美」や、「中間的な善」である「精神の諸能力（自由意思も含め）」とは異なり、「正しい生」のいわば十分条件をなすものとして、善の位階的秩序の中で上位を占める「大きな善」であることが示されている。その限りで、「なんぴともそれを悪用することはない」「それによって人が正しく生活する」「我々が悪しく用いることの可能なものを善く用いることが徳に属する」といった各々の表現は実は同義なのである。結局、この「定義」において本質的なのは、徳は「正しい生」のいわば十分条件であって、その「悪用」は不可能である、という主張にある。

そのことを踏まえて、『自由意思論』第二巻第十八章を典拠とする「なんぴとも徳を悪しく用いることはない」というテーゼが、いわば「徳の条件」を示す基準としての権威となり、『神学大全』においても繰り返し、幾度ともなく言及されているのであろう。特に、『神学大全』第I－II部五七問題において、「善く働きをなすための技能 facultas をつくりだす」だけの知的な性向が、「端的な意味で simpliciter の徳」とは呼ばれず、「相対的な意味での徳 virtus secundum quid」とされるのは[16]、徳は、技能と共にそれの善い行使・使用 usus をも保証してくれるものでなければならない、という形で、徳のアウグスティヌス的な基準が働いているためであるように思われる。また、トマスにあっては、獲得的な徳も結局は「相対的な意味での徳」に過ぎず、注賦的な徳のみが、本来的な徳として残る[17]とされるのは、アウグスティヌス的な「神による原因性」という徳の基準が結局支配していたから、と言ってもよかろう。

第三節　愛の秩序――『カトリック教会の道徳』

（1）愛の秩序――『カトリック教会の道徳』

他方、『神学大全』のいくつかの箇所で、アウグスティヌスは「徳は愛の秩序 ordo amoris である[18]」、ないしは「すべての徳は愛 amor である[19]」という形で、徳を定義しているものとして言及されている。その際、典拠とされているのは『カトリック教会の道徳 *De moribus ecclesiae catholicae*』の第十五章[20]である。また、これと並んで『八十三問題の書 *De diversis quaestionibus LXXXIII*』第三十問題[21]のなかでの「徳と呼ばれるところの秩序づけ

ordinatio は、享受すべきものを享受し、使用すべきものを使用することである」という規定に言及されることもある。[22]

また、『カトリック教会の道徳』第十五章は、いわゆる四つの「枢要徳 virtutes cardinales」の典拠としても言及される。[23] ここでは、「愛の秩序」としての「徳の定義」に関連して、圧倒的に多くの言及がなされている『カトリック教会の道徳』の当該箇所について検討することにしよう。

(2) アウグスティヌス自身にとっての当該テキスト

『カトリック教会の道徳』もまた、アウグスティヌス初期の著作であり、受洗直後のローマ滞在中に『自由意思論』第一巻とほぼ相前後して書かれたものである。本書の基本的内容は、神愛 caritas がキリスト教的な徳の基礎をなしていることを示し、カトリック教会の中で愛がいかにして実践されているかを明らかにすることにある。しかし、『自由意思論』同様、本書もまたマニ教に対する批判が執筆動機となっており、純然たるマニ教批判の書である『マニ教徒の道徳』と一対をなす書物として書かれている。

同書の第一部は、人間の真の幸福としての神と、その神に対する愛の掟の意味を扱っている。第二部では、アウグスティヌスは徳と教会を主題として論じている。その第二部の冒頭、徳についての総論とも言うべき箇所が、問題の第十五章である。

「徳とは我々を幸福な生活へ導くものであるから、私はあえて、徳とは神に対する最高の愛 summum amor Dei にほかならないと断言しよう。というのは、いわゆる徳の四つの区分というものは、私の理解するかぎりでは、愛そのもののいろいろ異なった動機 affectio によって分けられた名称であるからである。それで私はこれら四つの徳を——それらの徳の名がすべての人の口にのぼるように、それらの力がすべての人の精神のうちにもあらんことを——なんら躊躇することなしに次のように定義する。すなわち、節制とは、自分の愛するものに自分のすべてをささげる愛 amor integrum se praebens ei quod amatur であり、剛毅とは、自分の愛するもののためにすべてのことを喜んで耐え忍ぶ愛 amor facile tolerans omnia propter quod amatur であり、正義とは、自分の愛するものだけに奉仕し、そのために正しく支配する愛 amor soli amato serviens, et propterea recte dominans である。賢慮とは、愛にとって有害なものと有益なものとを明敏によりわける愛 amor ea quibus adjuvatur ab eis quibus impeditur, sagaciter seligens である。しかしこの愛は、私が前にも言ったとおり、無差別な愛ではなく、神、すなわち最高の善、最高の英知、最高の調和に対する愛である。したがって、次のように定義することもできるのである。すなわち、節制とは、神のためにみずからを潔白なものとして保つ愛 amor Deo sese integrum incorruptumque servans であり、剛毅とは、神のためにすべてのことを喜んで耐え忍ぶ愛 amor omnia propter Deum facile perferens であり、正義とは、神のみに奉仕し、そのために従属している他のものに正しく命令する愛 amor Deo tantum servientem, et ob hoc bene imperans cateris quae homini subjecta sunt であり、賢慮とは、神にいたるために助けになるものと妨げになりうるものとをよく見分ける愛 amor bene discernens ea quibus adjuvetur in Deum, ab iis quibus impediri potest である。」

この箇所では、確かにアウグスティヌスは徳（いわゆる「枢要徳」）に対して「定義」を与えていることは明らかである。このテキストの中に、直接「愛の秩序 ordo amoris」という形での表現は見いだされない。しかし、「徳は愛 amor である」とは明示的に語られているし、徳をある様態に確定された形での「愛」として規定している点をもって「愛の秩序」と言っている、といっても差し支えなかろう。

ところで、ここで注目すべき点は、「徳とは神に対する最高の愛 summum amor Dei にほかならない」というアウグスティヌスの冒頭の主張である。これはアウグスティヌス自身「私はあえて断言する affirmaverim」という言い方を意識して用いている点が示唆するように、ある意味で大胆な、重要な主張である。

アウグスティヌスがここに示そうとしたのは、すべての徳を愛の相のもとに一望せんとする眺望であった。この眺望の一つの源泉は、「わたしたちに与えられた聖霊によって、神の愛がわたしたちの心に注がれている」という『ローマ人への書簡』（五・五）におけるパウロの言葉であろう。この著作はアウグスティヌスのいわゆる「初期」のものであり、彼自身の有名な回心の体験に根ざした洞察を重ね合わせている、と見ることもできよう。

しかし、このアウグスティヌスの主張はいくつかの問題性を孕んでいる。まず第一に、ここで問題となっている倫理的徳（枢要徳）は、古典ギリシア以来の倫理的伝統にもとづく徳である点である。これは元来キリスト教的な意味での徳ではない。人間的理性の自律性の実り、もしくは哲学的倫理学の成果としての徳である。トマス的に言えば、人間理性を超えた神を対象とするいわゆる「対神徳 virtutes theologicae」とは明確に区別されるものであった。もっとも、アウグスティヌスの時代には「対神徳」という概念はまだ成立してなかったが。しかしながら、そうした区別の問題性は意識されていたはずである。しかるに問題のテーゼは、「（枢要）徳は神への愛〈である〉」と主張している。そして、「神への愛」とは、実質的にはいわゆる対神徳であるところの神愛 caritas である、と解するのが自然であろう。だとすれば、アウグスティヌスは枢要徳と神愛とを本質的に同一のものと考えているのであろうか、という問題が生じる。

第二の問題は、当のテーゼによれば、諸々の枢要徳自体が、その全体をもって本質的に一体のものとして扱われているように思われる点である。だとすれば当然、異なった名称で呼ばれる徳の区別は何を意味するのか、が問題となる。この点についてては、アウグスティヌス自身、「愛そのもののいろいろ異なった動機 affectio によって分けられた名称」である、という一応の回答を与えている。その上で、アウグスティヌスは四つの「枢要徳」のそれぞれを、何らかの様態において規定された形での「愛」、さらには「神への愛」として定義している。

(3) トマスの扱い

『神学大全』の中で、『カトリック教会の道徳』第十五章が「枢要徳」との関連で引かれている箇所[24]においては、すべて一貫して sed contra として引かれ、ある徳が「枢要徳」に数えられるか否かという点に関する基準をなす権威として扱われている。これに対して、『カトリック教会の道徳』第十五章が、「徳の定義」として言及される場合には、かならず項の異論の論拠として引かれている。そこで、それぞれの異論に対する回答の中に、この箇所でアウグスティヌスが提起している「徳の定義」に対するトマスの態度を窺い知ることができる。

『神学大全』第I－II部五五問題一項第四異論では、「徳は愛の秩序である」という当該の定義を、『八十三問題の書』第三十問題における「徳と呼ばれるところの秩序づけ ordinatio は、享受すべきものを享受し、使用すべきものを使用することである」という定義と並べた上で、「秩序 ordo もしくは秩序づけ ordinatio とは働き actus、もしくは関係 relatio を名づけたものである」とし、「それゆえに、徳は性向ではなくて、働きもしくは関係である。」としている。「人間的徳は性向であるか」というのがこの項の主題である。したがって、この異論は、徳を

「性向」としてアリストテレス的に定義してゆく方向に真っ向から対立するものとしてアウグスティヌスの定義を提示したことになる。

これに対するトマスの回答は、「我々において愛は徳を通じて秩序づけられる」という関係にあることを踏まえ、アウグスティヌスが徳を「愛の秩序もしくは秩序づけ ordo vel ordinatio amoris」と呼ぶのは、愛を徳を通じて秩序づけられるもの、として示しているのだ、と理解する方向で処理している。つまり、あくまでも徳を性向として把握する、という立場は堅持して、アウグスティヌスの言い方を、徳の目的にまで拡張した用法として解釈しているのである。

『神学大全』第Ｉ－II部五六問題三項第一異論では、「知性は徳の基体たりうるか」という項のもと、異論はアウグスティヌスの「すべての徳は愛 amor である」というテーゼのゆえに、「いかなる徳も知性のうちにはない」としている。この項の主文では、トマスは「人々が善い働きをなすための技能 facultas を獲得せしめる」ところの「相対的な意味での徳」と、「善く働きをなすための技能を生ぜしめるのみでなく、或る人をして当の技能を（現実に）正しく行使せしめる」ところの「端的な意味での徳」とを区別し、知性は、それが意志によって動かされる限りにおいて、端的な意味における徳の基体たりうる、としている。

そして、異論に対するトマスの回答は、「アウグスティヌスの言葉は端的な意味でいわれた徳についていわれていると解すべきだ」というものである。その上で、「すべてこの種の徳が端的な意味で愛である、というのではなくて、この種の徳は、その第一の動機 affectio が愛であるところの意志に依存するものであるかぎりにおいて、何らかの仕方で愛に依存している、という理由から」である、としている。

ここでトマスは、「徳は愛である」というアウグスティヌスのテーゼを「徳は愛に依存している」という意味に解釈しようとしているのである。ここでは神愛に限定されることなく、広い意味での「愛amor」全般が問題となっている。「意志の第一の動機が愛である」というテーゼをトマスは、愛に関する自身の所論[25]にもとづいて提示している。第七章で述べた通り、『神学大全』第I－II部二五問題、二七問題では、愛が欲求能力の間で「遂行の順序」において第一の運動であることを示し、『神学大全』第I部二〇問題一項はこのことが意志について、さらには神においてすら言えることを示している。

『神学大全』第I－II部六二問題二項第三異論は、先にアウグスティヌスのテキストとの関連で指摘した微妙で深刻な問題に関わっている。項の主題は「対神徳は知的および倫理的な徳から区別されるか」というものである。異論は、問題の『カトリック教会の道徳』第十五章によれば、四個の枢要徳は「愛の秩序」である。ところが、愛amorとは神愛caritasのことであり、対神徳である。それゆえ、倫理的徳は対神徳から区別されない、というものである。この異論はまさに、先に「徳とは神に対する最高の愛である」というアウグスティヌスのテーゼに関して我々が指摘した第一の問題性を取り上げたものである。そして、そこでは「愛amor」「神愛caritas」、そして「枢要徳」という三つの概念間の関係の解明が要求されている。

事実、トマスの回答は「愛の秩序」ということに対する解釈の形で展開している。まずトマスは、「神愛は愛であるが、すべての愛が神愛であるわけではない」ということを確認する。そこから、「すべての徳は愛の秩序である」と語られるとき、そのことは（a）「一般的な意味での愛についてである」とも、（b）「神愛という愛についていわれている」とも解しうる両義性がある、としている。トマス自身はこの両義性について敢えて決定的な解釈を与えるのではなく、それぞれの解釈をとった場合を分けて結論づけている。すなわち、（a）もし「一般的な意味での愛」についてであるとしたら、「いずれの枢要徳についても秩序にかなった動機affectioが必要とされ、すべての動機の根元 radix および根源 principium は愛であるかぎりにおいて、いずれの徳も愛の秩序である、といわれる」とする。(b) 他方、もし「神愛という愛」についていわれていると解するならば、それは「他のいずれの徳も本質的に神愛である」という意味に理解すべきではなく、「他のすべての徳は或る仕方で神愛に依存している」という意味に理解すべきである、としている。

つまり、(a) の場合には「愛」は対神徳ではないので問題ないし、(b) の場合には「愛」(神愛) と枢要徳との関係を本質的に同一のものとして捉えない、という解決である。では、(b) の場合の諸徳と神愛との関係とはいかなるものなのか。それは、ここでも「依存」という表現が用いられている。トマスは、その内実は後に明らかにされる、と予告するが、それは『神学大全』第I－II部六五問題二項、四項、『神学大全』第II－II部二三問題七項などの箇所を指すものと考えられている。そこでは問題の「依存関係」が、具体的にはトマスの考える形での「神愛による諸徳の結合 connexio virtutum per caritatem」として展開されている。

ちなみに、この項の主文では、「我々の理性による認識を超え出るもの」たる神自身を対象とする対神徳に対して、知的および倫理的な徳を「人間的理性によって把握され comprehendi うるような」対象をもつものとして対神徳から種的に区別されるものとしている。これは「人間的理性によって把握されうるような対象」の世界としての知的および倫理的徳の世界の自立的成立を認めたものといえる。

「神愛は特殊的な徳であるか」と問う『神学大全』第II－II部二三問題四項第一異論をめぐる議論においては、明確に神愛が問題とされている。異論は、アウグスティヌスによる例の「徳は愛の秩序である」という定義を、「徳とはそれによって我々が神と隣人を愛する神愛である」とするヒエロニムスのそれと並べ、神愛が徳の「一般的な定義」のなかに含まれていることを示す。その上で、「いかなる特殊的な徳も一般的な徳の定義のうちにふくまれることはない」がゆえに、「神愛は特殊的な徳ではない」と結論づけている。つまり、この異論は「徳とは神に対する最高の愛である」というテーゼに関して、先に我々が指摘した第二の問題性に相当するものである。

この異論に対するトマスの回答でも、「神愛がすべての徳の定義のうちにふくまれるのは、それが本質的にessentialiterすべての徳であるから」ではなく、「或る意味ですべての徳がそれに依存しているから」だとしている。やはり、「徳は(神)愛〈である〉」というテーゼを、依存による結合関係を意味するものとして説明しているのである。


上記の項は、神愛との関係で枢要徳相互の区別の問題を論じたものであるが、四個の枢要徳の区別そのものは、『神学大全』第I―II部六一問題四項において主題的に論じられている。

まず、sed contraにおいて、問題の『カトリック教会の道徳』第十五章を「徳は愛そのものの異なった諸動機に応じて四個に区分されたものとして語られる」と述べ、それをいわゆる四個の枢要徳にあてはめている、という形で紹介し、四個の枢要徳を相互に区別する典拠としている点に注意を喚起しておこう。

主文において、まずトマスは、四個の枢要徳についての二つの立場を分類している。

第一の立場は、四つの枢要徳を「すべての徳において見いだされるところの、人間精神の或る一般的条件conditio generalisを表示しているもの」と解する立場である。これを仮に「一般的条件説」と呼んで置こう。一般的条件説によれば、「賢慮」は「あらゆる行為もしくはことがらにおける思慮、分別discretioのもつ、或る正しさ」、「正義」は、「人がそれによってあらゆることがらにおいて為すべきことを実行するところの、精神の或る正しさ」、「節制」は、「あらゆる情念あるいは行為に、それらが然るべき限度を超えてしまうことのないよう、節度modusを課するところの精神の或る状態」、「剛毅」は、「霊魂が情念のあらゆる攻撃や行為にともなうあらゆる労苦にもまけず、理性と合致するところを堅持することを可能にするような、霊魂の或る状態」にほかならないことになる。ところがトマスは、一般的条件説では、正義、節制、剛毅に対する特徴づけと区別がなされなくなってしまう、としてこれを批判する。剛毅を特徴づける「堅固さ」firmitas は、性向 habitus である限りのあらゆる徳に見いだされ、正義を特徴づける正しさ、あるいは責務 debitum という側面をふくむところの善への秩序づけも、徳である限りの倫理的徳にともなうし、節制を特徴づける「理性的な節度を守り、自らの限界を超え出ることをしない」ということも理性を分有する限りにおける倫理的徳すべてに言えることだからである。

第二の立場は、「四個の徳をそれらが特定の対象 materia specialis へと規定されているかぎりで」理解する立場である。これを仮に「特定対象表示説」と呼ぶことにしよう。特定対象表示説は、「それら徳の各々が一つの（特定の）ことがら、領域——そこにおいて徳の名称の源泉たる、あの一般的条件が主要的に推奨されるところの——へと規定されているかぎりにおいて」理解する。そして、このように見た場合には、四つの枢要徳は、対象の相違にもとづいて区別された、（相互に）異なった性向であることがあきらかである、という。

一般的条件説を唱える論者については、トマスは「或る人々」とのみ述べており、具体的に誰であるのか、については明言していない。しかし、この「一般的条件」とは、アウグスティヌスが枢要徳の区別の根拠として挙げた「愛そのもののいろいろ異なった動機 affectio による区別」の内容を解釈したものと考えられ、「一般的条件説」はアウグスティヌス的な立場である、と言える。注釈の伝統は、フィリップス・カンケラリウスなる人物の名を挙げている[26]。他方、特定対象表示説の代表的人物は、言うまでもなくアリストテレスである。そしてトマスは、この特定対象表示説のほうが「より優れたものである」と評している。

以上の考察から、「徳は（神）愛である」というアウグスティヌスの立場を、トマスが、「愛への依存」という形での「諸徳の結合」として理解してゆこうとする基本姿勢がほぼ明らかとなった。そこで、「諸徳の結合」に関するアウグスティヌスとトマスとの立場の関係を、アウグスティヌスによる「諸徳の結合」理論に関するトマスの扱いにおいて解明することにしよう。

第四節　諸徳の結合――『三位一体論』

トマスがアウグスティヌスによる「徳の結合」理論の典拠として言及しているのは(27)『三位一体論 *De Trinitate*』の第六巻第四章である。(28)また、『八十三問題の書』において、正義が「すべての徳に浸透している」という形で徳の結合が示唆されている点も言及される。(29)

ここでは、主要な典拠である『三位一体論』のテキストへの言及について検討することとする。

(1)　アウグスティヌス自身にとっての当該テキスト

アウグスティヌスが三九九年頃に執筆を開始した『三位一体論』が公刊されたのは四二一年前後である、と言われている。この書物の完成までには実に二〇年余の歳月が費やされていることになる。内容的にも困難で微妙なキリスト教の根本教義を扱った同書は、アウグスティヌスの主著というべき書物である。(30)

通常の分け方にしたがえば、同書は二つの部分からなっている。第一部は、いわば教義論的な部分であり、第一巻（序章的な第四章までに続く第五章から）に始まり第七巻にいたる本書の前半部分である。そこでアウグスティヌスは、聖書の権威にもとづいて、三位一体の教義が真理であることを証明しようとしている。第二部は、いわばアウグスティヌス独自の神学的な思索が展開される部分であり、第八巻から第十五巻までの後半部分からなっている。そこでは、「信仰の知解」を目指して、三位一体と類比的な構造を人間の精神のうちに求めつつ、「より内的な仕方で」の考察が展開されている。第一部は、さらに二つの部分に分けることができる。第四巻までの前半部分は、狭義における教義論的な部分であり、主として三位一体に関する聖書的典拠と教会による定式の解明がなされている。これに対して、第五巻以降の後半部分は主としてアリウス派の論駁を意図した弁証論が展開されている。したがって、アウグスティヌスによる「徳の結合」理論の典拠として言及されている第六巻第四章は、第一部後半部分に位置づくことになる。

人間の言語の限界性と可能性を探り、三位一体についての考察に「関係」概念の導入を果たした第五巻に続き、第六巻では「キリストは神の力、神の知恵である」(31)というパウロの言葉によって、父と子の不等性を主張するアリウス派に反論して、父と子は等しく永遠であることを明らかにすることが主要な課題となっている。

「人間の精神に存在する諸徳はそれぞれ或る仕方で個々別々に理解されるが、しかも互いに分離されない。したがって、たとえば、剛毅の徳において互いに等しいものはみな、賢慮の徳、節制の徳、正義の徳においても互いに等しいことになる。もし君がこれこれの人は剛毅の徳において等しくあるが、彼らの一人は賢慮の徳において卓れていると言うなら、必然的に他の人の剛毅の徳はより賢慮の点で少ないであろう。したがって、この一人の剛毅の徳がより賢慮の点で深くあるなら、彼らは剛毅の徳において等しくないであろう。君がこの観点から考察するなら、このようなことを他の徳についても見いだすであろう。勿論ここで重要なのは身体の諸力ではなく、精神の力である。だから、人間の精神とは比較を絶して純一な神の不可変的にして永遠の実体においてはなおさらそうである。たしかに、人間の精神にとっては存在すること、剛毅であること、賢慮あること、正しくあること、節制あることとは別なものである。つまり、人間の精神はこれらの徳の一つをも所有せずとも存在し得るのである。ところが神にとっては、存在すること、力のあること、正しくあること、知恵あること、また神の実体を意味表示する純一な多様性、多様な純一性は同じである。

それゆえ、神からの神、と語られるのは、この名称が個々のペルソナに妥当するため、しかも二つのペルソナが二つの神であるようにではなく、一つの神であるためである。それらのペルソナは使徒の証言によると隔たった異なる実体においても生起し得るように互いに結合している。主は独自に霊であり、人間の霊もたしかに独自に霊である。しかも人間の霊が主に属するなら、「一つの霊である」(『コリント第一書簡』六・一七)。だからなおさら、絶対的に分離されず、永遠的な結合があるところでは然りである。つまり、もし、神であるといわれることが、二つのペルソナについてのみ同時にいわれるなら、神の御子といわれるとき、あたかも二つのペルソナの子であるかのごとくいわれることは不合理に見えないであろうか。あるいは、その実体を指示するために神についていわれることはみな、両者についてのみ同時に、いな三位一体御自身についても同時に言われないであろうか。それで、この考えをとるか、あの考えをとるかは一層慎重な考察を要するのであるが、今は私たちがすでに示したように、もし御子の実体を意味表示するための或る点において御父に等しくないなら、御子は決して御父に等しくないということを見れば十分である。ところが、使徒は御子は御父に等しいと言ったのである。だから、御子はすべての点で御父に等しくあり、同一の実体である。」

このテキストは、人間の徳の結合を神の実体の一性との類比のもとに問題とし、最終的に父と子との等しさを明らかにする文脈の中にある。そして、「諸徳の結合」ということと、諸徳における「等しさ」という二つのことがらが密接に関連する形で語られている、という点に注意を喚起しておこう。

(2) トマスの扱い

この問題については、トマス自身が諸徳の結合関係の問題(「諸々の倫理的徳は相互に結びついているか」)を扱っている『神学大全』第I-II部六五問題一項を取り上げてみたい。ここでは、上述のアウグスティヌス『三位一体論』第六巻第四章は、「人間精神のうちに見いだされる諸々の徳はけっして相互にきり離されていない」という形で sed contra に引かれている。つまり、まさにアウグスティヌスによる「諸徳の結合」理論の典拠として引用されているのである。

主文において、トマスは、まず倫理的徳に「完全な倫理的徳」と「不完全な倫理的徳」との区別をもうける。「不完全な倫理的徳」とは、善い行為を為すことへの単なる「傾向性 inclinatio」のことである。そして、この意味での倫理的徳は(相互に)結びついてはいない、という。このことは、或る人が生まれながらの体質や習慣から して、或る徳(たとえば「寛厚 liberalitas」)の行為をなすのには迅速であるが、別の徳(たとえば「貞潔 castitas」)の行為をなすのには迅速ではない、という経験的事実が示すところである。これにたいして、「善い行為を善く bene 為すことへと傾かしめる性向」であるところの「完全な倫理的徳」は(相互に)結びついている、とする。

ただし、この結論を引き出す論拠については、諸々の枢要徳に区別を与える仕方に関する二つの立場、すなわち、上述の「一般的条件説」と「特定対象表示説」とに対応して、二つのタイプがある、という。

第一に、「一般的条件説」であるが、これは先述のごとく、諸徳を、分別 discretio が賢慮に、正しさ rectitudo が正義に、抑制 moderantia が節制に、堅固さ firmitas が剛毅に属するというふうに区別している。この立場にしたがえば、一つの条件、たとえば堅固さは、そこに他の条件、つまり抑制、正しさ、分別がともなっていなかったならば、徳として賞賛されることはない、という理由で結びついていることになり、以下他の条件についても同様だから、ということになる。

第二に、「特定対象表示説」の立場をとる代表的人物としてアリストテレスが挙げられる。「特定対象表示説」による論拠とは、「正しい選択」の成立をめぐる倫理的諸徳による正しい目的への傾向性と、賢慮にもとづく目的への手段を正しく選ぶことの保証との循環的な相互前提関係により、諸徳は賢慮を核として結合している、というものであり、『ニコマコス倫理学』[32]を典拠としている。

トマスは、一般的条件説にしたがえば「諸徳の結合の論拠は明瞭である」と評している。そして、注目すべきことには、ここではアウグスティヌスはグレゴリウスと並んで名指しで一般的条件説の論者のうちに数えられている。結局ここでトマスは、徳の結合について、「一般的条件説」の論者としてアウグスティヌスを名指すとともに、アリストテレス的な立場である「特定対象表示説」との二つの論拠を両論併記の形で述べている。

ところで、問題の『三位一体論』第六巻第四章は、「諸徳の結合」ということと、諸徳における「等しさ」という二つのことがらが述べられていた。トマスは、諸徳における「等しさ」の問題については、『神学大全』第I－II部六六問題二項において主題的に論じている。

ここでも、「一般的条件説」と「特定対象表示説」が言及されており、アウグスティヌスははっきりと一般的条件説に位置づけられている。「一般的条件説」にしたがった場合、「いかなることがらにかかわる徳も、こうした一般的条件のすべてを等しくそなえていなければ、等しいとはいわれえない」ということが、一人の人間のうちに存在する徳の等しさを根拠づけるものとされる。そして、その典拠を示すテキストとして『三位一体論』第六巻第四章の問題の箇所がそのまま引用されている。

『カトリック教会の道徳』第十五章冒頭の、「徳とは神に対する最高の愛にほかならない」というテーゼは、諸徳が愛として一体であることを示唆している。このテーゼに結びつくものとして、四枢要徳についての一般的条件説が提示されている、と考えられる。したがって、一般的条件説は元々諸徳を一体として扱っている以上、諸徳の結合、等しさに関しては説明しやすい。そしてトマスは、そうした場面では、アウグスティヌスが一般的条件説をとっていることをはっきりと認め、そのことをアウグスティヌス自身が表明している箇所として『三位一体論』の当該箇所を挙げているのである。

第五節　結　語

トマスが事実上、アウグスティヌスによる真の意味での「徳の定義」として扱っているのは、『カトリック教会の道徳』第十五章における「愛の秩序」としての規定であった。ここでアウグスティヌスは、「徳とは神に対する最高の愛にほかならない」と主張していたが、そこには二つの問題性があった。

第一に、この主張を見る限り、アウグスティヌスは枢要徳と神愛とを本質的に同一のものと考えているように見える点である。第二の問題は、枢要徳の区別の根拠をいかに考えるか、という点である。このいずれも、徳を性向として定義するアリストテレス的な徳論を導入しようとしているトマスにとっては厄介な問題であったと思われる。

第一の問題に関しては、枢要徳と神愛とを、それぞれ性向として別のものと考え、かつ、枢要徳については、それ自体を人間理性の自然本性の枠内で考えようとしているトマスは、「徳は（神）愛〈である〉」という表現を文字通りのものと受け入れるのではなく、これを「徳は（神）愛に依存する」という関係、すなわち、神愛を核とする徳の結合関係を表現したものである、と解釈した。

第二の問題に関連して、トマスは枢要徳の区別の根拠について、四つの枢要徳を「すべての徳において見いだされるところの、人間精神の或る一般的条件を表示しているもの」と解する立場（「一般的条件説」）と、「四個の徳をそれらが特定の対象へと規定されているかぎりで」理解する立場（「特定対象表示説」）とを区別した。「一般的条件説」がいう「一般的条件」とは、アウグスティヌスが枢要徳の区別の根拠として挙げた「愛そのもののいろいろ異なった動機 affectio による区別」の内容を解釈したものと考えられ、「一般的条件説」はアウグスティヌス的な立場と言える。他方、「特定対象表示説」はアリストテレスの立場であり、トマス自身も「特定対象表示説」に近い。「一般的条件説」では、諸徳の結合は説明しやすいが、諸徳の区別については説明しにくい。トマスは諸徳の区別の文脈では、一般的条件説の説明は明らかに破綻しているものとして、これにはっきりと批判を加えている。その関係もあってか、トマスは権威としてのアウグスティヌス自身の名を、徳の結合の場面では一般的条件説に属するものとして挙げているが、徳の区別の文脈ではアウグスティヌスを一般的条件説から切り離しているように思われる。

他方、「特定対象表示説」は、徳の区別については説明しやすいが、徳の結合についてはどうであろうか。これは、いわばアウグスティヌス的伝統を離れてアリストテレス的な徳論を導入しようとするトマスが直面する課題である。そのためにトマスが用意した回答は、獲得的徳に関してはアリストテレスにならって賢慮を核とし、注賦的徳に関してはトマスが独自に提示した神愛を核とする徳の結合理論であった。賢慮を核とする倫理的諸徳の結合理論はアリストテレスを受け継いだものであるが、神愛を核とする注賦的な徳の結合は、神との絆に依存する徳論の構図を示すものとして、ある意味でアウグスティヌス的な図式を受け継ぐものである。しかし、トマスがアリストテレスから受け継いだ性向としての徳論においては諸徳の独立性は強く主張されることになるが、アウグスティヌス的な図式の中に示されたそれら徳相互の関係とそれらの結合関係をいかにして説明してゆくか、という点はトマスが直面しなければならなかった課題であったように思われる。

次章では、その点に関するトマス自身の取り組みの意味を明らかにしたい。

（1） S. *T.* I-II q. 55 a. 1 c.
（2） S. *T.* I-II q. 65 a. 1 c.
（3） Augustinus, *De libero arbitrio voluntatis*, II, 18, PL32, 1267-1268.
（4） S. *T.* I-II q. 57 a. 3 arg. 1, q. 66 a. 1 arg. 2, II-II q. 17 a. 1 arg. 1, q. 20 a. 1 ad. 2, q. 51 a. 1 arg. 1, q. 155 a. 1 arg. 2, III q. 80 a. 4 arg. 3, ad. 3.
（5） I-II q. 56 a. 1 arg. 1, q. 65 a. 2 sc., II-II q. 137 a. 1 arg. 2.
（6） S. *T.* I-II q. 63 a. 2 c., III q. 89 a. 1 arg. 2.
（7） Augustinus, *Enarrationes in Psalmos*, 26, 121, PL37, 1577.
（8） Augustinus, *De gratia et libero arbitrio*, 17, PL44, 901.
（9） S. *T.* II-II q. 17 a. 1 arg. 2.
（10）『神学大全』邦訳第十一分冊、稲垣良典訳、創文社刊、一九八〇年、訳註一二一。
（11） Augustinus, *De libero arbitrio voluntatis*, 18-19, PL32, 1267-1268.

(12) *S. T.* I-II q. 55 a. 4 sc.

(13) 『自由意思論』においてアウグスティヌス自身の徳についての叙述が展開されているのは、トマスが引いた「定義」の典拠とされている第二巻第十八・十九章よりは、むしろ第一巻第十三章である。

(14) Augustinus, *De moribus ecclesiae catholicae*, I, 2, PL32, 1314-1315.

(15) *ibid.*

(16) *S. T.* I-II q. 57 a. 1, a. 3 c.

(17) *S. T.* I-II q. 65 a. 2 c.

(18) *S. T.* I-II q. 55 a. 1 arg. 4, q. 62 a. 2 arg. 3, II-II q. 23 a. 4 arg. 1.

(19) *S. T.* I-II q. 56 a. 3 arg. 1.

(20) *De moribus ecclesiae catholicae*, XV, PL32, 1322.

(21) Augustinus, *De diversis quaestionibus LXXXIII*, q. 30, PL40, 19.

(22) *S. T.* I-II q. 55 a. 1 arg. 4.

(23) *S. T.* I-II q. 61 a. 4 sc., II-II q. 123 a. 1 sc., a. 11 sc., q. 136 a. 2 sc.

(24) *S. T.* I-II q. 61 a. 4, II-II q. 123 a. 1, a. 11, q. 136 a. 2 c.

(25) *S. T.* I-II q. 25 a. 1, a. 2, a. 3, q. 27 a. 4, *S. T.* I q. 20 a. 1 c.

(26) 『神学大全』邦訳第十一分冊、稲垣良典訳、創文社刊、一九八〇年、訳註二四二。

(27) *S. T.* I-II q. 65 a. 1 sc., q. 66 a. 2 sc., c.

(28) Augustinus, *De Trinitate*, 6, 4, PL42, 927.

(29) *S. T.* II-II q. 58 a. 8 arg. 2.

(30) 初期の著作である『自由意思論』『カトリック教会の道徳』と、円熟期の著作である『三位一体論』との間にある時間的な隔たりは当然顧慮されるべきではあるが、ここでは「トマスにとってのアウグスティヌス」という視点で、アウグスティヌス自身の発展史的問題には取り敢えず触れずに考察を進めたい。

(31) 『コリント第一書簡』(一・二四)

(32)　Aristoteles, *Ethica Nichomahea*, VI, 12, 1144b36.

第十一章　徳としての神愛

第一節　はじめに

第九章である程度明らかにしたとおり、キリスト教倫理の伝統における「神愛」の思想的源泉はパウロ神学、特に「わたしたちに与えられた聖霊によって、神の愛がわたしたちの心に注がれている」という『ローマ書簡』(五・五)の言葉である。しかし、この神愛が「徳」である、ということは必ずしも自明なことではない。よく知られているように『コリント第一書簡』(一三・一三)では、「神愛」は「信仰 fides」「希望 spes」と共に枚挙されている。しかし、これら三者を「徳」として、さらには「対神徳」として位置づける伝統は古いものではない。たとえば、アウグスティヌスの『エンキリディオン *Enchiridion*』は、まさに「信仰・希望・神愛」について主題的に論じた著作であるが、そこでアウグスティヌスは、これら三者を「徳」とは呼んでいない(1)。

他方、アウグスティヌスは『カトリック教会の道徳 *De moribus ecclesiae catholicae*』において「徳とは神に対する最高の愛 summum amor Dei にほかならない(2)」と宣言している。ここでの「神に対する最高の愛」は「神愛 caritas」と同義と考えることができよう。しかし、ここでの「徳」とは「節制、剛毅、正義、賢慮」というギリシア以来の「四元徳」(あるいは「枢要徳」)のことであり、当該のテキストはこれらの諸徳を「愛」の諸様態として規定しようとしたものであった。そこでは「愛amor, caritas」そのものの性格――愛それ自体が一個の徳であるのか否か――は不分明なままであった。前章で検討したとおり、アウグスティヌスによるこうした「徳」の規定は、枢要徳と神愛とを本質的に同一のものと考えているように見える点、そして枢要徳相互の区別の根拠をいかに考えるか、という点で問題性を孕んでいた。

アウグスティヌスとトマスとの間には、まず第一段階として、神愛が「徳」である、というテーゼ、そして第二段階として、神愛が「性向」としての徳である、というテーゼという二段階の隔たりがある。両者の間に位置するのがペトルス・ロンバルドゥスである。彼は「信仰・希望・神愛」の三者を「徳」と呼んでいる(3)。ただしロンバルドゥスの段階ではまだ「対神徳virtus theologica」という術語はまだ用いられていない。さらに、後述するように、まさに神愛を「性向としての徳」として位置づけるところにトマスのロンバルドゥス批判の要点があった。

しかし、すでにアウグスティヌスは、徳の存在論的な身分に関してアリストテレス的に「性質」「性向」として規定する立場を知っていた(4)。アウグスティヌス自身はこうしたアリストテレス的な徳理論に対する自らの立場を留保していたが、おそらくアリストテレス的な立場に対しては消極的だったであろう。

これに対し、トマスは「性向としての徳」という理論を導入し、これを貫徹させ、さらには「神愛」をもかかる「性向としての徳」として位置づけた。そうしたトマスの神愛論の歴史的意義は、アウグスティヌスからロンバルドゥスに至るまでの先行思想との対比の中から明らかになる。

本章は、そうした歴史的展望の中でのトマス神愛論の意味について明らかにすることを目的とする。

第二節　性向としての神愛——ペトルス・ロンバルドゥス批判

(1)　性向としての神愛

まず、トマスが神愛を「性向」として位置づけることにより、ペトルス・ロンバルドゥスを批判したことの意味について考えてみたい。

トマスが、神愛は魂のうちに創造された何かであるか、あるいは聖霊自身であるか、を主題的に問う『神学大全』第II−II部二三問題二項および『定期討論集・神愛について *Quaestiones disputatae de Caritate*, (*De Carit.*)』一項における議論を概観しよう。ここでトマスは、神愛を聖霊と同一視するペトルス・ロンバルドゥスの所説を解説しつつこれに反論する。

ペトルス・ロンバルドゥスによれば、聖霊は他の行為については、徳という魂における被造物を媒介として動かすが、神を愛する、という行為に限り、聖霊が直接人間の魂を動かす、という(5)。

トマスによれば、もし聖霊が直接魂を動かすならば、人間における神愛の行為は内的根源をもたず、単に道具的なものとなり、随意的あるいは能動的でありえなくなるか、神愛の行為は人間本性の能力を超えない、という異端的見解に陥るかのいずれかになる、という。ここに解決すべき困難がある。

トマスは、この困難を次のように解決する。第一に、神愛の行為は意志の行為である。第二に、神愛の行為が随意的であるために、その行為は何らかの固有の形相、内的な根源から発するのでなくてはならない。第三に、神愛の内にある者は神愛の行為を容易に、喜びをもってなすのでなければならず、したがって、神愛は徳、つまりは性向habitusでなければならない。かくして、我々のうちに愛の行為の形相的根源である被造的な神愛の性向がある他はない、と結論づけられる。(6)

その結果、聖霊と人間との関係は次のようになる。聖霊は、形相と力とを与えることによって人間の意志を愛の行為へと動かす。そのことによって意志は、聖霊自身が動かすものへと傾けられる。その結果、意志はそれ自身の自由な自発性による愛の行為へと傾けられる。(7)

このように「もし聖霊が直接魂を動かすならば、人間における神愛の行為は内的根源をもたず、単に道具的なものとなり、随意的あるいは能動的でありえなくなる」というのがトマスのロンバルドゥス批判の論点であった。しかし、中世における教科書的権威であったペトルス・ロンバルドゥスが、そのような問題性に無頓着であったとは思われない。むしろ、トマスによる「ペトルス・ロンバルドゥス批判」は、「性向としての徳」というアリストテレス的な観念を導入することにともなう概念的な枠組みの変更を徹底することにあったように思われる。

神愛に関しては、問題の核心は神愛にもとづく「愛する」という行為が、神を愛する当の人間自身に帰属する、という一点にあった、と言ってよい。「外的根源」「内的根源」というアリストテレス的な概念装置を前提とするならば、行為が当人に帰属する、という事態を支えるのは「内的根源」の概念となる。上述のテキストにおけるペトルス・ロンバルドゥスの権威に対する批判は、神愛の行為が、人間性の能力を超えるにも関わらず、彼自身の行為として当の人間に帰属する、という微妙な問題について、トマスがアリストテレス的な概念枠の中での解決を示そうとしたものである、と言える。

その限りで、トマスのロンバルドゥス批判はいわゆる神愛の注賦理論などともセットにして理解すべきであろう。有名な神愛の注賦理論が展開される『神学大全』第II－II部二四問題二項、三項は次のように展開する。神愛とは、永遠的至福の「分かち合い communicatio」に基礎を置く神に対する人間の何らかの友愛であるが、神愛の基礎となる分かち合いは自然本性的な善についてではなく、恩恵的賜物に即している。ゆえに、神愛そのものも自然本性の力を超える。自然本性的力を超えたものは自然本性的たることも自然本性的能力によって獲得することも不可能なるがゆえに、神愛は自然本性的にあることも自然本性的能力で獲得することも不可能であり、その生成は聖霊による「注賦 infusio」による、とされる。そして神愛は、御父・御子の愛である聖霊の我々における分有として示される。注賦される神愛の大きさは自然本性の状態、あるいは自然本性的な力による受容能力にではなく、聖霊の意志のみに依存する、とされる(8)。

我々はさらに、『神愛について』六項において、トマスが、神愛は「大罪 peccatum mortale」と共存し得ないことを示している箇所の論点にも注目する必要がある。大罪とは、神にしたがって生きることよりも、何か他のものを選び、その他のものに執することに在る。しかるに、神をすべてのものにまさって愛することはまさしく神愛の本質である。それゆえにすべての大罪は神愛と反対対立する。ところで、神愛の注賦は、その初めにおいてだけではない。神愛の持続する間全体にわたり神からの働きによりその存在が保たれている。大罪が到来する時、それは魂による神の直視を遮る。そして神愛の流入は停止する。しかし、人間の魂は、神の恩恵の助けにより、正しく神を見ることによって、そしてすべてのもの以上に神を愛することによって、再び神と神愛に戻ることができる、とされる。

ここで、神が神愛の生成のみならず保全に関してもその原因である、というテーゼが示されている。これは、とかくその生成の場についての理解のみに終始しがちな神愛の注賦理論の、もう一つの重要な側面である。ここで、その生成においても保全においても自己のうちに原因をもたない性向、というきわめて特異な性向概念が示されている。

個人の「性質 qualitas」としての「性向 habitus」という、アリストテレス以来の概念的枠組みをぎりぎりまで駆使して、神と人間との人格的関係のフェイズを描こうとしている点に、トマスの神愛論の要諦がある。神愛そのものの存立は、人間の自然本性の射程を超えるものとして、その生成においても保全においても神に依存し、人間は受動的な立場にある。しかし、一旦これが成立するならば、人間は神愛の行為としての「愛すること diligere」の主体であることが認められるのである。

以上のようにして、神愛が性向として確定されたことを受けて、『神愛について』二項において、トマスはさらに神愛を「徳」として確立する。

徳は人間を善くし、また彼の業を善くするものである。したがって、徳は善のためによく、つまり、随意的に、堅固に、容易に、そして喜びをもって、働く。このことは、愛によってなされるがゆえに、そのために徳が働く善に対する愛は徳の必要条件である。ところで、ある種の善に対する愛は自然本性的に人間の意志のうちにある。たとえば、理性の善への愛がそれである。しかしながら、他の善への愛は自然本性的に人間のうちに存在しない。すなわち、技術的な善、政治的な善、そして最高善がそれである。至福の対象である最高善に対する愛は、注がれた徳を必要とする。ただし、その愛はその善を所有・獲得しようとする愛ではなく、これを保全しようとする愛でなければならない。かかる愛は、あらゆる大罪、至福への障害を排除する愛である。このような愛である神愛は、単に徳であるのみならず、徳の中で最も強力なものである、とされる。

（2） ペトルス・ロンバルドゥス批判の全体的文脈

ところで、以上概観したようにしてペトルス・ロンバルドゥスを批判し、神愛を性向として規定したトマスの立場は、しばしば以下のような教科書的理解のもとに置かれることがある。曰く。

アウグスティヌスはパウロにしたがって「神の愛が聖霊により心のなかに注がれる」と説いた。しかしアウグスティヌスは、罪に陥った人間の心に注がれた「神の愛」がどのように働いて救いを完成させるか、というプロセスを具体的に説明しなかった。その後、この点に関連して、この「愛」は人間に働きかける聖霊自身なのか、それとも魂の性向であるのか、という問題がロンバルドゥスの『命題論集』を契機として提起された。ロンバルドゥス自身は、神から注がれる聖霊は何らかの性向を介することなく愛の運動を起こすゆえ、愛は魂に内在する被造的性向ではなく、精神の内なる聖霊であるとみなした。しかし、トマスは、愛は意志的なものであり、意志が愛するように聖霊によって自発的に働くとみなし、愛が究極の原理において神的であるにしても、救済に役立つ功績としての愛は人間の性向により形成された神愛でなければならない、と説いた。「こうして神の愛は聖霊により私たちの心に注がれると、意志の働きにより性向となり、この性向から功績としての神愛が生まれて、永遠の生命にいたる」という思想が成立した。この学説に対し倫理学的観点からはオッカムが批判を加え、神学的観点からはルターが批判することになる、と。

以上の概観は、「性向としての神愛」の概念は、「永遠の生命」という「報賞」のための「功績」の根拠としての神愛（むしろ「愛徳」という古典的な訳語の語感の方がふさわしい）の意味を強調する。これは、まさに宗教改革が批判の的とした「功績主義」の源泉としてのトマス像である。

しかし、こうした概観は、全くの誤りとは言わぬまでも、トマスによる性向概念導入の多面的な文脈、そしてトマスがアリストテレス的な性向概念に加えた変容の意味を顧慮しておらず、一面的な理解である、と言わなければならない。神愛の性格づけと並行して、トマスはいくつかの点でペトルス・ロンバルドゥスを批判しつつ、アリストテレス的な性向理論を、拡張と変容を加えつつ導入してゆく。「性向としての神愛」概念の真の意味は、その全体的な脈絡の中でこそ理解されるべきものである。

神愛の性格づけと関連して、ペトルス・ロンバルドゥスを批判しつつ、さらにアリストテレスの性向理論の導入を進めてゆくトマスの構想の全体像について、ここで簡単に概観しておこう。

まず、恩恵と徳との関係について、ペトルス・ロンバルドゥスは両者を同一視し、恩恵と徳とは本質に即していえば secundum essentiam 同じものであって、ただ概念として secundum rationem 異なるにすぎない、と主張していた。[11] すなわち、同じものが人間を神意に適う者とするかぎりにおいて、あるいは無償で与えられるかぎりにおいて「恩恵」と呼ばれ、人間がよく働きを為しうるように彼を完成するかぎりにおいて「徳」と呼ばれる、というのであった。これに対して、トマスは彼としては初期の著作となるその註解においてすでに、[12] 恩恵は霊魂のうちなる或る被造物 aliquid creatum であって、厳密かつ自体的に proprie et per se 霊魂の本質をもってその基体とする、霊魂のうちなる付帯有 accidens である、とし、霊魂の諸能力を基体とし、それらを完成するところの徳 virtus とは、本質的に異なる、と結論づけて、ペトルス・ロンバルドゥスの見解を正面から批判している。

その意味するところは、第九章で述べたとおり、恩恵は魂をその「働き operatio」に先立つ「存在 esse」において高め、徳はその働きにおいて完成する、という区別を存在論的に裏付けるところにあった。

現代の神学は、神（聖霊）そのものが人間の魂に直接宿る（「聖霊の内住」）という事態を強調する。[13] その立場から見ると、トマスが以上見てきたように、恩恵や神愛を「性向」として、つまり「魂における被造的な形相」として規定して位置づけている点は、ペトルス・ロンバルドゥスの見解からむしろ後退しているような印象を与えるかも知れない。

しかし、ここで我々はトマスにおける「聖霊の賜物」の概念に注目しなければならない。トマスはアリストテレス的性向理論を導入しつつ、『イザヤ書』で枚挙された「聖霊の賜物」なる概念を、徳——対神徳や注賦的倫理的徳——とはさらに区別されたきわめて特殊な意味における性向として位置づけている。[14]

第九章で触れたとおり、「聖霊の賜物」は「人間を、彼が神（聖霊）からの誘発 instinctus に善く従うように秩序づけるところの人間の完全性」[15]、つまり人間が聖霊に自らを「明け渡す」ことを潤滑にする性向であった。つまり、トマスは決して「外的根源」としての神（聖霊）が、魂の内側から直接これを「動かす」という事態——「聖霊の内住」——を軽視しているわけではなく、聖霊そのものの「内住」については、聖霊そのものによる「神的扶助による恩恵」という形で位置づけ、これを迎え入れる準備態勢としての「聖霊の賜物」に言及しているのである。

以上、トマスのペトルス・ロンバルドゥス批判と関連したアリストテレス的性向理論導入の意味を概観してみたい。元来、アリストテレス的な意味での性向は、自然本性の自己実現に向けての「内的根源」であった。したがって、人間の性向は、その原因においても、結果においても人間自身に帰属するものであった。すなわち、性向は教授や訓練という、人間自身の営みを原因として形成され、また、性向の結果生じる働きは人間自身の働きであった。そして、それは人間の自然本性の自己実現に向けて一定の秩序づけ、もしくは意味を有していた。しかし、トマスはこうした性向概念に大幅な拡張を加えることにより、人間の自然本性の自己超越性が現実化する神と人間との人格的な交流の場面において、神が人間を内側から動かす、という微妙な場面を描くための装置としても用いたのである。

まず、トマスはその恩恵論において、聖霊による助力（神による「動かしmotio」）と「性向的賜物donum habitualeとしての恩恵」とを区別する。前者は、人間に対して純粋に「他者」として働く「外的根源」としての神を示している。後者は、「対神徳」と同様に「注賦された性向」である。かかる性向は、原因においては「注賦」という形で神に依存するが、その結果は人間自身に帰属する性向である。ただし、「魂の本質を基体とする」恩恵の結果は、あらゆる働きに先立つ「存在」が高められることであるのに対し、「対神徳」その他「注賦された徳」の結果は、神との関係における人間自身の働きである。これは基本的には人間が受動的な立場に立つ「神秘」に支えられつつも、人間の能動的応答の場面としての「倫理」が成立する場面を示している。

さらに、「聖霊の賜物」は、その原因においても、結果においても神に依存するきわめて特殊な性向である。これは、外的な神の働きに自己を明け渡すものであり、それ自体注賦されるのみならず、その結果となる働きは、聖霊自身を主体とする働きとなる。ここに「内住」する聖霊が迎えられることになる。

こうした形での性向概念導入の全体的な構図の中で、神愛はそれ自体一個の「対神徳」としての身分を保ちつつ、諸々の注賦的な性向（対神徳、注賦的倫理的徳、そして聖霊の賜物）の結合の中核となっている。これは、聖霊と神愛、さらには諸々の徳についての明確な区分を与えることをしなかったアウグスティヌスやロンバルドゥスが伝える、神愛による人格の全面的な変容の事態を、アリストテレス的な性向理論を導入した上で改めて厳密に描写したもの、と言える。しかし、前節で明らかになったように、そこにはいくつかの問題があった。次節ではそのことに関連する問題性と意味について検討したい。

第三節　神愛による徳の結合理論

（1）アウグスティヌス的な枠組みとアリストテレス的な枠組み

トマスが、アウグスティヌス的な徳理論から、アリストテレス的な徳理論へと徳をめぐる概念的な枠組みを変更することにともない、いくつか処理しなければならない問題があった。それは具体的には、前章で見たとおり、アウグスティヌスによる「愛の秩序」としての徳の規定をめぐる問題であった。アウグスティヌスは、『カトリック教会の道徳』において「徳とは神に対する最高の愛にほかならない」と主張した。[16] 前述の通り、ここでの「徳」とは「節制、剛毅、正義、賢慮」というギリシア以来の「四元徳」（あるいは「枢要徳」）のことであり、当該のテキストはこれらの諸徳を「愛」の諸様態として規定しようとしたものであった。トマスの立場からは、この点を巡って二つの問題があった。

第一に、この主張を見る限り、アウグスティヌスは枢要徳と神愛とを本質的に同一のものと考えているように見える点である。第二の問題は、枢要徳の区別の根拠をいかに考えるか、という点である。このいずれも、徳を性向として捉えるアリストテレス的な徳論を導入しようとしているトマスにとっては厄介な問題であったと思われる。

トマスは、枢要徳と神愛とをそれぞれ性向として別のものと考え、かつ、枢要徳については、それ自体を人間理性の自然本性の枠内で考えようとしている。従ってトマスは、この第一の問題に関しては、「徳は（神）愛〈である〉」という表現を文字通りのものとして受け入れることはできない。前章で明らかにしたところでは、トマスは、「徳は（神）愛〈である〉」というテーゼを「徳は（神）愛に依存する」という関係、すなわち、神愛を核とする徳の結合関係を表現したものである、と解釈した。[17]

第二の問題、すなわち枢要徳の区別の根拠という問題に関連して、トマスは枢要徳の区別の根拠について、四つの枢要徳を「すべての徳において見いだされるところの、人間精神の或る一般的条件 conditio generalis を表示しているもの」と解する立場（本書では「一般的条件説」と呼ぶ）と、「四個の徳をそれらが特定の対象 materia specialis へと規定されているかぎりで」理解する立場（「特定対象表示説」と呼ぶ）とを区別している。[18]「一般的条件説」がいう「一般的条件」とは、アウグスティヌスが枢要徳の区別の根拠として挙げた「愛そのもののいろいろ異なった動機 affectio による区別」の内容を解釈したものと考えられ、「一般的条件説」はアウグスティヌス的な立場と言える。他方、「特定対象表示説」はアリストテレスの立場であり、トマス自身の立場も「特定対象表示説」に傾いている。[19]「一般的条件説」では、諸徳の結合は説明しやすいが、諸徳の区別については説明しにくい。トマスは諸徳の区別の文脈では、一般的条件説の説明は明らかに破綻しているものとして、これにはっきりと批判を加えている。その関係もあってか、トマスは権威としてのアウグスティヌス自身の名を、徳の結合の場面では一般的条件説に属するものとして挙げているが、[20]徳の区別の文脈ではアウグスティヌスを一般的条件説から切り離しているように思われる。[21]

他方、「特定対象表示説」は、徳の区別については説明しやすいが、徳の結合についてはどうであろうか。これは、いわばアウグスティヌス的伝統を離れてアリストテレス的な徳論を導入しようとするトマスが直面する課題である。そのためにトマスが用意した回答は、獲得的徳に関してはアリストテレスにならって賢慮を核とし、[22]注賦的徳に関してはトマスが独自に提示した神愛を核とする徳の結合理論であった。[23]賢慮を核とする倫理的諸徳の結合理論はアリストテレスを受け継いだものであるが、神愛を核とする注賦的な徳の結合は、すべての徳を神への愛の絆に依存する徳論の構図を示すものとして、アウグスティヌス、さらにはパウロにまで遡る図式を受け継ぐものである。しかし、トマスがアリストテレスから受け継いだ性向として徳論においては諸徳の独立性は強く主張されることになるが、アウグスティヌス的な図式の中に示されたそれら徳相互の関係とそれらの結合関係をいかにして説明してゆくか、という点はトマスが直面しなければならなかった課題であったように思われる。

（2） 諸徳の神愛への「依存」と徳の結合理論

トマスは、枢要徳と神愛とをそれぞれ性向として別のものと考えていた。さらにトマスは、枢要徳については、一応はそれ自体人間理性の自然本性の枠内で考えることができる、と認めていた。したがってトマスは、「（枢要）徳は神愛〈である〉」という表現を文字通りのものと受け入れることはできない。彼は、これを「（枢要）徳は神愛に依存する」という関係として解釈しようとしたことは前章で明らかにした通りである。

『神学大全』第I－II部六二問題二項第三異論回答において、トマスは「すべての徳は神愛に依存している」という事態の解明は『神学大全』のその後の展開でなされることを示唆している。[24] これらのテキストは神愛を核とした諸徳の結合の関係（connexio virtutum per caritatem）を示唆する箇所である。

『神学大全』第I－II部六五問題二項ではトマスは「倫理的徳は神愛なしにありうるか」と問うている。ここで、トマスは「倫理的徳」に二つの種類を区別する。

第一に、「人間の自然本性的な能力 facultas を超えない目的への秩序づけにおいて善い行為を生ぜしめるかぎりでの倫理的徳」は、人間的活動を通じて獲得されることが可能であり、このように獲得された徳は神愛なしにも存在しうる、とされる。このことをトマスは、「多くの異教徒たち gentiles において見られたごとくである」と述べているが、このいわゆる「獲得的徳」の世界は、人間の自然本性に内在的なアリストテレス的徳倫理が成立する可能性を認めたもの、と考えられる。トマスはかかる「獲得的な徳」においては「賢慮による諸徳の結合」が成立する、と主張していた。

第二の種類の倫理的徳とは、「超自然的な究極目的への秩序づけにおいて善い行為を生ぜしめるものとしての倫理的徳」であり、かかる倫理的徳は人間的行為をもって獲得されることは不可能であって、神によって注賦される、と言う。そしてこのような倫理的徳は神愛なしには存在しえない、とされる。(25)

その理由をトマスは次のように解説する。直前の項で明らかにされた通り、諸々の倫理的徳は賢慮なしにはありえない。しかるに、賢慮の推論の働き ratio がそこから出発するところの、何らかの目的へと人を善く秩序づけるのは倫理的徳であるかぎりにおいて、賢慮は倫理的徳なしにはありえない。これが賢慮を核とする徳の結合であった。ところで、人を究極目的に関して善く秩序づけるのは神愛であり、倫理的徳は人を他の諸目的に関して善く秩序づけるものである。ところで、思弁的領域において正しい推論がなされるために、第一の、論証不可能な原理がもっとも必要とされるのと同様に、他の諸目的に関する秩序づけよりも究極目的に関する秩序づけがより必要とされる。それゆえに、注賦的な賢慮も、したがってまた、賢慮なしにはありえないところの他の諸々の倫理的徳も、神愛なしにはありえない、と結論づけられる。

トマスによれば、獲得的徳は「相対的な意味における徳 virtus secundum quid」ではあるが、「端的・無条件的な意味における徳」ではない。「完全な」、「端的・無条件的意味における徳」とは、端的な究極目的、すなわち「普遍的な善」へと人間を秩序づけるものでなくてはならない。それは注賦的な徳であり、第二章で述べた人間の自然本性の自己超越性が問題となる場面、すなわち人間が「超自然的究極目的」を志向する場面で成立するものであった。こうした注賦的倫理的徳は、賢慮の故のみならず、神愛故にも相互に結合している。[26] こうした徳の結合関係は一般に「神愛による諸徳の結合 connexio virtutum per caritatem」と呼ばれるものであった。

トマスは、人間の自然本性に内在的な「獲得的な徳」の世界に関して一定の自立性を認め、ほぼ全面的にアリストテレス的徳倫理を採用する一方で、人間の自然本性の自己超越性が問題となる「超自然的究極目的」への志向の場面を「端的・無条件的な意味における徳」として、ここに「徳とは神に対する最高の愛 summum amor Dei にほかならない」と主張したアウグスティヌスが示唆する「神愛に突き動かされる徳」という徳の観念を保持したのである。

ところで、「神愛による諸徳の結合」のもとには、信仰、希望という他の「対神徳」、さらには「聖霊の賜物」といった、一切の注賦的な性向も結びついている。信仰および希望は、その発端の不完全な状態に即しては、神愛なしにあり得るが、徳の完全な存在に即しては、神愛なしにはあり得ない、とされる。[27] 他方、神愛あるところ、かならず信仰と希望は前提される。[28] また、トマスによれば「我々に与えられた聖霊によって、神の愛 caritas が我々の心に注がれた」という『ローマ書簡』(五・五)の言葉にしたがい、聖霊はわれわれのうちに神愛 caritas によって住む。ここからして、神愛を有する者は聖霊のすべての賜物をもち、賜物のうちのどれひとつ神愛なしには所有され得ない、という仕方において、聖霊の賜物も神愛において相互に結びついている、とされる。[29]

トマスが「すべての徳 omnes virtutes が神愛に依存している」ことの意味を展開しているのは、『神学大全』第II－II部二三問題七項である。[30]

『神学大全』第II－II部二三問題七項では、「神愛なしには真実の徳はありえない」ということが論じられている。徳は善へと秩序づけられているが、トマスは善を(1)「究極的にして普遍的 ultimum et universale」な善と

（2）「近接的にして特殊的 proximum et particulare」との二種類に区別する。（1）人間の究極的で主要的な善は、神において憩い、悦ぶこと fruitio Dei であり、人間はこのことへと神愛によって秩序づけられている。（2）人間にとっての「特殊的な」善にはさらに二種類のものがあり得る。（2a）その一つは、それ自体として見れば、究極目的である主要的善へと秩序づけることが可能なかぎりにおいて、真実に vere 善なるものである。（2b）もう一つは最終的な善から逸脱させるがゆえに、真実の善ではなく、見せかけの apparens 善である。

端的な意味で「真実なる徳」とは（1）の善、つまり人間の主要的な善へと秩序づける徳であり、この意味ではいかなる真実の徳も神愛なしにはありえない。しかし、（2）の意味での善に向けた徳の場合、神愛なしにも何らかの徳が語られうる。この場合、（2a）この特殊的な善が、たとえば国家の護持、ないし何かその種のもののように、真実の善であるならば、その徳は真実の徳であるが、最終的にして完全な善へと関係づけられないかぎり、不完全な徳とされる。他方、（2b）もしその特殊的な善が真実の善ではなく、見せかけの善であるならば、そのような善へと関係づけられている徳もまた真実の徳ではなく、徳の贋物 falsa similitudo であることになる、という。たとえば、貪欲な者がその貪欲を動機として外面的に「賢慮、正義、節制、剛毅」と似た行動を示すような場合がそれである。

ここでトマスは、「徳の真実性」に（1）と（2a）という二段階を認めている、と見ることが出来る。（2a）は、アリストテレス的な意味でのポリス的な徳の世界を指すものと考えることができる。それは人間の自然本性に内在的な「獲得的な徳」と重なると言ってよかろう。トマスはけっしてこれを（2b）の「徳の贋物」と同列に扱うことはせず、一応「真実の徳」として認めている。しかし、トマスの視点からすれば、そうした徳は最終的にして完全な善へと関係づけられてはいない。そのかぎりでそれは「不完全」である、とトマスは評価する。

トマスの立場からは、アリストテレス的な徳倫理が志向する、人間の自然本性に内在的な獲得的な徳の射程は、その最終目的との関係において未確定とされるのである。

トマスにとって、(1)の「最終的にして完全な善」への志向は、人間の自然本性の自己超越性という場面において示される。ここでトマスは神愛の徳の存在が必要条件であり、その意味での真実の徳は神愛なしにはありえない、と結論づけている。その理由は、その際、目的としての善に対する志向を保証するのが神愛の徳であるからである。その点を明らかにするのは、トマスが神愛を「諸徳の形相」として提示する言説においてである。

それは、『神学大全』第II-II部二三問題八項および、『神愛について』三項においても、ほとんど完全に並行して展開されている。

倫理的行為の根源は意志であり、意志の対象・形相は目的である。ゆえに、倫理的事柄において行為の形相は主要的に目的から理解される。そして、倫理的事柄においては、行為に目的への秩序づけを与えるものが形相を与える。ところで他のあらゆる徳の行為は神愛により究極目的である最高善へと秩序づけられている。ゆえに、神愛は他のあらゆる徳の行為に形相を与えるものであり、諸徳の形相である、とされる。

ここでトマスは、神愛を、すべての倫理的行為に対して、目的に対する秩序づけを保証するものとして提示し、そのかぎりにおいてすべての徳の「形相」という呼称を与えるのである。

以上概観してきたトマスによる「神愛による徳の結合理論」は、アウグスティヌスが与えた「徳は愛である」というテーゼを、「徳は愛に導かれている」という方向で読み替えつつも、アウグスティヌスがパウロを受け継ぎつつ抱いていた直観の本質的なところを伝えようとしたトマスの努力として理解することが出来よう。

第四節　神愛の徳の一性

（１）個別的徳としての神愛

「神愛による徳の結合理論」は、すべての徳を愛の相のもとに一望するアウグスティヌス的な眺望を伝えるものであった。しかし、この面だけを見て行くと、上述のような複雑な操作を加えてまで、トマスがなぜアリストテレス的な「性向としての徳」理論を導入しなければならなかったのか、が見えなくなる。

この点を明らかにするためには、トマスが神愛の徳の一性、もしくは個別性の意義についてどのように考えていたか、を見る必要がある。そうした点についてのトマスの思想をほぼ余すところ無く伝えている、と思われるテキストは、神愛を他の徳から区別された特殊的な徳として提示することを意図した『神愛について』五項および『神学大全』第II－II部二三問題四項である。『神愛について』五項の主文では、神愛が諸徳の結合の核でありながら、それ自体は個別的な徳である、ということがいかにして可能であるか、が示される。

互いに秩序づけられた複数の根源に依存する行為が完全であるためには、それぞれの根源すべてが完全であることが必要である。なぜなら、どの段階の根源が不完全であったとしても、行為は不完全になってしまうからである。たとえば、職人の技量と道具の状態のいずれに欠陥があったとしても、仕事は不完全なものとなってしまう。

トマスは、これと同じことが魂の能力についても言える、という。仮に下位の能力を動かすところの正しい理性が機能したとしても、欲望的能力が態勢づけられていないならば、人は理性に従って行動をするであろうが、その活動は不完全なものとなってしまうであろう。なぜなら、正反対の方向へ引きずる態勢づけられていない欲望によって妨げを受けるであろうからである。それ故に、理性を完成する賢慮のほかに、彼が容易に、そして妨げ無く行動をするためには、人間に欲望的欲求の対象に関して正しく関わることを保証する節制の徳を所有することが必要とされる。

さらにトマスによれば、一つの能力が他の能力を動かすような関係にあるような多様な能力の間において成立するのと同様のことが、一つの対象が他の対象に対して目的に対するように秩序づけられているような多様な対象においても成立する。それ故に、正しい働きのためには、或るものは、単に目的に対して善く状態づけられているだけではなく、同様に目的にいたる手段に対しても善く状態づけられていることが必要となる。さもなければ、働きは妨げられてしまうことになる。たとえば、健康を欲することに対して善く秩序づけられているが、健康をひき起こす手段に着手することには秩序づけられていない人の場合に明らかな通りである。

かくして、人間は彼の究極目的に向かって善い関係にあるために、神愛によって態勢づけられると同時に、それによって彼が目的への手段に対して善く秩序づけられるであろうところの他の徳を持つことも必要である、とされる。ここから、神愛は、目的にいたる手段へと秩序づけられている徳とは異なっている、ということも明らかになる。ただし、軍事統帥術が馬術に対するように、目的まで秩序づけられる徳が、目的にいたる手段へと秩序づけられる他の徳よりも、いっそう主要的で棟梁的である。

それゆえに、神愛は他の諸徳から区別された特殊的な徳であるが、他の諸徳に対して主要的であり、かつそれらを動かす関係にある、と結論づけられるのである。(31)

（2）神愛と他の諸徳との関係

ところで、これらの異論をめぐる論議は、神愛と他の諸徳との関係を解明するものであり、そのいくつかはここで取り上げる価値のあるものである。

まず、「愛の秩序」としてのアウグスティヌス的な徳理論を扱う異論の扱い[32]に注目しよう。

異論は、「徳のすべての定義を簡潔に要約するならば、徳とはそれによってわれわれが神と隣人を愛する神愛である」というヒエロニムスの言葉、そして問題のアウグスティヌスによる「愛の秩序 ordo amoris」としての徳の理論を典拠に、神愛が徳の一般的な定義のうちにふくまれている、と指摘し、神愛は特殊的な徳ではない、と結論づける。

これに対してトマスは、『神学大全』第II－II部二三問題四項第一異論回答においては、神愛がすべての徳の定義にふくまれるのは、それが本質的に essentialiter すべての徳であるからではなくて、或る意味ですべての徳 omnes virtutes がそれに依存しているからである、という既述の回答を与えているが、『神愛について』五項第一異論回答においては、この定義は、神愛が他の徳の原因であるかぎりにおいて、原因による定義である、と答えている。ここで、神愛と他の諸徳との間の「依存関係」ないしは「原因性」とは具体的にいかなるものであるのか、ということがさらに問題とされうる。

この点は、神愛はすべての他の徳の行為において働いており、すべての徳の働きを包括しているがゆえに、特殊的な徳ではない、というタイプの異論の扱い[33]の中で明らかになる。異論は『コリント第一書簡』の「（神）愛は寛容で、慈悲深く……」（一三・四）という一節、あるいは「あなたがたのすべての業を神愛をもって行いなさい」（一六・一四）という一節を典拠として、神愛がすべての徳の行為に働いていることを示している。

これに対して、トマスの答えは、神愛は、他の徳の行為を、それらを直接的に「ひき起こすという仕方elicitive」によってではなく、ただそれらを「命令するという仕方imperative」によってのみ生ぜしめる、というものである。「命令する」というのは、すべての行為をその目的まで呼び出すことを言う。これに対して、徳がその行為を「ひき起こす」というのは、「正義iustitia」が「正しくrecte」、あるいは「節制temperantia」が「穏やかにtemperanter」行為をさせるように、もっぱら「適切な形相的根拠」によるのである。そして『神愛について』五項の主文が明らかにしたように、軍事統帥術が馬術にたいして命令を下すような仕方で、究極目的にかかわる徳である神愛が、他の第二次的目的にかかわる諸徳にたいして命令を下すという関係となる、というわけである。

このように、個別的な徳の行為を「直接的にひき起こす」のか、「命令する」のか、というところで、特定の対象領域を有する個別的な徳と、神愛とが区別され、かつ、「命令」という関係で神愛と個別的な諸徳とは関係するものとされているのである。

この、徳の行為を「直接的にひき起こす」ことと「命令する」こととの区別は、「正しく行動する」ことの根拠、「罪を取り除くこと」の根拠として、神愛だけでも十分ではないか、という異論に対する回答[34]においても、トマスの論拠となっている。

次に、徳の本質的な特徴に関わるタイプの異論[35]を取り上げよう。それは、徳の性向は、人間が即座にかつ快適に、善き活動するために必要とされる、というものである。異論は、アウグスティヌスによる「神愛はすべての難しく不快な仕事を、容易で重荷を感じられないものとする」という言葉を典拠として、神愛はすべてのことを「即座にかつ快適に」なすようにするために十分であるとしている。

これに対して、トマスの答えは以下のようなものである。それ自体としては、難しく苦しいことが、目的のために存在する場合、目的がその困難、苦痛を乗り越えるような楽しみを与えることがある。たとえば、誰かが、服用することが大きな苦痛をもたらすにもかかわらず、健康という目的のために進んで苦い薬を飲むような場合である。このように、神愛は「目的から」すべてのものを楽しくする。しかし、我々がいっそう容易にそれらの働きをなすために、有徳なことがらを、それら自体として快適なものとする他の徳が必要とされる、という。

神愛は目的への楽しみからある徳の行為に快適さを与えるが、自体的にそれらを快適にするわけではない。個々の善き行為を自体的に快適ならしめるものとして、個別的な徳の存在意義が示されるのである。

神愛と注賦的な徳とが、注賦による生成と大罪による喪失という点で共通するがゆえに、両者は区別されない、という異論に対する扱い[36]から、我々はトマスにおける神愛と注賦的徳との関係を見て取ることが出来る。

まず、罪による喪失に関しては、ちょうど他の諸徳の行為が、神愛の対象である目的へと秩序づけられているように、それらの徳と反対対立する罪もまた、神愛の対象である目的に反対対立する。このことから、他の徳が反対対立するもの、つまり罪が、神愛を失わせるということが生じる、と解説している。つまり、目的性という点において、神愛に対する「反対対立」の範囲が拡大する、というわけである。

これに対して、「注賦」という生成に関しては、神愛が他の徳と同時に生み出されるのは、神愛が他の徳から区別されないからではなく、神の仕事が完全であるがゆえにである、という視点を強調する。それゆえ、神愛が注がれる時、救済に必要なすべての徳が同時に注がれるのだ、という。これは、『ローマ書簡』におけるパウロ的な原点を念頭に置いてのことであろう。そして、これは神愛による徳の結合理論の重要な側面を明らかにするものである。

最後に、次のような異論をめぐる議論が、神愛にもとづく「隣人愛」と他の徳との関係を明らかにしてくれる。

異論は、隣人愛の根拠である神愛と神への愛の根拠である神愛とは同一の徳である。神愛は「神のゆえに」隣人を愛するからである。しかるに、すべての徳も「神のゆえに」隣人を愛する。それ故にいかなる徳も神愛から区別されない、というものである。(37)

これに対して、トマスは次のように答えている。(38) 隣人を愛することにおける神愛は、神を、究極目的とするのみならず、対象の形相的根拠としている。これに対し、他の徳は、神を対象の形相的根拠としてではなく、それらの究極目的としている。それゆえ、神愛は「神のゆえに」隣人を愛すると言われる時、この「ゆえに」は単に質料因のみならず、何らかの意味における形相因をも意味する。これに対して、このことが「神のゆえに」稼働する他の徳について言われる時は、目的因だけを意味する、という形で区別している。

第五節　結　語

本章では、「神愛」を「性向としての徳」として位置づけるトマスの神愛論の歴史的意義を、アウグスティヌスからロンバルドゥスに至るまでの先行思想との対比の中で解明を試みた。

トマスによる「ペトルス・ロンバルドゥス批判」は、「性向としての徳」というアリストテレス的な観念を導入することにともなう概念的な枠組みの変更を徹底することにあった。神愛そのものについては、問題は神愛にもとづく「愛する」という行為が、神を愛する当の人間自身に帰属する、という一点にあった。

しかし、性向論導入の全体的構図を理解することが必要であった。こうした形での性向概念導入の全体的な構図の中で、神愛はそれ自体一個の「対神徳」としての身分を保ちつつ、諸々の注賦的な性向（対神徳、注賦的倫理的徳、そして聖霊の賜物）の結合の中核となっている。これは、聖霊と神愛、さらには諸々の徳についての明確な区分を与えることをしなかったアウグスティヌスやロンバルドゥスが伝える、神愛による人格の全面的な変容の事態を、性向理論の導入のもとで改めて描写したもの、と言える。

すべての徳を愛の相のもとに一望するアウグスティヌス的な眺望を、トマスは「神愛による徳の結合理論」によって形を変えて伝えようとしていた。つまり、アウグスティヌスが与えた「徳は愛である」というテーゼを、「徳は愛に導かれている」という方向で読み替えつつも、アウグスティヌスが抱いていた直観の本質的なところを伝えようとした、という事情が明らかになった、と思われる。

（1）Augustinus, *Enchiridion*.
（2）Augustinus, *De moribus ecclesiae catholicae*, II, XV, 25, PL32, 1322.
（3）Lombardus, P., *Sententiae*, III, 23-32.
（4）Augustinus, *De moribus ecclesiae catholicae*, I, 2, PL32, 1314-1315.
（5）Lombardus, P., *Sententiae*, I, 17, トマス註解 *In. Sent.*, I, 17, 1, 1.
（6）*De Carit.* a. 1 c.
（7）*ibid.*
（8）II-II q. 24 a. 3 c.
（9）『ローマ書簡』（五・五）
（10）たとえば、金子晴勇『「愛の秩序」の思想史的研究』岡山大学文学部研究叢書５、一九九〇年、六三－六四頁、に見られるような概括がそれである。
（11）Lombardus, P., *Sententiae*, II, 27, 6.

(12) *In. Sent.*, II, 27.

(13) 教皇ヨハネ・パウロ二世回勅『聖霊——生命の与え主』石脇慶総・宮腰俊光訳、カトリック中央協議会、一九九五年。
Faricy, R. L., The Trinitarian Indwelling, *Thomist*, 35, 1971, p. 369-404.

(14) *S. T*. I-II q. 68 a. 1 c.

(15) *ibid*.

(16) 前章第三節（1）（2）参照。テキストとしては、Augustinus, *De moribus ecclesiae catholicae*, II, XV, 25, PL32, 1322.

(17) 前章第三節（3）参照。テキストとしては、*S. T*. I-II q. 62 a. 2 ad. 3, I-II q. 65 a. 2, a. 4, II-II q. 23 a. 7 c.

(18) 前章同節後半部参照。テキストとしては *S. T*. I-II q. 61 a. 4 c.

(19) *ibid*.

(20) 前章第三節（3）および第四節（2）参照。テキストとしては、*S. T*. I-II q. 65 a. 1 c.

(21) 註(17)参照。

(22) 第一章第三節および第五節参照。テキストとしては、*S. T*. I-II q. 65 a. 1 c.

(23) 第九章第六節（1）参照。テキストとしては、*S. T*. I-II q. 65 a. 3 c.

(24) 具体的には *S. T*. I-II q. 65 a. 2, a. 4, II-II q. 23 a. 7 c.

(25) *S. T*. I-II q. 65 a. 1 c.

(26) *S. T*. I-II q. 65 a. 3 c.

(27) *S. T*. I-II q. 65 a. 4 c.

(28) *S. T*. I-II q. 65 a. 5 c.

(29) *S. T*. I-II q. 68 a. 5 c.

(30) 他に、*S. T*. I-II q. 62 a. 2 ad. 3, II-II q. 23 a. 4 ad. 1 参照。

(31) *De Carit*. a. 5 c.

(32) *De Carit*. a. 5 ad. 1, II-II q. 23 a. 4 ad. 1.

(33) *De Carit*. a. 5 arg. 3, II-II q. 23 a. 4 arg. 2.

(34) *De Carit.* a. 5 ad. 7, ad. 9.
(35) *De Carit.* a. 5 arg. 10, ad. 10.
(36) *De Carit.* a. 5 ad. 8, ad. 11.
(37) *De Carit.* a. 5 arg. 2.
(38) *De Carit.* a. 5 ad. 2.

第十二章 「義」とされること

第一節 はじめに

第二部においては、アリストテレス的な枠組みにおける「正義」の徳と、魂の内的な完成としての徳、そして友愛との関係を問題としてきた。しかし、トマスにとって「正義 justitia」とは、アリストテレス的な意味における正義の徳に尽きるものではない。むしろ、トマスにとって最終的に問題であった「正義 dikaiosynē＝justitia」とは、第九章でも一部触れた、神の前における人間の「義」という、勝れて神学的な概念である。

これは哲学的倫理学が提示する「正義」概念とは根本的に異なったものである。アリストテレス的な対他性としての正義にせよ、プラトン的な意味での徳による魂の統合性としての正義にせよ、理性という基準のもとで人間自身の努力によって守られ、形成されるべきものであった。これに対して、神学的な意味での「義」とは、基本的には人間の神に対する関係の正しさである。そして、パウロの神学的洞察によれば、この「義」は「恩恵 gratia」にもとづいて「神によって義とされる」ことによって成立する。この意味で「義とされるということ」――義化ないしは義認 dikaiōsis＝justificatio ――は、「原罪 peccatum originale」の観念と対応する関係にある。

ところで、「原罪」は「最初の人間の罪」の結果とされている。つまり、「原罪」という思想は、「最初の人間の罪」の結果、全人類が「義」を欠いた状態にある、という人間の倫理的現実に対する基本認識を示している。

本章では、トマスにとって、このような意味での「義」の成立――「義化」――がいかなる意味を持っていたか、という問題を、「原罪」の意味と絡めつつ解明することを意図している。課題の性格上、本章は哲学的というよりは神学的な場面に踏み込んだ形で主題を扱わざるを得ない。しかし、キリスト教教会内部における了解事項を独断的に「不問の前提」として論を進めるのではなく、極力それらのことがらの典拠にまで遡り、その意味について立ち止まって解明することを心がけることにしたい。

第二節　『ローマ書簡』における「義化」

「原罪」にせよ「義化」にせよ、その思想的な原点はパウロの『ローマ書簡』にあることは広く認められている。それゆえ、まず『ローマ書簡』において「原罪」と「義化」というモチーフがいかなる形で示唆されているか、を概観しておきたい(1)。

言うまでもなく『ローマ書簡』は、キリスト教神学を決定的に方向づけた書物であり、またそれ自体きわめて複雑な構造を有している。それゆえ、その意義、あるいはその構成についてさえ、これを本格的に論じることは、到底このささやかな考察の及ぶところではない。しかし最低限の了解として、本書簡は、パウロがユダヤ人もしくは当時の教会におけるユダヤ主義的傾向を仮想論敵とし、ユダヤ人信徒と異邦人信徒との共同体的一致を目指して書かれている、という一点は心に留めておく必要がある。その上で、まずパウロは、第一章（一・一七）で、「正しい（神に従う）者は信仰によって生きる」と『ハバクク書』（二・四）を引用した上で、福音に啓示された「神の義」は、「初めから終わりまで信仰を通して実現される」と宣言している点に注意を向けておこう。

（1）「律法の実行による義」をめぐる二つのテキスト

ところで、ここで次の二つのテキストを比較してみよう。

「（二・一三）律法を聞く者が神の前で正しいのではなく、これを実行する者が、義とされるからです。」

「（三・二〇）なぜなら、律法を実行することによっては、だれ一人神の前で義とされないからです。」

この二つのテキストは、これらだけ取り出して並べてみると明らかに矛盾している。無論、両テキストが置かれた文脈は相違しているので、聖書学的視点からは直ちにこれを「矛盾」として問題視するには及ばないかも知れない。しかし、（二・一三）の箇所をその前後と共に見たとき、この「矛盾」は、前章までに我々が論じてきた問題と密接な関係があることが明らかであり、取り上げて検討するに値するように思われる。

「（二・九）すべて悪を行なう者には、ユダヤ人はもとよりギリシア人にも、苦しみと悩みが下り、（二・一〇）すべて善を行なう者には、ユダヤ人はもとよりギリシア人にも、栄光と誉れと平和が与えられます。（二・一一）神は人を分け隔てなさいません。（二・一二）律法を知らないで罪を犯した者は皆、この律法と関係なく滅び、また、律法の下にあって罪を犯した者は皆、律法によって裁かれます。（二・一三）律法を聞く者が神の前で正しいのではなく、これを実行する者が、義とされるからです。（二・一四）たとえ律法を持たない異邦人も、律法の命じるところを自然に行なえば、律法を持たなくとも、自分自身が律法なのです。(二・一五)こういう人々は、律法の要求する事柄がその心に記されていることを示しています。彼らの良心もこれを証ししており、また心の思いも、互いに責めたり弁明し合って、同じことを示しています。」

(二・一三)が置かれた文脈は、ユダヤ人であるか、ギリシア人(異邦人)であるか、にかかわらず、神はその善悪にしたがって報いる、ということを論じている。「神は人を分け隔て」せず(二・一一)、「律法を知らないで罪を犯した」異邦人は「律法と関係なく滅び」、また、「律法の下にある」ユダヤ人で「罪を犯した者は皆、律法によって裁かれる」(二・一二)と主張されている。

ところで、問題の(二・一三)の後で、神は人を分け隔てしない、という根拠として、律法なき民にも「律法の要求する事柄がその心に記されていること」が示唆されている(二・一四－一五)。第六章でも触れたが、これは、律法は内容的に「自然法」と同等である、とする、教父からトマスに到るまで伝統的に示されてきた理解の典拠となるテキストである。ここから、問題の「矛盾」は、自然法が「義」にとどくか否か、という問題にからんでいることになる。つまり、(二・一三－一五)は、律法とはかかわらずとも、自然法に従うことによる「義人」の成立可能性を示しているようにも思われるからである。

他方、「律法を実行することによる義」の可能性を否定している(三・二〇)は、その前後の展開の中に置いて見ると、この箇所が、前章まで問題としてきた「旧法」そして「自然法」は「義化しない」ということの意味を具体的に明示し、「原罪」についてのパウロ的確信を表明している箇所であることが明らかになる。

「（三・九）では、どうなのか。わたしたちには優れた点があるのでしょうか。全くありません。既に指摘したように、ユダヤ人もギリシア人も皆、罪の下にあるのです。（三・一〇）次のように書いてあるとおりです。『正しい者はいない。一人もいない。（三・一一）悟る者もなく、神を探し求める者もいない。（三・一二）皆迷い、だれもかれも役に立たない者となった。善を行なう者はいない。ただの一人もいない。（三・一三）彼らののどは開いた墓のようであり、彼らは舌で人を欺き、その唇には蝮の毒がある。（三・一四）口は、呪いと苦味で満ち、（三・一五）足は血を流すのに速く、（三・一六）その道には破壊と悲惨がある。（三・一七）彼らは平和の道を知らない。（三・一八）彼らの目には神への畏れがない。』（三・一九）さて、わたしたちが知っているように、すべて律法の言うところは、律法の下にいる人々に向けられています。それは、すべての人の口がふさがれて、全世界が神の裁きに服するようになるためなのです。（三・二〇）なぜなら、律法を実行することによっては、だれ一人神の前で義とされないからです。律法によっては、罪の自覚しか生じないのです。」

（三・二〇）における「律法を実行することによっては、だれ一人神の前で義とされない」という見解の提示以前に示される一連の展開では、「ユダヤ人もギリシア人も皆、罪の下にある」（三・九）という主張がなされている。その主張の支えとしてパウロが引用している（三・一〇b－一八）の言葉は、旧約聖書（『詩篇』および『イザヤ書』）からのテキストを繋ぎ合わせたものである。このように聖書の本文を繋ぎ合わせることは、「カラズ」（真珠を繋ぎ合わせること、の意）と呼ばれ、当時のユダヤ教のラビたちが行なう説教の一般的な様式に従ったものだと言われている。

内容的には、人間の罪深さが述べられており、次の三つの部分に分けられる。
（1）すべての人間は例外なく罪を犯している（一〇b－一二）。
（2）「言葉」をもって罪を犯している（一三－一四）。
（3）「行ない」、「思い」をもって罪を犯している（一五－一八）。

これらの「カラズ」が引用している旧約聖書の元のテキストは、いずれも詩篇作者および預言者（イザヤ）が、「敵」について叙述している内容である。[2] 従って、これらをこのような形で「カラズ」に編むことのうちには、「罪深さ」を、自分自身をも含めた「万人」へと拡張する独自の立場からの解釈が込められていることになる。

この「カラズ」がパウロのオリジナルであるのか、あるいは未だユダヤ教の礼拝様式を用いていたであろう初代キリスト教会の中で、すでに慣用的に確立されていたものであるのか、さらにはユダヤ教内部にも「原罪」思想がありそれを反映したものであるのか、という問題は専門家に委ねることにしたい。いずれにせよ、パウロによるこの「カラズ」の採用は、彼の「原罪」思想を反映したものであることは明らかであろう。

パウロにおける「原罪」思想の典拠は、後続の第五章（五・一二）での「このようなわけで、一人の人によって罪が世に入り、罪によって死が入り込んだように、死はすべての人に及んだのです。すべての人が罪を犯したからです。」というテキストにあることは広く知られている。

キリスト教会内における「原罪」の公式教説は、このテキスト、そしてそこで言及されている『創世記』第三章における堕罪の記事を典拠として、主としてアウグスティヌス神学の影響のもとで体系化されていった。無論パウロの段階では、原罪思想は未だそのように体系的に仕上げられた教説の形はとっていなかったであろう。しかし、（三・九－二〇）と（五・一二）とは通底しあっている。それは、おそらくは自分自身への内省をもととした、人間の罪深さについての洞察にもとづく基本認識を示すものであろう。

では、(三・九―二〇) の「原罪思想」と、(二・一三) との一見したところの「矛盾」はいかにして解決すべきであろうか。

問題の箇所 (二・一三) の重点は「律法を聞く」ことと「律法を実行する」こととの対比にある。つまり、「律法を聞く」者たる、ユダヤ人の特権的地位を否定する点にあり、「実行する」義人の存在は、取りあえずは論理的可能性として示されている、と考えられる。そうした前提のもとで、当該テキストは、「律法を聞く者 (ユダヤ人) が (無条件で) 神の前で正しいのではなく、(ユダヤ人であれ、自然法を遵守する異邦人であれ) これを実行する者が (仮にそのような者がいるとすれば) 義とされる」という形で理解される。この「仮にそのような者がいるとすれば」という形で表現される含みが「論理的可能性」ということの意味である。

パウロによれば、その論理的可能性の現実化の問題は、キリストによる神の審判に委ねられている。

「(二・一六) そのことは、神が、わたしの福音の告げるとおり、人々の隠れた事柄をキリスト・イエスを通して裁かれる日に、明らかになるでしょう。」

つまり、パウロは、書簡のテキストにおいて、形式的にはその点についての判断を保留している、と思われる。しかし、パウロは自分自身、そして彼と共に己れを振り返る読者には、自らが「罪の下にある」ことの自覚へともたらす。パウロの論はそうした構造を持っているように思われる。

その点は、「原罪思想」を述べた末尾の結論部分に示唆されている。

「(三・二〇) なぜなら、律法を実行することによっては、だれ一人神の前で義とされないからです。律法によっては、罪の自覚しか生じないのです。」

パウロは、律法をもって誇りとするユダヤ人を仮想論敵とし、そうした人々から威嚇的な形で律法の提示を受けているキリスト者を読者として想定している、と思われる。そうした相手に、「律法によっては、罪の自覚しか生じない」と語ることにより、パウロは「律法」を、己れの無力、あるいは罪深さ（原罪）を自覚するための契機として意義づけている、と言えよう。

(2) 『ローマ書簡』三・二一－四・二五

続く『ローマ書簡』(三・二一－三二)は、一般に「義化」に関する最も主要的とされているテキストである。

「(三・二一) ところが今や、律法とは関係なく、しかも律法と預言者によって立証されて、神の義が示されました。(三・二二) すなわち、イエス・キリストを信じることにより、信じる者すべてに与えられる神の義です。そこには何の差別もありません。(三・二三) 人は皆、罪を犯して神の栄光を受けられなくなっていますが、(三・二四) ただキリスト・イエスによる贖いの業を通して、神の恵みにより無償で義とされるのです。(三・二五) 神はこのキリストを立て、その血によって信じる者のために罪を償う供え物となさいました。それは、今まで人が犯した罪を見逃して、神の義をお示しになるためです。(三・二六) このように神は忍耐してこられたが、今この時に義を示されたのは、御自分が正しい方であることを明らかにし、イエスを信じる者を義となさるためです。（三・二七）では、人の誇りはどこにあるのか。それは取り除かれました。どんな法則によってか。行ないの法則によるのか。そうではない。信仰の法則によってです。（三・二八）なぜなら、わたしたちは、人が義とされるのは律法の行ないによるのではなく、信仰によると考えるからです。（三・二九）それとも、神はユダヤ人だけの神でしょうか。異邦人の神でもないのですか。そうです。異邦人の神でもあります。（三・三〇）実に、神は唯一だからです。この神は、割礼のある者を信仰のゆえに義とし、割礼のない者をも信仰によって義としてくださるのです。（三・三一）それでは、わたしたちは信仰によって、律法を無にするのか。決してそうではない。むしろ、律法を確立するのです。」

このテキストで語られていることを概観するために、便宜的に三つの段落に分けてみたい。

まず、（三・二一―二三）を「第一段落」としよう。ここでは、人間は律法とは無関係に（三・二一）、イエス・キリストへの信仰によって（三・二二）神との正しい関係としての「義」が与えられることが語られている。そしてこの「義」は、「信じる者すべてに与えられ」、そこには「差別がない」（三・二二）とされ、「義化」の普遍性が主張される。そして、そのような形での「義化」が要請されるのは、「人は皆、罪を犯して神の栄光を受けられなくなっている」（三・二三）がゆえにである、という形で、その意義が示される。

次いで、（三・二四―二六）を「第二段落」とする。ここではまず、「キリスト・イエスによる贖いの業を通して」（三・二四、二五）「神の恵み」による（三・二四）、という義化の根拠と、その無償性（三・二四）が示される。そして、「今この時に義を示された」のは、「御自分が正しい方であることを明らかにし、イエスを信じる者を義とする」ためである、として「今この時に義を示された」ことの適合性を示している。

「第三段落」（三・二七－三一）では、義化にともなういくつかの結果が示されている。すなわち、まず「義化」は人間の「行ない」によるのではなく「信仰」によるので、「人の誇り」は取り去られた（三・二七－八）こと。「信仰による義」はユダヤ人にも異邦人にも及ぶ（三・二九）こと。そして、信仰により、律法は無とされるのではなくむしろ「確立される」（三・三一）ことである。

『ローマ書簡』は、旧来のユダヤ教による影響力を仮想論敵とする議論が基調をなしている。それゆえ、続く第四章では、パウロはユダヤ人の血統的な意味における祖であるアブラハムを例にとる形で「信仰による義」を提示しようとする。

「（四・一）では、肉によるわたしたちの先祖アブラハムは何を得たと言うべきでしょうか。（四・二）もし、彼が行ないによって義とされたのであれば、誇ってもよいが、神の前ではそれはできません。（四・三）聖書には何と書いてありますか。『アブラハムは神を信じた。それが、彼の義と認められた』とあります。（四・四）ところで、働く者に対する報酬は恵みではなく、当然支払われるべきものと見なされています。（四・五）しかし、不信心な者を義とされる方を信じる人は、働きがなくても、その信仰が義と認められます。」

（四・三）における『創世記』（一五・六）の引用「アブラ（ハ）ムは神を信じた。それが、彼の義と認められた」を典拠に、パウロはアブラハムにおける「信仰による義」を示す。しかし、パウロの教えるところでは「信仰」は義化の契機ではあるが、原因ではない。義化の原因は「恩恵」である。それは、後続の（四・四－五）が示すところである。

続く（四・九―一〇）では、「無割礼の時点におけるアブラハム」の信仰が義と認められた（四・一〇）ことを指摘することにより、パウロはアブラハムを「単に割礼を受けているだけでなく、わたしたちの父アブラハムが割礼以前に持っていた信仰の模範に従う人々の父ともなった」（四・一二）と位置づけている。

そして、（四・一八）において、そのアブラハムの信仰の内実が、不可能なことを可能とする神への信仰であることを示している。それは具体的には、自身と妻サラの高齢にもかかわらず、イサクを授かることを約束する神への信仰であった。

そして、アブラハムの「不可能を可能とする神への信仰」から、「わたしたち」の「イエスを死者の中から復活させた方」への信仰へと「信仰による義」を拡張してゆく（四・二三―二五）。ここでパウロは、アブラハムの信仰を、死者のうちからキリストを復活させた神の力に対する信仰の「予型」と見ている、ということができよう。

(3) 義化の結果と意義

「義化」そのものについての論述は、上述第三、第四章が主要的なものである。『ローマ書簡』におけるその後の展開の中では、義化の結果および意義が示唆されている。

「(五・一) このように、わたしたちは信仰によって義とされたのだから、わたしたちの主イエス・キリストによって神との間に平和を得ており、(五・二) このキリストのお陰で、今の恵みに信仰によって導き入れられ、神の栄光にあずかる希望を誇りにしています。(五・三) そればかりでなく、苦難をも誇りとします。わたしたちは知っているのです、苦難は忍耐を、(五・四) 忍耐は練達を、練達は希望を生むということを。(五・

五）希望はわたしたちを欺くことがありません。わたしたちに与えられた聖霊によって、神の愛がわたしたちの心に注がれているからです。」

ここでは、「義化」の結果としての「神との間における平和」、そして「恩恵」が言及されている。ここで注目しておくべきなのは、義化の結果成立している神との正しい関係性、そして恩恵という場面の中で、「神の愛がわたしたちの心に注がれている」（五・五）こと、すなわち「神愛 caritas の注賦」が語られていることである。このことは、本書の第三部、特に第九章以降で主題的に検討してきた通りである。

「（五・一二）このようなわけで、一人の人によって罪が世に入り、罪によって死が入り込んだように、死はすべての人に及んだのです。すべての人が罪を犯したからです。（五・一三）律法が与えられる前にも罪は世にあったが、律法がなければ、罪は罪と認められないわけです。（五・一四）しかし、アダムからモーセまでの間にも、アダムの違犯と同じような罪を犯さなかった人の上にさえ、死は支配しました。実にアダムは、来るべき方を前もって表す者だったのです。（五・一五）しかし、恵みの賜物は罪とは比較になりません。一人の罪によって多くの人が死ぬことになったとすれば、なおさら、神の恵みと一人の人イエス・キリストの恵みの賜物とは、多くの人に豊かに注がれるのです。（五・一六）この賜物は、罪を犯した一人によってもたらされたようなものではありません。裁きの場合は、一つの罪でも有罪の判決が下されますが、恵みが働くときには、いかに多くの罪があっても、無罪の判決が下されるからです。（五・一七）一人の罪によって、その一人を通して死が支配するようになったとすれば、なおさら、神の恵みと義の賜物とを豊かに受けている人は、一人のイエス・キリストを通して生き、支配するようになるのです。(五・一八)そこで、一人の罪によってすべての人に有罪の判決が下されたように、一人の正しい行為によって、すべての人が義とされて命を得ることになったのです。(五・一九)一人の人の不従順によって多くの人が罪人とされたように、一人の従順によって多くの人が正しい者とされるのです。(五・二〇)律法が入り込んで来たのは、罪が増し加わるためでありました。しかし、罪が増したところには、恵みはなおいっそう満ちあふれました。(五・二一)こうして、罪が死によって支配していたように、恵みも義によって支配しつつ、わたしたちの主イエス・キリストを通して永遠の命に導くのです。」

この箇所は、パウロにおける「原罪」思想の典拠とされるテキストであるが、複雑な構造をもった文章である。しかし、明らかなことは、「一人の人」(アダム)の罪の結果としての「原罪」と、「一人の人」(イエス・キリスト)による「義化」とが対比されていることである。こうして、「信仰による義」は「原罪」を打ち破ることが示されている。

ところで、パウロにとって「義化」は目的ではない。それはむしろ出発点である。

「(八・二八)神を愛する者たち、つまり、御計画に従って召された者たちには、万事が益となるように共に働くということを、わたしたちは知っています。(八・二九)神は前もって知っておられた者たちを、御子の姿に似たものにしようとあらかじめ定められました。それは、御子が多くの兄弟の中で長子となられるためです。(八・三〇)神はあらかじめ定められた者たちを召し出し、召し出した者たちを義とし、義とされた者たちに栄光をお与えになったのです。」

義化は「使命の授与」である。その使命は「栄光」への歩みであり（八・三〇）、その目指すところは、神が「御子の姿に似たものにしよう」とすること、つまり「義人」を「御子」と同型化することである。

最後に、パウロが信仰告白の重要性を指摘している点に触れておこう。

「（一〇・一〇）実に、人は心で信じて義とされ、口で公に言い表して救われるのです。」

信仰は義化の契機であり、信仰告白は救いの契機である、というように分けて考えることもできるが、信仰という内面的行為は外的行為としての信仰告白に発現する、と見るべきであろう。これは、信仰の共同体的なコミットメントを意味している。

第三節　トマスにおける義化と原罪

以上の『ローマ書簡』に対する概観を踏まえた上で、改めて「原罪」と「義化」とに対するトマスにおける扱いの意味を探ることにしよう。

（1）「原初の正義」と「原罪」

まず、トマスの「原罪」と「義化」の理解を明らかにするに先立って、トマスが「原罪」以前の人間の状態として措定していた「原初の正義 justitia originalis」と呼ばれる概念について概観しておこう[3]。「原初の正義」という観念は、『ローマ書簡』に直接典拠は見いだされない[4]。その聖書的典拠は、トマスが用いている『伝道の書』[5]、もしくは堕罪以前の人間を描いた『創世記』第二章の記事に求められよう。しかし、「原初の正義」という概念は、「原罪」の意味を裏側から明らかにするために、原罪を免れた、原罪以前の人間の状態として論理的に想定された状態として理解するのが至当と思われる。

トマスは「原初の正義」を、人間における三つの秩序として理解している。すなわちそれは、（1）理性が神に服し、（2）下位の諸能力が理性に服し、そして、（3）身体が魂に服するということ。そして、このうちの（1）の従属は、（2）（3）の従属の原因である、とされる。トマスによれば、理性が神に従属するかぎりにおいてこそ、下位のものは理性に従属するからである[6]。

ところで、重要な点は、かかる「原初の正義」の成立は神の恩恵 gratia による、とされている点である[7]。トマスにとって、完全に自然本性的なものは、罪の後にも保たれる、というのが基本的前提であった[8]。ところで、（3）の身体の魂に対する従属も、（2）の下位の諸能力の理性に対する従属も、罪の後までとどまることはなかった。それゆえにこれらの従属は自然本性的なものではなかったことが帰結する。つまり、それらは神の恩恵によるものであった、というわけである。（2）（3）が神の恩恵に依存しており、結果は原因より強力であることはない以上、（1）の神に対する理性の従属も、恩恵の超自然的賜物にもとづくものであった。

ここで、トマスによる「原初の正義」理解の特色を素描してみよう。

まず、トマスは「原初の正義」を「秩序」として捉えている点が指摘できる。プラトンにしてもアリストテレスにしても、古典的な徳倫理は徳を「非理性的な部分の理性への服属」、すなわち魂が内的に統合された秩序として規定していた。[9] これはトマスが考える「原初の正義」における（2）の秩序に相当する。つまり、トマスはその「原初の正義」の概念において、古典的な徳倫理の全体構造を包含するものとして考えていたのである。そこには、人間が「知性的存在者」として示しうる完全性の実現が想定されていた。

しかし、注意すべき点は、トマスの考える「原初の正義」においては、（2）の秩序は（1）の秩序の「結果」として、これに依存するものと考えられていた点である。[10] そして、この点で人間には未決定な点があった。つまり、人格としての知性的存在者には自由があり、その否定的な結果として、（2）で示された知性的存在者としての完全性にもかかわらず、（1）の秩序からの逸脱の可能性があったのである。[11] それゆえ、「原初の正義」はそれ自身を喪失する可能性を孕んでいた。

ここで、上で強調した、「原初の正義」は「恩恵の賜物」である、という視点が重要な意味を持ってくる。この視点は、（2）の秩序が（1）の秩序に依存している、ということの意味をより明らかにするものである、と言えよう。トマスにとって、自然本性そのものに属することがらは、罪によっても失われることはない、ということが基本的前提であった。[12] ここで「原初の正義」は恩恵の賜物とされることにより、「原初の正義」の諸々の秩序の全体が「恩恵」に依存している、という基本的認識が示される。それゆえ、「原初の正義」には「喪失」があり得ることになる。[13] そしてそれが「原罪」なのである。

続いて、トマスにおける「原罪」理解の意味について検討しよう。トマスは、「原罪」は「質料的」には「欲望concupiscentia」であるが、「形相的」には「原初の正義の欠如」である、と結論づけている。[14] トマスがここで示した視点は極めて重要である。

「原罪」の存在と意味とは、本来「事実的に」、それも主として厳しい内省にもとづく自己の内面への洞察によって知られるべきものであったように思われる。上で展開してきた『ローマ書簡』についての検討において、パウロが示した「原罪」思想とは、まさにそういったものであった。パウロは、事実として成立している「人間の罪深さ」についての内省的認識をもとに、「原罪」論の典拠となるような思想を展開した、と言えよう。ところで、そうした内省において、まず、我々に知られるのは、自己の罪深さ、ないしは道徳的な無力に関する様々な現象形態であるはずである。それはトマスが「自然本性の傷 vulnera naturae」と呼ぶ多様な無秩序を含んでいることであろう。そうした中で、アウグスティヌスは特に「欲望」が原罪の徴であることを強調している。[15][16]

しかし、トマスは、原罪のそうした現象形態は原罪における「質料的なもの」であり、「形相的なもの」、つまりその本質はあくまでも「原初の正義の欠如」という形で押さえようとするのである。

ここで、上述の「原初の正義」についての理解に照らし、こうしたトマスの「原罪」理解の意味について考えよう。まず、「原罪」を一種の無秩序状態として捉える、という基本認識が示されている。それは「原初の正義」に属する(1)―(3)の秩序が欠如した状態である。ここから、原罪における「質料的なもの」、すなわちその多様な現象形態が、統一的に理解されることになる。

そして、より重要なのは、「原罪」とはより根源的には「恩恵」を喪失した状態である、という基本的洞察が示されていることである。「原初の正義」におけるすべての秩序は、(1)の秩序に依存していた。そのことの意味をより明確に示していたのが、「原初の正義」は恩恵の賜物である、という主張であった。したがって、「原罪」とは人間の罪深さを示す諸々の現象の背後にある「無秩序」であるが、さらにその「無秩序」の根柢をなすものは、

「恩恵の喪失」、すなわち神との関係性の断絶と喪失にある、というのがトマスの基本認識なのであった。

このことを裏を返して言えば、トマスにとって、「義」とは神との人格的な関係としての「恩恵」であった、ということになる。

(2) トマスにおける「義化」

トマスは「義化」を、『ローマ書簡』(四・五)におけるパウロの表現にしたがって、「不敬虔(不信心)な者の義化 justificatio impii」と呼ぶ。[17] 以下、トマスによる「不敬虔な者の義化」についての扱いの意味を検討しよう。

「義化 justificatio」という言葉は、「正義 justitia への運動」ということを意味する。ただし、先述のごとく、ここで言う「正義」とは、行為における秩序としての正義というよりは、人間の魂における一種の内的状態としての秩序、すなわち、人間における最高のものである理性が神に従属し、魂のより低い諸能力が理性に従属する、という形で成立する秩序を意味している。

ところで、アダムが「原初の正義」を受けたと言われる場合、「単純な生成 generatio simplex」という仕方によってこれを受けた。しかるに、「不敬虔な者の義化」とは、「不正義の状態 status injustitiae」から前述の正義の状態への何らかの「変化 transmutatio」を意味する。一般に運動は始発点 terminus a quo よりは、むしろ終止点 terminus ad quem からして名づけられるものであるから、それによって或る人が不正義の状態から「罪の赦し」によって生じる変化の運動が、その運動の終点から命名され、不敬虔な者の「義化 justificatio」と呼ばれている、という。そうした意味において、「不敬虔な者の義化」とは「罪の赦し」であるとされる。[18]

トマスによれば、不敬虔な者の義化に際して罪の赦しが成立するのは、罪によって取り去られている恩恵が再び注がれる事により、我々に対する神の愛が回復されることによる。[19] 罪とは神に対する「侵害 offensa」である。ところで、侵害は、被侵害者の心が侵害者に対して「平安を与えられる paucatur」ことによってのみ赦される。それゆえ、神が我々に対して平安を得ることにもとづいて、罪が我々に対して赦されたと言われる。ところで、この「平安 pax」は、神の我々に対する「愛 dilectio」に存する。しかるに、神の愛は、神的な働きの側から見るかぎり永遠かつ不可変であるが、それが我々の上に刻みつける結果に関していえば時として中断されることがある。つまり、我々は時として神の愛から脱落し、時として再びそれを回復する。トマスによれば、我々のうちに内在する神の愛のかかる結果こそは「恩恵」であって、それは罪によって取り去られている。したがって、罪の赦しには恩恵が注がれることが不可欠であることになる。[20]

しかしその際、神は「自由意思を有する」という人間の自然本性の条件を尊重する。すなわち、神は義化に際して、恩恵の注賦と同時に、その賜物を受けることへの受諾へと自由意思を動かすのである。[21] この義化に際しての自由意思の運動は二面的であって、神へと向かうことと罪から離れることとの二つの側面の受諾を含んでいる。[22] ところで、不敬虔な者の義化のために自由意思の運動が必要とされるのは、人間の精神が神によって動かされるかぎりにおいてである。しかるに、神は人間の魂を、それを神自身へと「転向させる convertere」ことによって、動かす。そこで、不敬虔な者の義化のためには、それによって人間の精神が神へと転向せしめられるところの、精神の運動が必要とされる。ところで、『ヘブライ書簡』(一一・六) の権威「神に近づく者は神が存在しておられることを信じていなければならない」により、神への第一の転向 (回心) prima conversio は信仰によってなされる、とされる。したがって、不敬虔な者の義化のためには信仰の運動が必要であることが帰結する。[23]

以上のことから、不敬虔な者の義化のためには次の四つのことが必要であることになる。すなわち、恩恵の注賦、信仰による自由意思の神への運動、罪を離れる自由意思の運動、および罪の赦しである。[24]ところでトマスによれば、不敬虔な者の義化は瞬時に起こる。[25]したがって、不敬虔な者の義化においておこる上述四つの事柄、すなわち、恩恵の注賦、信仰によるところの自由意思の神への運動、罪を離れる自由意思の運動、および罪の赦しは時間的継起なしに、瞬時に為されることになる。つまり、恩恵の注賦という神の側からの動かしと、人間の自由意思による受諾は同時的におこるのである。しかし、自然本性の順序によれば、それらの間にあって第一のものは恩恵の注賦であり、第二は神へと向かう自由意思の運動、第三は罪に対する自由意思の運動であって、第四が罪の赦しである、とされる。[26]

(3) トマスの「義化」論におけるパウロの継承

(1)における考察から明らかとなったように、トマスにとって、「義」の本質は、神との人格的な関係としての「恩恵」であった。ところで、第二節(2)において我々は、パウロがアブラハムを例にとって「信仰による義」について語る場面において、「信仰」は義化の契機ではあるが、原因ではない、とされていること、また、義化の原因は「恩恵」である、とされていることを指摘した。

上の(2)で概観したトマスによる義化に関するやや錯綜した分析は、この「恩恵」と「信仰」との関係という問題にかかわっている。(1)で強調したように、トマスにおいては、原罪とは根本的には人間において恩恵が喪失されている状態を意味していた。それは、人間と神との人格的な関係における妨げである。したがって、「義化」にあって根本的なことは、恩恵が回復することである。これは、義化の原因が恩恵である、というパウロ的な概念を正統的に受け継いだ思想であると言える。しかし、「信仰によって義とされた」と言われる場合、あたかも「信仰」が「義化」の原因であるかのように見られる可能性がある。つまり、「信仰」が「義化」をひき起こす功績であるかのごとくに見る理解である。トマスの錯綜した分析は、実は、人間による「信仰」の決断も、基本的には先行する恩恵によってひき起こされていることを指摘し、「義化」の原因はあくまでも「恩恵」にあることを確保している。

次に注目されるのは、「恩恵」が「我々のうちに内在する神の愛の結果」とされている点である。つまり、「恩恵」は人間の魂における何ものかであり、その意味で内容的には人間における状態としての「義」とほとんど重なる意味を持つものとされている。それは、上述の『ローマ書簡』(五・一―五)で示されている「義化」の実りとしての場面の記述として相応しい。トマスの考える「義」もしくは「恩恵」は、その中で「神愛caritas」が注がれ、この神愛にもとづいた倫理が展開するところの「場」である、と言ってよかろう。

この点は、神愛の倫理が展開するところの「場」としての「恩恵」もしくは「義」の理解は、先に『ローマ書簡』について検討した際に、パウロにとって「義化」は目的ではなく、むしろ出発点である、と指摘した点がかかわってくる。『ローマ書簡』(八・二八―三〇)によれば、義化は「使命の授与」であった。その使命は「栄光」への歩みであり(八・三〇)、その目指すところは、神が「御子の姿に似たものにしよう」とすること、つまり「御子」と同型化することである。このことは、「恩恵」もしくは「義」という場面が、まさに人間の自然本性の自己超越性が発揮される場であることを示している。つまり、「御子」との同型化とは、人間が神の本性に参与することを意味する。それは人間が人間としての自然本性にとどまるのではなく、これを超えてゆくことを意味する。そして、「義」もしくは「恩恵」は、そうしたプロセスが展開する「場」を構成しているのである。パウロの言う「栄光」へ与り行くことは、トマス的に表現するならば「至福」である。「至福」への道は「義」を越え、「恩恵」

をその場とすることにより歩まれるべきものなのであった。

「至福への到達」は「人間の自然本性の自己超越」の実現であり、人間をこれへと導く「注賦的徳の善」は、「十全な自然本性」にあっても「恩恵」に依存するものと考えられていた。(27) つまりその「原初の正義」をも踏み超えて、さらに恩恵によって到達されるべきもの、とされていた。それは、具体的には神愛を軸とする倫理の展開によるものである。(28) それゆえ、「義」とは、人間の自然本性の自己超越性が展開する「場面」に立つことであり、神愛の倫理の出発点を意味していたのである。ちょうど、アリストテレス的な倫理学において、「正義」は「友愛」に対してその土台として前提され、友愛は正義より、より高い次元で成立していたのと同様に、「義」もまた「神愛」に対してその土台として前提され、神愛の行為は「義」より、より高い次元で成立するものと考えられていた、と言ってよかろう。

第四節　結　語

本章では、トマスにとって、このような意味での「義」の成立――「義化」――がいかなる意味を持っていたか、という問題を、「原罪」の意味と絡めつつ解明を試みた。まず『ローマ書簡』における「義化」についてのパウロの言説を概観した。

「律法の実行による義」をめぐり、一見矛盾する二つのテキスト（二・一三）と（三・二〇）との検討により、第六章以来問題となっていた「自然法」および「旧法」（旧約の律法）の射程と「原罪」との関係を考察した。

（二・一三）では、ユダヤ人であれ、自然法を遵守する異邦人であれ、律法を実行する「義人」の存在についてパウロはこれを論理的可能性として言及していたが、その実現の可能性については判断を保留していた形になっている。しかし、実際には（三・二〇）にあるごとく、自分自身、そして彼と共に己れを振り返る読者には、自らが「罪の下にある」ことの自覚へともたらす、というのがパウロの論の進め方であった。

パウロは「義化」の結果としての「神との間における平和」、そして「恩恵」が言及している。ここで注目しておくべきなのは、義化の結果成立している神との正しい関係性、そして恩恵という場面の中で、本書第三部が問題としてきた「神の愛がわたしたちの心に注がれている」（五・五）ということ、すなわち「神愛 caritas の注賦」が語られていることである。パウロにとって「義化」は目的ではない。それはむしろ「神愛の倫理」にもとづく人間の自然本性の自己超越に向けての出発点とされていることに特に注意を喚起しておいた。

次いで、「義化」についてのトマスの扱いを概観した。トマスにおいては、原罪とは根本的には人間において恩恵が喪失されている状態を意味していた。それは、人間と神との人格的な関係における妨げである。したがって、「義化」にあって根本的なことは、恩恵が回復することである。これは、義化の原因が恩恵である、というパウロ的な概念を正統的に受け継いだ思想であると言える。

また、神愛の倫理が展開するところの「場」としての「恩恵」もしくは「義」の理解は、先に『ローマ書簡』について検討した際に、パウロにとって「義化」は目的ではなく、むしろ出発点である、という点もトマスは継承していた、と言える。

トマスは、魂の内的秩序としての徳の総体が、神の恩恵に依存する形で成立する、という意味での「秩序としての義」という概念を導き出しているように思われる。こうした「秩序としての義」は、注賦的な性向の倫理を意味している。

（1） 筆者が『ローマ書簡』を読み進めるにあたっては、群書の中から、主として以下の書を座右に参照した。P・アルトハウス『ローマ人への手紙――翻訳と註解』杉山好訳（NTD新約聖書註解）NTD新約聖書註解刊行会、一九七四年。K・ワルケンホースト『信仰と体のあがない――ロマ書の解釈五―八章』中央出版社、一九六九年。フランシスコ会聖書研究所訳注『聖書 原文校訂による口語訳 パウロ書簡第一巻 ローマ人への手紙、ガラテヤ人への手紙』中央出版社、一九六八年。W・バークレー『ローマ』八田正光訳（聖書註解シリーズ8）ヨルダン社、一九七〇年。

（2） 以下に、それぞれの引用の出典となる箇所を挙げておく。

一〇―一二節は『詩篇』（一四・一―五）「（一四・一）指揮者によって。ダビデの詩。神を知らぬ者は心に言う、「神などいない」と。人々は腐敗している。忌むべき行ないをする。善を行なう者はいない。（一四・二）主は天から人の子らを見渡し、探される、目覚めた人、神を求める人はいないか、と。（一四・三）だれもかれも背き去った。皆ともに、汚れている。善を行なう者はいない。ひとりもいない。（一四・四）悪を行なう者は知っているはずではないか。パンを食らうかのようにわたしの民を食らい、主を呼び求めることをしない者よ。（一四・五）そのゆえにこそ、大いに恐れるがよい。神は従う人々の群れにいます。」

一三節abは『詩篇』（五・一〇）「（五・一〇）彼らの口は正しいことを語らず、舌は滑らかで、咽は開いた墓、腹は滅びの淵。」

一三節cは『詩篇』（一〇・七）「（一〇・七）口に呪い、詐欺、搾取を満たし、舌に災いと悪を隠す。」

一五―一七節は『イザヤ書』（五九・七―八）「（五九・七）彼らの足は悪に走り、罪のない者の血を流そうと急ぐ。彼らの計画は災いの計画。破壊と崩壊がその道にある。（五九・八）彼らは平和の道を知らず、その歩む道には裁きがない。彼らは自分の道を曲げ、その道を歩む者はだれも平和を知らない。」

一八節は『詩篇』（三六・二）「（三六・二）神に逆らう者に罪が語りかけるのが、わたしの心の奥に聞こえる。彼の前に、神への恐れはない。」

（3） S. *T.* I q. 95 a. 1 c.

（4） 「原初の正義」という呼称は、アンセルムスに由来する、という。

（5） 『伝道の書』（七・三〇）。

（6） *S. T.* I q. 95 a. 1 c.
（7） *ibid.*
（8） *S. T.* I-II q. 85 a. 1 c.
（9） Platon, *Respublica*, IV, 16, 441C-442D, Aristoteles, *Ethica Nichomahea*, V, 11, 1138b5.
（10） *S. T.* I q. 95 a. 1 c.
（11） 最初の人間、および悪霊となった天使の罪が、この逸脱の可能性を示している。この点については、本書第四部第十六章で主題的に展開する。
（12） 註（8）参照。
（13） *S. T.* I-II q. 81 a. 2 c.
（14） *S. T.* I-II q. 82 a. 3 c.
（15） *S. T.* I-II q. 85 a. 3 c.
（16） Augustinus, *Retractatiomes*, PL32, 608, *S. T.* I-II q. 82 a. 3 sc.
（17） *S. T.* I-II q. 113.
（18） *S. T.* I-II q. 113 a. 1 c.
（19） *S. T.* I-II q. 113 a. 2 c.
（20） *S. T.* I-II q. 113 a. 2 c.
（21） *S. T.* I-II q. 113 a. 3 c.
（22） *S. T.* I-II q. 113 a. 5 c.
（23） *S. T.* I-II q. 113 a. 4 c.
（24） *S. T.* I-II q. 113 a. 6 c.
（25） *S. T.* I-II q. 113 a. 7 c.
（26） *S. T.* I-II q. 113 a. 8 c.
（27） *S. T.* I-II q. 109 a. 2 c., q. 114 a. 2 c.

(28) *S. T.* I-II q. 114 a. 4

第十三章　トマス倫理学における恩恵

第一節　はじめに

これまで第三部では、「人間の自然本性の自己超越性」という視点を中心に、「注賦的な性向」の理論へと拡張された徳倫理としてのトマスの倫理学について解明を進めてきた。この「人間の自然本性の自己超越性」の意味を理解するための最終的な鍵となるのは「恩恵 gratia」の概念である。

本章では、トマスにおける「恩恵」の捉え方について、その全体的な見通しを概観することにしたい。その際、「恩恵」およびこれと常に対比される「自然本性 natura」についてトマスが分析した諸義について包括的に解明した上で、「自然」と「恩恵」とがいかなる関係にあるのかを明らかにし、同時に第三部においてこれまで我々が解明してきた成果全体の位置づけについての見取り図を描くこととしたい。

第二節　恩恵の意味

（1）「恩恵」の一般的意味

トマスは、『神学大全』第Ⅰ－Ⅱ部一一〇問題において、恩恵とは何か、という問題を扱っている。

まず、一項主文において「恩恵 gratia」という語の一般的用法に即して、トマスは三つの意味における「恩恵」を区別する。すなわち、（1）第一は、或る者の「愛 dilectio」を意味する場合、（2）第二は無償で gratis 与えられた何らかの「賜物 donum」を意味する場合、そして（3）第三は無償で与えられた恩恵に対する「感謝、返礼 recompensatio」を意味する場合である。これら三つのうち、（2）の「賜物」は（1）の「愛」に依存している。そして、この（2）の「賜物」からは（3）の「感謝」が生ずる。そして、「賜物」と「感謝」においては、恩恵が恩恵を受けとる者のうちに何らかのものを定立していることが指摘される。

その上で、トマスは（1）の「愛」との関連で、「人間の愛は事物の善性 bonitas を全体的に生ぜしめるのではなく、むしろ部分的もしくは全体的に当の善性を前提としている」のに対して、「神がそれによって被造物に善あれと望むところの神の愛 dilectio Dei からは、何らかの善が被造物のうちへと流入する」として、神の愛には事物の善性の原因としての特別な性格があることに注意を喚起している。(1)

神は事物の善性の原因であるところから、あらゆる神の愛にともなって被造物のうちに何らかの善 aliquod bonum が生ぜしめられることが帰結する。しかし、或る特定の場合においては、被造物において「永遠的愛と永遠性を共にする coaeternum 善が生ぜしめられる」とされる。いわゆる「超自然的」にして「恩恵的」な善としての「賜物」が語られるのはこの場面である。

この場面の位置づけを明らかにするために、まずトマスは、「善」の差異に基づいて被造物に対する神の愛に段階の相違があることを指摘している。すなわち、その一つは、それにもとづいて神が「すべての存在するものを愛する」ところの「共通的な愛 dilectio communis」である。この愛にもとづいて諸々の被造的事物に自然本性的存在 esse naturale が与えられる。

これに対して、他の一つは「特別の愛 dilectio specialis」である。この愛によって神は、理性的被造物をその自然本性的条件を超えて神的善の分有へと引きよせる、という。神が或る者を無条件的な仕方で愛すると言われるのはこの愛に即してである。なぜなら、この「特別の愛」によって、神は被造物に、神自身であるところの永遠的善を無条件的に分与することを望むからである。

このようなわけで、人が「神の恩恵を受ける」と言われることによって、人間における神の「特別の愛」の結果としての「賜物」、すなわち「神から出てくるところの、人間のうちなる何らかの超自然的なもの」が意味表示されていることが指摘される。

他方トマスは、(1)の「神の永遠的なる愛そのもの」が「神の恩恵」と呼ばれる場面として、「予定の恩恵 gratia praedestinationis」に言及している。それは、功績のゆえにではなく、無償で或る人々を予定し、もしくは選ぶ、という神の働きのうちに示される「愛」としての恩恵である。

(2)「神的扶助としての恩恵」と「性向的賜物としての恩恵」

続く、『神学大全』第I－II部一一〇問題二項の論題は、「恩恵は魂のうちに何かを措定するか」というものである。しかし、ここでトマスは、彼の恩恵論全体を通して最も基本的とも言える恩恵の種別を明らかにしている。それは、「神的扶助 divina auxilium としての恩恵」と「性向的賜物 donum habituale としての恩恵」との区別である。先述の通り、「神の恩恵を有する」と言われる者においては、神の愛、すなわち神の恩恵的な意志の何らかの結果が内在する、ということが意味表示されている。ところでトマスによれば、人は神の恩恵的な意志によって二様の仕方で扶助される。

第一は、「人間の魂が神によって何ごとかを認識し、意志し、あるいは為すようにと動かされるかぎりにおいて」である。この意味においては、人間に内在する恩恵の結果は魂の「性質」ではなく、むしろ魂における何らかの「運動 motus」である、とされる。こうした、「運動」をひき起こす神による「動かし motio」については、トマスはこれを「神的扶助としての恩恵」もしくは「助力の恩恵 gratia actualis」と呼んでいる。これは人間の魂の外から人間を動かす恩恵である。あるいは、より明確に言えば、それは人間に「外的根源」として働きかける神自身の働きである。

第二は、「何らかの性向的賜物が神によって魂に注賦されるかぎりにおいて」、人間が神の恩恵的意志によって扶助される場合である。この意味での恩恵については、我々も第九章以降において、注賦的な諸性向の根元としてすでに触れてきたものである。

トマスは、この性向的賜物が注賦される、ということの理由を述べるにあたり、神が上述の「特別の愛」をもって自然本性を超える善を授与すべく愛する被造物に対しては、単に「共通的な愛」によって自然本性的善を授与するという仕方で愛する被造物に対して以上の配慮を与えるはずだ、という確信から出発して論じている。(2) 神は自然的 naturalis な被造物に対しても、単にそれらを自然本性的運動へと動かすという仕方によってのみでなく、それらが自分自身でそうした運動への傾向性をもつように、それらに何らかの形相、そしてその働きの内的根源としての「ちからvirtus＝徳」を授与するという仕方によっても配慮している。この形相と内的根源によって、それらの被造物が神によって動かされるところの運動は、自らにとって親和的connaturalisかつ容易なものとされる[3]。それゆえに、神は、自然的被造物に対する「共通的な愛」以上の、「特別の愛」をもって「超自然的な永遠的善の到達」へ向けて動かそうとする被造物に対しては、なおさらのこと、何らかの「超自然的な形相」あるいは「性質」を注賦するのでなければならない。かかる被造物は、そうした形相もしくは性質に即して永遠的善に到達するようにと神によって動かされることになる。

そして、「性質」のカテゴリーに属するのは、この意味における恩恵の賜物である、とされる。これが「性向的賜物としての恩恵」、もしくは「神意に適せしめる恩恵gratia gratum faciens」ないし「成聖の恩恵gratia sanctificans」と呼ばれるものであって、人間の魂の内側から働く恩恵である。これは、人間に「内的根源」として内在する一種の性向である[4]。

(3)「作働的恩恵」と「協働的恩恵」

『神学大全』第I－II部一一一問題二項において、トマスは「作働的恩恵gratia operans」と「協働的恩恵gratia cooperans」という恩恵の分類を導入する。トマスは、上述の「神的扶助としての恩恵」と「性向的賜物としての恩恵」のいずれの意味における恩恵についても、「作働的」と「協働的」との区分が成立する、という。

まずトマスは、「作働的」と「協働的」との区分の意味を次のように解説する。或る結果を生ぜしめるところの働きは、動かされるものに対してではなく、動かすものに帰せられる。それゆえに、ある結果について、人間の精神は動かされたものであり、動かすものではなく、神のみが動かすものであるような場合、当の結果を生ずる「働きoperatio」は神に帰せられる。このような結果をもたらすような場合、恩恵は「作働的恩恵gratia operans」と呼ばれる。これはつまり、その結果に関しては、人間は神に全面依存し、完全に受動的な立場に立つような結果に関して語られる恩恵である。

他方、ある結果について、人間の精神が動かすものであり、動かされるものでもあるような場合、当の結果を生ずる働きは、神に対してのみでなく、霊魂に対しても帰せられる。このような結果をもたらすような場合、恩恵は「協働的恩恵gratia cooperans」と呼ばれる。つまり、これは、その結果に対して、神と人間とが協力して働くような場面での恩恵である。

その上で、「神的扶助としての恩恵」に関しての「作働的」と「協働的」との区分についてトマスは次のように解説している。トマスは働き、行為actusに、意志の「内的行為」と、意志に命じられた「外的行為」との二種類を区別する。

トマスによれば、意志の内的行為に関しては、意志は「動かされたものmota」という関係に立ち、これに対して神は動かすものという関係に立つ。そのことが特に成り立つのは、以前は悪を意志していたところの意志が、善を意志し始めるような場合である。したがって、神が人間の精神を、この種の行為へと動かすような場合、その恩恵は「作働的」と呼ばれる。

他方、意志によって命令される外的な行為に関しては、その結果を生ずる働きは意志に帰せられる。しかし、こうした行為に関しても、神は内的にinterius意志を強めてそれが行為をなしとげうるようにすることによっても、また外的にexterius働きを為す能力facultasを与えることによっても、我々を扶助する。このような場合の行為に関しては、恩恵は「協働的」と呼ばれる。

したがって、神がそれによって我々を「報いに値いする善 bonum meritorium」へと動かすところの「無償的な働きかけ gratuita motio」、つまり「神的扶助としての恩恵」は、意志を動かすかぎりで「作働的」、その遂行に際して意志と協働してこれを助けるかぎりで「協働的」である、ということになる。

他方、「性向的賜物としての恩恵」に関しては、トマスは、これによって生ずる結果に、「存在 esse」と「働き operatio」という二種類のものを区別する。

「性向としての恩恵 habitualis gratia」は、魂の「存在」に関して、すなわち、魂を癒し、義たらしめ、神によみされたものたらしめる、という結果に関しては恩恵以外の原因は働かず、人間は完全に受動的なるがゆえに、「作働的恩恵」と呼ばれる。他方、魂の「働き」に関して、すなわち、「報いに値いする業 opus meritorium」の根源であるかぎりにおいては、「性向としての恩恵」は協働的恩恵と呼ばれる。「報いに値いする業」は人間の自由意思からも発出するものであるからである。(4)

(4) 義化と功績――「作働的恩恵」と「協働的恩恵」が働く場面

以上、二通りの「恩恵」の区分を簡潔に表現するならば次のようになろう。「神的扶助としての恩恵」とは、神が外側から――「外的根源」として――人間を助ける働きであり、「性向的賜物としての恩恵」とは内側から――「内的根源」として――人間を助ける性向である、と言える。「作働的恩恵」とは、神のみが原因であり、人間は神に全面依存し、完全に受動的な立場に立つような恩恵であり、「協働的恩恵」とは神と人間とが協力して働くような場面での恩恵である。

ここで、改めて「恩恵」についての二通りの区分の組み合わせについて、区分の角度を変えて、それらの恩恵が働く場面を復習してみよう。

「神的扶助としての恩恵」は、神が「外的根源」として意志を、特に悪を意志していたところの意志が、善を意志し始めるように、と動かす際に、「作働的に」働く。「性向的賜物としての恩恵」は、魂をその「存在」に関して、つまり、魂をその内面から癒し、義たらしめ、神によみされたものたらしめる際に、「作働的に」働く。このように、「神的扶助としての恩恵」と「性向的賜物としての恩恵」とが「作働的に」働く場面とは、「不敬虔な者の義化」の場面である。(5) 前章での「義化」の構造についての概観を想起されたい。そこでは、「恩恵の注賦」「信仰による自由意思の神への運動」「罪を離れる自由意思の運動」および「罪の赦し」が同時的に起こる、とされていた。(6) このうちの第二、第三の契機は、悪を意志していたところの意志が、善を意志し始めるように、と動かすところの「神的扶助としての恩恵」によるものであり、第一の契機たる「恩恵の注賦」、そして義化の全体的達成としての「罪の赦し」は「性向的賜物としての恩恵」による、と考えられる。

他方、「神的扶助としての恩恵」と「性向的賜物としての恩恵」は共に、報いに値いする業もしくは善への働きとの関連においては「協働的に」働く、とされる。(7)「神的扶助としての恩恵」とは、人間の意志を強めてそれが行為をなしとげうるようにしたりして、神が「外的根源」として人間を助けることによるものである。(8) そのようにして、神と人間の意志とが協力しあう。「性向的賜物としての恩恵」の場合は、それ自体が「内的根源」であり、また神愛や注賦的徳などの性向を媒介として内側から自由意思を助ける、と考えられる。(9)

したがって、「神的扶助としての恩恵」と「性向的賜物としての恩恵」とは共に、「義化」の場面では「作働的恩恵」として働き、人間の功績的な働きに際しては「協働的恩恵」として働く、ということができる。事実、トマスは「義化」を「作働的恩恵」の結果として、「功績」を「協働的恩恵」の結果として、それぞれ位置づけている。[10]

(5)「先行的恩恵」と「後続的恩恵」

『神学大全』第I－II部一一一問題三項において、トマスは「先行的恩恵gratia praeveniens」と「後次的恩恵gratia subsequens」という区分を導入している。これは、アウグスティヌスの『自然と恩恵についてDe natura et gratia』における次の言葉に関連している。

「それ(恩恵)は我々が癒されるようにと先行し、癒された我々が強められるようにと後続する。それは我々が呼ばれるようにと先行し、我々が栄光に与るようにと後続する。[11]」

これは、恩恵の結果が段階をなしていることに対応するものであり、(三)で概観したように、恩恵がその異なった諸結果にもとづいて作働的と協働的とに区分されるのと同様に、あらゆる意味における「恩恵」についても成立する区別である、という。

トマスは、恩恵の結果に五段階の区別を認める。すなわち、その第一は霊魂が癒されること、第二は善を意志すること、第三は意志したところの善を有効にefficaciter実行すること、第四は善のうちに堅くとどまること、第五は栄光に到達することである。この一連の経過において、一般に、恩恵がn番目の結果の原因となっている場合、その恩恵は、n＋1番目の結果から見ればそれは「先行的恩恵」、n－1番目の結果から見ればそれは「後続的恩恵」と呼ばれる、というわけである。そのように恩恵は同一の結果に即して、異なった諸結果との関連において、先行的および後続的と呼ばれる。このように、神の恩恵と人間の側において実現するその結果とは、相互に往復しながら段階的に進展してゆくものとして考えられている。

(6)「ペルソナ的合一の恩恵」

ところで、トマスは「賜物」としての恩恵が成立するさらに特殊な場面を見ている。(一)で見てきたように、「恩恵」とは神の「特別の愛」および被造物におけるその結果を意味していた。それは被造物が何らかの意味で神の本性に与ること、神との「合一 unio」にもたらされることに関与していた。人間の本性は神との合一にもたらされるために「賜物」が必要である。それはそのことが人間の自然本性を超えるからである。

トマスは人間が神との合一にまで高められる仕方に二通りの仕方があることを指摘している。[12]

第一は、人間が「働きによって」神との合一にまで高められる、という仕方である。これは具体的には、聖者たちが神を認識し、神を愛する、という仕方で神との合一にまで高められるような場合である。「性向的賜物としての恩恵」は、そうした仕方による神との合一への道において重要な役割を果たす。

第二は、人間(人間の自然本性)が「ペルソナ的存在によって」神との合一にまで高められる、という仕方である。これは、キリスト一人に固有な合一の様態である。キリストにおいて人間の本性は神の御子 Filius のペルソナに属するものとなるように摂取された。これは、カルケドン公会議[13]までに確立したキリスト論についての結論を踏まえたものであることは言うまでもない。

注目すべき点は、「人間の自然本性がペルソナ的存在によって神との合一にまで高められる」ということは、キリスト自身によるにせよ、他の人間によるにせよ、一切の先行する功績によらない、という意味で「恩恵」による、とされている点である。[14] この意味での恩恵は、特に「ペルソナ的合一の恩恵」と呼ばれ、性向的賜物としての恩恵から区別されている。しかも、この恩恵は、性向的な恩恵によって合一が媒介される、という形で成立するのではない。むしろ逆であって、この「合一の恩恵」によって「性向的恩恵」がもたらされるのである。[15]

第三節　恩恵と自然本性

第二章で概観したように、「自然本性」とは実体形相としての本質が、内的な根源によって自己実現してゆくプロセスの射程を意味していた。知性と意志を有する人間の自然本性は、人格的な存在者としての自由を通してその人間性を実現すべきものであったが、人間的な意志は普遍的な善へと開かれているものであった。[16] そして、普遍的善への志向は人間的な自然本性の自己実現の射程を超えており、その点で人間は恩恵に依存する、というのがトマスの基本的人間観であった。

この「自然（本性）natura と恩恵 gratia」という対比は、トマスの思想のあらゆる場面で引き合いに出されるあまりに有名な枠組みである。しかし、トマス自身において「自然」と「恩恵」とがいかなる関係にあるか、を考える際に事情を複雑にしているのは、「自然本性」についての多義性である。まず、注意すべき点は、トマスは「自然本性」に、「原罪 peccatum originale」による堕落以前の「十全な本性 natura integra」と、原罪によって「損なわれた本性 natura corrupta」とを区別していることである。

以下、そのそれぞれの場面における「自然本性」と「恩恵」との関係を概観しよう。

(1) 原初の正義における自然本性

「原罪による堕落以前の十全な本性」とは、いわゆる「原初の正義 justitia originalis」[17]の状態における自然本性である。『伝道の書』(七・三〇)に「神は人間をただしき rectus 者に造り給うた」と記されている。「原初の正義」と呼ばれるのは、この「神が人間を造り給うた際の最初の状態におけるただしさ rectitudo」のことであり、原罪によって損なわれる以前における人間の自然本性のあり方を示している。前章でも概観した通り、トマスによればこの原初の正義には三つの秩序が含まれていた。即ち、まず第一に理性の神への服属、第二に魂 anima の下位の諸能力の理性への服属、そして第三に身体の魂への服属がそれである。[18]

この原初の正義の状態において示された完全な状態において、人間の自然本性は一定の自立性をもつものとして、つまり恩恵を離れてもその固有の限界の内においては何がしかの善への力を有することが示されている。

原初の正義における十全な本性の状態にあって人間には、自己の本性に相応した善、即ち獲得的徳 virtutes acquisitae の善に関するかぎりにおいて恩恵なしにこれを欲したり為したりすることが可能であった。[19] また、彼には神を一種の共通善として「すべてに優って愛する」ということが、恩恵を離れて自然本性のみにもとづいても可能とされていた。[20] さらに彼には、行為 actus・働き operatio の実体(「何をするのか」)という点に関するかぎりにおいて、恩恵なしにも法の規定を充足し、罪を犯さずにいることが可能であった。[21] その際、人間を完全に神から離反させるいわゆる「大罪 peccatum mortale」のみならず、そこまでには到っていない、いわゆる「小罪 peccatum veniale」をも完全に避け得た、とされる。[22]

しかし、十全な自然本性といえどもそこには限界があった。トマスが考える人間の究極目的、すなわち、「永遠の生命」もしくは「至福直観 visio beatifica」は、神が恩恵によって自らを被造的知性にとって可知的なものとしてこれと結合する場合のみ可能であった。[23] それは、「人間の自然本性を超えた」善であり、「注賦的徳 virtutes infusae」の善であって、人間はこれを恩恵なしに欲し、なす事はできない。[24] また、「何をするのか」という点においては、自らの自然本性的なものによって法の規定を充足することが可能であると言われたが、「いかにこれをするのか」という点、つまり「神愛にもとづいて ex caritate」それらの行為を為す、という点から見るならば恩恵を離れては不可能であった。[25] 神愛の本質を構成する人間と神との交わり communicatio は、現世において恩恵により開始され、来世において栄光をもって完成される。[26] そして、注賦的徳の善、神愛にもとづく行為とは、人間の究極目的である至福・永遠の生命に到るための「功績 meritum」につながるものであった。しかし、後述するように、人間は恩恵なしに永遠の生命への功績を有するものとなることは不可能である。[27] 功績の領域は十全な状態といえども自然本性を超えた、恩恵によってのみ可能な領域なのであり、それゆえに、「超自然の秩序」に属することなのであった。

(2) 原罪

「損なわれた自然本性」とは、原罪によって損なわれた自然本性という意味である。そこでまず、前章で触れた「原罪」の意味について簡単に振り返っておこう。

トマスは、原罪の本質を「形相的には原初の正義の欠如、質料的には欲望 concupiscentia である」と規定している。[28] このことの理由をトマスは次のように説明する。いかなるものも、その形相から種的規定を受ける。原罪の種的規定はその原因に由来する。ところで、反対対立的なものの原因は、反対対立的である。そこから、トマスは、原罪の原因を反対対立するもの、すなわち原初の正義から考察すべきである、とする。原初の正義の全秩序は、人間の意志の神への従属に依存していた。ところで、この従属は主要的には意志による。魂のすべての部分を目的へと動かすのは意志であるからである。そして、意志の神からの離反から無秩序が生じた。以上のことから、原罪の形相は、人間を神に服従させる原初の正義の欠如である、というのである。これに対して、他の能力における無秩序は原罪における質料的なものとされる。特に、人間が地上の時間的善へと向かうこと、即ち欲望がそれである。

トマスにおいて、原罪の本質を「原初の正義の欠如」である、とする「形相的規定」が優先的地位を占めている、といえる。原罪を主として「地上的な善へと向かう欲望」として捉えようとしていたのはアウグスティヌスであった。(29) しかし、トマスは原罪を「質料的に」もしくは現象的に「欲望」と見るよりも、その存在論的な意味づけを重要視している。それゆえ、彼は原罪を形相的に「原初の正義の欠如」として理解することにより、魂内部の秩序についての存在論的な洞察においてこれを捉えようとしているのである。さらに、トマスは原罪は、能力を行為へと傾向づける、という意味においてではなく、多義的に秩序づけられた自然本性を善く、乃至は悪く状態づける、という意味において一種の性向である、としている。(30) その意味で彼は、原罪を「自然本性の病 languor」と呼んでいる。しかも、それは「性向的な賜物としての恩恵」と対比される形で、「魂の本質 essentia animae を基体とする」性向である、とされる。(31)

(3)　損なわれた自然本性

原初の正義における十全な状態の自然本性における人間は、自己の本性を超えた善、即ち注賦的徳の善についてはこれを独力で欲し為すことはできないが、自己の本性に相応した善、即ち獲得的徳の善に関しては恩恵なしに欲したり為したりすることが可能とされていた。しかし、損なわれた本性における人間は、独力では注賦的徳の善はもとより、獲得的徳の善すらも欲し為すことは不可能とされている。[32] ただし完全に本性の善が損なわれたわけではなく、個別的な善の行為は可能である、とされる。そのかぎりで、トマスの立場は原罪「半堕落説」である、と評されたりする。[33] しかし損なわれた本性にある人間は、結局は彼の自然本性に親和的（connaturalis＝本性適合的）な善についてもその総体は実現しえず、病人が癒しの助けを必要とするごとく、恩恵を必要とするのである。

また、十全な本性における人間は働きの実体に関するかぎり恩恵なしに自らの自然本性的なものによって法の規定を充足し、罪（いわゆる大罪も小罪も含めて）を犯さないでいることが可能であったが、損なわれた本性における人間は、神愛にもとづくのはもとよりのこと、働きの実体に関しても法の規定を充足することも罪を避けることもできない。[34] 特に、「不敬虔な者の義化 justificatio impii」における恩恵による理性の癒し以前は、長期的に大罪を回避することは不可能とされる。それゆえ、義化により理性が神に服従させられる事が不可欠なのである。しかし、恩恵による癒しを経た後も、大罪を避けることは可能とされるが、小罪はすべてを避けることは不可能とされる。義化されたキリスト者においても、いまだに肉の欲望があるからである。義化によっても原初の正義の状態に完全に回復されるわけではない。さらに、彼には恩恵によって本性が癒されるのでないかぎり、共通善としての神をすべてに優って愛する、ということも不可能となっている。[35] このことも、十全な自然本性の人間には恩恵なしに可能とされていたことであった。

(4) 自然本性の自己超越

以上述べてきたことを簡単にまとめるならば、原初の正義における十全な自然本性においてにせよ、損なわれた自然本性においてにせよ、自然本性のみではトマスが考える人間の究極目的、すなわち「永遠の生命」という「人間の自然本性を超えた」善については、人間は恩恵を離れては達し得ない。

さらに、人間はその十全な自然本性の状態においては、自己に固有な善については、恩恵を離れてもこれを追求しうる、という一定の自立性を有していたが、その損なわれた状態においては、恩恵による癒しがなければ自己に固有の善に関してすらも力を持たず、いかなる善においても恩恵に全面依存しているのである。つまりトマスにとって、現実に生きる人間は、原罪のもとの損なわれた本性にあるのであり、本性の回復と、自己の本性からの超越という点について、二重の意味で恩恵に依存しているわけである。

第四節　「恩恵」と「自然本性」をめぐる問題場面

以上、第二節において概観した「恩恵」の諸区分、そして第三節で概観した「自然本性」の諸フェイズに即して、トマスにおける「恩恵」と「自然本性」とをめぐる諸々の問題場面を概観することにする。

(1)「神的扶助としての恩恵」

「神的扶助としての恩恵」とは、人間に対して「外的根源」としてこれを動かすべく働きかける神自身の働きであった。ここでまず、指摘しなければならないのは、トマスによれば「自然本性」の一切の場面において、人間が何らかの善に向かう際には「神的扶助としての恩恵」が必要とされている、と言う点である。[36]

すなわち、それは、何か真なることを認識することの可能性の根拠としても、[37] 善を欲したり為したりすることの可能性の根拠としても、法の規定を充足し、[38] 罪を犯さないでいることの可能性の根拠としても、[39] である。これらのことは、「十全な本性」においては一定の範囲では「性向的賜物としての恩恵」なしにも可能とされていた。あと一点、「十全な本性」における人間は、「性向的賜物としての恩恵」なしに自然本性的なもののみから、神を「全宇宙の共通善」としてすべてに優って愛することが可能とされていたが、やはり「神的扶助としての恩恵」は不可欠、とされていた。(40)

無論、罪から更生すること、(41)そして永遠の生命に値するものとなること、(42)において「神的扶助としての恩恵」が必要とされるのは当然のことである。前者は「不敬虔な者の義化」、後者は「功績」の場面であり、これらのことには、「性向的賜物としての恩恵」も必要とされるのである。

「義化」と関連して問題とされる「自分自身を自分自身によって恩恵に向けて準備すること」の可能性に関して、一見トマスは、賜物を受容する準備に関して人間の自力的要素を認めているように見えるが、「神的扶助としての恩恵」が必要であることを断ることを忘れることはなかった。(43)

さらにトマスによれば、「すでに恩恵に到達した者」、つまり「義化」を受けた後の人間であっても、外からの恩恵の助力なしに自分自身によって善を為し罪を避けることはできない。(44)義化によって「神の子」として生まれ変わった者にも誘惑の可能性があり、誘惑に引かれぬように祈る必要があるからである。まして、人生の終わりまで善のうちにとどまり続けることのためには、誘惑と闘うために「神的扶助としての恩恵」は不可欠とされる。(45)

第二節（4）で見たとおり、トマスによれば、「功績」の場面においては「神的扶助としての恩恵」であっても「協働的」に働く、とされていた。つまり、そこでは人間の自由意思と、「神的扶助としての恩恵」、つまり聖霊自身とが協力して働くのである。しかし、人間が「等価的に」、つまり「当然のこと」として「永遠の生命に値するもの」とされるのは、あくまでも自由意思によるのではなく、聖霊の恩恵によるのであった。(46)そして、この等価的功績には恩恵の動かしが働いているがゆえに、人間は功績により恩恵あるいは神愛の増大に値するものとされることが可能とされるのである。(47)

（2）「性向的賜物としての恩恵」

他方、「性向的賜物としての恩恵」のあり方は、上述の、人間の「自然本性」の各々のフェイズに即して変化する。

すなわち、何か真なることを認識することの可能性に関して言えば、「性向的賜物としての恩恵」によって、人間は「超自然的真理」つまり、信仰に属することがらに関しての認識を与えられるかぎりにおいて「すべて真なることは、誰によって語られようと、聖霊からである」と言われる。(48)

善を欲したり為したりすることの可能性に関しては、人は十全的本性の状態においては一つのことに関して、すなわち超自然的善 bonum supernaturale を為し、意志するために、「性向的賜物としての恩恵」(恩恵的なちから virtus gratuita) を必要とする。しかし、堕落した本性の状態においては二つのことに関して、すなわち癒されるためと、その上さらに、功績に属する超自然的善を為すために、これを必要とする、とされる。(49)

法の規定を充足することに関して言えば、行為の実体（何をするのか）に関してのみでなく、「神愛からして」為されるという、行為の様態の完全性までを要求して見た場合、人は十全的本性の状態においても、堕落した本性の状態においても、「性向的賜物としての恩恵」なしには法の戒めを全うすることはできない。しかし行為の実体（何をするのか）に関してのみ見た場合でも、堕落した本性の状態においては、人は癒しを与える恩恵なしには神のすべての戒めを全うすることはできない。(50)

十全的本性の状態に即していえば、人は性向的恩恵なしにでも、罪を犯さないことが可能であった。しかし堕落した本性の状態においては、人間が罪を避けるためには自然本性を癒すところの性向的恩恵に全面的に依存する。[51]ところで、「義化」によってこの癒しが実現したとしても、それは「原初の正義」の全面的な回復ではない。現在の生においては、本性の癒しは、最初に精神 mens に即して為されるのであり、肉的欲求はいまだ全体的には癒されないままにとどまる。[52]パウロが、『ローマ書簡』(七・二五)において、「義化」を経た後の人間の状態を自ら代表して「わたし自身は心(精神)では神の律法に仕えて」いるが「肉では罪の法則に仕えている」と述べているのはこうした事情を示している。[53]

上述のごとく、人は十全的本性の状態においては、「性向的賜物としての恩恵」なしにでも、神を「普遍的な善」もしくは「全宇宙の共通善」として自然本性的にすべてに優って愛することができるものとされていた。ただし、かれをそのような愛へと動かす神の扶助は必要であったが。

しかし、堕落した本性の状態においては、人間の理性的意志 voluntas rationalis は、自然本性の堕落のゆえに、神の恩恵によって癒されないかぎり、私的善 bonum privatum を追求する。それゆえ、堕落した本性の状態においては、人間は「普遍的な善」としての神に対する本来的な愛の回復のためにも、自然本性を癒す恩恵の扶助を必要とするのである。[54]前述の通り、人間が罪の状態から回復すること、つまり「義化」の場面においては、「性向的賜物としての恩恵」も「神的扶助としての恩恵」も共に「作働的恩恵」として働く。その際、「性向的賜物としての恩恵」が神から注がれる、ということそのものが義化の最も本質的な契機であった。

他方、「義化」の後、「神的扶助としての恩恵」と「性向的賜物としての恩恵」は共に、報いに値いする業もしくは善への働きとに関して「協働的に」働く、とされる。つまり、恩恵は人間の自由意思の働きと協力しあう関係になる。その場面では、「性向的賜物としての恩恵」が魂における秩序としての「義」そのものを構成している、と言ってよかろう。「性向的賜物としての恩恵」の場合は、それ自体が「内的根源」であり、また神愛や注賦的徳などの性向を媒介として内側から自由意思を助けるのである。

要するに、「性向的賜物としての恩恵」は、「原初の正義」のもとにある「十全な本性」においては、人間の自然本性が自己超越するための根源として、そして「損なわれた本性」においては、これに加えて自然本性の回復のためにも、人間に必要とされているのである。

第五節　結語に代えて――「恩恵」「自然」「正義」「愛」

以上の「恩恵」「自然本性」およびその両者の関係についてのトマスの理解を踏まえた上で、本書においてこれまで明らかにしてきたことがらの位置づけと、さらなる課題の展望を図ることとしたい。

まず、トマスにおいて、アリストテレス的な意味での「自然本性」の倫理学は結局どう位置づけられるのであろうか。

トマスによれば、「十全的本性の状態においては、働きを為す力が十分であったかぎりにおいて、人はその自然本性的能力 naturalia によって、獲得的徳の善のごとく、自らの自然本性に対比的な proportionatum 善を意志し、為すことが可能」とされていた(55)。アリストテレス的な「自然本性」の倫理学は、こうした「十全的本性」の論理的な可能性を描写する概念装置を提供している、と言えよう。

しかし、トマス――あるいはキリスト教的な立場――によれば、現実の人間は「原罪」によって「損なわれた本性」のうちにある。そしてかかる「堕落した本性の状態においては、人は自らの自然本性に即して為しうることについても欠陥を示すのであり、すなわち自らの自然本性的能力によってはこうした善の全体を成就することはできない」とされる。(56)

ただしトマスによれば、「人間本性は、自然本性の善の全体を奪われてしまうほどに、罪によって全体的に堕落せしめられてはいない」。アリストテレスの、あるいは異教的な意味での徳倫理は、「損なわれた本性」にあっても、完全に失われたわけではない自然本性の善として位置づけられるであろう。(57)しかし、「いかなることにも欠けるところがないような仕方で、自らの自然本性に適合的なる善の全体を為すこと」の可能性は認められていないことになる。(58)

次いで、人間の意志における「普遍的な善」への「自然本性的欲求」の成立はいかに位置づけられるであろうか。前述の通り、トマスによれば、これもまた「十全な本性」においては、「全宇宙の共通善」としての神を自然本性的にすべてに超えて愛する、という形で成立するものと考えられていた。ただし、その達成には「神的扶助としての恩恵」が必要であるとしても。(59)しかし、「損なわれた本性」においては、意志は私的善の追求へと向けられており、普遍的善は意志の前に十分な形で現前していないことになる。それゆえ、「普遍的な善」への「自然本性的欲求」も、「性向的賜物としての恩恵」によって本性が癒されるのでない限り、十全には発揮されない、ということになろう。(60)

本書第二部においては、主としてトマスにおけるアリストテレス的な倫理学の枠組みの受容の側面を検討することにより、そうした人間の自然本性の自己実現の倫理学の枠内で、「正義」の徳の射程と、魂の内的な自己完成としての徳の実りである限りでの「友愛」の射程との関係について概観してきた。他方、前章で我々は哲学的倫理学が示す「魂の内的統合性としての正義」とは異なった次元の「正義」である「神の前における義」の意味を明らかにした。そこでは、「性向的賜物としての恩恵」そのものが「義」を構成していた、と言うことが出来る。我々は、人間がこうした意味で「義」とされることの意味を、パウロの『ローマ書簡』にまで遡って検討した。

本書第三部で展開してきた「神愛」の倫理は、「人間の自然本性の自己超越」が具体化する場面であった。そこで、いわゆる対神徳を含めた「注賦的な徳」とは別に、外的な根源として働く聖霊に自らを明け渡すことへと導く「聖霊の賜物」なる性向が想定されていた点を思い起こすべきである。それは、「人間の自然本性の自己超越」において、内的根源として働く「性向的賜物としての恩恵」と、外的根源として働く「神的扶助としての恩恵」との二元性を示唆するものである。

本章での恩恵論についての概観から、これら二つの恩恵が「作働的」に働く場面としての「義化」、「協働的」に働く場面としての「功績」という見通しの意味が明らかになった。(61)「功績」とは、全面的に神の恩恵に依存する「義」を土台とし、これに対する応答として人間の側から示される「愛」(「神愛」)の展開である。

本書第二部において概観した、トマスにおける自然本性内部における倫理の展開において、「愛」(「友愛」)は「正義」(の徳)を土台とし、それを超えてゆくものであるごとく、第三部で概観した恩恵の倫理の展開においても、「愛」(「神愛」)は「(正)義」を土台とし、それを超えてゆくものであったのである。

今後残された課題として、「正義」に関しては、アリストテレス的な「正義」の徳に収まりきらないトマスにおける「正義」全体についての見通しを明らかにすること、「愛」に関しては「神愛」の対他的な意味について明らかにすること、そして、トマスにおける「人間の自然本性」の未完結性そのものの意義を明らかにすること、が挙げられる。これらを第四部の課題とすることとしたい。

（1）神の愛が示す「善」に対する原因性については、本書第七章第六節参照。テキストとしては*S. T.* I q. 20 a. 4 c.

（2）*S. T.* I-II q. 65 a. 3 c.

（3）「親和性」の意味については、本書第四章第四節（3）、また以下の拙稿を参照。「トマス・アクィナスにおける親和的認識について」（筑波大学哲学・思想学系『哲学・思想論集』第二五号）。

（4）*S. T.* I-II q. 111 a. 2 c.

（5）*S. T.* I-II q. 113 prologus.

（6）*S. T.* I-II q. 113 a. 7 c.

（7）*S. T.* I-II q. 113 prologus.

（8）*S. T.* I-II q. 109 a. 1〜10.

（9）*S. T.* I-II q. 110 a. 1〜4.

（10）*S. T.* I-II q. 113 prologus.

（11）Augustinus, *De natura et gratia*, ch. 31, PL44, 264.

（12）*S. T.* III q. 2 a. 10 c.

（13）Denzinger-Schönmetzer, *Enchiridion Symbolorum Definitionum et Declarationum*, 300-303.

（14）*S. T.* III q. 2 a. 11 c., a. 12 c.

（15）*S. T.* III q. 7 a. 13 c.

（16）*S. T.* I-II q. 2 a. 7 c.

（17）この「原初の正義 justitia originalis」という呼称は、アンセルムスに由来する、という。

（18）*S. T.* I q. 95 a. 1 c.

（19）*S. T.* I-II q. 109 a. 2 c.

（20）*S. T.* I-II q. 109 a. 3 c.

（21）*S. T.* I-II q. 109 a. 4 c.

（22）*S. T.* I-II q. 109 a. 9 c.

(23) *S. T.* I q. 12 a. 4 c.

(24) *S. T.* I-II q. 109 a. 2 c.

(25) *S. T.* I-II q. 109 a. 4 c.

(26) *S. T.* I-II q. 65 a. 5 c.

(27) *S. T.* I-II q. 109 a. 5 c.

(28) *S. T.* I-II q. 82 a. 3 c.

(29) Augustinus, *Retractationes*, PL32, 608, *S. T.* I-II q. 82 a. 3 sc.

(30) *S. T.* I-II q. 82 a. 1 c.

(31) *S. T.* I-II q. 82 a. 2 c.

(32) *S. T.* I-II q. 109 a. 2 c.

(33) 印具徹「聖トマスにおける恩寵と自由意思」、日本宗教学会編『宗教研究』第一四五号、一四五－一六二頁、「聖トマスの功徳論」、中世哲学会編『中世思想研究』第三号、一八－三二頁参照。印具氏は、トマスの立場について、アンセルムスが「全堕落説」であるのに対比される意味において「半堕落説」である、と評している。この評価の当否は別として、トマスは、全堕落説をとらないことにより、アリストテレスに見られるような異教的な倫理の成立の可能性を認めようとしていたようにも思われる。

(34) *S. T.* I-II q. 109 a. 4 c.

(35) *S. T.* I-II q. 109 a. 3 c.

(36) *S. T.* I-II q. 109 a. 1 c.

(37) *S. T.* I-II q. 109 a. 2 c.

(38) *S. T.* I-II q. 109 a. 4 c.

(39) *S. T.* I-II q. 109 a. 8 c.

(40) *S. T.* I-II q. 109 a. 3 c.

(41) *S. T.* I-II q. 109 a. 7 c.

(42) *S. T.* I-II q. 109 a. 5 c.
(43) *S. T.* I-II q. 109 a. 6 c.
(44) *S. T.* I-II q. 109 a. 9 c.
(45) *S. T.* I-II q. 109 a. 10 c.
(46) *S. T.* I-II q. 114 a. 3 c.
(47) *S. T.* I-II q. 114 a. 8 c.
(48) *S. T.* I-II q. 109 a. 1 ad. 1.
(49) *S. T.* I-II q. 109 a. 2 c.
(50) *S. T.* I-II q. 109 a. 4 c.
(51) *S. T.* I-II q. 109 a. 8 c.
(52) *S. T.* I-II q. 109 a. 9 c.
(53) *S. T.* I-II q. 109 a. 8 c.
(54) *S. T.* I-II q. 109 a. 3 c.
(55) *S. T.* I-II q. 109 a. 2 c.
(56) *ibid.*
(57) *ibid., S. T.* I-II q. 65 a. 2 c.
(58) *S. T.* I-II q. 109 a. 2 c.
(59) *S. T.* I-II q. 109 a. 3 c.
(60) *ibid.*
(61) *S. T.* I-II q. 113 prologus.

第四部　愛と正義の諸相

第十四章　神愛倫理の対他的展開

第一節　はじめに

神愛 caritas は、恩恵にもとづく人間的自然本性の自己超越を目指す倫理の、否、真の意味におけるトマスの倫理学全体の中心をなす概念である。

第三部における考察で、神愛は、諸徳の「形相 forma」として、これらを目的としての神への愛に向けて他の諸徳に命令し、これらを動かすもの、として位置づけられていたことが明らかにされた。[1] ところで、神愛の徳そのものは本質的には「神への愛」として人間と神との間に成立するものであり、その限りにおいては内面的なものである。したがって、一般に倫理を構成するところの隣人に対する対他的な関係には直接表現する場面は少ない、とも言える。事実、『神学大全』II－IIにおける「神愛の章」のボリュームは必ずしも大きいものではない。[2]

本章では、特に本来的に神との関係である「神愛」が、特に隣人への対他的な「倫理」へとどのように展開するのか、という点を中心に、神愛固有の対他的倫理への反映の意味を解明したい。神愛が隣人に対する対他的な倫理へと展開するのは、一つには神愛が「諸徳の形相」として他の諸徳を動かす限りにおいて、特に本来対他的な「正義の可能的部分」とされる諸徳を通じて、ということもあろう。しかし、本章では特に、神愛固有の展開としての

「隣人愛」において、本来「神への愛」である神愛が、隣人との対他的な関係にいかに展開してゆくのか、という点を明らかにする。

第二節　神愛の対象と秩序

（1）神愛の対象と秩序に関する概観

神愛によって愛すべきもの、すなわち神愛の対象 objectum について、トマスの時代においてはアウグスティヌスの『キリスト教の教え』を典拠とする次のようなテーゼが権威となっていた。

「四つの愛すべきものがある。第一は我々の上なるもの、すなわち神である。第二は我々自身である。第三は我々に近い者、すなわち隣人である。第四は我々の下なるもの、すなわち我々自身の身体である。[3]」

トマスもこれを踏まえて、神愛の対象について次のような総括を与えている。[4] 第八章で詳述した通り、トマスによれば「神愛」は一種の友愛である。それゆえ、そこで愛される対象は基本的には人格的な存在者、つまり理性的な本性を有する者に限定される。ここで、「友愛の愛 amor amicitiae」と「欲望の愛 amor concupiscentiae」の区別に伴って導入された「愛すること」の二つの対象、すなわち、（1）「その者のために我々が善を望むところの者として」つまり「友人として」、（2）「我々が誰か（友人）のために望む善として」という区別[5]が重要となる。（1）の意味では、ただ人格的存在者、すなわち知性的な本性のものだけが、永遠の至福の善を享受しうるがゆえに、神愛によって愛されるべきである、とされる。そして、その「友愛」の基礎となる永遠の至福を持つ様態に応じて、神愛によって愛されるべき四つの対象を区別する。

第一に、神は彼自身の本質によって永遠の至福を有している。神は至福の根元として神愛から愛されるべきである、とされる。他方、知性的な被造物は分有を通して永遠の至福を有している。それゆえ、第二に、すべての人間は、彼が至福を分有する限りで彼自身を愛するべきである。

第三に、隣人は至福の分有における仲間として愛されるべきである。ここで、「隣人」のうちには、至福を分有する者であるかぎりにおける天使も含まれる。

第四に、身体は、至福がそれに寄与する限りにおいて、あるいは「何らかの満ちあふれによって至福がもたらされるところのもの」として愛されるべきである。(6)

（2）の他者のために我々が望む善としては、すべてのものが、これらが至福を享受することが可能な者たちにとって何らかの善である限りにおいて、神愛から愛されることができる。すべての被造物は人間が至福に向かうための手段であり、すべての被造物の中に神の善性が明らかにされるがゆえに、それらは神の栄光に秩序づけられているからである。かくして、神愛の愛は、至福に秩序づけられることができない罪に基づく愛を例外として、人間のあらゆる愛を含むことになる。(7) この意味で愛されるべきものとして、トマスは「神愛そのもの」(8) と「非理性的被造物」一般(9) とにも言及している。

以上のようにして、アウグスティヌスが示した神愛によって愛すべき対象の区分のそれぞれに、トマスは、なぜそれが神愛によって愛されるべきか、という理拠を、トマス自身の視点から与えたのである。トマスは、その理拠に即する形で「神愛の順序」について論じている。(10)

ここでトマスは、神愛の愛は、「神に向かう」という目的のために理性的な本性に注賦された傾向性である、というテーゼから出発する。それゆえに、人が「神に向かう」ということのための必要性に応じて、彼は神愛によって傾向づけられる、という。神を目的として神に向かう人々にとって、最も必要とされるものは、神の助けである。第二に、何らかの自助が必要である。第三に、隣人との協働 cooperatio が必要である。ここには段階があり、或る人々とは一般的な仕方でのみ協働し、より近しく結びつけられた他の人々とは特殊的な仕方で協働する。第四に、我々の身体および身体に必要な諸事物は、用具的な形で我々が神に向かう助けとなる。

以上の理拠を述べた上で、トマスは「神愛の順序」について次のように総括する。

第一に、人は神を愛すべきである。

第二に、自分自身を愛すべきである。

第三に、隣人を愛すべきである。

そして隣人の間では、より近しく結びつけられた、そしてより助け合うべき関係にある人たちをより愛すべきである。しかし、妨げとなる者は、妨げである限りにおいて、誰であろうとも「憎む」べきである。

また、他の原因から生ずる他の合法的で高貴な愛もまた神愛に秩序づけられることが可能である。かくして、神愛はこれらの愛の行為を命ずることができる。本性の愛によれば、我々の親類が愛情においてより愛され、社会的な愛によれば、我々により近しく結びつけられた人たちはより愛され、そして他のあらゆる種類の愛においても同様である。そしてこれらの愛も神愛の命令下に置かれる、という。

こうした神愛の順序についての議論においては、愛の優先関係という、神愛を現実的な場面に適用するために避けて通れない問題を扱っている。結論としてトマスは、罪をもたらすような愛でない限り、自然本性的な愛、政治的、社会的な愛のような神愛以外の原因による絆や愛情関係も、改めて神愛のもとに包含される形で位置づけている。しかし、それはけっしてそれらの愛や絆の現実を単に追認する、というのではなく、「神に向かう」という目的のために神愛の命令下に置かれる、という新たな意味づけのもとに、いわば意義づけのし直しを受けるのである。

ここで、上述「神愛の対象」についての議論と、「神愛の順序」についての議論を対照してみよう。当然ながら両者は基本的には対応している。しかし、微妙なニュアンスの変化がある。「神愛の対象」についての議論においては、「永遠の至福の分有」という観点から議論が展開しているのに対して、「神愛の順序」についての議論においては「神に向かう」という目的のため、という視点が全体を支配している。しかし、ここで両者は対応しているのであるから、両者はほぼ同義である、あるいは後者は前者の意味をより具体的な場面で展開したもの、として理解することができよう。

「隣人」について見た場合、隣人が神愛の対象として論じられる際には、「至福の分有における仲間として愛されるべきである」とされていたが、神愛の順序を論じる場面では、「神に向かう」という目的のために協働 cooperatio が必要だ、という根拠のもとに隣人への愛が根拠づけられていた。ここから、「至福の分有における仲間として愛する」ということは具体的には「神に向かうという目的のために協働する」ということを意味するのだ、という方向で理解することができよう。

ここで得られる「神愛によって愛する」ということの実質的な意味としての「神に向かうという目的のための協働」という視点は、トマスによる神愛の行為としての「愛する diligere」ということの意味の特質を一貫して支配しているように思われる。それは、広範な意味で用いられる「愛する」という言葉の用法の中で、「神愛の行為」

としての「愛すること」が示すきわめて限定的な意味を表現している。

(2) 自己愛

この「神愛により愛する」ということの限定的な意味を明らかにするのが、「自己愛」をめぐる扱いであろう。[11]

ここでトマスは、神愛は一種の友愛であるところから、神愛についての考察に二つのレベルを区別する。

第一は、友愛の共通的側面 ratio communis にもとづく考察である。この意味においては、厳密な意味では自己自身に対する友愛というものはなく、それは友愛よりも何かより大いなるものである、とされる。友愛は何らかの「合一 unio」を含意しているが、各人はかれ自身に対して「一性 unitas」を有するからである。この意味では、すべての友愛は、むしろ自己愛から派生したもの、ということになる。この意味での「自己愛」および「友愛」は、ごく広い意味での善を自己ないしは友に望む、という意味での「愛すること」につながるであろう。

第二は、神愛について、それの固有的側面に即しての考察である。ここでは、神愛は、人間が「主要的には神に対して」、そして「その帰結として神に属するものどもに対して」有する友愛として理解される。ここで、これら神に属するものどものなかに、神愛を有する当の人間自身もふくまれる。ここから、人間は、神愛によって神に属するものとして愛する他のものどもと並ぶ一つのものとして、自分自身をも神愛によって愛する、とされる。この場合、前述から、自己を「至福を分有する限りで」愛し、あるいは「神に向かう」という目的のための自助という形で愛する、ということになろう。

(3) 隣人愛

神愛が倫理の場面、すなわち何らかの意味で対他的な展開を示すのは、上述の神愛の対象における第二のもの、つまり隣人愛においてである。ここで、「神に向かうという目的のための協働」という「神愛による愛」の特質が重要な意味を持つ。トマスは、神への愛としての神愛と、隣人愛における神愛との関係について、次のように解説している。(12)

諸々の性向 habitus の区別はそれらの働き actus の種 species の相違による。一つの種に属するすべての働きは同一の性向に属するからである。ところで、働きの種は対象の形相的側面 ratio formalis に即して対象に由来する。ここから、トマスは「対象の成立根拠 ratio objecti そのものへと向けられる働き」と、「そうした根拠の下に対象へと向けられる働き」とは「種において同一である」と主張している。その例としてトマスは、「それによって光が見られるところの視覚 visio」と、「色が光によって可視的たらしめられるかぎりにおいて見られるところの視覚」とが種において同一である、という事態を挙げている。「光を見る際の視覚」が「対象の成立根拠そのものへと向けられる働き」の例であり、「色を見る際の視覚」は、「色が光によって可視的たらしめられるかぎりにおいて見られる」ということにもとづき、「そうした根拠（この場合光という根拠）の下に対象へと向けられる働き」の例である。

しかるに、隣人を愛することの根拠 ratio は神である。我々が隣人において愛し、心にかけなければならないのは、「かれが神のうちに在るように」ということだからである。ここからして、神が愛されるときの働きと隣人が愛されるときの働きとが「種において同一」であり、それゆえ、神愛の性向は単に神への愛だけではなく、隣人への愛にもまたおしひろげられる、と結論づけられる。

ここで、「神を愛すること」が「対象の成立根拠そのものへと向けられる働き」として「光を見る際の視覚」に、「隣人を愛すること」が「そうした根拠の下に対象へと向けられる働き」としての「色を見る視覚」になぞらえられている。そして、「隣人を愛することの根拠は神である」という意味は、隣人を愛するということを、「かれが神のうちに在るように」という点に求めている、ということが示唆されている。「隣人を愛する」ということを「かれが神のうちに在るように」と計らうこととして解する、ということは、明らかに「神に向かうという目的のために協働する」ことの一面であり、これが「至福の分有における仲間として愛する」ことにつながるのである。

罪人、悪霊にも「隣人愛」としての神愛が及びうるか、という点に関するトマスの姿勢は、一貫してこの視点から理解することができる。

まず、罪人については次のように述べられている。(13) トマスによれば、罪人において、自然本性と罪過という二つのものが考慮されうる。

自然本性に即してと言う意味では、罪人を神愛によって愛すべきである、という。自然本性は神からのものであり、これに即していえば、罪人も至福に到達することが可能であるからである。神愛は至福の分かち合いにもとづいているのであるから。他方、罪過に即していえば、罪人たちは憎むべきだ、とされる。罪過は神に反対、対立するものであって、至福に対するさまたげであるからである。その際、『ルカ福音書』第十四章（一四・二六）の言葉をもとに、父や母、近親者たちでさえも、罪人であるかぎり憎むべきだ、という。

つまり、神愛によって愛する、ということは、罪人たちにおいてかれらが罪人であることを憎み、至福に到達可能な人間であることを愛すべきだ、ということである。そして、トマスにしては珍しく、思いを込めた口吻で、「これがかれらを真実に、神愛によって神のゆえに愛することなのである」と項を締めくくっている。

罪人を愛する、ということは、その「自然本性に即して」つまり、彼が至福に到達することへの可能性に即してのことなのである。無論、それは回心の可能性に即してのことであり、まさにその回心を促す、ということが「神愛によって愛する」ということの表現となる。その限りで、「至福の分かち合いにもとづく」神愛とは、「神に向かうという目的のために協働する」ことの可能性の上に成立しているのである。

このことは、悪霊の場合との対比の中で明らかになる。[14] 罪人たちにおいては、神愛によってかれらの自然本性を愛さなければならないが、その罪過は憎まなければならない。しかるに、悪霊 daemon という名称によって表示されているのは、罪によって損なわれた自然本性である。それゆえ、悪霊は神愛によって愛すべきではない、とされる。

人間の場合、罪人であっても常に回心の可能性があり、そこから「至福の分かち合い」に入り、「神に向かうという目的のために協働する」者となる可能性がある。しかし、トマスにあって、悪霊とは「神によって永遠的に断罪された霊」であり、もはや回心も、至福への立ち返りの機会もない。それゆえに、悪霊を「神愛によって愛する」可能性は閉ざされているのである。ただし、いわば非理性的被造物並に、他者の善として存続することを望む、という意味で、つまりこれらの霊どもがその自然本性的な側面において、神の栄光のために保全されることを、我々が望むかぎりにおいて、愛されることは可能である、という。

（４）敵への愛

『マタイ福音書』（五・四四）において、キリストは「あなたがたの敵を愛しなさい」と命じている。

ある人の「敵」とは、その人を憎み、その人から善を奪う人のことを言う。我々が敵を憎むのは、我々がその敵によって奪われた善を愛する程度に応じてである。それゆえに、自分の敵を憎む人は誰も、彼が神を愛する以上に、何らかの被造の善を愛していることになる。神愛の掟によれば、神への愛は、他のあらゆるものへの愛に、したがってまた、そのものに反するものへの憎悪にも優るのでなければならない。ゆえに、「我々は、自分の敵を愛するように掟の必然性から拘束されている」という。[(15)]

『神学大全』第II－II部二五問題八項によれば、敵に対する愛は三様の仕方で考察されることが可能である。その第一は、敵が敵である限りにおいて愛される場合である。これは他者における悪を愛することであり、神愛とは相容れない。

第二に、敵に対する愛は自然本性に即する限りにおいて、ただし一般的な仕方で in universali 理解することが可能である。そして、この意味での敵に対する愛は神愛の必要条件に属する、とされる。それは、神と隣人とを愛する者は、隣人愛という一般的側面からおのれの敵を排除すべきではない、との意味においてである。我々は、それによって我々がすべての隣人を愛し、彼らのために祈るような（一般的な）愛情と神愛の業を遂行することに関して、特殊な絆によって我々に結びついていない人たち、たとえばインドやエチオピアに住んでいる人たちさえ除外しないよう命じられている、という。

第三に、敵に対する愛は特殊的に in speciali、すなわち、或る人が特別に敵へとむかう愛の運動によって動かされる、との意味で考察されることが可能である。そして、このことは絶対的な仕方で神愛の必要条件に属するものではない。

我々は、あらゆる隣人に対して、現実的、個別的に愛するよう拘束されているわけではない。我々は、現実に我々と何らかの愛により結びついている人々のために善をなすよう拘束されている。しかし、絆のない人に個別的な愛と神愛の業をなすようには拘束されていない。ただし、場所あるいは時間による偶然的絆によって我々と縁をもった人、特に我々による以外助けを得られないような必要性の中にいることが分かっている人（緊急必要性による場合）については助けを与える義務がある、という。

「敵への愛」を問題とする場面でも、基本的には罪人と同じように、「自然本性に即して」、つまり、相手を「至福の分かち合い」を共有し「神に向かうという目的のために協働する」可能性をもつ存在と見ることに基礎を置く連帯性が、トマスの考察の基礎となっているのである。しかし、緊急必要性に迫られていない場合においても、人が神のゆえに敵を愛することを現実に実行するならば、それは神愛の「完全性」に属することとされる。神愛による場合、隣人は神のゆえに愛されるのであるから、或る人が神をより強く愛すれば愛するほど、いかなる敵対関係も妨げとならないほどの隣人に対する強い愛を示すからである。これは、『ローマ書簡』（五・八、一〇）「わたしたちがまだ罪人であったとき」「敵であったときでさえ」「わたしたちのために死んでくださった」キリストが示した神愛への型どりと言えよう。そこでは、神愛による連帯性の視点が極限にまで強くなり、通常の敵対関係の意味が消失するような場面が示唆されている。

第三節　憐れみ

（1）「憐れみ」とストア的伝統

トマスは、「神愛の主要的行為である愛 dilectio から生ずる内的諸結果」として、[16]「悦び gaudium」、「平和 pax」「憐れみ misericordia」の三者を挙げる。これらのうち、「悦び」「平和」は固有の「徳」ではなく、神愛の徳の実りとしての行為である、とされる。これに対して、「憐れみ」は独立した徳として位置づけられている。トマスは、「キリスト教的宗教の総体が、外的な業に関していえば、憐れみに存する」と認めている[17]。つまり、キリスト教全体の対他的展開の原理として「憐れみ」を位置づけているのである。

ところで、この「憐れみ」という概念は、西洋の古代から中世にかけての思想史において紆余曲折に満ちた運命をたどっている。すなわち、一方で憐れみはキリスト教においてその真髄を示す概念として重んぜられていた。他方、ヘレニズム的教養社会、特にストア派の影響下においては、憐れみは「情念 passio, perturbatio」の一種なるがゆえに否定的な評価を受けていた。このことは、序章でも一部述べた問題と関連している。

以下に、トマスが「憐れみ」の概念について、いかにして積極的な意味を与えていったか、という点について概観しよう。

トマスは、『神学大全』第I－II部三五問題八項において、ストア派以来の伝統を受け継いだ教父たちにならい、「憐れみ」を情念としての「悲しみ」の一種として定義する伝統を受け入れている。その上で、トマス自身は、「他人が蒙っている悪についての悲しみなのであるが、ただし、その悪は自らに固有のものと見なされている」かぎりにおいて成立する「悲しみ」として「憐れみ」を定義している。このようにトマスは、ひとまずは憐れみを「情念」とする伝統的な了解を受け入れた上で、憐れみに積極的な位置づけを与えてゆく。そのプロセスは二段階に分けて考えることができる。まず、憐れみを含めて情念一般は悪ではない、と論じる。次いで、憐れみに単なる情念以上のもの、すなわち「徳 virtus」としての位置づけを与えるのである。

「第一段階」として、トマスは、『神学大全』第I－II部二四問題三項において、情念をことごとく悪いものであると主張したストア派の思想を正面から取り上げて検討している。

キリスト教陣営からストア派と対決し、憐れみを擁護するという点ではアウグスティヌスが先人であった。[18] トマスはアウグスティヌスにならって、この問題は名称の問題にすぎない、と主張した。すなわち、「情念」という名称をストア派が考えるように、「感覚的な欲求の無秩序な運動[19]」だけを指すものとして用いるならば、ストア派の主張はたしかに真なのだ、と認める。しかし、「情念」という名称をもって、感覚的な欲求の行なうもろもろの運動すべてを指すものと解するならば、「善き情念」の可能性を認めなければならない、としている。すなわち、「情念」をその意味に解した場合、「それが理性によってよく節度づけられていることは人間的な善のもつ完全性 perfectio に属する」とする。

トマスはさらに一歩を進めて、「憐れみ」は単なる「情念」であるのみならず「徳 virtus」でもありうる、ということを示す。トマスは、『神学大全』第II－II部三〇問題三項において「徳としての憐れみ」が成立する条件について考察している。

既述の通り、「憐れみ」は「他人の苦しみ、悲惨さについての悲しみ[20]」を含意する。トマスは、この「悲しみ」に二通りの場合を区別する。第一は、感覚的欲求能力の運動としての「悲しみ」である。この意味では憐れみは単なる情念であって、徳ではない。第二の意味において、トマスによれば「悲しみ」は知性的欲求能力の運動を意味することが可能である、という。かかる事態は、或る人にとって他者の悪が彼の知性的欲求能力、つまり意志に反するものであるかぎりにおいて生じる、という。ところで、この運動は理性に即して規制されることが可能であり、理性に即して規制されたこのような運動にもとづいて、より下位の欲求能力の運動も規制されることが可能となる。アウグスティヌスが『神の国』で述べているような「貧しい人々に分かち与える場合であろうと、悔い改めた人々をゆるす場合であろうと、正義が守られる仕方で憐れみの心が実現されるなら、こうした心の運動は理性に仕えるものとなる」[21] という事態が成立する。そして人間的徳の本質側面は精神の運動が理性によって規制されることに存するする、ということにより、憐れみは徳であることが帰結する、とされる。[22]

(2)「憐れみ」の位置づけ――キリスト教の対他的展開の原理

ところでトマスは、上述のごとく、憐れみを「神愛の主要的行為である愛 dilectio から生ずる内的諸結果」として挙げている。[23] では、なぜ、憐れみは「神愛の結果」と言えるのであろうか。

トマスは憐れみが「合一 unio」、すなわち「愛 amor」あるいは何らかの意味での連帯性を含意している点を指摘している。先述の定義から明らかなとおり、「憐れみ」とは他者の苦しみ、悲惨さ miseira について共に苦しむことであるから、「或る人が憐れむ」という事態は、その人が他者の悲惨さについて悲しむということを意味する。そして、悲しみ tristitia もしくは悲歎 dolor は本来は自分自身の悪に関して生じるものであるから、憐れみが成立するためには、何らかの連帯性、もしくは合一、つまり、「或る人が他人の悲惨さを、それがあたかも自分のことであるかのように受けとる」という事態が成立することがその条件となる。

『神学大全』第II－II部三〇問題二項において、トマスは憐れみと、これを成立させる自他の連帯性との関係について主題的に論じている。トマスによれば、「他人の悲惨さを自分のこととして受けとる」という連帯性は二つの仕方で生じる。

第一は、「情意の合一 unio affectus」にもとづくものである。これは愛 amor によって生ずる。つまり、愛する人は相手をあたかも自分自身であるかのように、かれが被る悪を自分自身の悪であるかのように見なす、ということである。このゆえに、かれは相手の悪について、自分自身の悪であるかのように悲嘆する。第二は、「実在的合一 unio realis」にもとづいて生じるものである。それは「或る親密な人々の悪が、彼らから我々へと移行するかぎりにおいて」生じる。この合一によって、人々は自分と結びつきのある者、および自分と似通った者に対して憐れみをむける。なぜなら、そうした事情によって、自分たちもまた同じような悪を被りうる、というふうに思いなすからである。かくして、或る人が或る（他の）人の欠陥を愛の合一のゆえに自分自身の欠陥と見なすか、もしくは自らも同様の悪を被りうる可能性のゆえにそのように見なすかぎりにおいて憐れみが成立する、というのである。

ここで、「情意の合一」をもたらす「愛」として、アリストテレス的な意味での友愛と、神愛の例が挙げられている。『ニコマコス倫理学』[24]においては、友愛の徴として「友と共に悲しむこと」が挙げられている。また、神愛に関しては、『ローマ書簡』（一二・一五）における「悦ぶ人と共に悦び、泣く人と共に泣きなさい」というパウロの言葉が引かれている。このようにして、トマスは憐れみを友愛としての神愛がもたらす連帯性の結果として位置づけているのである。

トマスによれば、憐れみは徳として人間に帰されうるとともに、神にも帰されうる。[25] そして、『神学大全』第II－II部三〇問題四項において、トマスは神における憐れみと人間における憐れみとのそれぞれの価値について論じている。

トマスは、「それ自体に即していえば」憐れみは最大の徳である、と述べている。それは憐れみが神に帰される場合である。なぜなら、他者に豊かに与えること、そして他者の欠陥を補うことが憐れみに属し、こうしたことは第一に上位の者に属することであるからである。このことから、憐れみは本来神に固有なることであるとされ、また神の全能は何より第一に憐れみにおいて示される、と指摘される。

しかし、自分より上位の者を有するような者、つまり神以外の者にとっては、憐れみは最大の徳ではない、とされる。つまり、自分より上位の者を有するような者にとっては、下位の者の欠陥を補うことよりは、自らが上位の者と結びつくことの方がより優れた、より善いことだからである。このことから、自らの上に神を有する人間に関していえば、それによって神と合一するところの神愛が、それによって隣人の欠陥を補うところの憐れみよりもより優れたものであることが帰結する。しかし、隣人にかかわるすべての徳のうちでは憐れみが最も優れたものである、とされる。なぜなら、他者の欠陥を補うことは上位の者、およびより善い者に属することだからである。

ここからトマスは、「キリスト教的宗教 religio Christiana の総体が、外的な業に関していえば、憐れみに存する」と認める。しかし同時に、「我々がそれによって神と結びつくところの神愛による内的な愛 affectio は、隣人に対する愛と憐れみよりも優れたものである」という留保がつくことになる。[26]

しかし、トマスの「キリスト教的宗教の総体が、外的な業に関していえば、憐れみに存する」という言葉の意味するところは大きい。たしかに、当該箇所は「外的な業に関していえば」という制限を附することによって憐れみに対する神愛の優位を説いている文脈ではある。人間を内的に神と結びつける神愛は、自分が他者に憐れみを注ぐための土台となる自らの境位を支えるかぎりにおいてより基礎的だからである。しかし、「外的な業」の領域とは、人間の対他的関係の領域、すなわち隣人との倫理的な関係の領域全体を指している。そのすべてが「憐れみ」の領域と見なされていることを意味するからである。

第四節　神愛の外的行為

トマスは、神愛の対他的展開、すなわち神愛の「外的な行為」として、「親切 beneficientia」[27]「施し eleemosyna」[28]

「兄弟的矯正 correctio fraterna」[29]という三つの主題を取り上げて論じている。これら三者のうち、「施し」と「兄弟的矯正」とは「類」と「種」の関係にある。

（1）親　切

まず、トマスは三一問題一項において、親切と神愛との関係を問う。そこで「親切」とは「ある人に対して善いことをすること」である、と意味規定した上で、「善いこと」について、（1）善の共通的な本質側面に即して理解する場合と（2）善の或る特殊的な本質側面の下に理解される場合という二つの観点を示す。「善」を（1）の意味に解した場合に成立するのが一般的な意味での「親切」である。この意味での親切は友愛の行為であり、それゆえに神愛の行為である、とされる。その理由は次のように説明される。「愛する」という行為のうちには、それによって人が友のために善を望むところの「好意 benevolentia」がふくまれている。そして、意志はもしできるならばその望むところのことがらを実行にうつす。内的な好意の外的行為への実行が「親切」である。かくして友人に親切にすることは、愛するという行為からして当然帰結するものである。それゆえ、一般的な意味での親切は友愛もしくは神愛の行為である、ということになる。他方、（2）善の或る特殊的な本質側面の下に理解される場合、親切は特殊な意味を帯び、何らかの特殊的な徳に属することになる。

こうした事情を、トマスは恩恵・親切 beneficium が具体的に与えられた場面に即して以下のように説明する。「友愛」もしくは「神愛」は、与えられた恩恵・親切 beneficium において善の共通的な本質側面にかかわる。これに対して、「正義」はそこにおいて義務という本質側面にかかわる。さらに、「憐れみ」はそこにおいて悲惨さ、あるいは欠陥を和らげるという本質側面にかかわる、という。

この、親切の一般的性格は三一問題四項においてさらに明らかにされる。ここでは、親切は特殊的徳ではない、とされる。すなわち、徳は対象の多様な本質側面に即して多様化されるが、神愛の対象の形相的な本質側面と親切のそれとは同一である。ゆえに、親切は神愛とは別個の徳ではなく、むしろ神愛の何らかの働き・行為を名づけたものである、とされる。

このように、「親切」は一般的な意味での友愛、好意としての神愛の展開を示しているものと言える。その意味で、神愛（友愛としての）の内面的充溢の自然的な発露として見ることができよう。これに対して、次に論じる「施し」は、他者における悲惨さ、欠陥を原因とする「憐れみ」に媒介されたものとしての特殊な意味を帯びた展開である。

（2）「施し」と「兄弟的矯正」

三二問題一項において、「施しを与えること」と神愛との関係が問われる。ここで、施しを与えることへ我々を動機づけるのは、困窮している者を扶助するために、ということにある、とされ、かかる動機は憐れみに属することが明らかにされる。したがって、施しを与える行為は厳密には憐れみの行為であるが、憐れみは神愛の結果であるがゆえに、施しを与えることは、憐れみを媒介として、神愛の行為である、とされる。[30]

「施し」には、「身体的施し」と「霊的施し」とがあり、トマスの時代には以下の業を挙げる伝統が定着していた。すなわち、身体的施しとしては、「飢えている者に食べさせ、渇いている者に飲ませ、裸の者に着せ、旅人を宿らせ、病人を見舞い、捕われ人を身受けし、死者を葬ること」が挙げられ、霊的施しとしては「無知な者に教え、疑いまどう者に助言し、悲しむ者を慰め、罪人を矯正し、さからう者を許し、重苦しい人々とつき合い、そしてすべての者のために祈ること」が挙げられている。[31]

三二問題二項において、施しの種類が論じられるが、そこで（1）「身体的施し」に対比された（2）「霊的施し」の四番目に「罪人を矯正する」という行為が挙げられている。これが「兄弟的矯正 correctio fraterna」である。トマスが、神愛についての数少ない外的行為の中で、特に「兄弟的矯正」を取り上げている点はそれ自体興味深い事実である。それも、神愛の外的諸行為の中で、最後を占める位置で論じられている。あたかも、神愛の外的行為が「兄弟的矯正」へと収斂するかのごとくである。この異様な比重の重さに、違和感を抱く読者もあるかもしれない。しかし、このことは、先に隣人愛全般について明らかにした「神愛にもとづいて愛する」ということの限定的な意味、つまり「神に向かうことへの協働」の結果として理解すべきであろう。

三三問題一項において、兄弟的矯正と神愛との関係が問われている。トマスはまず、悪行をなす者の矯正は、或る人の罪に対して適用されるべき何らかの救済 remedium である、との見解を明らかにする。その上で、罪について考察する上で、（1）罪を犯す者を傷つける限りにおいて、（2）被害者を傷つけ、共通善を傷つける限りにおいて、という二つの視点を区別する。これに対応して、悪行をなす者の矯正に二つの種類が区別される。

（1）その一つは、救済を罪に対して、それが当の罪を犯す者にとっての何らかの悪であるかぎりにおいて適用するものである。そして、これが厳密な意味での兄弟的矯正である、とされる。それは悪行をなす者自身の改善へと秩序づけられている。兄弟の善を確保することは神愛に属するのであり、我々は神愛によって友のために善を望み、また実行するのである。ここからして、兄弟的矯正は神愛の行為である、と結論づけられる。

（2）他方、もう一つの矯正は、悪行をなす者の罪に対して、それが他の人々へと悪をもたらし、とりわけまた共通善を傷つけるかぎりにおいて、救済を適用するものである。そして、このような矯正は正義の行為であり、正義は一人の人間の他者に対する正義の正しさ rectitudo justitiae を保全することにかかわるのである。

ところで、トマスはここで、「兄弟的矯正」、つまり罪の除去は外的な貧困や損失の除去、あるいはまた身体的な病の癒しや傷害の除去にもまして神愛に属することである、ということを強調している。トマスによれば、身体の善あるいは外的な物財の善よりも、罪と反対、対立的な徳の善の方が神愛に対してより大きな親近性を有するからである。

以上の考察から、トマスは「兄弟的矯正」をもって優れた意味での「神愛にもとづいて愛する」ということ、すなわち「神に向かうことへの協働」ということの結果として考えていることが明らかであろう。

(3) 神愛の共同体的結合の原理としての「施し」

神愛の外的行為としての「施し」は、神愛による地上における共同体的な結合の原理となっている。地上に生きる人間は、必ずや何らかの不完全性の中に生きている。それゆえ、地上にある隣人相互は、常に「憐れみ」によって補完しあう形で協働しあう、というのが現実の姿である。それゆえ、先に挙げた「飢えている者に食べさせ、渇いている者に飲ませ、裸の者に着せ、旅人を宿らせ、病人を見舞い、捕われ人を身受けし、死者を葬ること」という「身体的施し」、また、「無知な者に教え、疑いまどう者に助言し、悲しむ者を慰め、罪人を矯正し、さからう者を許し、重苦しい人々とつき合い、そしてすべての者のために祈ること」という「霊的な施し」は、不完全な人間が「神に向かうという目的のために協働する」ということの具体的な実現形態を示している。先の「キリスト教的宗教の総体が、外的な業に関していえば、憐れみに存する」[32]という言葉の意味するところはここにあった、ということができる。

人間自身を内的に神と結びつける神愛は、自分が他者に憐れみを注ぐための土台となる自らの境位を支えるかぎりにおいて、憐れみより基礎的なものとされていた。だが、兄弟にあっても、彼を内的に神と結びつける神愛の保全が最高度に重要な意味をもつことになる。そして、「兄弟的矯正」は罪の除去という形で兄弟における神愛の保全に直接に関わる、という意味で、一切の施しの中で最も優先的に神愛に属する、と考えられていたのである。それゆえ、「兄弟的矯正」に特別に一問題が設けられている、という扱いは、けっして重すぎるということはない。神愛自体は内面的な倫理であるが、これを支える共同体の機能は「霊的な施し」の場面で端的に示されているように思われる。そして「兄弟的矯正」は、その「霊的な施し」の中で最も重要なものなのである。

紙面の関係で詳述はできないが、「兄弟的矯正」についての諸々の項には、修道生活の具体的場面に即した議論が展開している。[33]「兄弟的矯正」は修道院霊性の重要な機能である。というよりも、むしろ修道生活という生活形態自体が、体系的・組織的に「兄弟的矯正」を展開することにより、互いに「神に向かうことへの協働」をするために形成された共同体であった、といっても過言ではないのではなかろうか。

また、一般信徒に向けた教会司牧的な倫理においては、「悔悛」の秘跡が「兄弟的矯正」の現実的な場面を担っていたであろう。[34]その意味で、「兄弟的矯正」は、神愛の倫理に対して実質的な現実化の場面を形成していた、と言うことができるのである。

第五節　結　語

本章では、神愛の倫理の対他的な展開の意味をさぐるため、まず、「神」「自分自身」「隣人」が、神愛の対象として措定されていることの意味と、それらの間の「順序」を概観した。神愛倫理の対他的展開の具体化である「隣人愛」について見た場合、隣人が神愛の対象として論じられる際には、「至福の分有における仲間として愛されるべきである」とされていたが、神愛の順序を論じる場面では、「神に向かう」という目的のために協働 cooperatio が必要だ、という根拠のもとに隣人への愛が根拠づけられていた。

ここでトマスは他者を「神愛によって愛する」ということの実質的な意味は「神に向かうという目的のための協働」にある、という視点を示している、といえる。この視点は、トマスによる神愛の行為としての「愛する diligere」ということの意味の特質を一貫して支配していた。「罪人への愛」「敵への愛」を問題とする場面でも、「自然本性に即して」、つまり、相手を「至福の分かち合い」を共有し「神に向かうという目的のために協働する」可能性をもつ存在と見ることに基礎を置く連帯性が、トマスの考え方の基礎となっていた。

トマスは、神愛の具体的な対他的展開、すなわち神愛の「外的な行為」として、「親切」「施し」「兄弟的矯正」という三つの主題を取り上げて論じている。

「親切」は一般的な意味での友愛、好意としての神愛の展開を示していた。

これに対して、「施し」は、他者における悲惨さ、欠陥を原因とする「憐れみ」に媒介されたものとしての特殊な意味を帯びた展開である。トマスは、「キリスト教的宗教 religio Christiana の総体が、外的な業に関していえば、憐れみに存する」とさえ宣言している。そして、特に、霊的な「施し」としての「兄弟的矯正」と言う場面で、「神に向かうという目的のために協働する」可能性をもつ存在と見ることに基礎を置く連帯性の意味が重要な機能を果たしていた。

以上の、トマスによる神愛倫理の対他的展開の構想は、トマスが考える神愛による共同体のあり方の基本を示している、と言えよう。

（1） *S. T.* II-II q. 23 a. 8 c.
（2） 二四問題一四二項で、六六問題三〇三項が費やされている「正義」の章と比べ、問題数にして約三分の一、項数にして約半分である。
（3） Augustinus, *De doctrina christiana*, I, 23, PL34, 27.
（4） *S. T.* II-II q. 25 a. 12 c., *De Carit.* a. 7 c., a. 8 c.
（5） *S. T.* I-II q. 26 a. 4 c.
（6） *De Carit.* a. 7 c.
（7） *ibid.*
（8） *S. T.* II-II q. 25 a. 2 c.
（9） *S. T.* II-II q. 25 a. 3 c.
（10） *S. T.* II-II q. 26, *De Carit.* a. 9 c.
（11） *S. T.* II-IIq. 25 a. 4 c.
（12） *S. T.* II-IIq. 25 a. 1 c.
（13） *S. T.* II-II q. 25 a. 6 c.
（14） *S. T.* II-II q. 25 a. 11 c.
（15） *De Carit.* a. 8 c.
（16） *S. T.* II-II q. 28 prologus.
（17） *S. T.* II-II q. 30 a. 4 ad. 2.
（18） Augustinus, *De Civitate Dei* IX, 5, PL 41, 261.「憐れみ」の擁護についての、アウグスティヌスからトマスに至るまでの思想史的展開については以下の拙稿で概観している。「「憐れみ misericordia」の思想史」、山岡悦郎編『情の探求』三重大学

出版会、二〇〇二年、九〇―一〇三頁、所収。

(19) *Diogenes Laertius*, 7. 110.

(20) *Diogenes Laertius*, 7. 110-111, *S. T.* I-II q. 35 a. 8 c.

(21) Augustinus, op. cit.

(22) *S. T.* II-II q. 30 a. 3 c.

(23) *S. T.* II-II q. 28 prologus.

(24) Aristoteles, *Ethica Nichomahea*, IX, 4, 1166a3.

(25) *S. T.* I q. 21 a. 3 c.

(26) *S. T.* II-II q. 30 a. 4 ad. 2.

(27) *S. T.* II-II q. 31.

(28) *S. T.* II-II q. 32.

(29) *S. T.* II-II q. 33.

(30) *S. T.* II-II q. 32 a. 1 c.

(31) *S. T.* II-II q. 32 a. 2 c.

(32) *S. T.* II-II q. 30 a. 4 ad. 2.

(33) トマスにおける「兄弟的矯正」と修道生活との関係については、以下の拙稿で主題的に扱っている。「トマス・アクィナスにおける「兄弟的矯正 correctio fraterna」について」、筑波大学哲学・思想学系『哲学・思想論集』第二九号、二〇〇四年、横書き部、四五―六〇頁。

(34) この問題をトマスは、*S. T.* III q. 84～で扱おうと構想していながら、その執筆中に筆を折り、『神学大全』が未完に終わったことは有名である。

第十五章　トマスにおける正義について――「秩序」と「対他性」

第一節　はじめに

第四部の課題は、トマスの倫理学について考察する際の軸として第三章で提示した「対他」「対神」という対比と、「正義」「愛」という対比とが必ずしも完全に対応することなく交錯する場面における問題性について扱うことにある。この課題は、「正義」に関しては、具体的にはアリストテレス的な「正義」の徳の概念に収まりきらない側面をも含めた、トマスにおける「正義」全体についての見通しを明らかにする作業となる。

ところで、一般に「正義」をめぐっては、アリストテレスに代表されるように人間の外的行為の対他的秩序として捉える考え方と、プラトンに代表されるように人間の魂の内的秩序として捉える考え方を対比することができるように思われる。

第五章で概観したところでは、トマスは厳密な意味での「正義」を規定する際には、アリストテレス的な枠組みを導入し、「法的責務」を条件とする狭義における「正義」が成立する場面を、正義以外の徳と「友愛」が働く場面から区別していた。そこでは、あくまでも「正義」は外的行為の対他的秩序として扱われていた。しかし、第十二章で扱ったとおり、トマスにとって「正義」は、アリストテレス的な意味における「正義」にとどまらず、一般に日本語では「義」と訳される、聖書・キリスト教的な「正義」概念をも包含するものであり、しかもトマスにとってては、むしろこの意味での「正義」の問題の方がより根本的な重要性を持っていた。

また、アリストテレス的な倫理学の枠組みの内部においても、「友愛」ないしは「徳」と親和的な倫理については、トマスはこれを「倫理的責務」を条件とする「正義の可能的部分」としての諸徳に属するもの、として位置づけていた。これは、魂の内的な統合性としての秩序とその実りである。第六章では、これが「自然法」、そして旧約の律法における「倫理的規定」に対応するものであったことを明らかにした。

本章では、聖書・キリスト教的な「義」の概念や、「友愛」「徳」にもとづく「正義の可能的部分」に関する倫理をも含めた形でのトマスの「正義」理解が、「対他性」よりはむしろ「秩序」という観点――ただし哲学的倫理学が示す魂内部の「秩序」概念をさらに拡張した意味で――から理解されることを明らかにしたい。その上で、アリストテレス的な意味での狭義における正義、徳と友愛の倫理、そして聖書・キリスト教的な「義」の射程のそれぞれを位置づけることとする。

第二節　内的秩序と対他性――正義をめぐる哲学的枠組み

「正義」とは何か、という問いに対して、通常与えられる答えは、「正義とは各人にかれの権利を帰属させようとする不動にして恒久的な意志である iustitia est constans et perpetua voluntas ius suum unicuique tribuens」とする、『ローマ法大全』(1)において示されたローマ法学者ウルピアヌスによる定義であろう。この定義は、「各人の権利」の内容をいかに理解すべきか、という点で問題性を孕みつつも、現代の法哲学に至るまでの正義論にその骨格を与えるものとして、広く受け入れられてきた正義の古典的定義である。この定義は、法学者らしく、「各人にかれの権利を帰属させる」という対他的な関係における外的行為の原則として正義を規定している。しかし、正義論の歴史においては、必ずしもこうした外的行為の原則としての正義理解がすべてであるわけではなかった。

中期プラトンの大作『国家』篇は、まさに「正義 dikaiosynē」がテーマであった。ところで、先のウルピアヌスを先取りしたような行為論的な正義理解（「正義とは借りを返すことである」）は、その第一巻においてあっさり退けられてしまう。(2) プラトン（というより登場人物「ソクラテス」）自身による正義の定義は、その第四巻において展開される。(3) そこでは、「正義」は「智慧 sophia」「剛毅 andreia」「節制 sōphrosynē」――これらは正義と共にいわゆるギリシア的伝統における「四元徳」を構成し、キリスト教的伝統においても「枢要徳 virtutes cardinales」として受け入れられる――と共に、有名な魂とポリスとの三部分説を用いて定義されている。

そこではまず、ポリスにおける「守護者」すなわち「学習愛好的」な哲学者（いわゆる「哲人王」）、「補助者」すなわち「勝利愛好的」な軍人階級、そして「利得愛好的」な「生産者」という三つの部分が区別される。そして、それらはまた魂の内部における「理知的部分」「気概の部分」「欲望的部分」という三つの部分と対応づけられる。

その上で、「智慧」はポリスにおける「守護者」および魂における「理知的部分」に、「剛毅」は「補助者」および「気概の部分」に、そして「節制」は「生産者」および「欲望的部分」に、それぞれ固有の徳であることが示される。その上で、「正義」を、これら各部分が己れの分に専心して余計な手出しをしないこと、つまり、「理知的部分」および「守護者」が支配し、「気概の部分」および「補助者」は「理知的部分」および「守護者」に聴従しつつその味方となって戦い、「欲望的部分」および「生産者」はこうした支配に服従することとして規定する。(4)

このようにして、『国家』篇においては、「正義」は、ポリスにおける場合にしても個人における場合にしても、その内的秩序ないしは統合性として定義されている。

アリストテレスにあっても、徳は魂における内的秩序、すなわち理性的部分に対する非理性的部分の従属として理解されていた。しかし、彼はそうした自己の内部における「正義」については、これを「比喩的な意味における正義」[5]である、として「正義」の本来的用法からはずして考えている。アリストテレスは、「正義」に関してはあくまでもこれを対他的関係において規定しようとしている。

正義の徳についてのアリストテレスの論述は『ニコマコス倫理学』第五巻において展開されている。アリストテレスによれば、徳としての「正義 dikaiosynē」は、「法律にかなうこと to nomimon」としての正義と「均等なこと to ison」としての正義とに二分され[6]、前者は「徳の部分ではなく、徳の全体 holē aretē としての正義」(トマスはこれを「一般的正義 justitia generalis」と呼ぶ[7])、そして後者は「部分(個別的な徳)としての正義」(トマスの呼び方では「特殊的正義 justitia particularis」)と呼ばれている。

「徳の部分」としての特殊的正義は、「均等なこと」を内実とするが、「均等なこと」とは「価値に相応の」という意味であり、不正とは「不均等的なこと」、つまり「過多をむさぼる」ことであるとされる。その上で、「均等」に二種類を区別し、それに応じて「正義」もさらに「配分的正義 to dianemētikon dikaion」と「規制的正義 to diorthōtikon dikaion」とに二分される[8]。配分的正義とは、共同的な事物の配分に関する正義である。ここでの「均等性」とは、配分においてある人の分けまえがその人の価値に相応していること(「幾何学的比例 analogia geōmetrikē」に基づく均等性)を意味する[9]。規制的正義とは、交換(取引)における均等や罪と罰の均等ということを意味する。この場合、両当事者は文字通り平等に扱われる(「算術的比例 analogia arithmētikē」による均等[10])。

「法律にかなうこと」としての一般的正義にしても、「均等なこと」としての特殊的正義にしても、共に人間の対他的関係における行為、つまり外的行為についての秩序づけを与えたものとして理解されている。その限りで、アリストテレスの正義理解は、ある意味で先のウルピアヌス的な正義論を先取りしたものと言うことができよう。

第五章で明らかにした通り、トマスは人間における徳としての「正義」を論じる際、ほぼ完全に忠実にアリストテレスの枠組みを受け入れている。しかし、トマスがアリストテレス的な「正義」論の枠組みを踏み越えている場面がある。それは、聖書・キリスト教に固有な「正義」理解についての扱いにおいてである。

第三節　聖書・キリスト教的な文脈における「正義」

キリスト教的な文脈においては、「正義 dikaiosynē」（しばしば単に「義」という日本語が用いられる）は、人間相互間の間に語られる正義を基とする用法とは根本的に異なった意味を担っている。それは基本的に「神の前における（正）義」である。この点を、差し当たり新約聖書の中から概観してみよう。

『マタイ福音書』におけるイエスの宣教、いわゆる「山上の説教」において、「義」が主題とされている。それは逆説的なまでの厳しい要求であることはよく知られている。イエスは、聴衆に「律法学者やファリサイ派の人々の義にまさる」義を要求する。[11] そして、通常の価値観を転倒するような「至福」（いわゆる「真福八端」）を説いている。その中に、「義に飢え渇く人々は、幸いである、その人たちは満たされる」[12]「義のために迫害される人々は、幸いである、天の国はその人たちのものである」[13] という形で、義に対する言及がなされている。そして、イエスは「何よりもまず、神の国と神の義を求める」[14] ことを命じている。

他方、注目すべきなのは、『ルカ福音書』（およびその続編とされる『使徒言行録』）において、イエスを受け入れる人々が「正しい人」と呼ばれている点である。たとえば、洗礼者ヨハネの両親であるザカリアとエリサベトの夫妻、[15] 神殿でイエスについての証しをしたエルサレムのシメオン、[16] イエスを埋葬したアリマタヤのヨセフ、[17] さらには『使徒言行録』[18] においてペトロを歓迎したカイサリアの百人隊長コルネリウスがそれである。つまりそこでは、「(正) 義」は当人の人生の出会いの中で、イエスの中に神の働きを認め受け入れる「素直さ」の中に示されている。それは彼らの「信仰」と言ってもよかろう。

そして、第十二章で概観したとおり、「信仰を通して神から与えられる義」こそは、パウロ神学全体を支える基本モチーフであった。その精髄を示すものとされるのが『ローマ書簡』における次のテキストである。

「ところが今や、律法とは関係なく、しかも律法と預言者によって立証されて、神の義が示されました。すなわち、イエス・キリストを信じることにより、信じる者すべてに与えられる神の義です。そこには何の差別もありません。人は皆、罪を犯して神の栄光を受けられなくなっていますが、ただキリスト・イエスによる贖いの業を通して、神の恵みにより無償で義とされるのです。神はこのキリストを立て、その血によって信じる者のために罪を償う供え物となさいました。それは、今まで人が犯した罪を見逃して、神の義をお示しになるためです。このように神は忍耐してこられたが、今この時に義を示されたのは、御自分が正しい方であることを明らかにし、イエスを信じる者を義となさるためです。」（三・二一－二六、新共同訳）

ここで「神の義」は、「神は正しい」ということを意味すると同時に、「神は人間を正しい者にする」ということをも意味している。それは、第十二章で解明した「不敬虔な者の義化（義認）iustificatio impii」と呼ばれる事態である。ところで、「イエス・キリストを通してあらゆる人が義化され、救われる」というパウロの、そしてキリスト教そのものの本質的なメッセージには、「あらゆる人はキリストを通じて救われる必要性がある」という前提が含意されている。同じ『ローマ書簡』の中で、パウロはこの点について次のように述べている。

「このようなわけで、一人の人によって罪が世に入り、罪によって死が入り込んだように、死はすべての人に及んだのです。すべての人が罪を犯したからです。律法が与えられる前にも罪は世にあったが、律法がなければ、罪は罪と認められないわけです。しかし、アダムからモーセまでの間にも、アダムの違犯と同じような罪を犯さなかった人の上にさえ、死は支配しました。実にアダムは、来るべき方を前もって表す者だったのです。しかし、恵みの賜物は罪とは比較になりません。一人の罪によって多くの人が死ぬことになったとすれば、なおさら、神の恵みと一人の人イエス・キリストの恵みの賜物とは、多くの人に豊かに注がれるのです。この賜物は、罪を犯した一人によってもたらされたようなものではありません。裁きの場合は、一つの罪でも有罪の判決が下されますが、恵みが働くときには、いかに多くの罪があっても、無罪の判決が下されるからです。一人の罪によって、その一人を通して死が支配するようになったとすれば、なおさら、神の恵みと義の賜物とを豊かに受けている人は、一人のイエス・キリストを通して生き、支配するようになるのです。そこで、一人の罪によってすべての人に有罪の判決が下されたように、一人の正しい行為によって、すべての人が義とされて命を得ることになったのです。一人の人の不従順によって多くの人が罪人とされたように、一人の従順によって多くの人が正しい者とされるのです。律法が入り込んで来たのは、罪が増し加わるためでありました。しかし、罪が増したところには、恵みはなおいっそう満ちあふれました。こうして、罪が死によって支配していたように、恵みも義によって支配しつつ、わたしたちの主イエス・キリストを通して永遠の命に導くのです。」（五・一二―二一、新共同訳）

このパウロの発言、そしてそこで言及されている『創世記』第三章における堕罪の記事をもとにして、後に主としてアウグスティヌス神学の影響のもとで、いわゆる「原罪 peccatum originale」の教義が確立してゆく。そして、堕罪以前の原始状態においては、原罪によって失われた「（正）義」（「原初の正義 iustitia originalis」）が成立していた、とされ、「原初の正義 ⟶ 堕罪による正義の喪失（原罪）⟶ イエス・キリストによる正義の回復（不敬虔な者の義化）」というキリスト教の公式的な教説が成立することになる。

第四節　「法」と「正義」概念の射程

こうした、聖書・キリスト教的な文脈における「義」についてのトマスの理解に立ち入る前に、多様な「正義」の概念について、トマスがどのように位置づけているのかを統一的に展望しておきたい。

その際、手がかりとなるのは、トマスの「法 lex」についての考察である。トマスにあって法は正義の表現である。つまり、法はそれが正義の要素を有するかぎりにおいて、法としての力 virtus legis を有する。(19) そしてトマスによれば、法にとっての固有の機能とは、従属者たちがおのれに固有の徳を身につけるよう導くことである。つまり、トマスは法のうちに立法者の意図に従った教育的機能を見ているのである。(20) トマスによれば、「法」には、「人定法 lex humana」、「自然法 lex naturalis」、「神法 lex divina」がある。[21] 自然法は神の世界創造の理念である「永遠法」に対する人間理性の分有であり、[22] 人定法の基準である。[23] さらに、自然法の内実をより明示的に示すために、神から神法としての旧約の啓示（「旧法」）が与えられ、[24] さらに新約の啓示が「新法」として与えられる、[25] とされている。

（1）人定法と神法の射程――アリストテレス的な「正義」概念の位置づけ

トマスは、『神学大全』第Ｉ－II部一〇〇問題二項において、人定法の射程と神法の射程との関係を明らかにしている。

まず、トマスは、法の諸規定は共通善へ秩序づけられる、という前提から、法の諸規定の多様性は共同体のあり方の多様性に応じるとして、共同体の分類を行なう。そこでトマスは、「共同体」を、（1）人定法がそれへと秩序づけられている共同体と（2）神法がそれへと秩序づけられている共同体とに区分する。

（1）の意味での共同体は、「市民的共同体 communitas civilis」である。これはアリストテレス的な意味での「ポリス共同体 politikē koinōnia」と同義である。そこでは人々は外的行為により相互に秩序づけられ、交わるものとされる。トマスによれば、かかる共同体での交わりは「正義」の側面に属する。この「正義」はまさしくアリストテレス的な意味における「正義」を意味する。アリストテレス的な意味での正義は人間的な共同体を導く機能を有するものとして位置づけられる。故に、人定法が制定するのは正義の行為にかかわる規定のみであり、他の徳の行為については、正義の側面を有する限り命ずるものとされる。アリストテレス的な意味での法の観念、そしてポリス的な正義の射程はほぼここに位置づけられることになる。

これに対して、(2)の意味での共同体を、トマスは、現世においてであろうと来世においてであろうと、「神との関係における人々の共同体」である、としている。ところでトマスによれば、人間は、「理性 ratio」もしくは「精神 mens」において神と結びつけられる。なぜなら、トマスによれば理性・精神のうちに「神の像 imago Dei」が内在しているからである。したがって、神法は人間の理性をよく秩序づけるためのあらゆることについて規定を制定する。このことはすべての徳の行為によってなしとげられる。というのは、諸々の知的徳は理性の働きをそれ自体においてよく秩序づけ、倫理的徳は内的な信念や外的行動との関係において理性の働きをよく秩序づけるからである。このような次第で、神法はすべての徳の行為に関して規定を制定している、とされる。

ここで、「法的責務」を条件とする厳密な意味でアリストテレス的な意味での「正義」概念の射程とその限界が、トマスにあっては「人定法」の射程と対応するものとして位置づけられていることが明らかにされている。こうした意味における「正義」は、外的行為による対他的関係を秩序づける徳として、市民的共同体における人定法の根拠となる「正義」である。しかしそれは、差し当たり理性そのものの働きや人間の内面には触れないものとされている。

しかし、「神法」の射程はそうした市民共同体の交わりの次元を超えており、神との交わりにむけてあらゆる徳を命じる、とされる。この項では、「旧法」たる律法の倫理的規定は、それが神法であるかぎりにおいて、諸々の徳のあらゆる行為にかかわっていることが結論づけられている。ところで、上述の通り、神法としての旧約の啓示(「旧法」)は、自然法の内実をより明示的に示すために、神から与えられたものであるので、(26) 旧法、特にその倫理的規定は内容的には自然法と一致する。第六章で明らかにしたところによれば、トマスが「倫理的責務」を条件とする「正義の可能的部分」としての諸徳に属する、「友愛」ないしは「徳」と親和的な倫理については、トマスはこれを「自然法」、そして旧法の倫理的規定に対応するものとして位置づけていた(27)。

(2) 「旧法」と「新法」との射程――内面性の問題

では、「倫理的責務」の上に成立する徳と友愛の倫理と、聖書・キリスト教的な「義」とはいかなる関係にあるのであろうか。特に、律法の倫理的規定が徳の全体にかかわるとしたら、一見それは聖書・キリスト教的な意味でも人間を「義」とするようにも思われる。しかし、先述のパウロの言葉によれば、「義化」すなわち「神の義」の実現は、旧約の律法においてはなされなかった。この点についてはトマスはどのように考えていたのであろうか。これは、旧法における「(正) 義」の射程如何に関わる問題である。

トマスは、『神学大全』第I－II部九一問題五項において旧法と新法との関係を解明しつつ、旧法の射程の限界を明らかにしている。トマスによれば、旧法と新法とは「種的に specie」区別されるのではなく、「完成されたもの perfectum」と「未完成なもの imperfectum」として区別される。そしてトマスは、これら二つの法の完全さと不完全さの意味を、「法」が備えるべき三つの要件にてらして明らかにしている。

法の第一の要件はその目的たる共通善へと秩序づけられる、という点にある。トマスによれば、旧法は「感覚的で地上的な sensibile et terrenum 善」へと秩序づけているにすぎない。旧法は、イスラエルの民に地上的な王国を約束していたからである。これに対し、新法は「知性的で天上的なる intelligibile et caeleste 善」へと秩序づける、とされる。キリストの宣教は、「天上的な王国」へと導くものであったからである。

第二に、法の任務は、正義の秩序にのっとって人間的行為を導くことにある。この点においても新法は旧法より完全である、とする主張の根拠として、トマスは先述の『マタイ福音書』(五・二〇)「あなたがたの義が律法学者やファリサイ派の人々の義にまさっていなければ、あなたがたは決して天の国に入ることができない」という一節を挙げる。トマスは、このイエスによる（正）義の要求の厳しさを「新法は心の内的行為をも秩序づける」という意味に解釈している。

第三に、人々を法規の遵守へと導くことが法の機能に属する。旧法はこのことを刑罰にたいする怖れという手段によって遂行したが、新法はそのことを、キリストの恩恵によってわれわれの心に注ぎこまれるところの神愛caritasによってなすのである。

ここで注目すべき点は、全体として新法は旧法と比較してより内面的なものであることが強調されていることであろう。そして、正義の射程という点に関連して特に重要なのは、第二の要件に関する論点である。つまり、新法において、「正義」は心の内的行為までも規定している、とされている点である。先に『マタイ福音書』について言及したイエスの説く「正義」の逆説的なまでの厳しさの意味を、このようにトマスは内面性に対する要求として理解しているのである。(28)

では、律法は義化しない、というのはいかなる意味においてなのであろうか。『神学大全』第I－II部一〇〇問題一二項において、トマスは問題の「義化」の意味を明らかにしている。まずトマスは、「義化justificatio」に二つの用法を区別する。すなわち、第一義的かつ本来的には「義化」とは「正義の実現そのもの ipsa factio justitiae」を意味するが、第二義的には「正義の表示significatio justitiae」もしくは「正義への秩序づけdispositio ad justitiam」を意味しうる、という。この第二の意味においては、律法の規定は人を「義化」した、とされる。つまり、律法の規定は人々をキリストの義化の恩恵へと秩序づけ、その限りで律法は恩恵を表示していたからである。

トマスは第一の「本来的な意味での義化」についてさらに二つの意味を区別する。すなわち、第一には、人間が正義の性向（徳）を獲得することによって「正しい者となること」であり、第二には、「正義の業を行なうこと」である。この第二の意味での義化は「正義の遂行 executio」とも呼ばれる、という。

問題の「義化」はこの第一の意味であるが、トマスはこれをさらに二つの場合に区別する。徳としての正義は、行為（訓練）によって獲得される「獲得的 acquisita な正義」としても、神自身により、その恩恵を通じて注がれる「注賦的 infusa な正義」とがある。トマスによれば、問題の正義とはこの後者であって、これこそが真の正義である。人はこの「正義」にもとづいて神の前において正しい者といわれるのである。この正義は人間的行為にかかわるものであるところの、律法の倫理的規定によって生ぜしめられることは不可能であり、この意味での「義化」は律法によっては達成されなかった、という。かくしてキリスト教的な意味での「義」が達成されるのは、「福音の法」たる新法においてである、とされる。(29)

第五節　トマス・アクィナスにおける「原初の正義」「原罪」「義化」

ここで、以上のような「法論」に反映した「正義」の全体像における位置づけを踏まえて、トマスが聖書・キリスト教的な「義」の概念について与えている規定を概観し、その意味を明らかにすることにしたい。

(1)　原初の正義

まず、第十二章でも触れたトマスの「原初の正義」についての理解を再確認しよう。

『神学大全』第I部九五問題一項においてこの点が明らかにされている。「原初の正義」という呼称は、アンセルムスに由来する、という。トマスはこの「原初の正義」についての聖書的な典拠を『伝道の書』（七・三〇）における「神は人間を正しき者 rectus に造り給うた」（新共同訳では「神は人間をまっすぐに造られた」）という箇所に求める。原初の正義とは、「神が人間を造り給うた際の最初の状態における正しさ rectitudo ということ」である。

この場合の「正しさ」について、トマスは三つの側面を指摘する。すなわちそれは、（一）理性が神に服し、（二）下位の諸能力が理性に服し、そして、（三）身体が魂に服するということにおいて成り立つものであった。ところで、このうちの（一）の従属は、（二）（三）の従属の原因である、とされる。トマスによれば、理性が神に従属するかぎりにおいてこそ、下位のものは理性に従属するからである。この秩序は魂の内部におけるのみならず、身体の魂に対する従属にも及ぶものとされていた。ここから、原初の正義において、人間は身体的にも死を免れる不滅性を与えられていた、とされる。[30]

ところで、この項の主題は、こうした「正義」の成立は神の恩恵 gratia による、と論じるところにある。トマスにとって、完全に自然本性的なものは、罪の後にも保たれる、というのが基本的前提であった。[31] ところで、（三）の身体の魂に対する従属も、（二）の下位の諸能力の理性に対する従属も、罪の後までとどまることはなかった。それゆえにこれらの従属は自然本性的なものではなかったことが帰結する。つまり、それらは神の恩恵によるものであった、というわけである。（二）（三）が神の恩恵に依存しており、結果は原因より強力であることはない以上、（一）の神に対する理性の従属も、恩恵の超自然的賜物にもとづくものだった、とされる。[32]

原初の正義には、このように魂の内的秩序としての側面が認められる。ところで、プラトンにしても、アリストテレスにしても、「魂の下位の部分」の「理性」に対する従属としての内的秩序は「徳 aretē＝virtus」を意味していた。第三部で概観したとおり、こうしたギリシア哲学起源の徳に加え、トマスにあってはキリスト教的な「信仰 fides・希望 spes・神愛 caritas」というい わゆる「対神徳 virtutes theologicae」が、人間の魂を神に向けて秩序づけるものとして措定されていた。

このように徳とは、理性が神にまで秩序づけられ、下位の諸能力が理性の規律に従って態勢づけられる所以のものたる一種の完全性にほかならない。それゆえ、原初の正義、すなわち、理性は神に服し、下位の諸能力は理性に服するという「最初の状態の正しさ」は、単に外的行為の対他的秩序というのみならず、魂の内的秩序としての「徳」を含意することになる。

このことにもとづいて、トマスは原初の正義のうちにあったアダムは、すべての徳を有していた、と結論づけている。[33]

(2) 原　罪

「原罪」とはこうした原初の正義の喪失として位置づけられる。上述の通り、原初の正義は、人間の本性に直接帰属する属性ではなかったが、それは人間本性の全体にたいして、神によって第一の親に授けられた何らかの恩恵の賜物であった。それゆえ、原初の正義は子孫に対して伝達されるものと考えられていた。[34] しかるに、第一の親は第一の罪によってこの賜物を喪失した。従って、原初の正義が自然本性と共に子孫へと伝えられていたであろうごとく、それと対立する反秩序もまた伝えられることになった、とされる。これが「原罪」である。[35]

「原罪」の教義の確立に大きな影響を与えたのはアウグスティヌスであったことは、よく知られている。彼はその『再考録 *Retractationes*』において人間が「原罪という罪の状態にあることを示すのは欲望 concupiscentia である」[36]とのべている。

これに対して、トマスは、原罪は質料的に materialiter は、つまり現象的にはたしかに欲望であることを認めつつも、形相的に formaliter は、つまり原罪の本質は「原初の正義の欠落」である、としている。[37]トマスによれば、原罪については、それに対立するところの「原初の正義」を検討することによって解明しなければならない。しかるに、原初の正義におけるすべての秩序は、先述の（一）の従属、すなわち人間の意志 voluntas が神に従属していた、ということに依存している。ところで、魂の他のすべての部分を目的へと動かすのは意志である。従って、人間の意志の神に対する従属は第一に、そして主要的に意志によるものであった。ここからして、意志が神から離反したことによって、魂の他のすべての部分における反秩序が生じた、とされる。それゆえ、意志を神に従属せしめるところの「原初の正義」の欠如が原罪における形相的要素である、ということになる。[38]

これにたいして、魂の他の諸能力におけるあらゆる反秩序は、原罪における「質料的なもの」として位置づけられる。原初の正義という枠が破られることにより、魂はその統合性を失い、その各々の能力は自らの固有の運動へと向かう。[39]そして、魂における意志以外の諸能力における反秩序は、特に、地上的・可変的な善へと無秩序に向かう、ということにおいて認められる。そして、こうした反秩序が、一般的に「欲望」と呼ばれている。

かくして、原罪は質料的には欲望であるが、形相的には原初の正義の欠落である、と結論づけられる。

ところで、原罪の結果、すなわちその現象面での表現形態は、欲望に尽きるものではない。原罪によって魂のすべての能力は、それによって自然本性的に徳へと秩序づけられるところの固有の秩序を欠いた状態に置かれていることになる。トマスは、こうした「欠乏 destitudo」を「自然本性の傷 vulnera naturae」と呼ぶ。[40]

トマスによれば、諸々の徳の基体subiectumでありうる魂の能力potentia animaeは四つある。すなわち、そこにおいて賢慮prudentiaが見いだされる理性ratio、正義がそこにおいて見いだされる意志、剛毅がそこにおいて見いだされる怒情能力irascibilis、節制がそこにおいて見いだされる欲望能力concupiscibilisがそれである。それゆえに、それぞれの能力のうちに、理性が真なるものへのおのれの秩序づけを欠いているかぎりで「無知ignorantia」、意志が善への秩序づけを欠いているかぎりで「悪意malitia」、怒情能力が困難なことへのおのれの秩序づけを欠いているかぎりで「弱さinfirmitas」、そして欲望能力が理性によって抑制された快楽delectabileへの秩序づけを欠いているかぎりにおいて「欲望」という傷が見出される。これらの四つは原罪の結果、つまり第一の親の罪からして人間本性の全体にふりかかった傷である、とされる。

（3）「不敬虔な者の義化」

トマスは「不敬虔な者の義化」について、『神学大全』第I－II部一一三問題において扱っている。まずその一項においては、「義化」の本質が「罪の赦し」であることが示されている。「義化justificatio」という言葉は、「正義への運動」ということを意味する。ただし、先述のごとく、ここで言う「正義」とは、行為における秩序としての正義というよりは、人間の魂の内的状態における秩序、すなわち、人間における最高のものである理性が神に従属し、魂のより低い諸能力が理性に従属する、という形で成立する秩序を意味している。

アダムが「原初の正義」を受けたと言われる場合、「単純な生成generatio simplex」という仕方によってこれを受けたが、「不敬虔な者の義化」とは、不正義の状態status injustitiaeから正義の状態への変化を意味する。一般に運動は始発点terminus a quoよりは、むしろ終止点terminus ad quemからして名づけられるものであるから、それによって或る人が不正義の状態から「罪の赦し」によって生じる変化の運動が、その運動の終点から命名され、不敬虔な者の「義化 justificatio」と呼ばれている、という。そうした意味において、不敬虔な者の義化とは、まず「罪の赦し」である、とされる。(41)

ところで、不敬虔な者の義化に際して罪の赦しが成立するのは、罪によって取り去られている恩恵が再び注賦される事により、人間に対する神の愛が回復されることによる、とされる。(42)つまり、「不敬虔な者の義化」によって回復される「正義」の本質は、神から注がれる「恩恵」とされているのである。

しかし、その際神は「自由意思を有する」という人間の自然本性の条件を尊重する。即ち、神は義化に際して、恩恵の注賦と同時に、その賜物を受けることへの受諾へと自由意思を動かすのである。(43)この義化に際しての自由意思の運動は二面的であって、神へと向かうことと罪から離れることとの二つの側面の受諾を含んでいる。(44)

ところで、不敬虔な者の義化のために自由意思の運動が必要とされるのは、人間の精神が神によって動かされるかぎりにおいてである。しかるに、神は人間の魂を、それを神自身へと転向させる convertere ことによって、動かす。そこで、不敬虔な者の義化のためには、それによって人間の精神が神へと転向せしめられるところの、精神の運動が必要とされる。ところで、神への第一の転向（回心）prima conversio は信仰によってなされる。したがって、不敬虔な者の義化のためには信仰の運動が必要である、とされる。(45)

以上のことから、不敬虔な者の義化のためには次の四つのことが必要であることになる。すなわち、恩恵の注賦、信仰による自由意思の神に向かう運動、罪を離れる自由意思の運動、および罪の赦しである。(46)ところで、トマスによれば、不敬虔な者の義化は瞬時に起こる。(47)神の力は無限であるからである。したがって、不敬虔な者の義化においておこる上述四つの事柄、すなわち、恩恵の注賦、信仰による自由意思の神に向かう運動、罪を離れる自由意思の運動、および罪の赦しは時間的継起なしに、同時的に為されることになる。ただし、「自然本性の順序」――いわば因果的関係の順序――によれば、それらの間にあって第一のものは恩恵の注賦であり、第二は神に向かう自由意思の運動、第三は罪を離れる自由意思の運動であって、第四が罪の赦しである、とされる。[48]

以上の一見錯綜した分析も、あくまでも、パウロが簡潔に「イエスを信じる者を義とされる」[49]と述べている場面の中にトマスが見ているものであることを再確認しておこう。トマスによれば、「不敬虔な者の義化」において成立する「神の正義」の本質は、「神が恩恵を注ぐ」という人間にとっては受動的な事態を意味していた。しかし、それは人間が自由意思により「イエスを信じる」という能動的な行為と、いわば表裏を為す形で同時的に進行している、とされているのである。

(4)　トマスの「義」理解――自己超越に向けての秩序

以上の概観から、トマスによるキリスト教的意味での「義」に対する理解は、一種の「秩序」としての捉え方をしていることが明らかとなった。しかし、それはプラトン・アリストテレス的な意味での、つまり哲学的な倫理学が志向するところの、魂の「内的」秩序というにとどまらず、「自己超越的秩序」とも言うべき性格を有するものであった。

まず、「原初の正義」の解説で明らかなように、トマスにとってのキリスト教的な「義」の概念は、「魂の内的秩序」を包含するものであった。ところで、プラトンにしても、アリストテレスにしても、「魂の下位の部分」の「理性」に対する従属としての内的秩序は「徳 aretē＝virtus」を意味していた。このように徳とは、理性が神にまで秩序づけられ、下位の諸能力が理性の規律に従って態勢づけられる所以のものたる一種の完全性にほかならない。

それゆえ、原初の正義、すなわち、理性は神に服し、下位の諸能力は理性に服するという「最初の状態の直しさ」は、単に外的行為の対他的秩序というのみならず、魂の内的秩序としての「徳」を含意することになる。

このように、「義」は魂の内的な秩序としての「徳」を包含するが、それにとどまるものではない。「徳」の秩序、そしてその成立のすべてが、「神への従属」というより上位の秩序の結果として、これに依存しているのである。もとよりそれは、アリストテレス的な意味での狭義における「正義」のような、外的な行為による人間同士の対他的秩序ではない。しかし、それは自己の魂の内部における統合性としての秩序でもない。それは「自己超越的秩序」とでも言うべき秩序である。一方でそれは、人格的な他者として捉えられる神に対する秩序である。しかし、神との関係は単純に対他的関係とは言えない。神は「他者」であると共に、自己自身よりも自己の内なるものである。法についての考察で明らかにした通り、「神の前での義」は外的な行為においてではなく「内面性」において成立するものである。しかし、その秩序は、単に自己の魂を内的に統合し、人間の自然本性の自己実現を保証する、というものでもない。それは、むしろ自己を神に向けて開くことを意味していた。つまり、「神の前における義」は、人間の自然本性の自己超越性が発揮される「場」であった、と言えよう。

第六節　結　語

「正義」をめぐる哲学的枠組みとして、人間の外的行為の対他的秩序として捉える考え方と、人間の魂の内的秩序として捉える考え方を対比してみた。

第五章において概観したように、トマスは、厳密な意味での「正義」を規定する際には、アリストテレス的な枠組みを導入し、「法的責務」を条件とする狭義における「正義」が成立する場面を、正義以外の徳と「友愛」が働く場面から区別していた。そこでは、「法的責務」を条件とする厳密な意味でのアリストテレス的な「正義」は、外的行為の対他的秩序として扱われていた。こうした、狭義におけるアリストテレス的な「正義」概念について、トマスはその射程と限界を、「人定法」の射程と対応するものとして位置づけていた。

これに対して、「倫理的責務」の上に成立する徳と友愛の倫理は、「自然法」、そして旧約の律法における「倫理的規定」に対応するものであった。

トマスにとって最終的な意味での「正義」とは、一般に日本語では「義」と訳される、聖書・キリスト教的な「正義」概念であった。それは、人間相互間の間に語られる正義とは根本的に異なった意味での正義、つまり「神の前における（正）義」であった。しかしトマス、あるいはキリスト教の全伝統によれば、聖書・キリスト教的な意味における「神の（正）義」の実現、すなわち「義化」は、旧約の律法においてはなされなかった。つまり、アリストテレス的な意味における徳と友愛の倫理学、そして自然法も、トマスが最終的な正義と考えていた「義」には届かない、とされていたのである。

「原初の正義」「原罪」「義化」というキリスト教固有の「正義」についてのフェイズについてのトマスによる分析を検討した結果、トマスは、「義」を一種の秩序として捉えていたことが明らかになった。ただしそれは、プラトン・アリストテレス的な意味での、つまり哲学的な倫理学が志向するところの、魂の「内的」秩序というにとどまらず、「自己超越的秩序」とも言うべき性格を有するものであった。「義」は魂の内的な秩序としての「徳」を包含するが、それにとどまるものではない。「徳」の秩序、そしてその成立のすべてが、「神への従属」というより上位の秩序の結果として、これに依存しているのである。

(1) 『学説彙纂』I, 1, 10; KR I 29b;『法学提要』I, 1, 1; KR I, 1a
(2) Platon, *Respublica*, I, 6, 331Eff.
(3) Platon, *Respublica*, IV, 11-16, 427D-442D
(4) Platon, *Respublica*, IV, 16, 441C-442D
(5) Aristoteles, *Ethica Nichomahea* (以下 *E. N.*), V, 11, 1138b5
(6) *E. N.*, V, 1-2
(7) *E. N.*, V, 1, 1130a8-10, *S. T.* II-II q. 58 a. 5
(8) *E. N.*, V, 3, 1130b31
(9) *E. N.*, V, 3
(10) *E. N.*, V, 4
(11) 『マタイ福音書』（五・二〇）
(12) 『マタイ福音書』（五・六）
(13) 『マタイ福音書』（五・一〇）
(14) 『マタイ福音書』（六・三三）
(15) 『ルカ福音書』（一・五―六）
(16) 『ルカ福音書』（二・二五）
(17) 『ルカ福音書』（二三・五〇）
(18) 『使徒言行録』（一〇・二二）
(19) S. *T.* I-II q. 95 a. 2 c.
(20) S. *T.* I-II q. 92 a. 1 c.
(21) S. *T.* I-II q. 91 a. 1～a. 4
(22) S. *T.* I-II q. 91 a. 2
(23) S. *T.* I-II q. 91 a. 3

(24) *S. T.* I-II q. 91 a. 4, q. 98
(25) *S. T.* I-II q. 91 a. 5, q. 106
(26) *S. T.* I-II q. 100 a. 1
(27) 本書第六章第五節参照。
(28) *S. T.* I-II q. 107 a. 4 c.
(29) *S. T.* I-II q. 100 a. 12, q. 106 a. 2
(30) *S. T.* I-II q. 85 a. 6 c.
(31) *S. T.* I-II q. 85 a. 1 c.
(32) *S. T.* I q. 95 a. 1
(33) *S. T.* I q. 95 a. 3 c.
(34) *S. T.* I q. 100 a. 1
(35) *S. T.* I-II q. 81 a. 2 c.
(36) Augustinus, *Retractationes*, PL32, 608
(37) *S. T.* I-II q. 82 a. 3
(38) *ibid.*
(39) *S. T.* I-II q. 82 a. 4 ad. 1
(40) *S. T.* I-II q. 85 a. 3 c.
(41) *S. T.* I-II q. 113 a. 1 c.
(42) *S. T.* I-II q. 113 a. 2 c.
(43) *S. T.* I-II q. 113 a. 3 c.
(44) *S. T.* I-II q. 113 a. 5 c.
(45) *S. T.* I-II q. 113 a. 4 c.
(46) *S. T.* I-II q. 113 a. 6 c.

(47) S. *T*. I-II q. 113 a. 7 c.

(48) S. *T*. I-II q. 113 a. 8 c.

(49) 『ローマ書簡』（三・二六）

第十六章　知性的本性の完全性と悪

第一節　はじめに

第二部では、トマスがアリストテレス的な倫理学の枠組み、とりわけアリストテレスの「徳」の理論をどこまで受容しているのか、という点について主として明らかにしてきた。トマスにおいて取り込まれたアリストテレスの徳倫理学の内容を、トマスは「獲得的な徳」と呼んだ。(1) これは、人間の知性的自然本性の完成への方向を示すモデルであった。アリストテレスにあって、その徳論の全体構造は、結局、魂における内的秩序、すなわち理性的部分に対する非理性的部分の従属として理解されていた、と言える。そのことによって、人間の知性的な本性の自己実現の道筋が確保されるのである。

しかし、トマスによれば、獲得的徳は、「相対的な意味における徳 virtus secundum quid」ではあるが、「端的・無条件的な意味における徳」ではない。(2) トマスにとっての「完全な」、「端的・無条件的意味における徳」とは、「超自然的究極目的」への秩序づけにおいて善い行為を生ぜしめるものである。それは、人間的行為により獲得する徳とは異なる「注賦的な」諸性向であり、これらの意味について第三部で明らかにしてきた。それはトマス倫理学の基本的性格の一つである「人間の自然本性の自己超越性」を反映した倫理体系であった。

では、トマスにあって人間の自然本性はなぜ未完結と考えられていたのだろうか。あるいは、アリストテレス的な徳の倫理をもってしては、なぜ、トマスが考える本来的な「(正) 義」に届かないのであろうか。この問いは、知性的本性の完全性が成立しても、なぜ「悪」があるのか、という問いとして言い換えることができる。そしてこの問題は、トマスが哲学的倫理学全般に対して限界を見ていた、という点と密接に関連する。

本章では、こうした問題の意味を解明することによって、哲学的倫理学との対比において、「自然本性の自己超越性」を本質的な特徴とするトマスの倫理学固有の意味と性格を明らかにする。

第二節　知性的本性の完全性と悪

(1)　知性的本性の完全性

第二部、特に第三章で概観した「賢慮による諸徳の結合」は、アリストテレス倫理学が提示した人間の知性的自然本性の完成を示したモデルに対応するものであった。アリストテレスにあって、その徳論の全体構造は、結局魂における内的秩序、すなわち理性的部分に対する非理性的部分の従属として理解されていた、と言える。

トマスが「最初の人間」のうちに見ていた「原初の正義」は、ほぼこうしたアリストテレス倫理学が示している人間自然本性の完全性を包含するものであった、と言える。「原初の正義」においては、(1) 理性が神に服し、(2) 下位の諸能力が理性に服し、そして、(3) 身体が魂に服するということにおいて成り立つ、とされていた。[3] その (2) の秩序は、アリストテレスのいわゆる「理性的部分に対する非理性的部分の従属」を意味するからである。それゆえ、トマスは原初の正義のうちにあったアダムは、すべての徳を有していた、としている。[4] さらに、トマスにあっては知性的本性の完全性をより端的に示す存在者が想定されていた。それは「天使」である。トマスによれば、天使は純粋な知性的実体であり、そもそも「非理性的部分」を有さない存在者であった。

ところで、およそ哲学的な倫理学は、人間において、かかる知性的本性の完全性の実現を目指す努力である、と言えるのではなかろうか。人は哲学的倫理学における二人の巨人として、アリストテレスとカントの名を挙げるであろう。アリストテレスにあっては、事情はほぼ上述の通りである。そして、カントにあってはこの点はより明白な形態をとっている。カントの道徳哲学の要諦を一言で表現するならば、それは「感性的、理性的」な存在者である人間が「純粋な理性」となることを目指すことである、と言ってよかろう。

(2) 知性的本性の完全性と悪

そのような倫理学においては、知性的本性の完全性の実現は同時に完全な「正義」——それも第五章で扱ったアリストテレス的に限定された意味におけるのみならず、第十五章で見たような、プラトン的な内面的統合秩序をも含めて——の実現をも意味することになろう。そして、知性的本性の完全性の実現はあらゆる悪の可能性を排除することになる。

この点についての示唆を与えているのは、カントの「根本悪」の思想である。[5] カントの「根本悪」の概念は、「あたかも聖書解釈であるかのようにみなされてはならない」[6] とカント自らが断ってはいるものの、「最初の人間の罪」および「原罪」という聖書・キリスト教的な概念に対する一種の哲学的な解釈である、と言える。カントは、聖書の叙述のうちに、自らの——本来は「理性的因果性」において捉えられるべき——「根本悪」の思想を、「時間的因果性」の中へと投影させて展開させたものを見ているようである。それゆえ逆に、「根本悪」の思想とは、聖書の叙述において「時間的因果性」にもとづく表象のもとに表現されていた「最初の人間の罪」および「原罪」の思想を、「理性的因果性」の中でのことがらとして「解釈」したものではないか、と見ることもできよう。

カントによれば、「根本悪」の本質は、道徳法則を自愛の動機とその傾向性とに従属させる、という、動機の従属関係における「転倒」である。(7) このことは、根本悪と人間の感性的構造、ないしは自愛の原理との間の微妙な関係を含みとする。たしかに「根本悪」は「英知的所行」(8) であり、その根拠は「人間の感性とこの感性から発現する自然的傾向性のうちに」存するのではない。むしろ自然的傾向性はそれ自体としては「善への素質」であり、「悪」はこれを格率のうちに採用する側の問題である。にもかかわらず、人間の感性的構造、ないしは自愛の原理は、「悪」の成立の重要な契機である。「根本悪」の克服は、結局は格率を採用する動機から、感性的なもの、自愛の原理を締め出すことを意味する。仮に感性的な構造をもたないような理性的存在者があったとしたならば、そこには悪は存在しえないことになるであろう。道徳法則は、感性的構造をも有する人間に対してのみ「定言命法」なのである。(9)

しかしトマスは、こうした哲学的な倫理学における巨人たちの見解に反して、知性的本性の完全性の中に、さらに悪の可能性を見ている。つまり、知性的本性の完全性だけでは「正義」は完結しない、と考えているのである。それは言うまでもなく、上述「原初の正義」のうちにあった、とされる「最初の人間」(10)、そして「悪霊」となった天使が犯した(11)、とされる罪である。感性的な構造を具えた人間でありつつも、「すべての徳を有していた」とされるアダム(12)、そしてそもそも感性的な構造を持たない「純粋な知性的実体」とされる天使は、知性的本性の完全性を実現していた筈である。にもかかわらず、アダムも悪霊となった天使も罪を犯した、とされる。

また、知性的本性の完全性と悪との関係は、トマス自身においても一種の問題性を孕んでいる。トマスは一般に

「主知主義者」として知られている。知性と意志との関係、一般的に言って認識ないしは把捉と欲求との関係についての彼の立場は、「欲求は、把捉的形相にしたがう」という標語のもとに理解される。すなわちトマスによれば、欲求は、感覚によって、あるいは知性によって善として把捉され、提示された対象について発動する。ゆえに、「ちょうど自然本性的欲求が自然本性的形相にしたがうように、感覚的、あるいは理性的、ないしは知性的欲求は、把捉的形相にしたがう」[13]のである。彼のこのような立場は、「誰も悪を悪と知りつつ為す者はいない」という、一般にソクラテスに帰されるところの悪名高い「主知主義」のテーゼに結びつく。この立場からは、仮に、無知と誤謬さえなければ、意志は必然的に善を欲求することが帰結する。したがって知性的な被造物の欲求における悪は、結局は無知と誤謬、すなわち認識の欠陥に帰されることとなる。したがって、知性的本性の完全性、すなわち、無知と誤謬という知性における欠陥がない状態においては、欲求における悪はあり得ない、ということになる。

そこで、知性的本性の完全性の中にあってもさらに見いだされる、とされる「悪」の性格を明らかにすることによって、トマスの倫理学がアリストテレスやカントのような哲学的倫理学と根本的にどこが異なるのか、を見定める視点が得られるように思われる。その際、問題をより先鋭化して捉えるために、「純粋な知性的実体」である天使の罪についての考察により重点を置いて考察を進めてゆくこととする。

第三節　天使の自然本性

（1）知性と認識

天使は、トマスにあっては、神と人間との間にあって中間的な地位を占めている、と言える。トマスは、知識

scientiaに三つの種類を区別する。[14] すなわち、「至福的知識scientia beatifica」、「生具的、注賦的知識scientia indita vel infusa」、「獲得的、経験的知識scientia acquisita vel experimentalis」がそれである。天使の知性に対比的な知識は、このうちの「生具的知識」である。「至福的知識」は、「それによって神の本質そのものが見られるところの」知識であり、神のみに固有であり親和的である。「獲得的知識」は、人間的な本性に親和的な知識であり、魂に内在する能動知性の働きによって可感的な事物についての表象から抽象された可知的形象による知識である。[15]

天使は非質料的な自存形相であるが、その「単純性simplicitas」において神との間に相違がある。[16] トマスにあって、「知性認識の働きintelligere」と「実体substantia」と「存在esse」とが同一である、という形での単純性が成立するのは神の場合のみであり、こうしたことは被造物には不可能である。神の知識には、神が、自らの本質を可知的形象として、諸事物を知性認識することが含まれる。しかし、被造物である天使は神ほどの単純性を備えていないので、神のように諸々の事物を自らの実体によって知性認識するのではない。

しかしながら、天使の知識は「獲得的知識」、すなわち人間の知識のように質料的事物についての表象からの抽象により得られた可知的形象による知識でもない。天使の自然本性的認識は、その創造と同時に神から刻印されたところの「本具的connaturales」な可知的形象による。すなわち、「神の御言葉Verbum Dei」において永遠このかた存在していたものは、一方においてものそれぞれの固有の本性における自存へ流出するとともに、他方において天使の知性のなかへ流出している、とされる。この天使の知性への流出は、神が自然的存在において産出する諸事物の似姿を天使の精神に刻印したことによる。天使は刻印された形象により、他の霊的被造物、物体的被造物を認識する。[17]

ここで、天使の認識には、人間の認識には認められないような完全性が認められていることに注意したい。

まず自然本性的様態において事物に適合、排除されることがらについて天使の知性に偽はない。したがって、全宇宙において自然本性の秩序に属することがらについて、天使には誤謬は存在しないことになる[18]。

また、トマスによれば、天使は自らの自然本性的な力をもって神を認識することができる、とされる[19]。天使の自然本性的神認識は、天使が自己の本性に神の像という似姿が刻印されていることによる。これに対して、人間の自然本性的能力にもとづく神認識は、「認識される事物の似姿が、事物から直接ではなく、別な事物から得られる」という様態にもとづく。人間の自然本性的な認識に属するかぎりでのそれは、被造物を通じての、原因性による、神についての間接的な知識にもとづくものである[20]。それは、鏡において見るような認識である。これは、先に見たとおり、感覚的な表象を媒介とする認識であり、そこに無知と誤謬が混入する余地がある。

（2）意志と愛

ついで、天使の意志に目を転じよう。まず、純粋に知性的な存在者である天使において存在する欲求は意志のみであり、人間におけるような「怒り irascibilis」とか「欲望 concupiscentia」といった感覚的欲求は存在しない[21]。したがって、天使には感覚的欲求の情念に由来する悪、すなわち、アリストテレスが「アクラシア akrasia（＝無抑制）」と呼ぶ、理性の秩序からの逸脱はあり得ない。

また、天使の意志に関連して注目されるのは、天使は自然本性的愛によって、自分自身を愛する以上に神を愛する、とされていることである[22]。

この「自然本性的愛」とは、「自然本性的に目的として望む善」への傾向性という意味の「愛」であり、無生物（たとえば火が上方へ向かうことのような）にまで適用されるきわめて広い概念である。トマスによれば、「自然本性的愛」は神からの「自然本性的善」の分与communicatioにもとづくものであり、この自然本性的愛により、天使や人間のごとき知性を具有する被造物のみならず、すべての被造物は自分自身よりも神を愛する、とされる。それはちょうど、手は全身の保存のために自らを差し出すように、いかなる部分も自らに固有な特殊的善よりも全体の共通善を自然本性的に愛する、ということによる。神は最高の共通善だからである。[23] つまり、「自然本性的愛」によって神を愛する、ということは、被造物がその自然本性的欲求にしたがうことにより、「すべてのものの共通善」たる限りでの神を愛する、ということである。

もとより、この「自然本性的愛」には、把捉を有さない無生物、感覚的把捉のみを有する非理性的動物、そして知性を有する人間、天使という存在者の階層に応じて段階がある。[24] 知性を具有する人間、天使の場合の「自然本性的愛」は、究極目的（至福）を欲する「自然本性的意志」の働きを意味することになる。[25] ただし、この「自然本性的愛」とは、必ずしも神を神と知った上で、選択的にこれを愛する、という意味での愛ではない。それは神愛caritasに固有なことである。自然本性的愛は、仮にそれが恩恵のもとにあったとしても、神愛とは別個のものである。[25]

（3）天使の本性の完全性と未確定性

以上に見たとおり、天使の知性と意志とは、知性的存在者としての一個の完成したあり方を示している。宇宙の自然本性的秩序に属することがらについて、天使には無知と誤謬は存在しない。また、天使は自らの自然本性的な力によって、自己の本性の中に刻印された神の像という似姿を通して、神を直接に認識することができる。そして、天使は神を「すべての善の根源、すべてのものの共通善であるところの自存する善」として知ることにより、「自然本性的愛をもって、自分自身を愛する以上に神を愛する」[27]のである。

天使の為すべき善は、その創造の後、ただ一回の神愛の行為をなすこと、つまりその自由意思の行為において神を選択的に愛することのみである。[28]恩恵のもと、この最初の瞬間における功績的な行為により一旦正義についた天使は、至福に到ることにより、もはや罪を犯すことのない、その確定的なあり方を与えられることになる。[29]

にもかかわらず、天使が善を欲することは、必然ではないのである。天使の真実の至福、つまり神の本質を見ることは、天使の本性には属さない。神の本質の現前による認識は、自然本性的にはいかなる被造物にも不可能である。[30]そして、その至福への過程において、つまり神との関係が問題となるような場面で、天使の本性は未確定なのである。先に見た通り、神への「自然本性的愛」とは、必ずしも神を神と知った上で、選択的にこれを愛する、という意味での愛ではない。選択的な愛はあくまでも自由に委ねられており、知性的な被造物はこれを拒むことが可能である。そして、自然本性の秩序に属することがらについて、天使には無知と誤謬は存在しないにしても、「超自然的な神の定め ordinatio」にかかる事柄については話は別である。正しい意志を有し、一旦至福に達した善天使の場合には、「超自然的様態で事物に属する事柄」に対し神の定めを顧みずに認識を試みようとしないので、その知性に偽、誤謬はない。これに対し、ここで問題となる倒錯せる意志をもつ悪霊の場合、知性を神の智慧から逸脱させるのである。[31]そしてこのような天使の本性の未確定性が浮き彫りにされるのが、天使の罪、つまり、天使が錯誤を犯して悪霊に堕した、という場面に他ならない。

第四節　知性的存在者における罪の可能性

（１）被造性の境位

『神学大全』第Ｉ部六三問題一項において、トマスは天使が罪を犯す、ということが生じる可能性の問題を扱っている。結論として彼は、天使のみならず、他のいかなる理性的な被造物も、その純然たる自然本性における条件下で考察されるならば、罪を犯す peccare ということがありうる、とし、「罪を犯し得ない」ということが被造物に適合するのは恩恵の賜物 donum gratiae にもとづくのであり、その自然本性的な境位 conditio にもとづくのではない、と述べている。このことの理由をトマスは次のように説明する。

まず彼は、特に道徳的な文脈で「罪を犯す」と訳される 'peccare' という概念について、単に「道徳的なことがら moralia」にとどまらず、「自然本性的なことがら naturalia」「技術的なことがら artificialia」までも含めた、したがって「罪」というよりは「過ち」一般というべき、きわめて広い意味で押さえた上で、これを「働き actus が当然持つべき正しさからはずれること declinare a rectitudine actus quam debet habere」である、と規定している。そして、大工の手による材木の切断という技術的な働きの場面をモデルとして、「その働きの規準 regula が能動者の力そのものに他ならない働き」のみが「正しさから逸脱することが不可能な働き」である、ということを示す。

次いで、「神の意志のみが自らの働きの規準たり得る」というテーゼが示される。その理由づけとして、「神の意志のみがより上位の目的にまで秩序づけられていない」ということが挙げられる。無論ここには、目的性が働きの規準を与える、という前提が示唆されている。被造物の意志の究極目的は神の意志に属する。ゆえに、被造物の意志は、神の意志に規正される限りにおいてのみ自らの働きに正しさを持つことになる。そしてここから、罪が存在し得ないのは神の意志のみであって、被造物の意志は、自らの「自然本性の境位 conditio naturae」に従って罪の可能性を持つ、ということが結論づけられる。

（2）欲求における悪の可能性――『悪について』一六問題二項

『神学大全』第Ⅰ部五六問題三項において、理性的被造物の意志における罪の可能性について論じられていることがらは、『正規討論集・悪について *Quaestiones disputatae De Malo*』一六問題二項において、欲求における悪の可能性という形でより一般的な場面で問題とされている。

ここでトマスは、「欲求とは欲求の対象への一種の傾向性に他ならない」というきわめて一般的な場面設定から出発する。そして、「欲求は、感覚によって、あるいは知性によって把捉された諸善について以外に存しない」がゆえに、「ちょうど自然本性的欲求が自然本性的形相にしたがうように、感覚的、あるいは理性的、ないしは知性的欲求は、把捉的形相にしたがう」というおなじみの「主知主義的」なテーゼを主張する。そして、このテーゼにもとづいて、「悪が欲求において生ずるのは、欲求がこれをもたらす把捉と一致しないことからである、ということは不可能」である、とし、悪が欲求において生ずるのはそれが「何らかの上位の規準と一致しないことによる」と主張する。

そこで、欲求の傾向性をもたらす把捉が、何らかの上位の規準によって規正されるべきであるか否か、という点にもとづいて場合分けがなされる。もし、欲求がそれによって規正されるべきであるような上位の規準を有さないならば、そのような欲求においては悪が存しえないことになる。トマスによれば、こうしたことは二つの場合において起こる。

その一つは、言うまでもなく先に述べられた神の場合である。神の知性は、それによって規正されうるような、上位の規準を有さない。それゆえ、神の欲求ないし意志において悪が存在することは不可能である。

もう一つは、非理性的動物の場合である。非理性的動物の把捉もまた、それにもとづいて規正されるべきであるような上位の規準を有さず、それゆえに、非理性的動物の欲求においても悪が存在することは不可能とされる。なぜなら、「このような種類の動物が、欲望へ、あるいは怒りへと、感覚的に把捉された形相にしたがって動かされる、ということは善いことだから」だという。そして、ディオニシオスの『神名論』第四章の権威に依拠して、「攻撃的であることは犬の善である」としている。無論、この「善」はトマスのいわゆる「個別的な善」であり、それゆえに他者にとっては（「付帯的に」）「悪」であることの可能性を排除しないであろう。しかし、少なくとも当の動物自身にとっては「端的な善」なのである。

これに対して、人間においては、上位の規準によって規正されるべき二重の把捉が存する、と指摘される。というのは、人間のうちには感覚的認識と理性による認識とが存するが、感覚的認識は理性によって規正されねばならず、理性の認識は「智慧 sapientia」ないしは「神の法 lex divina」によって規正されねばならないからである。

それゆえ、人間の欲求において二通りの様態で悪が存在し得ることになる。

一つの様態は、感覚的な把捉が理性によって規定されないことによる悪であり、「人間の悪は理性に反することである」とするディオニシオス『神名論』第四章の権威に対応する。[32]これは、人間における理性的本性が不完全でありうることに対応するものである。

もう一つの様態は、人間的理性が、智慧ないしは神の法にしたがって規正されるべきであるのに、これにしたがわないことによる悪であり、「罪とは神の法の違反である」とするアンブロシウスの権威に対応する。[33]

ところで、物体から分離された諸実体、つまり天使においては、ただ一つの認識、すなわち知性的な認識のみが存し、これは神の智慧の規準によって規正されるべきものである、とされる。それゆえに、かかる諸実体の意志において悪が存在しうるのは、上位の規準、すなわち神の智慧の規準にしたがわないことによる。そして「悪霊たちは意志によって悪であった」と言われるのは、この様態にしたがってのこと、とされるのである。

以上の論述は示唆的である。ここに挙げられた非理性的動物、人間、天使、そして神という序列において、「欲求がそれによって規正されるべきであるような上位の規準」を有さず、それゆえ「その欲求において悪が存しえない」とされるのは、最下位にある非理性的動物と、最上位にある神である。

非理性的動物の欲求に悪が存しえないのは、彼らは感覚的な把捉と感覚的な欲求しか有していないからである。彼らの感覚的な把捉と欲求には「上位の規準」はない。

悪が存在しうるのは、知性をもち、その欲求が知性的欲求たる「意志」と呼ばれるような存在者において、のことである。言い換えれば、欲求は「意志」という段階に至ってはじめて悪たりうるわけである。

しかし、神の意志にも悪はありえない。神の意志はそれ自身が究極の規準であるがゆえに、上位の規準をもたないからである。

かくして、上位の規準の下にありつつも意志を有する存在者たる人間と天使とに悪の可能性がある。そしてこの両者を分かつのは、「上位の規準」が「神の智慧」のみであるのか、「理性」も加わるのか、という点である。言い換えれば、仮に、「理性の秩序」という規準に関して完全な人間が存在した、とするならば、天使はほぼこれと同等の存在者であることになる。そしてトマスは、このような人間としてアダムを考えていた。上述の通り、「原初の正義」の結果として、アダムは「すべての徳を有して」[34]おり、その限りで、「理性的部分に対する非理性的部分の従属」は完全に達成されていた筈だからである。

(3) 天使と人間との相違——『神学大全』第Ⅰ部六三問題二項第四異論回答

ところで、上記の天使と人間との間の相違について別の角度から光を当てているのが、『神学大全』第Ⅰ部六三問題二項第四異論回答である。ここでトマスは、「自由意思 liberum arbitrium」の働きにおいて罪の存在しうる様態を二通りに区別する。

一つは、何らかの「悪」が選ばれる、ということにもとづく罪である。「姦淫 adulterium というそれ自体として悪であるところのものを選ぶ」ことによる罪がその例である。

トマスによれば、このような罪は、「常に何らかの無知とか誤謬とかに発するもの」とされる。この「主知主義」的な主張をトマスは次のように説明している。

「姦淫者が誤るのは、あくまでも個別的なるもの particulare においてなのであり、彼は、すなわち、情念 passio とか性向 habitus とかの傾向性に導かれて、無秩序な働きのこの快楽を、それがあたかもいま行なわるべき善であるかのごとくに選択するのである。たとえ、普遍的なるもの universale においては、彼も誤ることがなく、このことについては真なる判断を失わないものであるとしても。」

これはほぼアリストテレスのアクラシア論に依拠し、これを吸収したもの、と言ってよい。そしてこれが、人間において見られる上述の「理性」と「感覚的把捉」との間の「規正関係の乱れ」の具体的内容である、と言ってよかろう。

当然、天使には、かかる様態における罪はありえない。なぜなら、「理性とか知性とかがそれによって拘束されるごとき諸々の情念 passio は天使には存在しない」し、「最初の罪に先駆して、罪にまで傾向づけるごとき性向」つまりは悪徳が存在するということもありえなかったからである。

自由意思によって罪を犯すことの可能なもう一つの様態とは次のようなものである。

すなわちそれは、「それ自身としては善であるごときものを選択しているのではあるが、その際、然るべき尺度 mensura とか規準 regula とかへの秩序づけを守ってはいない」という場合である。トマスはここで「罪の機縁となった欠陥は、もっぱら、然るべき秩序づけを守らない選択 electio というものに存するのであって、選択された事物 res electa そのものには存しない」と指摘する。そしてトマスは、「ひとが、祈るということを選択するのではあっても、その際、教会の定めた秩序には留意しない」という場合をそのモデルとしている。

そしてトマスは、「天使が罪をおかしたのはこうした様態において」である、とする。すなわち悪霊となった天使は、自由意思によって本来的な善を選択し、これへの転回をおこなったのではあるが、その際ただ、神の意志による規準への秩序づけを守ることをしなかったのだ、と言う。

トマスによれば、この種の罪の前提をなしているのは「無知」ではなく、「当然考慮さるべきことがらについての考慮の不在」なのである。トマスはここに、みずからの「主知主義」的な原則にも、天使の知性の完全性にも抵触しない様態における「罪」の成立の可能性を求めようとしている。

(4)「規準にしたがわない悪」と「主知主義」――意志の否定的自由

では、この「然るべき尺度とか規準とかへの秩序づけ」という「当然考慮さるべきことがらについての考慮の不在」ということと、いわゆるトマスの「主知主義」的な原則との関係はどうなっているのであろうか。ここで、トマスにおける知性と意志との関係、そして意志の自由をめぐる見解について簡単に触れておこう。

既述のごとく、一般にトマスは把捉と欲求との関係については、「欲求は、把捉的形相にしたがう」という標語が示すように、「主知主義」的な立場を貫いているように見える。しかし、実のところその「主知主義」は意志と知性との関係についてトマスが示す理解の一面に過ぎない。知性と意志との関係についてのトマスの見解は、「意志は知性に動かされるか」と題する『神学大全』第I−II部九問題一項に示されている。

トマスによれば、霊魂の力が未決定であること、つまり「複数のことがら(選択肢)に対して可能態にある」という事態には二通りの様態が区別される。すなわち、(A)「行為するか、しないか」という様態と(B)「これをするか、あれをするか」という様態である。そして、その能力を動かす原理は、上記(A)つまり行為の実行、行使に関しては基体の側に由来し、上記(B)すなわち行為の性格決定に関しては対象の側に由来する、とされる。したがって霊魂の能力としての意志の未決定性(可能態性)には、(A)「欲するか、欲しないか」という行為の実行、行使に関する未決定性と、(B)「あれを欲するか、これを欲するか」という行為の種別化に関する未決定性とがあることになる。同項におけるトマスの結論は、この(B)の側面に限って、すなわち意志にその対象を提示するという仕方で、「知性の運動が意志を動かす」ことを認めるものである。しかし、(A)の側面に関しては、その運動は基体そのもの、つまりは意志の能力自身による、とされる。意志は目的にかかわるかぎりにおいて、自らを動かし、また他の魂の諸能力をも動かすのである。[35] つまり、トマスのいわゆる「主知主義」、意志に対する把捉の主導ということが成り立つのは、（B）の場面に限られるのである。これに対して、（A）の「欲するか、欲しないか」という場面に関しては、トマスは強い意味での意志の自由の可能性を示唆しているといえる。

目下問題とされている、「悪」を構成する「然るべき尺度とか規準とかへの秩序づけ」という「当然考慮さるべきことがらについての考慮の不在」という事態は、この（A）の場面での意志の自由、つまりは「欲しない」ことも可能、という意味での意志の自由と関わっている。トマスが、この「悪」の原因は意志の自由そのものであることを明言している箇所がある。それは『悪について』第一問題三項である。ここでも大工による切断のモデルが用いられている。

「ある大工が、規準にしたがって正しく材木を切るべきであるのに、正しく切断しないとすれば、その悪しき切断は大工が規準と尺度を用いないという欠陥に起因することになろう。同様に人間的な事象において、快楽やその他こうしたことがらは、理性の規準と神の法にしたがって計られ規正されねばならない。それゆえ、無秩序な選択に先立って、理性の規準と神の法とが用いられないということが意志のうちに観て取られる。」

そしてトマスは、このような規準の不使用について、その原因を遡及して探究する必要はない、と言う。「そのためには働きをなすこともなさぬこともできる意志の自由で十分である」と断言する。つまり、意志そのものが悪しき選択の原因なのである。もっとも、トマスによれば、規準に常に注意を向けていないことそれ自体は罪ではない。意志が選択の行為に向かう時に際して規準を用いないときに罪となるのである。

『悪について』におけるトマスは、『神学大全』において示唆された先の（A）の「欲するか、欲しないか」という点に関しての意志の自由に、はっきりと強い意味を与えている。実にトマスは、働きの行使という場面では、意志に「究極目的」たる「至福 beatitudo」についてすら考慮することを望まない自由をも認めている。[36] その上で、こうした強い意味での意志の自由、その否定性としての自由に、意志をして上位の規準の拒絶せしめる原因を帰しているのであった。

『悪について』の当該箇所での議論は、人間の「姦淫」について展開されたものである。トマスが好んで取り上げるこの事例は、アクラシアの事態を示すものであり、先に見た『神学大全』第I部六三問題一項第四異論回答では、「無知と誤謬のもとに」生じる事態として扱われている。その限りでそれは純粋に自由な場面ではない。にもかかわらず、「上位の規準への考慮の不在」という角度から事態を見るならば、人間を動かすのは「善の相のもとに捉えられた」外的な対象たる快楽ではなく、あくまでも人間の意志――「理性の規準」を逸脱したいわば欠如的な意志――そのものであることを示している。その限りで、トマスの立場は決定論的な「主知主義」の立場を脱している。

このように、「上位の規準への考慮の不在」という相において示される、否定的な形での強い意味での意志の自由は、そもそもアクラシアという事態がありえず、無知と誤謬から免れている天使の知性の完全性に抵触しない形での罪の可能性、つまりは純粋に自由な場面での罪の可能性を説明するための根拠にもなるのである。

ところで、トマスによればこの「上位者からの規準が遵守されない」という事態は「傲慢 superbia の罪」の本質を構成する。ここから、トマスは悪霊の最初の罪の可能性は傲慢の罪のそれに他ならなかった、としている。[37]

第五節　傲　慢――「神のごとくある」ということ

ところで、悪霊の罪の内実は何であったのか。差し当たりそれは「傲慢」である、とされるとしても、いかなる意味での「傲慢」なのか。

この問いに対する答えは、啓示と伝統の権威にしたがって「神のごとくであること esse ut Deus を欲した[38]」傲慢、ないしは「神と等しくあること divina aequalitas を欲した[39]」傲慢である、とされている。トマスは、かかる諸権威の結論には「一点の疑義も存しない」とした上で、悪霊はいかなる意味において「神のごとくであることを欲した」のか、ないしは「神と等しくあることを欲した」のかを明らかにしようとする。

(1) 悪　霊

まずトマスは、これを「同等性 aequalitas」という意味、『悪について』での表現によれば「絶対的な仕方 absolute で神と等しくあること」という意味に解することは不可能である、とした上で、悪霊の罪を「神に固有なことがら」を欲する、という意味で、彼が「神との類似性」、ないしは「神と等しくあること」を欲したことのうちに求めている。

『神学大全』の記述によれば、悪霊の罪、すなわち「悪霊が神のごとくであることを欲した」ということの意味について差し当たり二つの解釈の可能性が提示されている。

まず、①「自らの自然本性の力でもって到達することのできるところのものを至福の究極目的として欲したということ、そしてそれによって、神の恩恵に由来する超自然的な至福から自らの欲求を離反させたということにある」とする見解が示される。

次いで②「たとえ恩恵にもとづいて与えられる神の似姿を究極目的として欲したにしても、彼はあくまでもそれを自らの自然本性の力によって持つことを意志したのであり、決して神の按排dispositioにもとづく神の助力にこれを仰ぐことを意志しはしなかった、というところにある」とする見解が示される。

自己の自然本性の内に自閉する①と一応は「恩恵の秩序」を志向するかに見える②とでは意味が異なるように思われるが、トマスはこの両者の相違をほとんど意識していない。①②という「二つの見解は、或る意味では一つに帰着する。両者いずれに従っても、悪霊は自らの（自然本性の）力によって終極的な至福finalis beatitudoを持つ、という神に固有なことがらを欲したことになるのだからである」というのがトマスの最終的な結論であった。

そしてこの結論は、「悪霊は何らかの悪を欲求することによって罪を犯したのではなく、何か善いこと、すなわち終極的な至福を、当然したがうべき秩序によって、つまり神の恩恵によって追求するのではなく、欲求することによって罪を犯した」という、先に見てきた、トマスの「主知主義」と天使の知性の完全性に抵触しない形での悪の成立可能性の条件とも合致するのである。

（2）最初の人間

「最初の人間」における罪も「傲慢」であった[40]。

トマスによれば、人間の最初の罪の所在は、最初の不正な目的への欲求が見いだされうるところにあった。ところで、「原初の正義」のうちにあった最初の人間は肉体が精神に逆らわない様にできていた。それゆえ、肉体の感能的な欲望が理性の命令に背いて得ようと求めるごとき、或る感覚的な善を欲求したことから、人間の欲求に最初の不正が生じたということは有り得ない。それゆえ残るところ、人間の欲求における最初の不正は、精神における何らかの善を不当に欲求したから、ということになる。だが、神の定めによって決められたそれぞれの分に応じて、それを欲求した場合は、不当に欲求したことにはならない。ゆえに、人間の最初の罪は、「精神における或る善を、自らの分を超えて欲求したこと」にあった。このことは傲慢に属する。かくして、人間の最初の罪は傲慢であった。そして、悪霊と同様、「最初の人間」の犯した「傲慢」も「神のごとくある」ことであった(41)。

悪霊も最初の人間も神に類似することを不当に欲求したのであるが、彼等はいずれも、その本性において類似することを欲求して罪を犯したのではない。

最初の人間は蛇が女を唆したように、主として善悪を知るという点で神に類似すること、つまり自己が本来有している権力によって、何が行なうのに善い事であり何が悪い事であるかを自ら定める、あるいは又、どんな善い事もしくは悪い事が未来において自らにあるのかを自分で予め知ることを欲求して罪を犯した、とされる。

最初の人間はまた、それに付随して、働きを為す自らの能力という点でも神に類似することを欲求して罪を犯した。すなわち、自らの自然本性の力でもって至福を得ようとしたのである。

他方、悪霊は力の点で神に類似することを欲求して罪を犯した、とされる。それゆえ、アウグスティヌスも『真の宗教について』のなかで、「彼は、神よりも自己の力をより多く持つことを欲した」と述べている。

ただし、或る点に関する限りにおいては、両者いずれも神と同等になることを欲求したのである。彼等はいずれも神の定めた掟を無視して、他に従属せずに自らの意志で行動しようと欲したのだからである。そして、両者ともに、自らの自然本性の力でもって至福を得ようとした、つまり、自然本性の自己超越性を否認した、という点における「傲慢」の罪を犯した、と言う点で共通しているのである(42)。

（3）「最大の罪」

トマスは、『神学大全』第II－II部一六二問題六項において、「傲慢は罪のうちで最も重いものである」と述べている。

トマスは、罪を構成する要素として「可変的な善 commutabile bonum へと向かうこと」と「永遠の（変わることなき）善 bonum incommutabile からの離反」という二つの要素を区別した上で、前者を「罪における質料的なもの」、後者を「罪における形相的なもの」と位置づける。

その上で、「罪における形相的なもの」としての「永遠の善からの離反」という面から考察した場合、傲慢は最も重い罪である、としている。なぜなら他の罪の場合には、人間が神から離反するのは、無知、心の弱さ、あるいは何であれ他の善への欲求からであるが、然し傲慢が神から離反するのは、神やその掟に服従することを欲しないことによるのだからである。

神やその命令からの離反は、他の罪の場合には言わば付随的なこと quasi consequens であるが、傲慢の場合には、このことは自体的に per se 傲慢に属する。傲慢な行為とは、神を蔑ろにすることだからである。従って、「傲慢は罪のうちで、その類において最も重い罪である」と結論づけられる。その形相として罪を成立させる、神からの離反という点で、傲慢は甚だしいものだからである。

第六節　結　語

以上、「天使」および「最初の人間」が犯したとされる「罪」をめぐるトマスの論述についての考察は幾つかの示唆を与えてくれる。
まず、純粋な自由の場面で生じる悪としての「罪」は、トマスの「主知主義」が必然による決定論の世界を意味するのではなく、強い意味での意志の自由と表裏をなすものであることを明らかに示している。

トマスにとって、天使とは自然本性の秩序においては完全無欠な知性的存在者である。天使は無知と誤謬を免れ、また天使には感覚的欲求能力の情念による理性の秩序からの逸脱もあり得ない。その本性の完全性は、ほとんど善への必然的な運動に決定づけられる他はないかに見えるほどである。しかるに、このような完全性を与えられていてもなお、天使のうちのある者が罪を犯し、悪霊となった、とされる。

また、「原初の正義」のうちにあった、とされる「最初の人間」にあっても事情はほぼ同様であった。

トマスは、このような「知性的本性の完全性の中でなおも存在する罪」という事態を、欲求は把捉にしたがう、という自らの「主知主義」的前提、そして「知性の完全性」の概念に抵触することなく示していた。彼はこうした罪を、自己の「終極的な至福」という善を追求する場の中に位置づける。そしてその善の追求のいわば様態の問題として、「恩恵によってこれを追求すべきである」という「上位の規準」への秩序づけへの「考慮の不在」という形でこれを提示する。そこでクローズアップされてくるのは、後期のトマスが『神学大全』においては暗示的に、『悪について』においては明示的に認めていた、上位の規準の拒否という場面に示される強い意味での意志の否定的自由であった。

また、「知性的本性の完全性の中での罪」は、自然本性の秩序と恩恵の世界との間の断絶をも示している。自然本性の世界は、必然性の支配する世界であるのに対し、恩恵の世界は自由が要請される世界である。トマスによれば、知性的被造物は自由をもって自然本性の世界を超越し、恩恵の世界へと参与すべきものとして創造された。そこに人間の自然本性の自己超越性が成立する。しかし、その自由とは悪への危険を影に秘めた自由であった。自由は、自然本性の世界というある意味で完結し、安定した世界秩序の破れ目を意味する。自然本性の秩序においては完全無欠な存在者として想定された天使に「罪」が発生するのはまさにその破れ目においてであった。しかも、皮肉にもその「罪」の内容は、自然本性の秩序の内に自閉すること、つまり人間本性の自己超越性を自ら拒否することだったのである。

トマス・アクィナスにとって、世界に悪が存在すること、とりわけ知性を具有する存在者たる人間や天使の「罪」という形での悪が存在することの意味は、自由の問題、ひいては神と被造物との間の超自然的な愛の問題と裏腹な関係にある。神はこれらの被造物を、自らと神愛の関係にあるべきものとして、すなわち、友愛の愛 amor amicitiae と交わりとを以て自由に愛すべき対象として創造した。しかしながら、友愛の愛は相互的なものであるがゆえに、友愛の愛と交わりとを以て自由に愛されるべき被造物は、自由でなければならない。そして、自由な被造物を創造するためには、神はそれらに過ちを犯し得る可能性を含む自由を与えなければならなかった。[43]「知性的本性の完全性の中でなおも存在する罪」という事態は、神は罪の可能性という代償を払ってまで知性的存在者に「自由」を与えた、というトマスの基本認識を示すものである。

このように、トマスにあっては神と人間との関係は、あくまでも人格的な他者としての相互関係として捉えられていたのである。

（1） S. *T.* I-II q. 63 a. 2〜a. 4.

（2） S. *T.* I-II q. 65 a. 2 c.

（3） *S. T.* I q. 95 a. 1 c.

（4） *S. T.* I q. 95 a. 3 c.

（5） カントの「根本悪」概念と「原罪」との関係については、拙稿「『根本悪』と『原罪』」三重大学教育学部研究紀要、第四七巻、七七－八九頁参照。

（6） Kant, I., *Die Religion innerhalb der Grenzen der blossen Vernunft.* (以下 *Rel.*), A, 43.

（7） *Rel.* A, 34-36.

（8） *Rel.* A, 31-32.

（9） 「客観的原理の表象は、その原理が意志にとって強制的である限り、命令（理性の）と呼ばれる、そしてかかる命令の方式がすなわち命法である。」「ところで完全に善であるような意志も、やはり客観的法則（善の）に従いはするが、しかしこの場合には、法則によって生じた行為を、強制された行為と見なすわけにはいかないだろう、……」「それだから神の意志やまた一般に聖なる意志には、いかなる命法も通用しない、つまりここでは『べし』は場違いなのである。」Kant, I., *Grundlegung zur Metaphysik der Sitten*, A, S. 414.

（10） *S. T.* II-II q. 163 c.

（11） *S. T.* I q. 63.

（12） *S. T.* I q. 95 a. 3 c.

（13） *S. T.* I q. 63 a. 1 c.

（14） *S. T.* III q. 9 a. 4 c.

（15） 人間におけるかかる認識の様態の意味と限界性については、以下の拙稿を参照。「トマス・アクィナスにおける『能動知性』と『個としての人間』」、日本哲学会編『哲学』第四七号、一九九六年、一九七－二〇六頁。

（16） *S. T.* I q. 54 a. 1～a. 3.

（17） *S. T.* I q. 56 a. 2 c.

（18） *S. T.* I q. 58 a. 5 c.

（19） *S. T.* I q. 56 a. 3 c.

(20) *S. T.* I q. 12 a. 4 c., a. 12 c., q. 88 a. 3 c.

(21) *S. T.* I q. 59 a. 4 c.

(22) *S. T.* I q. 60 a. 5 c.

(23) *ibid.*, II-II q. 26 a. 3 c.

(24) *S. T.* I-II q. 26 a. 1 c.

(25) *S. T.* I q. 60 a. 2 c.

(26) *S. T.* I q. 60 a. 5 c.

(27) *S. T.* I q. 60 a. 5 c.

(28) *S. T.* I q. 62 a. 5 c.

(29) *S. T.* I q. 62 a. 8 c.

(30) *S. T.* I q. 56 a. 3 c.

(31) *S. T.* I q. 60 a. 5 c.

(32) (ps) Dyonisios Areopagites, *De Divinibus Nominibus*, IV, 32. 247.

(33) Ambrosius, *Liber de Paradiso*, cap. 8.

(34) *S. T.* I q. 95 a. 3 c.

(35) *S. T.* I-II q. 9 a. 1 c., a. 3 c.

(36) dico autem ex necessitate quantum ad determinationem actus, quia non potest velle oppositum; non autem quantum ad exercitium actus, quia potest aliquis non velle tunc cogitare de beatitudine; *Q. Disp. De Malo* q. 6 c. なお、この意志の否定的自由については、宮内久光氏の以下の論攷より示唆を得た。宮内久光「自由と悪」、『西日本哲学年報』第三号、西日本哲学会、一九九五年。

(37) *S. T.* I q. 63 a. 2 c.

(38) *S. T.* I q. 63 a. 3 c.

(39) *Q. Disp. De Malo* q. 16 a. 3 c.

(40) *S. T.* II-II q. 163 a. 1 c.

(41) *S. T.* II-II q. 163 a. 2 c.

(42) *ibid.*

(43) 筆者の管見するところ、天使およびその罪について正面から扱った研究は多くないが、注目されるのはJ・マリタンである。マリタンは、トマスにおける「悪」、なかんずく知性的存在者の「罪」の存在の意味を「自由」の代償として位置づけ提示している。筆者はかかるマリタンの理解に共感を覚えるものであるが、この小論では一歩を進め、その問題とトマスのいわゆる「主知主義」との関係の解明を目指すことを意図している。マリタンの所説については以下を参照。

Maritain, J., *St. Thomas and the Problem of Evil.* 邦訳『聖トマスと悪の問題』稲垣良典訳、一九五七年、ヴェリタス書院、一二八頁。Maritain, J., Le pêche de l'Ange, *Revue Thomiste,* 1956, no. 2. The sin of the Angel, tr. William L. Rossner, S. J., 1959, The Newman Press.

終　章

第一節　はじめに

最後に、本書全体を振り返る段階を迎えた。この終章においては、まず、本書における考察から得られた知見を、各部、各章ごとに概観することとする。その上で、本書で明らかとなった成果は結局何であったのか、特に、トマス解釈の伝統における無数の蓄積の中での本書の特色はいかなる点にあるのか、を明らかにして本書を締めくくりたい。

第二節　本書の結論の概観

まず、本書における考察から得られた知見を、各部、各章ごとに概観しよう。

(1)　第一部　トマス倫理学の基本的性格

第一部では、トマスにおける「倫理学」の基本的性格について確認し、本書全体の考察の方向を見定めた。

第一章では、トマスの著作、特に『神学大全』第II部から「倫理学」を抽出することにともなう問題点を、トマスにおける「哲学的倫理学」の可能性の問題を中心に検討し、トマスの倫理学の純粋に「哲学的な」枠内に収まらない性格を明らかにした。

第二章では、「自然本性の自己実現」としてのアリストテレス的な「哲学的倫理学」の枠組みに収まりきれないトマス倫理学の性格を、トマスが「人間の自然本性を自己超越的なものとして捉えていること」として規定し、そのことの意味を明らかにした。

第三章では、「倫理学」を構成する本質的な契機である「他者」（隣人）への志向を意味する「対他性」としての「自己超越」の方向性についての視点を示唆した。トマスにおいては、この「隣人に対する対他性」としての「自己超越」と、神に向けての「人間の自然本性そのものの自己超越」という、二つの方向の「自己超越」の志向が示されていることを明らかにし、それぞれの方向における「自己超越」に対して、トマス自身が「正義 justitia」と「神愛 caritas」という二つの徳を対応させている点を指摘した。

以上の考察を踏まえ、以後の本書における主要部分の論述について基本的な方針を確定した。すなわち、第二部においては「正義」の徳が示すところの、隣人に対する「対他性」としての自己超越の方向における倫理を、そして第三部においては「神愛」の徳が示すところの、神に向かう自己超越の方向の倫理を概観する、という本書全体の基本構成に対する見通しが得られた。結果として、この叙述の展開は、実質的には、アリストテレス的な枠組みに従った倫理学に関する叙述（第二部）と、キリスト教的な恩恵を基軸とする倫理の叙述（第三部）という、トマスの思想の叙述としては極めて「古典的」な枠組みに従うこととなった。

(2) 第二部　人間的自然本性の自己完成と対他性——アリストテレス的倫理学の継承

第二部は、上述の方針に従い、トマスがアリストテレス的な倫理学の枠組み、とりわけアリストテレスの「徳」の理論をどこまで受容しているのか、という点についての検討が主要な内容となった。その際、特に「正義」の徳が示すところの対他性としての自己超越と、人間本性の内的な完成としての徳との関係を問題とした。

アリストテレス倫理学の体系における「正義」と「愛」との関係は、対他的な「正義」の徳と、魂の内的な完成をもたらす徳に裏打ちされた「友愛」との関係として示唆される。そこで、アリストテレス的な概念枠において、魂の内面的な形相的完全性、現実態性としての「生命エネルギーの充溢」を示す徳が、「正義」を踏まえつつ「正義」を超える「友愛 philia = amicitia」の根拠となっていることが明らかにされた。

また、ここで我々が概観したアリストテレス的な倫理学の枠組みは、トマスにあっては、いわば、人間の本性そのものが理想的に完成する論理的な可能性と射程を示唆するものであった、と言うことができる。その上で、トマスが、徳の理論一般、特に「正義の徳」の射程についての認識、および内面的な完成を基盤とする「友愛」についての理論において、アリストテレスをどこまで受容しているのか、を明らかにした。

具体的な展開は、概略以下の通りとなった。

第四章では、アリストテレス的な意味における「性向 hexis = habitus」としての徳の理論の概要と、トマスによるその受容の様態について概観した。

トマスは、自らが受け継いだ限りでのアリストテレス的な徳理論を「獲得的な徳 virtutes aquisitae」と呼び、自らの倫理学の体系内に位置づけていることを明らかにした。そこでは、「賢慮による諸徳の結合 connexio virtutum per prudentiam」と呼ばれる形で、諸徳が結合して一個の全体的構造をなしており、そこに人間の自然本性の内在的な生命エネルギーの充溢の射程が示されていることが明らかとなった。

第五章では、従来のローマ法の伝統およびアウグスティヌス的な「正義」観の伝統の中で、トマスがアリストテレス的な意味での「徳としての正義」についての理論を導入したことの意味とこれにともなう問題点を解明した。

特に、「正義」を「神への愛 amor Dei」の一様態として定義しようとしていたアウグスティヌス的な正義理解に対して、トマスは「愛」と「正義」とを分離する、という方向で対応した。他方、アウグスティヌスにあって「正義」と同一視されていた、対他的倫理における「愛」に浸透された成分については、トマスはこれを正義の「可能的部分 partes potentiales」としての諸徳として位置づけていた。この「正義の可能的部分」とされる領域は、「愛」（友愛 philia＝amicitia）と親和的であるとともに、内面的統合としての徳とも親和的である。それらの徳は、人間的自然本性の内的完成としての徳にもとづく生命エネルギーの充溢がもたらす実りとしての「愛」の射程を示していることが明らかになった。

第六章では、前章で対比された「正義」の徳と、友愛と親和的な「正義の可能的部分」とされる諸徳との関係を主題的に解明した。

トマスは、厳密な意味での「正義」を規定する際には、強い意味における責務性としての「法的責務 debitum legale」を条件としていた。これに対して、アリストテレス的な倫理学における「友愛」、ないしは魂の内的な完成としての徳と親和的な「正義の可能的部分」としての諸徳の条件をなす「倫理的責務 debitum morale」は「責務」としては「法的責務」よりは弱いが、厳密な意味での「正義」を超える倫理の射程を示していた。それは、魂の内的な統合性としての秩序とその実りである、と言ってよい。そして、トマスの「法」論を概観したとき、トマスは「倫理的責務」を条件とする「友愛」ないしは「徳」と親和的な倫理を、「自然法」そして旧約の律法における「倫理的規定」に対応するものとして位置づけようとしていたことが明らかになった。

かくして、トマス倫理学におけるアリストテレス的な枠組みにおける「友愛」としての愛の位置づけが明らかになった。アリストテレス的な意味での「正義」つまり「正義の徳」は、アリストテレス的な意味での「友愛」の土台となっているが、トマスもその点はアリストテレスを継承していたことが示唆された。

第七章においては、トマスにおける一般的な意味における「愛 amor」の意味を包括的に概観、整理した。それは、トマスにおいて上述のアリストテレス的な意味における「徳」に支えられた「友愛」の概念がいかに継承され、位置づけられているか、さらには、トマスが一種の「友愛」として定義した神愛の意味をも解明するための予備作業である。

特に、アリストテレスの『弁論術』に由来する「愛するということは何者かのために善を欲することである amare est velle alicui bonum」[1] という定式が、トマスが様々な愛に位置づけを与える際の骨格となっていることを指摘した。トマスにあってこの定式は、エロース的自己愛にも、対等な者の間のピリアにも、そして神の愛にさえも適用可能な、一般的定式として機能していることが明らかになった。

その上で、特にこの愛についての定義にもとづく「友愛の愛 amor amicitiae」と「欲望の愛 amor concupiscentiae」との区別の意義を明らかにした。その結果、トマスにおける「友愛の愛」の観念が、第五・第六章でその意味を解明したところの魂の内的自己完成としての徳、ないしは形相的な完全性、生命エネルギーの充溢の実りである限りにおいて、アリストテレス的な「友愛」の射程にほぼ対応し、これを受け継ぐものであることが明らかになった。

第八章では、トマスが自らの倫理学の中心概念としている「神愛 caritas」そのものを一種の「友愛」として定義していることの意味を解明した。

A・ニーグレンは、その著『アガペーとエロース』(2)において、アリストテレス的な「友愛」も、自己中心的な「エロース・モティフ」の一種として位置づけていたが、本章では、アリストテレスにおける友愛にはこれに収まりきらない性格があることを明らかにした。

その上で、トマスが神愛を一種の「友愛」として定義している、という事実は、彼が「友愛の愛」として、形相的な完全性にもとづく「生命エネルギーの充溢」を基盤としている、という意味において、アリストテレス的な友愛理論を受け継いでいる点を明らかにした。他面、神愛が「対神性」という側面に関わり、その形相的な完全性が、アリストテレス的な自然本性の自己実現とは異なる根拠によっている、という点においては、トマスはアリストテレスを踏み越えていることが明らかになった。

神愛のそうした性格に関する本章における解明は、トマスにおけるアリストテレス倫理学の継承面と断絶面との両義性を明らかにすることによって、第二部と第三部との橋渡しとなった。

(3)　第三部　人間的自然本性の自己超越――恩恵の倫理学

第三部では、トマス倫理学における、「神愛」にもとづく神に向けての「自己超越」の方向性について考察した。これは聖霊の「恩恵 gratia」にもとづく倫理の叙述であり、具体的には「徳」ないしは「性向」が「注賦される」という、アリストテレス的な枠組みに対してトマスが加えた拡張の意味をいかに理解すべきか、という点が問題となった。

アリストテレス的な枠組みからは特異とも言うべき性向、徳の「注賦理論」が問題とされるのは、恩恵が成立する場面であり、人間が人格的な他者としての神と交流する、ある種の「物語的な」場面においてであった。筆者は、そうした場面の原典を、『ローマ書簡』、特にその第五章第五節においてパウロが「神愛が神から注がれる」と書き記した場面に求めることとした。この場面を中心に、特にアウグスティヌス、ペトルス・ロンバルドゥスらが展開した、「恩恵」による魂の変容を、「神愛」という形での「愛」を中心に理解しようとする理論の歴史的展開の中におけるトマスの位置づけを明らかにした。

具体的な展開は、概略以下の通りとなった。

第九章では、神愛を中心に、恩恵にもとづく「性向」の「注賦 infusio」に関するトマスの理論の全体構造を概観した。

第四章では、アリストテレス的な「賢慮による諸徳の結合」の構造が明らかにされた。しかし、トマスにとって重要であったのは、諸々の「注賦的性向」が神愛を核として結合している「神愛による諸徳の結合 connexio virtutum per caritatem」と呼ばれる事態であった。それはすべての徳を「神の愛 caritas」の中に見ようとするアウグスティヌスをはじめとする教父的伝統にもとづく倫理体系の継承を意味していた。そこでは、「人間の自然本性そのものの自己超越性」という事態を踏まえ、トマスは、アリストテレス的な徳倫理に大幅な変容と拡張とを加えていた。

本章では、かかる「注賦的性向」という特殊な倫理が成立する原場面を、パウロの『ローマ書簡』、特にその第五章における「聖霊によって注がれる神愛」への言及に求めた。その結果、かかる諸性向の注賦理論は、すべて『ローマ書簡』（五・五）における「わたしたちに与えられた聖霊によって、神の愛がわたしたちの心に注がれている」という事態、その対他的な倫理への展開としての『コリント第一書簡』（一三・四－七）を説明したものとして理解できるし、また、そのように理解すべきである、との展望を得た。

第十章は、「アウグスティヌスにおける徳の理論とトマス」と題しており、トマスが理解した限りにおけるアウグスティヌスの徳理論を概観した上で、パウロが明らかにした「聖霊によって注がれる神愛」に対する両者の視座の連続性と相違点とを解明した。それは、アリストテレス的な枠組みからトマスが何を受け継いだのか、を解明する前提として、アリストテレス哲学が流入する以前の支配的な枠組みとして理解されていた限りにおけるアウグスティヌスの枠組みを明らかにするためである。

トマスが事実上アウグスティヌスによる「徳の定義」として扱っているのは、『カトリック教会の道徳』第十五章における「愛の秩序」としての規定であった。ここでアウグスティヌスは、「徳とは神に対する最高の愛にほかならない」と主張していたこと、およびそのことに伴う問題点の検討を行なった。その問題点とは、この「徳は神への愛である」というアウグスティヌスの主張における神愛とギリシア以来の四元徳（「枢要徳」）との関係、および、これら四元徳相互間の区別の根拠をめぐる問題である。

第一の問題に関しては、枢要徳と神愛とを、それぞれ性向としては別のものと考え、かつ、枢要徳については、それ自体を人間理性の自然本性の枠内で考えようとしているトマスは、「徳は（神）愛〈である〉」という表現を文字通りのものと受け入れるのではなく、これを「徳は（神）愛に依存する」という関係、すなわち、神愛を核とする徳の結合関係を表現したものである、と解釈したことが示された。

第二の問題に関連して、トマスは枢要徳の区別の根拠について、四つの枢要徳を「すべての徳において見いだされるところの、人間精神の或る一般的条件 conditio generalis を表示しているもの」と解する立場（「一般的条件説」）と、「四個の徳をそれらが特定の対象 materia specialis へと規定されているかぎりで」理解する立場（「特定対象表示説」）とを区別した上で、トマス自身は、アウグスティヌスの伝統にもとづく前者を離れ、アリストテレス的な後者の立場に立とうとしていた点を明らかにした。

第十一章は「徳としての神愛」と題しており、第十章で明らかにしたアウグスティヌスからペトルス・ロンバルドゥスに到る伝統における「神愛」の扱いに対して、トマスが「神愛」を明確に「徳」として規定したことが示す「新しさ」の意味を明らかにした。

ここで、筆者が強調したのは、トマスによるアリストテレス的な性向論導入の全体的構図を理解することの重要性である。かかる全体的な構図の中で、神愛はそれ自体一個の「対神徳 virtutes theologicae」としての身分を保ちつつ、諸々の注賦的な性向（対神徳、注賦的倫理的徳、そして聖霊の賜物）の結合の中核となっている。これは、聖霊と神愛、さらには諸々の徳についての明確な区分を与えることをしなかったアウグスティヌスやロンバルドゥスが伝える、神愛による人格の全面的な変容の事態を、アリストテレス的な性向理論を導入することによって改めて描写したものであることが示された。

第十二章では、『ローマ書簡』のテキストを検討することにより、聖書的な意味において「正義」（日本語では単に「義」と表記される）の成立、すなわち「義化 justificatio」と呼ばれる事態の意味を解明した。その上で、トマスの「義化」論との対比において、トマスがパウロ以来の伝統をいかに継承しているのか、を明らかにした。

特にトマスは、「義化」を、「性向的賜物 divina auxilium としての恩恵」が注がれることとして、神と人間の魂との間の一種の「秩序」の成立として位置づけている点に特色があることを明らかにした。トマスは、魂の内的秩序としての徳の総体が、神の恩恵に依存する形で成立する、という意味での「秩序としての義」という概念を提起していた。こうした「秩序としての義」は、注賦的な性向の倫理全体が成立するための「場」を意味していた。そして、かかる意味における「義」は、恩恵への応答として人間が神を愛してゆくという形で成立する神愛の倫理が展開する土台をなすもの、とされていたことが明らかになった。

第十三章では、トマス倫理学における「恩恵」概念についての全体的な構図を概観した。具体的には、トマスにおいて「恩恵」は、「性向的賜物としての恩恵」と「神的扶助 divina auxilium としての恩恵」、「作働的恩恵 gratia operans」と「協働的恩恵 gratia cooperans」、「先行的恩恵 gratia praeveniens」と「後続的恩恵 gratia subsequens」といった形で区分されていることの意味を明らかにした。また、恩恵と対比される人間の「自然本性」の側に関しても、堕落以前の「十全な本性 natura integra」と、原罪によって「損なわれた本性 natura corrupta」が区別されていることの意味を解明した。その上で、これら、「恩恵」と「自然本性」との諸区別に伴う、恩恵と人間との関わりの諸フェイズの意味を明らかにした。

その結果、神（聖霊）は、内的根源として働く「性向的賜物としての恩恵」を通して人間の内側から、また、あくまでも人格的他者として「外的根源」の形で働く「神的扶助としての恩恵」を通して外側から、という両面から人間を、「自然本性の自己超越」に向けて助けるものと考えられている、というトマス恩恵論の基本構造が明らかになった。

（4）　第四部　正義と愛の諸相

最後に「第四部」として数章を設け、「正義の徳」が示す「対他性」としての「自己超越」と、「神愛の徳」が示す「対神性」としての「自己超越」という対比の軸のみをもっては尽くすことのできないところ、あるいはそれらの両視点が交錯する場面における「正義」および「愛」をめぐる問題性について扱った。

具体的な展開は、概略以下の通りであった。

第十四章では、本質的には「神への愛」として「神に向かっての自己超越」を意味する神愛が、「隣人愛」として、他者としての隣人に対する対他的な関係へと展開する論理構造の意味と射程とを明らかにした。

特に、トマスは隣人としての他者を「神愛によって愛する」ということの実質的な意味は「神に向かうという目的のための協働」にある、と考えていたことを明らかにした。トマスは、神愛の具体的な対他的展開、すなわち神愛の「外的な行為」として、「親切 beneficientia」「施し eleemosyna」「兄弟的矯正 correctio fraterna」という三つの主題を取り上げて論じている。その中で、特に「霊的な施し」としての「兄弟的矯正」と言う場面で、「神に向かうという目的のために協働する」可能性をもつ存在と見ることに基礎を置く親愛にもとづく連帯性の意味が重要な機能を果たしていたことを示した。

以上の、神愛倫理の対他的展開の構造において、トマスが構想した「神愛による共同体」のあり方の基本が示唆されている、と言うことができる。

第十五章では、トマスにおいて「正義」を意味する「justitia」という語が、「対他性」をその本質とするアリストテレス的な意味での「正義」にとどまることなく、神の前における正しさ（「義」）としての意味へと広がっていることの意義を解明した。

第五章において概観したように、トマスは、厳密な意味での「正義」を規定する際には、アリストテレス的な枠組みを導入し、「法的責務」を条件とする狭義における「正義」が成立する場面を、正義以外の徳と「友愛」が働く場面から区別していた。

しかし、トマスにとって最終的な意味での「正義」とは、一般に日本語では「義」と訳される、聖書・キリスト教的な「正義」概念であった。それは、人間相互間の間に語られる正義とは根本的に異なった意味での正義、つまり「神の前における（正）義」であった。「原初の正義」「原罪」「義化」というキリスト教固有の「正義」についてのフェイズに対するトマスによる分析を検討した結果、トマスはその意味での「義」を一種の秩序として捉えていたことが明らかになった。ただしそれは、プラトン・アリストテレス的な意味での、つまり哲学的な倫理学が志向するところの、魂の「内的」秩序というにとどまらず、神に向けての関係を含む「自己超越的秩序」とも言うべき性格を有するものであったことが明らかになった。

第十六章では、「天使」および「最初の人間」が犯したとされる「罪」をめぐるトマスの論述についての考察を通して、トマスにあって、人間を含む知性的な存在者の自然本性が内部的な自己完成に、それも「十全な自然本性」における自己完成に達したとしても、なおも悪の可能性を孕んでいる、とされていることの意味を明らかにした。

この問題は、第一章で検討した、トマスにおける「倫理学」が「哲学的」な射程に収まりきるものではない、ということの意味と関連している。

トマスにあって、知性的な自然本性における完全性を具有するはずの「悪霊」となった天使、および「最初の人間」の「罪」とは、まさに自然本性の自己超越性を意志の否定的自由にもとづいて拒絶するところの「傲慢」であった。

ここから、知性的な自然本性は本来的に自己超越的であるべきものでありながら、反面、神は罪の可能性という代償を払ってまで知性的存在者に「自由」を与えた、というトマスの基本認識が明らかとなった。それは、知性的存在者は神に対して「自由な人格」として友愛の関係に立ち得、立つべきものである、ということの「光」と

「影」であった。

第三節　本書の成果と特色

以上、本書の論述に対する振り返りを踏まえた上で、本書で解明された成果は結局何であったのかを、特に、研究者たちによる膨大なトマス解釈についての伝統的蓄積の中での本書の特色を中心に明らかにすることとしたい。

第二部の主眼は、アリストテレス的な意味における「正義を超えた友愛」の次元の成立が徳に支えられていること、そしてトマスにおける「友愛の愛 amor amicitiae」の概念がかかるアリストテレス的な「友愛」概念を受け継ぐものであることを明らかにする点にあった。その結果、アリストテレス・トマスにあって、真の「愛」を意味する「本来的友愛」もしくは「友愛の愛」は、一定の本性における形相的完全性、生命エネルギーの充溢を前提とし、その結実として成立するものと考えられていた点が明らかになった。

第三部の主眼は、トマスの「恩恵の倫理学」、すなわちトマスがアリストテレス的な倫理学の射程を超えて展開した「人間自然本性の自己超越性」が問題となる倫理の場面についてのトマスの考察の原点を、パウロ書簡、特に『ローマ書簡』第五章に求め、その場面の解釈史の中にトマスを位置づけた点にある。その結果、トマスがアリストテレス倫理学の枠組みに対して加えた、哲学的には強引とも見える変容と拡張との意味が、その歴史的文脈との関連も含めて明らかになった。

さらに第十五章を中心とする第四部、および本書の全体を通じて、トマスの「正義」概念の重要な特徴が明らかになった。アリストテレス的な意味を超えて聖書・キリスト教的な「義」をも射程に入れるトマスの正義論には、近代以降の「正義」概念からは見失われた「秩序」としての正義概念の復興という側面があった。同時に、それは哲学的徳倫理が示す、魂の内面における秩序に留まるものではなく、人格的な他者である神に向けての開けとしての、自己超越的な秩序と呼ぶべきものであったことが明らかになった。

以下、そのそれぞれの点について簡単なコメントを加えておきたい。

（1）「友愛の愛」と本性の形相的完全性

アリストテレス倫理学が伝える「性向としての徳」の理論は、何らかの自然本性の自己実現における形相的完全性の成立という事態を描く概念装置であった。アリストテレス倫理学は、「徳」という形で実現した一定の本性の形相的完全性が示す内的な生命エネルギーの充溢という事態が、本来的な「愛」である「友愛」もしくは「友愛の愛」が成立するための基礎となっている、という考え方をトマスに伝えている。

本書では、このことは、アリストテレス倫理学が本来的に考察していた人間的な自然本性の内在的な完成の場面においても、トマス倫理学に固有な、聖霊にもとづく「超自然的な」生命エネルギーの分与の場面においても、同様に言えることを明らかにした。

第二部の考察で明らかになったように、アリストテレス的な倫理学の枠組みに対応し、人間的自然本性の射程において魂の内面的な完成をもたらす「獲得的な徳」は、「友愛」の射程の成立を支えている。これは、人間自然本性がその内在的な自己実現の結果達成した形相的完全性の結実である。また、聖霊にもとづく「神愛」についても、何らかの形相的な完全性がその「愛」としての成立を支えている、という知見をトマスはアリストテレスから受け継いでいる、と見ることができる。このことは、トマスが神愛そのものを一種の「友愛」として定義しようとしていることから明らかである。

本来的友愛、もしくは「友愛の愛」の成立は、一定の「現実態性」にもとづく生命エネルギーの充溢が支えている、という基本理解を、トマスは神愛についても示している。トマスは、この場合の「現実態性」ないしは「形相的完全性」を、「神から分与された神的生命の分有」という形で示している。

このように、「形相的完全性」もしくは「生命エネルギーの充溢」が、「愛」が成立する上でその条件となっている、という視点は、序章で触れたところの、キリスト教倫理における「愛」に関わる困難、すなわち「主我性を超える愛」を志向するキリスト教倫理において、「愛」が規範性を帯びて「要求」（掟）となることにともない、ニーチェや伊藤整のような人々から批判を招くような性格を帯びる、という問題に対する解決とも関連する。こうした批判者たちが指摘する問題性は、「愛」から「利己性」・「主我性」・「自己中心性」の要素を排除することのみに熱心になりがちな、キリスト教倫理の中に見られる一部の傾向において、特に当てはまることになる。

「利己性」が示されるのは、トマスの枠組みでいえば「欲望の愛」においてである。キリスト教倫理がしばしば多くの関心を注ぐ「利己性の克服」という課題は、トマス的な枠組みからすれば本来的愛としての「友愛の愛」の達成という課題に置き換えられる。

これまで明らかにしてきた通り、トマスにおけるこの「友愛の愛」の観念はアリストテレス倫理学における本来的な「友愛」に由来する。トマスは、さらに現実態・可能態の観念を導入して解説し、友愛の愛は現実態にあるもの同士、つまり形相的完全性を共有するもの同士の間に成立するものであることを明らかにしていた。

「利己性の克服」に熱心になると、しばしば欲望の愛を貶め、これを否定する傾向に結びつきがちである。しかし、トマス・アリストテレス的な視点が明らかにするところに従えば、欲望の愛の否定的な側面（利己性）は、実は形相的完全性の欠如の結果である。

従って、真に重要な課題は「利己性の克服」ではなく、「形相的完全性の獲得」を通じての「真の愛としての友愛の愛の達成」なのである。トマスが取り入れ、さらに発展させた愛についてのアリストテレス的な理論的枠組みは、こうした見方を可能としてくれる。

序章では取りあえず、キリスト教倫理における「愛の規範性」にともなう諸批判に対する答えの鍵は「聖霊」にもとづく生命エネルギーの充溢にあることを示唆しておいた。

上述のごとく、トマスは、彼が導入したアリストテレス倫理学の概念装置を、「神から分与された神的生命の分有」という、「聖霊」にもとづく生命エネルギーの充溢を記述する際にも用いている。

ただし、アリストテレス倫理学本来の考察対象は、人間的努力による、人間的自然本性の内在的な自己完成の場面であった。従って、トマスは、聖霊にもとづく「超自然的な」恩恵の倫理を記述するに際しては、第三部で明らかにしたように、アリストテレスの徳論言語に対して大幅な改変と拡張とを加えている。にもかかわらず、本来的な「友愛」「友愛の愛」は、形相的完全性にもとづいている、という基本認識に関しては、トマスはこれを一貫して保っていたのである。

トマスがアリストテレスから受け継いだ「性向としての徳」の概念は、何らかの形相的な完全性こそが、主我性を超えた「友愛」としての「愛」の成立を支えており、キリスト教倫理の理想としての「神愛」も、聖霊にもとづく「神から分与された神的生命」という生命エネルギーの「分有」に支えられている、という健全な知見を与えてくれる。

本書における考察において、そうした脈絡におけるトマスによるアリストテレス的な徳論言語使用の様態とそのことの意義とが十分に明らかになったと思われる。

(2) パウロ書簡の解釈史と注賦的性向

第三部では、トマスの「恩恵の倫理学」、すなわちアリストテレス的な「性向としての徳」の概念を拡張した「注賦的な性向」なる概念を用いて、「人間自然本性の自己超越性」に即して展開する倫理の場面に関するトマスによる考察の原点を、パウロ書簡、特に『ローマ書簡』第五章に求め、その場面の解釈史の中にトマスを位置づけ、アウグスティヌス、ペトルス・ロンバルドゥスとの対比におけるトマスの「恩恵倫理」の思想史的意義を明らかにした。

「注賦的性向」という概念は、アリストテレスの、あるいは哲学的な倫理学の枠組みからすれば「逆理」とさえ映るような極端な拡張であり、トマスによるその導入は一見「機械仕掛けの神」の印象すら付きまとう。しかし、本書では、トマスの言説が拠って立つ「場」――「注賦的性向」という概念装置がその意味を担う物語的な場面――についての踏み込んだ考察を加えることによって、そうした誤解を払拭することを試みた。そして、その「場」を理解する手がかりを、トマス自身がその神愛論において「sed contra」として引いている『ローマ書簡』、特にその第五章、および神愛の倫理的領域への自己展開を示唆する典拠とされた『コリント第一書簡』(一三・四―七)に求めた。

『ローマ書簡』(五・五)における「わたしたちに与えられた聖霊によって、神の愛がわたしたちの心に注がれている」という言葉は、アウグスティヌスからトマスに到るまでのキリスト教倫理の展開における「神愛」論の原点をなすテキストであった。さらには、その神愛の倫理的領域への自己展開を示唆する典拠とされる『コリント第一書簡』（一三・四－七）の「愛は忍耐強い。愛は情け深い。……」というテキストは、序章でも取り上げたが、すべての倫理的領域を覆い尽くさんばかりの神愛のエネルギーを示唆している。

アウグスティヌスによる事実上の「徳の定義」は、『カトリック教会の道徳』第十五章における「愛の秩序」としての規定であった。ここでアウグスティヌスは、「徳とは神に対する最高の愛にほかならない」と主張していた。アウグスティヌスは、『コリント第一書簡』におけるパウロの言葉に示された、この神愛のエネルギーについての証言から、「神愛はすべての徳である」と主張した、と見ることができる。他方、アウグスティヌスは、神愛そのものを一個の個別的な「徳」として位置づけてはおらず、さらにアウグスティヌスは、徳を「性向」として捉えるアリストテレス的な理論的枠組みを知ってはいたが、彼自身はこれに対して消極的な姿勢を示していた。

トマスの理論的枠組みにおいても、あらゆる注賦的性向は、『ローマ書簡』（五・五）における「わたしたちに与えられた聖霊によって、神の愛がわたしたちの心に注がれている」という言葉を典拠として、「神愛」を核として結びつくものとして示されていた。これがいわゆる「神愛による諸徳の結合 connexio virtutum per caritatem」と呼ばれる事態である。本書、特にその第三部を通して明らかとなったのは、この「神愛による諸徳の結合」の理論とは、トマスが、アウグスティヌスが「神愛はすべての徳である」という表現で描こうとした事態を、「すべての徳は神愛に依存する」もしくは「神愛と共にすべての徳が注がれる」という形で記述したものとして理解できる、という思想史的な文脈である。同時に、トマスは、神愛そのものを一個の個別的な徳として位置づけ、さらには神愛を含めてあらゆる徳を「性向」として規定している。

以上の概観からも明らかなとおり、アウグスティヌス以来の思想史的脈絡において、トマスが果たしたことは、『ローマ書簡』『コリント第一書簡』が示した物語的な場面の解釈史の中に、アリストテレス的な「性向としての徳」という理論装置の導入を貫徹することにあった。

本書では、トマスによるこうした性向論導入の全体的構図を理解することの重要性を強調した。トマスによる性向概念導入の全体的な構図の中で、神愛はそれ自体一個の「対神徳」としての身分を保ちつつ、諸々の注賦的な性向（対神徳、注賦的倫理的徳、聖霊の賜物、さらには性向的賜物としての恩恵そのもの）の結合の中核となっている。

トマスは、このようにして、聖霊と神愛、さらには諸々の徳についての明確な区分を与えることをしなかったアウグスティヌスやロンバルドゥスが伝える、神愛による人格の全面的な変容の事態を、「性向」概念にもとづく理論的な枠組みの導入のもとで改めて精確かつ包括的に描写しようとしたのであった。「性向」概念がもつ、形相的な完全性、生命エネルギーの充溢という含みを、神からの恩恵とこれに対する人間の側の応答という人格的な関係を理解するためにもトマスは活用したのである。

かくして、トマスは、アウグスティヌスが与えた「徳は愛である」というテーゼを、「徳は愛に導かれている」という方向で読み替えつつも、『ローマ書簡』『コリント第一書簡』の原場面についてアウグスティヌスが直観的に把握していたところの本質的な部分を伝えようとしたものと解することによって、トマスの「恩恵の倫理学」の意義が十全に理解できることが明らかになった。

（3）秩序としての正義

本書の考察において、「正義」に関しても、トマスの「正義」概念における、近代以降の「正義」概念からは見失われた側面があることを明らかにした。

トマスの正義概念には、徳倫理の伝統の中に保たれていた「秩序」としての正義の概念の復興、という側面がある。近代以降の一般的了解に即するならば、「正義」と「愛」――特に「友愛」――とは、いわば対概念であるかのように理解される。一方において「正義」は外的な行為の正しさの客観的基準であり、他方「愛」は個人の内面の問題と考えられている。その上で、人間同士の対他的な関係における「愛」――すなわち「友愛」――は、「正義」より「高い」が、その義務的性格という点において「正義」の方が「愛」よりも「強い」、という理解が成立する。たとえば「義務論倫理学」対「共同体論」というような脈絡において、「正義」と「愛」についてのこうした理解は現代においては一般的なものである。

トマスの背景をなしていた思想的な諸伝統の中では必ずしもそうではなかった。トマスが置かれた時代的文脈の中では、「愛」と「正義」についてのこうした捉え方は、基本的にはアリストテレス的な「正義」理解である。アリストテレスは、厳密な意味における（つまり「狭義」の）「正義」を、対他的な外的行為の正しさについての客観的な基準として捉えており、その意味において近代以降の意味における正義概念と共通している。しかし、正義論の歴史においては、必ずしもこうしたアリストテレス的な意味での外的行為の原則としての正義理解が主流であるわけではない。具体的には、たとえばプラトンの『国家』篇において典型的に見られるような、魂の内的秩序として「正義」を理解する系譜が存在した。

こうした「秩序としての正義」という概念は徳倫理に深く浸透された正義論である。「徳」とは、まさに魂の内面的な統合性としての構造秩序の成立を意味していたからである。すなわち、魂における非理性的な部分が理性に従属する、という形で、人間が内的に統合され、その理性的自然本性を完成する、ということをもって「正しい人」が成立する、という理解である。

トマスにとって、「正義」は、アリストテレス的な意味、あるいは一般に哲学的な倫理学が念頭に置くような「正義」にとどまらず、一般に日本語では「義」と訳される、聖書・キリスト教的な「正義」概念をも包含していた。「神学者」トマスにとっては、むしろこの意味での「正義」の問題の方がより根本的な重要性を持っていた。

本書における考察、特にその第十二章、および第十五章において、トマスは、この聖書・キリスト教的な意味における「義」をも、一種の「秩序」として捉えていたことが明らかとなった。

トマスによれば、「義」には、「理性が神に服し、下位の諸能力が理性に服し、そして、身体が魂に服するということ」が属していた。そこには、「下位の諸能力が理性に服する」という意味で、古典的な徳倫理の伝統が示す、魂の内的な秩序としての「正義」理解が取り込まれていた、と言ってよい。しかし、トマスにおいて、その「秩序」は、魂の内面的な秩序にとどまらない。トマスにとってそれは、魂における非理性的な部分が理性に従属する、という、魂の内部的秩序の完成としての徳の成立を包摂しつつ、さらにそれを超える「秩序」を意味していた。つまりそれは、人格的な他者としての神に対する従属という側面をも含む、自己超越的な秩序とでも呼ぶべき秩序であった。それは、人間自然本性の自己超越性という、トマスの基本的な立場を反映したものであった。

第十六章において、トマスにおけるかかる正義概念の特色を、魂の内的秩序の完成を実現し知性的な自然本性における完全性を具有する「最初の人間」の「罪」の問題を通して明らかにした。トマスにあって、知性的な自然本性における完全性にあってなお存在する「罪」とは、まさに自然本性の自己超越性を意志の否定的自由にもとづいて拒絶するところの「傲慢」であった。

ここから、知性的な自然本性は本来的にその自由をもって「自己超越」に向けて、すなわち、人格的な他者としての神との交わりに向けて開かれることの内に、その究極の「正義」を実現すべきものである、とするトマス正義論究極の立場が明らかとなった、と思われる。

第四節　終わりに

以上概観したごとく、本書全体を通して、トマスの倫理学における「愛」と「正義」について、従来あまり光が当てられなかった側面をも含め、ほぼ包括的な理解を示し得たのではないか、との自負をもって、筆を置くこととする。

（1）Aristoteles, *Ethica Nichomahea*, II, 4, 1380b35-36, estō de to philein to boulesthai tini ha oietai agatha ……. cf. *S. T.* I-II q. 26 a. 4 c.

（2）Nygren, A: *Agape and Eros, The Study of the Christian Idea of Love*. 邦訳『アガペーとエロース——キリスト教の愛の観念の研究』岸千年・大内弘助訳、新教出版社、一九六七年。

付表 『神学大全』構成

I 神について（第I部）

一 聖なる教え sacra doctrina について（I q. 1）

二 神の本質に関わる諸般の事柄（I q. 2～）

（1） 神は存在するか（I q. 2）

（2） 神はいかなる仕方においてあり、いかなる仕方においてはあらぬか（I q. 3～）

（3） 神の働きに関する事柄、即ち、神の知と意志と力について（I q. 14～）

三 ペルソナの区別に関わる諸般の事柄（I q. 27～）

（1） 起源乃至発出について（I q. 27）

（2） 起源による諸々の関係について（I q. 28）

（3） ペルソナについて（I q. 29～）

四 被造物の神からの発出に関わる諸般の事柄（I q. 44～）

（1） 諸々の被造物の産出について（I q. 44～）

（2） 被造物の区別について（I q. 47～）

1　諸々の区別一般について（I q. 47）

2　善と悪との区別について（I q. 48〜）

3　霊的被造物と物体的被造物との区別について（I q. 50〜）

a　純粋に霊的な被造物（天使）について（I q. 50〜）

b　純粋に物体的な被造物について（I q. 65〜）

c　物体的なものと霊的なものから複合された被造物（人間）について（I q. 75〜）

（3）被造物の保存と統宰について（I q. 103〜）

II　理性的被造物の神への運動について（第II部）

一　人生humana vitaの究極目的ultimus finisについて（I–II q. 1〜q. 5）

（1）究極目的というもの全般について（I–II q. 1）

（2）至福について（I–II q. 2〜q. 5）

I–II　もろもろの人間的な活動についての総論的考察（I–II q. 6〜）

一　人間的なもろもろの活動それ自身について（I–II q. 6〜）

（1）人間に固有な活動（人間的行為）について（I–II q. 6〜q. 21）

（2）人間にも他の諸動物にも共通する活動（魂の情念passiones animae）について（I–II q. 22〜）

二　人間的活動のもろもろの根源・端初 principia についての考察（I-II q. 49〜）

（1）内的な諸根源について、

1　諸々の能力について→第I部（I q. 77〜q. 83）にて既述

2　性向 habitus について（I-II q. 49〜）

a　徳について（I-II q. 55〜）

b　悪徳と罪について（I-II q. 71〜）

（2）外的な諸根源について（I-II q. 90〜）

1　悪へと傾かしめる外的根源（悪魔 diabolus）の誘惑について→第I部（I q. 114）にて既述

2　善へと動かす外的根源である神は、われわれを法でもって教導し、恩恵でもって助ける。

a　法について（I-II q. 90〜）

b　恩恵について（I-II q. 109〜）

II-II　諸々の人間的活動についての各論的考察

一　人々のすべての身分に（共通的に）属することがらについて道徳の全対象領域 tota materia moralis を諸々の徳の考察へと還元した上で、これら徳のすべてをさらに七つに還元。（II-II pr.）

（1）信仰について（II-II q. 1〜q. 17）

（2）希望について（II-II q. 17〜q. 22）

（3）神愛について（II-II q. 23〜q. 46）

（4）　賢慮について（II-II q. 47〜q. 57）
（5）　正義について（II-II q. 58〜q. 122）
（6）　剛毅について（II-II q. 123〜q. 140）
（7）　節制について（II-II q. 141〜q. 170）
上記（1）〜（7）のそれぞれは以下の内部構成をとる
1　その徳そのものについて
2　その徳に対応するところの賜物について
3　諸々の対立的な悪徳について
4　その徳に属する諸々の掟について

二　諸々の特定の身分にかかわりあることがらについて（II-II q. 171〜）

III　人間でありたもうかぎりにおいて、我々にとっての、神に赴く道なるキリストについて（第III部）

一　救い主ご自身について（III q. 1〜q. 59）

（1）　神が我々の救いのために人間になった、という意味での受肉の神秘そのものについて（III q. 1〜q. 26）
1　受肉そのものの合宜性について（III q. 1）
2　受肉した御言葉の合一の様態について（III q. 2〜q. 15）
3　この合一の結果として帰結することがらについて（III q. 16〜q. 26）

（2） 我々の救い主、即ち受肉した神が為したり、受けたりしたことがらについて（III q. 27〜q. 59）

二 我々の救いをもたらす彼の秘跡について（III q. 60〜q. 90）

（1） 秘跡一般についての考察（III q. 60〜q. 65）

1 秘跡とは何であるか（III q. 60）

2 秘跡の必要性について（III q. 61）

3 秘跡の効果について（III q. 62, 63）

4 秘跡の原因について（III q. 64）

5 秘跡の数について（III q. 65）

（2） 各々の秘跡についての個別的考察（III q. 66〜）

1 洗礼について（III q. 66〜q. 71）

2 堅信について（III q. 72）

3 聖体について（III q. 73〜q. 83）

4 悔俊について（III q. 84〜q. 90）

以下未完

（三） 我々がキリストを通じての復活によって達成する不滅の生の目的について（未完）

あとがき

最後に、本書の成立までの道のりを振り返りつつ、関係する方々への謝意を表することとしたい。

本書は、平成一五年に「トマス・アクィナスにおける愛の倫理と正義の倫理」と題して東京大学に提出した博士学位論文をもとに、若干の推敲を加えた上で出版に及んだものである。まず、学位審査に際して主査を引き受けて下さった天野正幸先生、そして査読の労をおとり下さった高山守、宮本久雄、山本巍、一ノ瀬正樹の諸先生方に深く感謝申し上げるものである。

ここに到るまでの道のりは長く、様々な人々との出会いに支えられている。「まえがき」にも記した通り、筆者が初めてトマスの著作に触れてから三十年、トマスを専門的な研究対象と思い定めてから二十年の歳月が経ち、奇しくも筆者の齢はちょうどトマスの没年齢を越えたところである。

筆者が初めて『神学大全』に触れたのは、文科一類から文学部哲学科への進学を決意したばかりの教養二年生の頃、東京信濃町の「真生会館」で当時研究員をされていた佐伯岩夫氏を中心とする読書会でのことであった。また、大学院時代の専門であったプラトン研究からトマス研究への転向を示唆して下さったのは、故齋藤忍随先生であった。ある学会の席で「お陰様で、今後十年、二十年とトマスを読み続けられそうです」と申し上げたところ、「十年、二十年などとけちな事を言うものではない。一生読み続ける、と言いなさい」との御言葉を頂戴したのが、筆者にとって先生の生前最後の想い出である。

その後トマスを専門とし始めてからは、東大駒場の新進教官として活躍し始めておられた宮本久雄師と出会い、師を取り囲む若手の研究者や学生と一緒に夏毎に泊まり込みの研究合宿をした日々が思い起こされる。現在は錚々たる研究者となっている出村和彦、荻野弘之、加藤和哉、山本芳久の諸氏、それに今は亡き渡部菊郎氏といった畏友たちとの交流によって問題意識を深めたものであった。

最初に就職した三重大学教育学部での、教員を志望する学生を相手にした倫理学教員としての生活は筆者にとって楽しいものであった。反面、刺戟に乏しい環境の中で研究を等閑にする誘惑に敢えて抗するため、聖心女子大学に移られた加藤信朗先生を囲んでの「トマス会」に新幹線で通った時期もあった。

このように、トマスと筆者との出会い、そして研究の継続は多くの方々との出会いによって支えられている。ここに、これらの方々に篤く感謝を申し上げたい。

トマス研究を学位論文にまでまとめる、という計画は、筆者にとっては今から十年以上も前からの課題であった。筑波大学への転任、父の死、母の介護などの私事はあったものの、これを平成一五年にまで持ち越してしまったのは、ひとえに筆者の非才のゆえである。遅延の主たる原因は、個別研究の蓄積を一書としての統一性へとまとめ上げるための視点の確立に時間がかかった点にある。統一的視点を確立することは、筆者の中で一つのトマス像を結像させる、ということと表裏の関係にある。初出一覧から明らかなように、結局、過去執筆した個別論文がほぼそのままの形で一つの章となったものは多くはない。このことは、非才な筆者が本書でようやく示すに至ったトマス像を結像させるまでに、幾度となく試行錯誤を繰り返さざるを得なかった事情を物語っている。そうした筆者の遅々たる歩みを忍耐強く見守って下さったのは、やはり宮本久雄師であった。師にはその意味でも重ねて感謝を申し述べたい。

本書の出版にあたっては知泉書館の小山光夫社長、そして高野文子氏には格別のお世話になり、特に書物づくりの何たるかを教えて頂いた。最後に御礼を申し上げたい。

二〇〇五年　正月

著者

（附記）本書は、独立行政法人日本学術振興会平成十六年度科学研究費補助金（研究成果公開促進費）の交付を得て出版されるものである。関係各位に感謝申し上げる次第である。

初出一覧

本書を構成する各章の初出は以下の通りである。ただし、原論文に大幅な変更を加えており、いずれの章もほぼ全面的に書き直している点をお断りしておく。

序章……書き下ろし

第一章　トマスにおける「倫理学」……書き下ろし

第二章　自然本性の自己超越……「自然本性の自己超越――トマス・アクィナスにおける人間観の骨格」（筑波大学哲学・思想学系『哲学・思想論集』第二八号、横書き部四五―六四頁）二〇〇三（平成一五）年三月発行

第三章　愛と正義――倫理学をめぐる視点……書き下ろし

第四章　トマスにおける徳の理論（1）――性向としての徳……書き下ろし

第五章　徳としての正義――アリストテレス的正義論の導入……「徳としての正義――トマス・アクィナスの正義論成立の場」（三重大学教育学部研究紀要第四八巻、一九―三一頁）一九九七年三月発行

第六章　倫理的責務と法的責務……「トマス・アクィナスにおける倫理的責務と法的責務」（稲垣良典・阿南成一・水波朗編『自然法と宗教I』、創文社、所収、五九―九一頁）一九九八年一一月一五日発行

第七章　トマスにおける愛（アモル）……「トマス・アクィナスにおける愛（アモル）に関する理論の構造」（筑

波大学哲学・思想学系『哲学・思想論集』第二六号、五三―六五頁）二〇〇一（平成一三）年三月発行

第八章　友愛としての神愛……「トマス・アクィナスのカリタス論――友愛としてのカリタス」（上智大学中世思想研究所編『トマス・アクィナスの倫理思想』、創文社、所収、三〇七―二六頁）一九九九年二月二五日発行

第九章　トマスにおける徳の理論（2）注賦的性向――アリストテレス的徳論言語の変容……書き下ろし。ただし、一部下記の論文中の文章を用いている。「『神学大全』における「ハビトゥス的賜物としての恩寵」の意味について」（中世哲学会編『中世思想研究』第三二巻九〇―九七頁）一九九〇（平成二）年九月二五日発行

第十章　アウグスティヌスにおける徳の理論とトマス……「アウグスティヌスの徳倫理とトマス・アクィナス」（三重大学教育学部研究紀要第五〇巻）一九九〇（平成一一）年三月発行

第十一章　徳としての神愛……書き下ろし。ただし、一部下記の論文中の文章を用いている。「トマス・アクィナスにおける神愛論の構造」（三重大学教育学部研究紀要第四九巻、二七―四一頁）一九九八（平成一〇）年三月発行

第十二章　「義」とされること……書き下ろし。ただし、一部下記の論文中の文章を用いている。『神学大全』における「ハビトゥス的賜物としての恩寵」の意味について」

第十三章　トマス倫理学における恩恵……書き下ろし。ただし、一部下記の論文中の文章に手を加えて用いている。「トマス・アクィナスの倫理学における恩恵の役割」（平成一一～一二年度科学研究費補助金（特定領域研究A（二））研究課題番号11164204）研究成果報告書一一―三七頁）二〇〇一年三月発行

第十四章　神愛倫理の対他的展開……書き下ろし。ただし、一部下記の論文中の文章を用いている。「トマス・ア

クィナスにおける神愛論の構造」

第十五章　トマスにおける正義について――「秩序」と「対他性」……下記の論文中の文章を素材として用いている。「トマス・アクィナスにおける正義について――内的秩序と対他性」（筑波大学倫理学研究会編『倫理学』第一八号、一――一四頁）二〇〇一年一二月二〇日発行

第十六章　知性的本性の完全性と悪……「知性的存在者における悪――トマス・アクィナスと天使の罪」（中世哲学会編『中世思想研究』第三八巻、四一――五七頁）一九九六（平成八）年九月二五日発行

終章……書き下ろし

桑原 直己（くわばら・なおき）
1954年に生まれる．東京大学文学部卒業．同大学院人文科学研究科哲学専攻修士課程修了．同博士課程単位取得．三重大学教育学部講師，助教授を経て，現在，筑波大学大学院人文社会科学研究科助教授．専攻：哲学，倫理学，西洋中世倫理思想史．博士(文学)．
〔共著・共訳書〕『中世思想原典集成 2 盛期ギリシア教父』(平凡社，1992)，『自然法と宗教 I』(創文社，1998)，『トマス・アクィナスの倫理思想』(創文社，1999)他．
〔研究論文〕「トマス・アクィナスにおける『能動知性』と『個としての人間』」『哲学』47号(日本哲学会，1996)，「知性的存在者における悪－トマス・アクィナスと天使の罪」『中世思想研究』38号(中世哲学会，1996)，「アウグスティヌスと千年王国論」『哲学雑誌』115巻787号(哲学会，2000)，「関係性の倫理と文化理解」『大学教育学会誌』23巻1号(大学教育学会，2001)，他．

〔トマス・アクィナスにおける「愛」と「正義」〕 ISBN4-901654-48-9

2005年 2 月10日 第1刷印刷
2005年 2 月15日 第1刷発行

著 者 桑 原 直 己
発行者 小 山 光 夫
印刷者 藤 原 良 成

発行所 〒113-0033 東京都文京区本郷1-13-2
電話(3814)6161 振替00120-6-117170
http://www.chisen.co.jp
株式会社 知泉書館

Printed in Japan 印刷・製本／藤原印刷

Thomas Aquinas

on

“Love” and “Justice”

by

Naoki KUWABARA

Chisenshokan, Tokyo

2005

Contents

Part 1

Basic characteristic of Aquinas' ethics

Part 2
Self perfection of human nature and ethics concerning to other persons
—Acceptance of Aristotelian ethics—

Part 3
Self transcendence of human nature (natura humana)
—Ethics of grace—

Part 4
Diverse aspects of love and justice

Summary

1 Basic characteristic of this book

In this book I elucidated a philosophical meaning of Thomas Aquinas' ethics from a viewpoint of "love" and "justice". In particular, I tried to clarify the function and effectiveness of the idea "virtue as habitus (disposition)", which came from Aristotle, as a theoretical frame of description, not only for the Aristotelian contents of his ethics, but also for the theological ethics proper to Christianity.

2 Outline of this book

The beginning Chapter

In the beginning Chapter, I expressed my basic concern and theme of this book. My basic concern consists in the possibility of assigning "love" a proper place in ethics. I pointed out two difficulties for this theme. First, neglect of teleological viewpoint and virtue ethics after modern times. Second, difficulty that arises when the idea of "love" becomes a normative demand, especially in Christian ethics. My objective of this book is to solve these problems by clarifying the meaning of the Thomistic idea "virtue as habitus", which came from Aristotle.

Part 1 Basic characteristic of Aquinas' ethics

In Part 1, I examined basic character of "ethics" in Aquinas and set the direction for this book as a whole.

Outline of the chapters is as follows.

Chapter 1 "Ethics" in Aquinas

In Chapter 1, I examined the problems in extracting "ethics" from the second part of "*Summa Theologiae*", mainly about the possibility of "philosophical ethics" in Aquinas. And I confirmed that the scope of Aquinas' ethics is not limited within purely "philosophical" bounds, but extends into "theological" sphere.

Chapter 2 self-transcendence of nature (physis = natura)

In Chapter 2, I clarified the meaning of the term "nature (physis = natura)" in Aquinas and Aristotle. As I have shown in Chapter 1, Aquinas' ethics is not limited within purely "philosophical" bounds. In Chapter 2, I have shown this characteristic of Aquinas' ethics means that Aquinas considered human nature (natura humana) to be self-transcendental, to transcend toward divine nature.

Chapter 3 "Love" and "justice" - viewpoints around ethics

In addition to the "self-transcendence" of human nature toward divine nature, in Chapter 3, I suggested a viewpoint about the "self-transcendence" toward other people (neighbors) that provides specific setting for "ethics".

I pointed out that two virtues, i. e. "justitia (justice)" and "caritas (love of God)" correspond to two directions of "self-transcendence" in Aquinas' ethical system.

From the above-mentioned consideration, I set a direction for the following Chapters of this book. That is, in Part 2, I sketch the outline of the ethics, which corresponds to the virtue of "justitia" and the direction of self-transcendence toward neighbors. And in Part 3, I elucidate the ethics, which corresponds to the virtue of "caritas" and the direction of self-transcendence of human nature toward God. As a result, the basic structure of this book came to be very "classic" one, i. e. consideration about the Aristotelian elements of Aquinas' ethics (Part 2) and consideration about his "theological" ethics beyond the bounds of Aristotelian philosophy (Part3).

Part 2 self-perfection of human nature and ethics concerning to other persons
—Acceptance of Aristotelian ethics—

According to the plan of this book mentioned above, in Part 2 I examined how Aquinas accepted Aristotelian ethics. My main point of consideration was the relation between the virtue of justice, which corresponds to "self-transcendence" toward other people, and other virtues, which corresponds to internal perfection of human nature.

The relation between "justice" and "love" in the system of Aristotelian ethics is the relation between "virtue of justice" and "philia (friendship)" based upon virtues as internal perfection of soul. I clarified that "justice" is the basis of "friendship", but "friendship" exceeds "justice" in the ethical system of Aristotle. And "friendship" is considered to be the sign of virtues as internal perfection of soul, the sign of overflowing energy of life.

Through examination in Part 2, I first clarified that for Aquinas

Aristotelian ethics functions as a model to show the logical possibility and range of ideal self-perfection of human nature. Then, I examined the topics about the acceptance of Aristotelian ethics by Aquinas, such as virtue theory in general, recognition about a range of "virtue of justice", theory about "friendship" that is based on internal perfection of soul.

Outline of the chapters is as follows.

Chapter 4 Virtue theory in Aquinas (1) - virtue as habitus

In Chapter 4, I surveyed Aristotelian theory of virtue as "habitus = hexis (disposition)" and how Aquinas received it from Aristotle.

Aquinas calls contents of Aristotelian theory of virtue, which he inherited from Aristotle, "virtus aquisita (acquired virtue)". And he assigns it a place in his own system of ethics. I pointed out that in the system of "virtus aquisita", all kinds of moral virtues and "prudentia" mutually presuppose each other. This relationship is called "connexio virtutum per prudentiam (combination of virtues by prudentia)", and all virtues are regarded as constituting structural unity.

Chapter 5 Justice as a virtue - Acceptance of Aristotelian theory of justice

Aquinas introduced Aristotelian theory of "justice as virtue" into the intellectual world of the time, where the tradition of Roman law and the thought of Augustine were dominant. I clarified the meaning and problems about the introduction of Aristotelian theory of "justice" into this background.

In particular I provoked attention to the attitude of Aquinas to Augustine. While Augustine defined "justice" as a kind of "amor Dei (love to God)", Aquinas made a clear distinction between "love" and "justice". And Aquinas classified these kinds of virtues, which have to do with other people and show affinity to love, as "partes potentiales (potential part)" of justice.

In addition, in Aristotelian system, "the virtue of justice" itself shows a peculiar feature as a virtue, different from other virtues. While other moral virtues, such as "temperantia (moderation)" and "fortitudo (courage)" correspond to the inner unity of the soul; the virtue of justice corresponds to the "self-transcendence" for neighbors. On the other side, "partes potentiales" of justice are considered to be affined to "love", "philia = amicitia (friendship)", and also affined to the moral virtues, that are inner unity of the soul.

Chapter 6 "Debitum morale (moral duty)" and "debitum legale (legal duty)"

In Chapter 6, I clarified the relation between "partes potentiales" of justice and "justice" in a narrow sense.

When Aquinas dealt with "justice" in a narrow sense, the concept "debitum legale (legal duty)" that is the duty in a strong sense, was the essential requisite for justice. On the other side, "philia = amicitia" - chief concept of "love" in Aristotelian ethics - and "partes potentiales" of justice are the fruits of virtues as inner unity of the soul, and correspond to the concept of "debitum morale (moral duty)". And I pointed out that "debitum legale" is stronger than "debitum morale", but "debitum morale" is higher than "debitum legale".

Further, I clarified that the ethics of "debitum morale", which is affined to "amicitia" and virtues as inner unity of the soul, corresponds to "praecepta moralia veteris legis (morale rules of the old law)" and "lex naturae (natural law)" in Aquinas' theory on laws.

From the above-mentioned consideration, position of "love" (= "friendship") and "justice" in Aristotelian ethics became clear. "Justice" in Aristotelian sense, i. e. "the virtue of justice", is the basis of "friendship", while "friendship" is higher than "justice". And I pointed out that Aquinas succeeded to Aristotle about this point.

Chapter 7 Love (amor) in Aquinas

In Chapter 7, I surveyed compre hensive meaning of "love" in a general sense ("amor") in Aquinas. This is a preliminary consideration for clarifying how the concept of "friendship", supported by virtues in Aristotelian sense, is imported into the ethical system of Aquinas.

First, I pointed out that the Aristotelian definition of love, "amare est velle alicui bonum (to love is to want good for someone)", which came from "*Rhetoric*" of Aristotle, was the framework with which Aquinas assigned various types of love proper places in his ethics. I clarified that Aquinas uses this definition in analyzing every type of love, such as love of "erōs", that is an ascending self-love, love of "philia", that is a love between equal persons, and even the love of "agapē", descending gratuitous love of God.

Especially, I clarified the significance of the distinction between "amor amicitiae (love of friendship)" and "amor concupiscentiae (love of want)", based upon the Aristotelian definition of love. The idea of "amor amicitiae" corresponds to the virtues as inner unity of the soul and the "philia" which is the fruit of perfection of human nature.

Chapter 8 Caritas as amicitia (friendship)

It is well known that "caritas (love of God)" was the central idea of the

whole system of Aquinas' ethics, and that Aquinas defines caritas as a kind of "amicitia (friendship)". In Chapter 8, I elucidated the meaning of Aquinas' definition of "caritas" as "friendship".

A. Nygren, in his book "*Agape and Eros*", treats Aristotelian idea of "friendship" as a kind of "eros (selfish-love)". However, in this chapter, I pointed out that the Aristotelian idea of "friendship" cannot be analyzed and evaluated with Agape-Eros scheme of Nygren.

I clarified that "friendship" in "*Nicomachean ethics*", at least "friendship because of good" shows the possibility of love that exceeds selfishness in a usual sense. Further, Nygren derives selfishness of Aristotelian idea of "friendship" from the thesis that "friendship is derived from self-love". However, I have shown that this thesis does not support Nygren's conclusion. For, the Aristotelian concept of the authentic "self" was "nous (intellect)", and not the "self" of the selfishness in a usual sense.

Then, I examined the meaning of Aquinas' definition of caritas as a kind of "friendship". In the idea of "amor amicitiae", Aquinas sees "the overflowing energy of life" based on perfection of human nature. I made clear that in this point "caritas theory" of Aquinas inherited a "friendship theory" of Aristotle.

On the other side, I clarified that Aquinas stepped over Aristotle in some points. I pointed out that caritas has a characteristic to be concerned with God, and its "perfection" is on a different ground from Aristotelian "self-realization of the nature (physis = natura)".

The elucidation in this chapter about such character of caritas clarified both continuity and gap between ethics of Aristotle and Aquinas. This chapter becomes an intermediary joining viewpoints in Part 2 and Part 3.

Part 3 self-transcendence of human nature (natura humana)
—Ethics of grace—

In Part 3, I elucidated Aquinas' ethics of "self-transcendence" toward God based on "caritas". This elucidation is substantially a description of ethics based on "gratia (grace)". Especially, I examined the meaning of the transformation of Aristotelian ethics brought by Aquinas, i. e. "infusio (infusion)" of virtue or habitus. The theory of "infusio" of virtus or habitus develops where "gratia" is at work, where a human being associates with God. It was a certain kind of "narrative" scene.

I found the original setting of such a narrative scene from "*Roman letter* (5: 5)", where Paul says, "caritas was poured by God".

I tried to clarify the position of Aquinas in the theoretical history of understanding about "love (caritas)" and the transfiguration of a soul by "gratia" shown in this text that Augustine and Petrus Lombardus developed.

Outline of the chapters is as follows.

Chapter 9 Virtue theory in Aquinas (2) "Habitus infusa" - transformation of Aristotelian theory of virtues -

In Chapter 9, I surveyed the structure of Aquinas' theory about "infusio (infusion)" of "habitus" on the basis of grace and caritas.

In Chapter 4, structure of Aristotelian "connexio virtutum per prudentiam (combination of virtues by prudentia)" was made clear. However, there are two tradition of "combination theory of virtues" namely Stoic and Church Fathers. What was particularly important for Aquinas was the tradition of Church Fathers, who watch all virtue in "love of God (caritas)". Aquinas posed his theory of "combination theory of virtues" on the tradition of Church Fathers, and on this ground he suggested an ethics of "self-transcendence of the human nature". That was the theory of "habitus infusa (infused disposition)" and "connexio virtutum per caritatem".

On the basis of "self-transcendence of the human nature", I examined the meaning of "transformation" of Aristotelian ethics in Aquinas. Narrative scene of personal association with God provides a key to understand what the ethics of "self-transcendence of the human nature" means. I have shown that "*Roman letter*" of Paul, especially the reference to "love poured by Holy Spirit" in the Chapter 5 was the original setting where the specific ethics of "habitus infusa" relies upon. This is one of the main assertions of this book. As a result, I got the prospects that the whole theory of "habitus infusa" should be understood as an explanation of the description "Love of God is poured into our heart by Holy Spirit given to us" (*Roman* 5: 5), and "Love is patient. Love is kind-hearted..." (*1 Cor*. 13: 4-7).

Chapter 10 Augustine's theory of virtues and Aquinas

In Chapter 10, I surveyed a virtue theory of Augustine as far as Aquinas appreciated it. Then, I elucidated continuity and difference between Augustine and Aquinas concerning "caritas (Gods love) poured by Holy Spirit" that Paul mentioned. I clarified Augustine's ethics as the ruling paradigm before the inflow of Aristotelian theory. this clarification is a preliminary work to elucidate what Aquinas inherited from Aristotle.

It was the definition as "ordo amoris (order of love)" in Chapter 15 of the "*Morality of the Catholic Church*" that Aquinas considered as "definition of virtue" by Augustine virtually. There, Augustine insisted, "virtue is nothing but the highest love for God". There were two problems in this thesis.

First, this opinion suggests that Augustine seemed to identify caritas with four cardinal virtues, which derived from Greek morality. The second problem is the grounds for mutual distinction of cardinal virtues. These were difficulties for Aquinas who was going to introduce the theory of Aristotle who considers virtue as "habitus".

About the first problem, Aquinas thought that cardinal virtue and caritas are different "habitus", and Aquinas consideed about cardinal virtues within the limit of human reason and human nature. Further, Aquinas does not receive expression that "virtue *is* love (caritas)" literally, but interpreted as "virtue *is dependent on* love (caritas)" and explains this dependence as "connexio virtutum per caritatem".

About the second problem, Aquinas distinguished two positions about distinction between cardinal virtues. Some people understand four cardinal virtues displays "a certain conditio generalis (general condition) of human mind found in all virtue" (general condition theory). And other people understand "four virtues as far as they were prescribed to materia specialis (specific object)" (specific-object-indication theory). Aquinas himself was apart from tradition of Augustine (general condition theory) and was going to stand in a position of Aristotle (specific-object-indication theory).

Chapter 11 Caritas as a virtue

In Chapter 11, I elucidated the "originality" of Aquinas' definition of "caritas" as a "virtue", in contrast with the tradition from Augustine to Petrus Lombardus. The purpose of Aquinas' "criticism against Petrus Lombardus" was to complete the change of conceptual paradigm by introducing Aristotelian idea of "habitus".

About caritas itself, the problem was to guarantee that the act of "loving" on the basis of caritas belongs to the very human being who loves God. I emphasized the importance of understanding whole composition of Aquinas' introduction of Aristotelian habitus theory. In such a composition, caritas is the core of combination of various "habitutes infusae", such as "virtus theologica (theological virtue)", "virtus moralis infusa (infused moral virtue)", and "donum Spiritus Sancti (gift of Holy Spirit)", while keeping position as a "virtus theologica" in itself. Augustine and Lombardus

did not give clear distinction between Holy Spirit, caritas, and various virtues. By introducing habitus theory of Aristotle, Aquinas gave a new description about the transfiguration of human being by caritas, that Augustine and Lombardus had told.

Aquinas described the view of Augustine who sees whole view of all virtue under an aspect of love, in a new style of the "connexio virtutum per caritatem" theory. In other words, Aquinas interpreted the thesis that "virtue *is* love", which Augustine gave, into the meaning that "virtue *is led by* love (caritas)", and Aquinas in herited the essence of Augustine's intuition held deriving from the letter of Paul.

Chapter 12 On "justificatio"

In Chapter 12, I examined Aquinas' theory on "justificatio", i. e. recovery of "justitia (justice)" in biblical sense. I clarified that Aquinas considers "justificatio" as "infusio" of "gratia (grace)" as "donum habituale (habitual gift)", and establishment of order between God and human soul.

Aquinas posed a concept of "justice as order" in which all of virtue as internal order of a soul depends on a grace of God. Such "justice as order" provides basic ground for the whole ethics of caritas and habitus infusa, which is a response of a human being loved by God for the love and grace he was given.

I clarified that in such an understanding of "grace" or "justice" Aquinas inherited the viewpoint of Paul in "*Roman letter*" and that "justificatio" was not a purpose, but rather a starting point for Aquinas' ethics.

Chapter 13 Grace in the ethics of Aquinas

In Chapter 13, I surveyed the whole structure of Aquinas' theory on "gratia (grace)". In particular, I pointed out that "grace" was divided into two main categories in Aquinas, i. e. grace as "donum habituale (habitual gift)" and grace as "divina auxilium (aid of God)". And I clarified the meaning of this distinction.

"The ethics of caritas" that I elucidated in Part 3 of this book was the setting where "self-transcendence of the human nature" takes place. I had pointed out that in this setting, separately from "virtus infusa" including "virtus theologica (theological virtue), certain habitus namely "donum Spiritus Sancti (gift of Holy Spirit)" was assumed. I clarified that this type of habitus evacuate human soul in order to Holy Spirit might work there. "Donum Spiritus Sancti" is habitus which works when a human being leave oneself to grace as divina auxilium, i. e. God Himself as a "principium extrinsecum (outer principle)" for his soul. In short, I clarified that grace

works upon human soul from two different sides in the setting of "self-transcendence of the human nature". From inside, grace works as "principium intrinsecum (inner principle)", i. e. grace as "donum habituale". From outside, grace works as "principium extrinsecum (outer principle)", i. e. grace as "divina auxilium".

In addition, I clarified that Aquinas distinguish two scenes where both of these two types of grace work in a different modes. In the scene of "justificatio", these two types of grace works "operative (adv. operatively in English)", i. e. only God's grace works. In the scene of "meritum (merit)", these two types of grace works "cooperative (cooperatively)", i. e. God's grace and human free will cooperate.

In Aquinas, "meritum" meant the work of "love", i. e. act based on "caritas". "Meritum" was development of human "love" as a response to preceding grace of God, while being based on "justice" which depends on grace of God overall. Thus, it was made clear that in the setting of "self-transcendence of human nature toward God", "justice (justificatio)" was a basic ground of "love (caritas)" and "love" presupposes but exceeds "justice". This is parallel with the case in the development of ethics of "self-realization of human nature" in Aquinas, which I surveyed in Part 2 of this book. There, also "love (friendship)" is based on, but exceeds "justice (in Aristotelian sense)".

Part 4 Diverse aspects of love and justice

In Part 4, I dealt problems about "love" and "justice" that cannot be argued out by the comparison of "self-transcendence toward God" that corresponds to the virtue of caritas and "self-transcendence toward neighbor" that corresponds to the virtue of justice.

Outline of the chapters is as follows.

Chapter 14 Development of caritas-ethic concerning to other persons

Caritas essentially means "love to God", and corresponds to the "self-transcendence toward God".

In Chapter 14, I elucidated the development of the ethics of caritas into the relation with neighbor as other people, as "neighborly love".

"God", "oneself", "neighbor" are mentioned as objects of caritas by Aquinas. First, in order to elucidate the development of caritas to outer objects, I examined the meaning of this mentioning and its order.

When focusing on "neighborly love" as development of caritas toward

others, neighbor was mentioned as object of caritas, because he should be "loved as a fellow sharing beatitudo (beatitude)". On the other side, where Aquinas discuss the order of caritas, the neighborly love was considered to be grounded on the basis that "cooperatio" with neighbor is necessary for the purpose to "turn toward God". As the result, for Aquinas, "to love other people as neighbor by caritas" means substantially "cooperation for the purpose to turn toward God".

Aquinas deals with three subjects of "outer acts of caritas" as concrete development of caritas to the others, namely "beneficientia (kindness)" "eleemosyna (almsgiving)" "correctio fraterna (correction of brother)". "Correctio fraterna" is a kind of spiritual almsgiving. I pointed out that for Aquinas "correctio fraterna", based on the solidarity of "cooperation for the purpose to turn toward God", was essential factor of "community of caritas" (monastery).

Chapter 15 Justice in Aquinas - "Justice as order" and "justice concerning to other persons" -

For Aquinas, the word "justitia (justice)" meant not only Aristotelian justice to other people, but also justice before God. In Chapter 15, I elucidated Aquinas' theory of justice as a whole.

The ultimate "justice" for Aquinas was "justice" in the tradition of Bible and Christianity. It was "justice before God" different from justice among human beings.

As I surveyed in Chapter 5, when in defining "justice" in a narrow sense, Aquinas adopts the system of Aristotle. Aquinas distinguished "justice" in a narrow sense from other virtues except justice and "friendship", and characterized justice by "debitum legale (legal duty)".

On the other side, as I examined analysis of Aquinas about "justice" specific to Christianity, such as "justitia originalis (original justice)", "peccatum originale (original sin)", and "justificatio", it became clear that Aquinas considered "justice" as a kind of order. There are philosophical precedents for idea of "justice as order", such as Plato. Platonic concept of justice is a virtue that is internal order of a soul. Thomistic or Christian idea of "Justice" includes "virtue" as internal order of a soul, but it is more than that. Aquinas thinks that the order of "virtue" and its existence depend on some higher order i. e. "subordination to God". This "order" is not only the "internal" order of a soul, but also "order of self-transcendence" including relation toward God.

Chapter 16 Perfect intellectual being and evil

Even if the nature of intellectual existence - including human being - achieved self-perfection, even perfection in "natura integra (integral nature)", Aquinas thought that there is still possibility of evil. This possibility of evil shows the limitation of intellectual perfection. In Chapter 16, I clarified the meaning of this limitation, by considering Aquinas' argument on "sin" which "angel" and "the first human being" considered to have committed. This problem is related with the conclusion of Chapter 1, i. e. "ethics" in Aquinas cannot conclude within the scope of "philosophical ethics".

For Aquinas, the existence of "evil" in the world, especially the evil as "sin" of human being and angel, who possess intellect, is inseparable from freedom and possibility of supernatural love between intellectual creature and God. It was assumed that God created these creatures in order to be in the state of caritas to Him. In other words, God created these creatures as object to love and to be loved freely by "amor amicitiae (love of friendship)". However, creature that should be loved with love of friendship freely must be free because love of friendship is mutual. And it was understanding of Aquinas that in order to create free creature God had to give freedom including the possibility that they could make a mistake.

As for the situation of "sin still existing in perfect intellectual nature", I clarified the basic recognition of Aquinas that God gave intellectual existence "freedom" paying compensation of possibility of sin. It was the side as "a shadow" of the glory of intellectual creature that, as "a free person", can participate in friendship with God.

The concluding Chapter

The concluding Chapter consists of "summary" of the Chapters of this book and "principal thesis and originality of this book".

3 Principal theses and originality of this book

As main theses of this book, I mention following three points.

(1) Through Part 2, I emphasized that distinction of "amor amicitiae (love of friendship)" and "amor concupiscentiae (love of want)", that Aquinas put up on the basis of "definition of love" in "*Rhetoric*" of Aristotle "To love is to want good for someone", consists theoretical frame about "love" in Aquinas.

(2) Through Part 3, I found the original setting of Aquinas' ethics of

"grace" in "Roman letter (5: 5)", where Paul says "caritas was poured by God". And, I clarified Aquinas' place in the history of interpretation of this scene. I pointed out that his originality consists in that he accomplished introduction of the idea "virtue as habitus" into the interpretation of this scene.

(3) Through Part 4, mainly on Chapter 15 and the whole of this book, I clarified that Thomistic theory of justice was a revival of a concept of justice as "order", that was forgotten after modern times. However, the "order" is not confined to the internal order of a soul which philosophical virtue ethics seeks, but it is the "order of self-transcendence" shown in the open attitude toward God.

I will explain briefly about the significance of these points.

(1) Elucidation of relation between "amor amicitiae (love of friendship)" and perfection of nature

When the idea of "unselfish love" becomes a normative demand, some danger arises in ethics. It might lead to cruel morality, because of too high ethical demand. Or this morality might produce inner resentment. It is no exaggeration to say that Christian ethics has been confronted with this problem throughout its whole history. One of my main motives for writing this book is my desire to seek answer for this problem in Aquinas. That is why I paid attention to the idea of "virtue as habitus", came from Aristotle, as "a language of description".

Especially I emphasized the importance of Aquinas' distinction of "amor amicitiae (love of friendship)" and "amor concupiscentiae (love of want)", that Aquinas put up on the basis of "definition of love" in "*Rhetoric*" of Aristotle, "amare est velle alicui bonum (to love is to want good for someone)".

I think that I was able to get an answer to the fundamental problem in Christian ethics above mentioned in this book, by elucidating significance of Aquinas' theory about such "amor amicitiae (love of friendship)".

Aristotelian "definition of love" above mentioned provides unified frame in which various types of "love" in the history of thought, such as biblical "agapē", Platonic "erōs", and Aristotelian "philia (friendship)" have their proper places.

In Aristotle, "philia" meant love supported by certain perfection of

nature, “the overflowing energy of life”, namely “virtue”. In Aquinas, the idea of “amor amicitiae” inherited the Aristotelian idea of “philia” supported by perfection of certain nature. “Caritas”, Latin translation of “agapē”, was love of Christianity, and was a central idea in the ethics of Aquinas. Aquinas defined caritas as “a kind of amicitia (philia = friendship)”. From this, it is clear that Aquinas understands caritas as “love” supported by perfection of certain nature, by certain overflowing energy of life based on some formal actuality, namely the grace of Holy Spirit. Aquinas inherited this view from Aristotle.

When the idea of “unselfish love” becomes a normative demand, ethical concern is apt to concentrate on removal of selfishness or egoism from “love”. This is main cause for the fundamental difficulty in Christian ethics mentioned above.

However, Aquinas recognized a personal love “beyond selfishness” in the ideas of “amor amicitiae”, rather than in the effort to remove selfishness or egoism out of “love”. Of course, its condition is pursued in perfection of some nature. And the conceptual device to describe the perfection of nature and the process of self-realization of some nature was the theory of “virtue as habitus” that Aristotelian ethics provides.

Thus, I made it clear that Aquinas inherited from Aristotle the insight that the existence of love as “philia = amicitia” beyond selfishness is supported by perfection of certain nature, certain overflowing energy of life based on self-realization of some nature including divine nature in which a human being participates by grace.

(2) “Habitus infusa” and the history of interpretation of “*Roman letter*”

Aquinas was going to introduce Aristotelian theory of “virtue as habitus” even into his “ethics of grace” i. e. into his “theological ethics”, sometimes with forcible expansion. In Part 3 of this book, I examined about the structure of “ethics of grace” of Aquinas. The principal objective of consideration was put in elucidating significance and role of “expansion” that Aquinas brought into the Aristotelian theory of “virtue as habitus”, namely “habitus infusa”.

Traditionally, Thomistic study in Japan had been under the limitation of “philosophical study”. Accordingly there was no study about “ethics of grace” that entered into its “theological” source, namely Bible, as far as I

saw from my narrow view. As a result, the theoretical meaning of "habitus infusa" which constituts content of "ethics of grace" in Aquinas was not elucidated enough. Therefore, the theory of "habitus infusa" came to be seen as a kind of "magic" or "Deus ex machina", and then, came to be shunned by researchers more and more. Thus it fell into the vicious circle.

In this book I dare step over the limitation of "philosophical study" and tried to find a way out of the difficulties by making consideration into "theological" source of Aquinas' ethics. I have shown that "*Roman letter*" of Paul, especially the reference to "love poured by Holy Spirit" in the Chapter 5 was the original setting where the special ethics of "habitus infusa" relies upon.

Such consideration enabled viewpoint to watch the ethics of grace and caritas in context of history of interpretation of the idea "love poured by Holy Spirit" that came from Paul. And, in this viewpoint, it became possible to assign Thomistic concept of "gratia" and "caritas" proper place in the history of thoughts in comparison with Augustine and Petrus Lombardus. I think that in this book I could elucidate the significance of the philosophical concept "virtue as habitus" in Aquinas' ethics by making consideration that stepped into contents of theology.

The conclusion of the consideration was as follows. Aquinas introduced a concept of "habitus" came from Aristotle's philosophy into his own ethics with extreme expansion of "its infusion". The purpose of this introduction was to have a good use of the concept of "habitus", that implies perfection and overflowing energy of life as "conceptual device for description" about the personal relationship between grace from God and human being responding to the grace. Aquinas interpreted the thesis "virtue *is* love" which Augustine gave as "virtue *is led by* love (caritas)". However, Aquinas inherited essence of intuitive grasp of Augustine about the original scene of "*Roman letter*" and "*the first Corinth letter*" of Paul.

(3) Justice as order

In this book, I clarified that the Thomistic theory of justice was a revival of a concept of justice as "order", that was forgotten after modern times.

According to the general understanding after modern times, "justice" is in contrast with "love", in particular "friendship". "Justice" is an objective standard of right outer act, while "love" is considered to be concerned to

one's inner life. In relationship between human beings, it is understood that "love is higher than justice", but "justice is stronger than love" in point of obligatory character. For example, in the context where the contrast between "deontological ethics" and "communitarianism" is discussed, such an understanding about "justice" and "love" are general in the present age.

However, it was not always so in the tradition of the thoughts back-grounding Aquinas. There was a tradition of thought that understood "justice" as an order of soul that was seen in "*Republic*" of Plato, for example, typically.

Such an idea of "justice as order" is deeply related to virtue ethics. For, "virtue" meant exactly structural order as inner unification of a soul. And according to this understanding, a human being is "just", when he is unified and completes the rational nature by the subordination of the non-rational part of a soul to reason.

It became clear from the consideration in this book, in particular in Chapter 12 and Chapter 15, Aquinas considered "justice" in biblical and Christian sense also as a kind of "order". According to Aquinas, it belonged to "justice" that reason obeyed God, and lower parts of soul obeyed reason, and that body obeyed soul". It may be said that it includes the idea of "justice" as order of the soul that belongs to the tradition of classic virtue ethics, i. e. "lower parts of the soul obey reason". However, for Aquinas, the "order" includes virtue as internal order of a soul, but it meant "order" more than that. It was "order of self-transcendence" which includes subordination of whole soul to God. It reflected the basic position of Aquinas, namely "self-transcendence of human nature".

In Chapter 16, I clarified a characteristic of such Thomistic concept of justice through examining a problem of "sin" of "the first human being" who attained perfection of internal order of a soul, and possessed perfect intellectual nature. For Aquinas, a still existing "sin" even in perfect intellectual nature was "superbia (arrogance)" which meant the refusal of "self-transcendence of nature" based on negative freedom of will.

Thus, I think that ultimate situation of Aquinas' theory of justice became clear. Ultimate "justice" realizes when the intellectual nature uses his freedom toward "self-transcendence", to open himself toward personal association with God.

(This English summary is based on the translation of "The concluding Chapter").

人名索引

書名索引

事項索引

あ 行

か 行

寛厚 liberalitas　76,137,140-42,157,161,164,166,289
感謝 gratia　161,164-66,168-71,176,180,349
間主観性　84
義化（義認）justificatio　23,42,102,103,244,245,322,323,325,329-36,339-44,354-56,362,364,366,369,405,406,409-11,415-17,419,458,461
機械論的自然観　65
幾何学的比例　135,402
技術　58-60,63,64,432
規制的正義　135,157,402
希望 spes　13,55,233,241-53,262,264,296,297,310,332,333,413
義務論倫理学　5,7,10,469
救済史　35-37,45
旧法 lex vetera　50,162,163,181-84,325,343,407-10
——の倫理的規定　181-86,400,409,454
兄弟的矯正 correctio fraterna　391-96,398,460
共通善 bonum commune　92,94,95,154,155,184,359,362,364,366,368,393,407,409,430
共同体論　3,7,8,469
キリスト論　40,43,45,357
均等性　141-43,160,164,170,402
啓示　29,36,50,162,181,323,407,408,441
敬順 observantia　142
敬神 religio　142,144
形相 forma　21,61-64,66,78,87,101,113,114,198,200-02,210,211,220,221,224,226-30,234-37,254,255,260,274,298,299,303,312,316,318,337,338,352,358,360,361,375,381,392,414,427,428,433,434,438,444,452,454,455,462-65,468
——因 causa formalis　274,318
——的一致　220-26,228,229,237
——的完全性　198,200,210,211,227-29,235,236,452,462-65
原罪 peccatum originale　44,94,322-25,327-29,334-38,341,343,344,358-63,367,406,411,413-15,419,425,426,447,459,461
現実態 energeia, actus　17,22,74,100,110,199-200,206,210,224,226,236,452,464
原初の正義 justitia originalis　336-39,343,345,359-62,366,367,370,406,411-19,424,426,436,442,445,461
賢慮 phronēsis, prudentia　47,55,114,116-23,125-31,133,213,221,222,236,242,246,251,258,261,262,268,271,278,284,287,288,290,292,293,296,306,307,309-11,314,415,424,452,456
——による諸徳の結合　128-32,213,221,222,236,242,262,268,293,307-09,424,452,456
コイノーニア koinōnia　97
好意 eunoia, benevolentia　172,199,216,217,227,391,392,396
合一 unio　62,201,202,204,208,209,211,225,228,229,357,358,380,388-90
交換的正義　135,157,165,166
剛毅 andreia, fortitudo　55,88,130,149,150,152,156,246,257,268,271,278,284-88,290,296,306,311,401,415
功績 meritum　42,91,103,115,144,151,231,236,256,302,342,350,354-57,360,364,365,369,431
幸福 eudaimonia　4,5,31,47,95,96,220,229,277
傲慢 superbia　224,440-44,461,470
孝養 pietas　142,257
コムニカティオ communicatio　213,227-29,231,232,234,236
根本悪　425,426,447

さ　行

罪過　382,383
才覚 deinotes　122,123

作出因・作用因 causa efficiens　35,37,39,41,77,79,274,275
作用的性向　112-14,254
算術的比例　136,402
自己愛　92,188,197,200,205,206,210,215,217-24,226,235,237,380,454
自己中心性　214-16,464
自然的正 jus naturale　172, 173, 175-78, 180
自然法 lex naturalis　49, 67, 121, 127, 133, 172, 173, 177, 179-87, 325, 328, 343,400,407-09,419,453
自然本性 physis, natura　5,17,21,22,30-34,37-41,44,47-52,56-81,84-95,98-105, 110, 113, 114, 121, 127, 130, 132, 172, 173, 178, 188, 192-94, 213, 220, 229, 230, 232, 236, 237, 243,249, 252-65,292,300,301,304-12,336-44,348-51,357-69,375,379,382-85,396,412-18, 423, 424, 427-33, 441-46, 451-66, 469,470
——的愛　71,89-90,192,193,379,429-31
——の自己完結性　30-33,84
——の自己実現　17,21,47,50,70,85, 110, 131, 242, 304, 358, 368, 418, 451, 455,463
——の自己超越　21,22,34,56-81,84-86, 88, 89, 95, 102-04, 130, 132, 213, 239,241-65,304,309,310,312,342-44, 348, 362, 369, 375, 418, 423-46, 451, 455,456,459,461,462,466,470
——の内的完成　109,188,453
十全な—— natura integra　49, 93-95, 99, 104, 105, 343, 358-364, 367, 368, 459,461
損なわれた—— natura corrupta　49,92-95, 98-99, 105, 358, 360-63, 367, 368, 383,459
実体 ousia, substantia　58, 60-64, 131, 200-02, 287, 288, 358, 359, 362, 365, 425-28,435
質料 materia　58, 60, 62, 66, 87, 88, 113, 114, 131, 220, 221, 255, 318, 337, 338, 360,361,414,428,444
私的善 bonum privatum　93,366,368
至福 beatitudo　30-33, 40, 42, 46, 47, 50, 51,55,56,71,72,75,76,79,80,91,213, 227-31, 236, 243, 245, 249, 300, 301, 342,343,359,360,377-80,382-85,396, 403,428-31,440-45
事物の中庸 medium rei　136,145,146,149
市民的共同体 communitas civilis　184,407, 408
自由意思 liberum arbitrium　36, 46, 76, 269-73,275-77,294,340,341,354,355, 364, 366, 367, 371, 416, 417, 431, 436, 437
修道生活　395,398
主知主義　125, 426, 427, 433, 436-40, 442,445,449
情意 affectio, affectus　150, 169-73, 176, 200-03,205,225,388,389
小罪 peccatum veniale　359,362
情念 pathos, passio　48, 115, 124, 126, 145,147-50,152,189-96,201,207,208, 211,284,386,387,429,436,437,445
神愛（アガペー・カリタス）　12-16,22, 23, 87-93, 98-104, 129-32, 140, 154, 155,188-90,211,213-36,241-65,277-79,282-86,296-319,360,369,375-97, 410,430,431,451,454-68
——による諸徳の結合　130,213,251, 262,264,283,293,306-12,456,467
——の注賦　232, 265, 299, 300, 333, 344,456
神意に適せしめる恩恵　→性向的賜物としての恩恵
人格　5,13,23,40-41,46,66,68,70,72, 76-80,85,102,148,166,198,217,218, 221, 223, 226, 230-36, 243, 248, 252, 253, 264, 301, 304, 305, 319, 337, 339, 341, 344, 358, 376, 377, 418, 446, 456, 458,459,461,463,468,470
——的他者　41, 77, 78, 85, 102, 253, 376,446,459

信仰 fides　29, 40, 55, 75, 241-53, 256, 262, 264, 287, 296, 297, 310, 323, 324, 330-35, 340-42, 345, 355, 365, 404, 413, 416, 417
親切 beneficientia　137, 140, 157, 390-92, 396, 460
人定法 lex humana　49, 182-84, 407, 408, 419
神的本性 natura divina　75, 89, 114, 131, 253-56
神的霊感 inspiratio divina　257, 258
新プラトン主義　28, 34-37, 52, 216, 226
神法 lex divina　49, 141, 162, 163, 183-85, 406-11
新法 lex nova　50, 407, 409-11
親和的認識 cognitio per connaturalitatem　125, 128, 370
枢要徳 virtutes cardinales　51, 55, 138, 246, 277-93, 297, 306-08, 401, 457
ストア派　9, 128, 129, 132, 385-87
正義（一般的意味で）　5-8, 18-23, 84-104, 387, 399-419, 452, 453, 460-63, 468-71
——聖書・キリスト教的な「義」　18, 99, 104, 265, 322-44, 369, 400, 403, 409-19, 458, 460-63, 468-71
——（プラトン的意味で）　18, 322, 401-06, 400-06, 425, 468-71
——の可能的部分　140-43, 156, 157, 159, 164, 185, 375, 400, 408, 453
——の徳（アリストテレス的意味で）　6, 19, 22, 84-89, 99-101, 104, 135-56, 188, 246, 322, 323, 393, 401-03, 419, 425, 451-53, 468-71
——の徳（アリストテレス以外の意味で）　277, 278, 284, 285, 290
性向 hexis, habitus　50, 66, 110-17, 138, 139, 189, 190, 211, 241-65, 268, 274, 298-305, 381, 452
——的賜物としての恩恵　99, 103, 253, 254, 262, 264, 265, 305, 350-69, 458, 459, 468
——としての徳　16, 17, 87, 88, 100, 109, 114, 124, 135, 142, 143, 242, 268, 293, 297, 299, 313, 318, 463, 465-67
注賦的——　21-23, 50, 51, 102, 132, 241-65, 305, 318, 344, 423, 456, 458, 466-68
生成子　68
成聖の恩恵　→性向的賜物としての恩恵
生命エネルギー　13, 15-17, 20, 22, 40, 51, 65, 75, 78, 131, 201, 210, 211, 229, 236, 252, 452-55, 462-65, 468
聖霊 Spiritus Sanctus　12, 13, 15-17, 21, 50-52, 55, 103, 134, 229-34, 241-48, 257-65, 268, 279, 296, 298-305, 310, 319, 320, 333, 364, 365, 369, 455-59, 463, 465-68
——の結実　50, 51
——の賜物　50, 51, 242-47, 257-65, 304, 305, 310, 319, 369, 458, 468
——の内住　303, 304
節制 sōphrosynē, temperantia　55, 88, 118, 130, 149, 150, 152, 156, 219, 246, 271, 278, 284, 285, 287, 288, 290, 296, 306, 311, 314, 316, 401, 415
先行的恩恵 gratia praeveniens　356, 357, 459
選択 electio　115, 117, 119, 120, 122, 129, 138, 139, 169, 190, 221, 274, 290, 430, 431, 436-39
善のイデア　73
存在 esse　256, 262, 264, 428

た　行

大罪 peccatum mortale　140, 300-03, 317, 359-62
対他性・対他的関係　5, 22, 23, 98, 100, 104, 109, 135, 145-51, 160, 188, 375-97, 399-419, 451, 452, 459
堕罪　93, 327, 336, 406
他者　5, 9, 10, 21, 23, 41, 49, 51, 68, 72, 76-79, 85, 89, 90, 102, 104, 137, 140, 145-50, 152, 153, 161, 164, 166, 167, 170, 193, 200, 201, 208, 209, 218, 224,

226, 253, 264, 305, 377, 383, 384, 387-90, 392, 394-96, 418, 434, 446, 451, 456, 459, 460, 463, 470
正しい分別（理性） 116, 118, 121, 126, 127, 129, 271, 313
魂 anima 62, 66
智慧 sophia, sapientia 118, 258, 259, 401, 431, 434, 435
知識 epistēmē, scientia 118, 257, 427-29
中庸 meson, medium 115-17, 136, 145-47, 149
超越 84
——概念 transcendentalia 74
超自然 31, 32, 38, 56, 57, 71, 77, 91, 213, 228, 229, 249, 258, 260, 261, 263, 309, 310, 336, 349, 350, 352, 360, 365, 412, 423, 431, 441, 446, 463, 465
直知 nous, intellectus 118, 121, 126, 127
貞潔 castitas 125, 289
適合性 convenientia 41-43, 330
天使 40, 80, 81, 90, 91, 346, 377, 425-32, 435-37, 440, 442, 444-46, 449, 461
徳 aretē, virtus 5, 22, 47, 50, 69, 109-32, 190, 245, 286
——の一般的条件 130, 284, 285, 307, 457
——の形相 312, 375
——倫理 4-6, 8, 16, 20, 22, 23, 50, 85, 102, 109-32, 242, 309, 310, 312, 337, 348, 368, 423, 456, 463, 469, 470
獲得的—— virtus acquisita 50, 69, 113, 130, 213, 221, 242, 252, 255, 263, 275, 292, 307, 309, 359, 361, 362, 367, 423, 452, 463
対神—— virtus theologica 51, 55, 242, 243, 245-49, 259-62, 264, 279, 282, 283, 296, 297, 304, 305, 310, 318, 369, 413, 458, 468
注賦的—— 113, 130, 213, 241-65, 275, 292, 293, 305, 307, 317, 318, 343, 355, 360, 361, 367, 369, 458, 468
知的—— 118, 121, 125, 259, 408
倫理的—— 47, 114, 117-31, 145, 148-52, 167, 221, 222, 242, 243, 246, 250-53, 258, 261-64, 279, 282, 283, 285, 289, 304, 305, 308-10, 318, 408, 458, 468
特殊的正義 135, 402, 403
特定対象表示説 285, 289-92, 307, 457, 458

な・は　行

内在（愛の結果としての） 201-04, 225
内的根源 principium intrinsecum 48, 50, 52, 60-65, 69, 93, 163, 190, 249, 251, 257-59, 266, 298-299, 304, 352, 354, 355, 367, 369, 459
熱意・嫉妬 zelus 204-06
能動知性 intellectus agens 220, 221, 237, 428, 447
配分的正義 135, 157, 402
把捉 apprehensio 192-94, 202-04, 225, 249, 427, 430, 433-35, 437, 438, 445
働き operatio 256, 303
範型 exemplar 39, 45, 49
秘跡 sacramentum 40, 395
否定神学 74
普遍的善 bonum universale 34, 37, 40, 70-75, 78-80, 89-91, 358, 368
ペラギウス主義 231, 234
ペルソナ的合一の恩恵 357, 358
法 lex 6, 7, 11, 19, 28, 32, 33, 40, 48-50, 58, 60-63, 67, 80, 83, 97, 101, 111, 115, 121, 127, 133-42, 147, 153-57, 159-88, 195, 243, 281, 324-34, 343, 349, 359-66, 378, 379, 399-411, 418-20, 426, 434, 435, 439, 447, 453, 460
——的正義 142, 153-55, 408
——的責務 debitum legale 101, 141, 142, 156, 159-61, 163-70, 173, 176, 180, 183, 185, 399, 408, 419, 453, 460
忘我 extasis 201, 204, 205
ポストモダン 3, 31
施し eleemosyna 138, 139, 390-96, 460
本性の傷 vulnera naturae 338, 414

ま〜わ　行

参考文献

この文献表は，包括的な Bibliography を意図したものではない。本書の執筆に際して直接参照したもの，および，特にトマスの倫理学研究に関連して基本的と思われるものを中心に挙げている。

また，本文中に引用したテキスト（特に一次文献）の訳文は，公刊邦訳があるものについては代表的な邦訳（以下の表に具体的に示す）に基本的に準拠しているが，訳語については文脈の統一および筆者の訳語観その他の理由により，訳語，訳文については筆者自身の責任において大幅な改変を加えていることがある点をお断りしておく。

聖書については新共同訳を用いることを原則とするが，ここでもまた，テキストの異同，引用の文脈等により訳し変えることがある点，併せてお断りしておきたい。

1　一次文献

トマス・アクィナス

本稿において，直接・間接に引用，言及したトマスの著作に関して，標準的に用いられる形で出版されているテキストについては出版社等を記す形で挙げる。また，括弧内に慣用的な略号を記す。さらに，筆者が邦訳の存在を知っているものに関しては，訳者・出版社等を記す。それ以外のものに関しては，慣例にしたがった日本語の書名を示す。

(1)『神学大全』

Summa Theologiae, (S. T.) ed. P. Caramello, Marietti, 1952.（『神学大全』)。

『神学大全』の邦訳は，1960より創文社から，高田三郎，稲垣良典，山田晶他の訳により現在も刊行が進行中である。全37巻で完結する予定とのことである。

また，山田晶責任編集，『世界の名著20 トマス・アクィナス』，中央公論社，1975年，は『神学大全』の抄訳である。

(2) その他のテキスト

De ente et essentia, (De Ente.)（『存在者と本質について』，須藤和夫訳，『中世思想原典集成14 トマス・アクィナス』，所収，上智大学中世思想研究所編訳・監修，平凡社，1993年)。

Quaestiones Disputatae De Malo, (De Malo.), cura et studio P. Bazzi, M. Calcaterra., T. S. Centi, E. Odetto, P. M. Pession, Marietti, 1965.（『定期討論集・悪について』)。

Quaestiones Disputatae De Potentia, (De Pot.), cura et studio P. Bazzi, M. Calcaterra, T. S. Centi, E. Odetto P. M. Pession, Marietti, 1965.（『定期討論集・能力につい

て』)。
Quaestiones Disputatae De Veritate, (De Verit.), cura et studio P. Fr. Raymundi Spiazzi, O. P., Marietti, 1964. (『定期討論集・真理について』)。
Quaestiones Disputatae De Virtutibus in Communi, (De Virtu.), cura et studio P. Bazzi, M. Calcaterra, T. S. Centi, E. Odetto, P. M. Pession, Marietti, 1965. (『定期討論集・徳一般について』)。特に,『神愛について』(De Carit.)
In Aristotelis Librum De Anima Commentarium, (In De Anima) Marietti, 1948. (『アリストテレス・霊魂論註解』)。
In Librum Beati Dionysii De Divinis Nominibus Expositio, (In De Div. Nom.) cura et studio fr. Ceslai Pera O. P., Marietti, 1950. (『ディオニュシオス・神名論註解』)。
In Decem Libros Ethicorum Aristotelis Ad Nicomachum Expositio, (In Ethic.) ed. R. Spiazzi, Torino-Roma, Marietti, 1964. (『アリストテレス・ニコマコス倫理学註解』)。
In Duodenum Libros Metaphysicorum Aristotelis Expositio, (In Met.) ed. M. -R. Cathala et R. Spiazzi, Marietti, 1950. (『アリストテレス・形而上学註解』)。
In Octo Libros Politicorum Aristotelis Expositio, (In Pol.) Cura et studio P. Fr. Raymundi M. Spiazzi O. P., Marietti, 1966. (『アリストテレス・政治学註解』)。
Commentum In Libros Sententiarum Magistri Petri Lombardi, (In Sent.) Vivès, 1882. (『ペトルス・ロンバルドゥス命題集註解』)。
Summa Contra Gentiles, (S. C. G.) ed., D. P. Marc, Torino-Roma, Marietti, 1961. (『対異教徒大全』)。

(3) 全集・インデックス

Sancti Thomae de Aquino Opera omnia iussu Leonis X III P. M edita, (Roma, 1982-). (レオ版『トマス・アクィナス全集』)。
Roberto Busa S. J., *Thomae Aquinatis Opera Omnia Cum Hypertextibus in CD-ROM*, Milano, 1992. (CD－ROM 版『トマス・アクィナス全集』)。
R. I. Deferrari, I. Barry, I. McGuines, *A Lexicon of St. Thomas Aquinas Based on the Summa Theologica and Selected Passages of his Other Works*, Washington 1948-54, (『トマス・レキシコン』)。
L. Schutz, *Thomas-Lexikon., Sammlung, Ubersetzung und Erklarung der in samtlichen Werken*, Paderborn 1895, (『トマス・レキシコン』)。

2　一次文献

トマス以外

概ね,時代順に配列して示す。

Platon, *Lysis*, (『リュシス』, 生島幹三訳, 岩波書店, 1975年)。

———, *Respublica*, (『国家』, 藤沢令夫訳, 岩波書店, 1976年)。

Aristoteles, *Categoriae*, (『カテゴリー論』, 山本光雄訳, 岩波書店, 1971年)。

———, *Physica*, (『自然学』, 出隆・岩崎允胤訳, 岩波書店, 1968年)。

———, *Metaphysica*, (『形而上学』, 出隆訳, 岩波書店, 1968年)。

———, *De Anima*, (『霊魂論』, 山本光雄訳, 岩波書店, 1968年)。

———, *Ethica Nichomahea*, (『ニコマコス倫理学』, 加藤信朗訳, 岩波書店, 1973年)。

Augustinus, *De libero arbitrio voluntatis*, (『自由意志』, 『アウグスティヌス著作集』, 3「初期哲学論集 3」 泉治典, 原正幸訳所収, 1989年)。

———, *Enarrationes in Psalmos*, (『詩篇講解』)。

———, *De gratia et libero arbitrio*, (『恩恵と自由意志』, 『アウグスティヌス著作集』10,「ペラギウス派駁論集 2」小池三郎［ほか］訳所収, 教文館, 1985年)。

———, *De diversis quaestionibus LXXXIII*, (『八十三問題の書』)。

———, *Enchiridion*, (『信仰・希望・愛』, 赤木善光訳, 教文館, 1979年)。

———, *De moribus Ecclesiae Catholicae*, (『カトリック教会の道徳』, 熊谷賢二訳, 創文社, 1963年)。

———, *De natura et gratia*, (『自然と恩恵』, 『アウグスティヌス著作集』, 9, 金子晴勇訳, 1979年)。

———, *De doctrina Christiana*, (『キリスト教の教え』, 『アウグスティヌス著作集』, 6, 加藤武訳, 1988年)。

———, *De Trinitate*, (『三位一体論』, 中沢宣夫訳, 東京大学出版会, 1975年)。

———, *De Civitate Dei*, (『神の国』, 『アウグスティヌス著作集』, 11～14, 赤木善光［ほか訳, 教文館, 1980～82年]。

———, *In Iohannis Evangelium tractatus* CXXIV, (『ヨハネによる福音書講解説教』, 『アウグスティヌス著作集』, 23～25, 茂泉昭男［ほか］訳, 教文館, 1993年)。

———, *Retractationes*, (『再考録』)。

Seneca,*De Beneficiis*, (「恩恵について」『道徳論集（全)』, 茂手木元蔵訳, 東海大学出版会所収, 1989年)。

Cicero, *De Officio*, (『義務について』, 角南一郎訳, 現代思潮社, 1974年)。

Diogenis Laertii, *Vitae Philosophorum*, (『ギリシア哲学者列伝』, 加来彰俊訳, 岩波書店, 1984～89年)。
(ps) Dionysios Areopagites, *De Divinibus Nominibus*, IV, 12～13, 167～172. (『神名論』, 熊田陽一郎訳, 教文館, 1992年)。
Justiniani Augusti, *Corpus Iuris Civilis*, (ユスティニアヌス『ローマ法大全』)。
Digesta（『学説彙纂』, 春木一郎譯. 有斐閣, 1938年)。
Institutiones（『法学提要』, 岩本慧訳, 法律文化社, 1980年)。
Bernardus, *De diligendo Deo*, 9, 26. (『神を愛することについて』)。
Lombardus, P., *Sententiae*, (『命題集』)。
Denzinger-Schönmetzer, *Enchiridion Symbolorum Definitionum et Declarationum*,

(『カトリック教会文書資料集：信経および信仰と道徳に関する定義集』，H・デンツィンガー編；A・シェーンメッツァー増補改訂，浜寛五郎訳，改訂4版，エンデルレ書店，1992年)。
Kant, I., *Grundlegung zur Metaphysik der Sitten*, (『人倫の形而上学の基礎づけ』，深作守文訳，理想社，1965年.（カント全集；7))
———, *Die Religion innerhalb der Grenzen der blossen Vernunft*, (『宗教論』，飯島宗享，宇都宮芳明訳，理想社，1974年（カント全集；9))。
Buber, M. *Ich und Du*, 1957, (『我と汝』，田口義弘訳，みすず書房，1978年)。

3　研究書・研究論文（欧文）

筆者の関心に近いもののみを，概ね，著者のアルファベット順に配列する。

(1)　一般的研究

Anscombe, G. E. M., and Geach P. *Three Philosophers*. (Ithaca, NY: Cornell University Press, 1961).
Chesterton, G. K. *St. Thomas Aquinas* (New York: Doubleday, 1956).
Chenu, M-D. *Toward Understanding Saint Thomas*. (Chicago: Henry Regnery Co., 1964).
Chenu, M-D. Le plan de la Somme théologique de S. Thomas, in: *Revue Thomiste* 47, 1939, p. 93-107.
Coppleston, Frederick C., *Aquinas* (Baltimore: Penguin Pelican, 1955).
Davies, Brian. *The Thought of Thomas Aquinas*. (New York: Clarendon Press; Oxford University Press, 1992).
Fabro, C. Platonism, Neo-Platonism and Thomism: Cotivergencies and Divergencies, *The New Scholasticism* 44, 1970.
Gallagher, David M. *Thomas Aquinas and His Legacy*. (Washington, D. C.: Catholic University of America Press, 1994).
Gilson, Etienne. *The Christian Philosophy of St. Thomas Aquinas*. (New York: Random House, 1956).
Gilson and Pegis, eds. *Saint Thomas Aquinas and Philosophy*. (West Hartford, CT: St. Joseph College, 1961).
Jordan, Mark D. *The Alleged Aristotelianism of Thomas Aquinas*. (Toronto: Pontifical Institute of Medieval Studies, 1992).
Kenny, Anthony. *Aquinas: a Collection of Critical Essays*. (Notre Dame: University of Notre Dame Press, 1976).
Kretzman and Stump, eds. *Cambridge Companion to Aquinas*. (Cambridge: Cambridge University Press, 1993).

McInerny, Ralph M. *St. Thomas Aquinas*. (Notre Dame: University of Notre Dame Press, 1982).

Pesch, Otto Hermann. *Thomas von Aquin*, M. -Grünewald-Verlag 1988.

Pieper, Josef. *Guide to St. Thomas Aquinas*. (NY: Pantheon, 1962).

Seckler, Max. *Das Heil in der Geschichte - Geschichtstheologisches Denken bei Thomas von Aquin-*, Kösel-Verlag München 1964, S. 33-47, Der Plan der theologischen Summa.

Torrell, Jean-Pierre. *Saint Thomas Aquinas*. (Washington, D. C.: Catholic University of America Press, 1996).

Weisheipl, James A. *Friar Thomas D'Aquino: His Life, Thought, and Works*. (Washington, D. C.: Catholic University of America Press, 1983).

(2) 倫理学

Adams, Don Edgar Innis. *Love and morality in Socrates, Plato, Aristotle and Aquinas*, UMI, 1988.

Bourke, Vernon. *Ethics*. (New York: Macmillan, 1951).

Cates, Diana Fritz. *Compassion for friends in friendship with God: Aristotle, Thomas Aquinas, and the ethics of shared selfhood*. UMI, 1990.

Bradley, Denis. J. M. *Aquinas on the Twofold Human Good, Reason and Human Happiness in Aquinas's Moral Science*. Catholic University of America Press, 1997.

Coconnier, M. Th. La charité d'après saint Thomas d'Aquin, *Revue thomiste*, 1904.

Dauphinais, Michael & Levering, Matthew. *Knowing the love of Christ: an introduction to the theology of St. Thomas Aquinas*. University of Notre Dame Press, 2002.

Diggs, Bernard James. *Love and being: an investigation into the metaphysics of St. Thomas Aquinas*. Vanni, 1947.

Dodds, Michael J. *The unchanging God of love: a study of the teaching of St. Thomas Aquinas on divine immutability in view of certain contemporary criticism of this doctorine*. Editions universitaires Fribourg, 1986. (Studia Friburgensia; nouv. ser., 66)

Edwards, Steven Anthony. *Interior acts: teleology, justice, and friendship in the religious ethics of Thomas Aquinas*. University Press of America, 1986.

Egenter, R. *Gottesfreundschaft*, Dr. Benno Filser Verlag. Augusburg, 1928.

Ferrara, Dennis Michael. *Imago Dei: knowledge, love, and bodiliness in the "Summa Theologiae" of St. Thomas Aquinas: a study in development and ambiguity*. University Microfilms International, 1989.

Gilson, Etienne. *Moral Values and the Moral Life*. (St. Louis: Herder, 1931).

Gilson, Etienne. *Wisdom and love in Saint Thomas Aquinas*. Marquette University Press, 1951. -- (The Aquinas lecture; 1951).

Harak, G. Simon. *Virtuous Passions: The Formation of Christian Character*. (NY: Paulist Press, 1993).

Jaffa. V. H, *Thomism and Aristotelianism, A Study of the Commentary by Thomas Aquinas on the Nicomachean Ethics*, University of Chicago, 1952.

Keenan, James F. *Goodness and Rightness in Thomas Aquinas's Summa Theologiae*. (Washington, D. C.: Georgetown University Press, 1992).

Keller, J. *De virtute caritatis ut amicitia quadam divina*. Xenia thom. II, 233 ff. Rom 1925.

Klauder, Francis J. *A philosophy rooted in love: the dominant themes in the perennial philosophy of St. Thomas Aquinas*, University Press of America, 1994.

Kluxen, W. *Philosophische Ethik bei Thomas von Aquin*, Mainz 1964.

McInerny, Ralph M. *Aquinas on Human Action: A Theory of Practice*. (Washington, D. C.: Catholic University of America Press, 1992).

McInerny, Ralph M. *Ethica Thomistica, The Moral Philosophy of Thomas Aquinas*, Catholic Uni. of America, 1997.

Nelson, Daniel Mark. *The Priority of Prudence*. (Pennsylvania State University Press, 1992). (『賢慮と自然法：トマス倫理学の新解釈』，葛生栄二郎訳，成文堂，1996年(翻訳叢書；29))。

Nygren, A: *Agape and Eros, The Study of the Christian Idea of Love*. (『アガペーとエロース－キリスト教の愛の観念の研究』，岸千年・大内弘助　共訳　新教出版社 1967年)。

Pesch, Otto Hermann. *Christian Existence According to Thomas Aquinas*. (Toronto, Ont., Canada: Pontifical Institute of Mediaeval Studies, 1989).

Pieper, Josef. *The Four Cardinal Virtues*. (University of Notre Dame Press, 1966).

Porter, Jean. *Recovery of Virtue*. (John Knox Press, 1990).

Riesenhuber, K. *Die Transzendenz der Freiheit zum Guten. Der Wille in der Anthropologie und Metaphysik des Thomas von Aquin*, (Pullacher Philosophische Forschungen, Bd. 8), München 1971.

Johannes a s. Thoma, *Cursus philosophicus Thomisticus, Naturalis Philosophia*, Taurini 1933.

Westberg, Daniel. *Right Practical Reason: Aristotle, Action, and Prudence in Aquinas*. (New York: Clarendon Press; Oxford University Press, 1994).

Wadell, Paul J. *The primacy of love: an introduction to the ethics of Thomas Aquinas*. Paulist Press, 1992.

Wadell, Paul J. *Friends of God: virtues and gifts in Aquinas. P. Lang, 1991*. (*American university studies*; Series VII, Theology and religion; vol. 76)

Wadell, Paul J. *Friendship and the moral life*. University of Notre Dame Press, 1989.

(3) 社会思想

Finnis, John. *Aquinas* (Founders of Modern Political Thought). (Oxford University Press, 1998).

Gilby, Thomas. *The Political Thought of Thomas Aquinas*. (Chicago: University of Chicago Press, 1958).

Hall, Pamela M. *Narrative and the Natural Law: An Interpretation of Thomistic Ethics*. (Notre Dame: University of Notre Dame Press, 1994).

Lisska, Anthony J. *Aquinas's Theory of Natural Law: An Analytic Reconstruction* (New York: Clarendon Press; Oxford University Press, 1996).

Maritain, Jacques. *Man and the State*. (Chicago: University of Chicago Press, 1951).

Maritain, Jacques. *The Person and the Common Good*. (New York: Scribner's, 1947).

Malloy, Michael P. *Civil Authority in Medieval Philosophy: Lombard, Aquinas, and Bonaventure*. (Lanham: University Press of America, 1985).

Murphy, Edward F. *St. Thomas' Political Doctrine and Democracy*. (Cleveland, Ohio: John T. Zubal, 1983).

Reilly, James P. *Saint Thomas on Law*. (Toronto, Ont., Canada: Pontifical Institute of Mediaeval Studies, 1990).

Simon, Yves. *The Nature and Functions of Authority*. (Milwaukee, WI: Marquette University Press, 1940).

4 トマス・アクィナス，中世思想研究書（単行本．和書）

概ね，著者の五十音順に記す。

稲垣良典『トマス・アクィナスの共通善思想：人格と社会』有斐閣，1961年。

――『トマス・アクィナス哲学の研究』創文社，1970年。

――『法的正義の理論』成文堂，1972年。

――『習慣の哲学』創文社，1981年。

――『恵みの時』創文社，1988年。

――『トマス・アクィナス倫理学の研究』九州大学出版会，1997年。

――『天使論序説』講談社学術文庫，1996年。

――『神学的言語の研究』創文社，2000年。

――『抽象と直観：中世後期認識理論の研究』創文社，1990年。

岩田靖夫『アリストテレスの倫理思想』岩波書店，1985年。

印具徹『トマス・アクィナス』，日本基督教団出版部，1962年。

上田辰之助『トマス・アクィナス』三省堂，1937年。

――『トマス・アクィナス研究』，みすず書房，1987年。

岡崎文明『プロクロスとトマス・アクィナスにおける善と存在者：西洋哲学史研究序説』晃洋書房，1993年。

落合仁司『トマス・アクィナスの言語ゲーム』，勁草書房，1991年。

金子晴勇『「愛の秩序」の思想史的研究』岡山大学文学部研究叢書5，1990，

———『愛の秩序』創文社，1989年。

片山寛『トマス・アクィナスの三位一体論研究』創文社，1995年。

岸英司『禪思想とトマス・アクィナス』みくに書房，1998年。

グラープマン『聖トマス・アクィナス：その人と思想』（高桑純夫訳），長崎出版，1977年。
A. ケニー『トマス・アクィナスの心の哲学』（川添信介訳），勁草書房，1997年。
高坂直之『トマス・アクィナスの自然法研究：その構造と憲法への展開』，創文社，1971年。
F. コプルストン『トマス・アクィナス』，（稲垣良典訳）未来社，1962年。
F. J. コヴァック『トマス・アクィナスの美学』（津崎幸子訳），勁草書房，1981年。
M. グラープマン『聖トマス・アクイナスの文化哲學』，（小林珍雄訳），中央出版社，1944年。
坂口ふみ『個の誕生』岩波書店，1996年
沢田和夫『トマス・アクィナス研究：法と倫理と宗教的現実』第2刷，南窓社，1995。

自然法研究会編『自然法と宗教Ⅰ』創文社，1998年11月。

上智大学中世思想研究所編『中世における古代の伝統』創文社，1995。

———『中世の学問観』，創文社，1995。

———『中世の自然観』，創文社，1991。

———『中世の社会思想』，創文社，1996。

———『中世の修道制』，創文社，1991。

———『中世の歴史観と歴史記述』，創文社，1986。

———『中世の人間像』，創文社，1987。

上智大学中世思想研究所訳・監修『中世の霊性』，［Louis Bouyer ほか著］，平凡社，1997。

上智大学中世思想研究所編『トマス・アクィナスの倫理思想』，創文社，1999年。
E. ジルソン・Ph. ベーナー『アウグスティヌスとトマス・アクィナス』，（服部英次郎・藤本雄三訳），みすず書房，1998年。
津崎幸子『トマス・アクィナスの言語哲学』，創文社，1997年。

廣川洋一『古代感情論：プラトン派からストア派まで』，岩波書店，2000年。
R. E. ブレナン／稲垣良典訳『人間の研究：トマス的心理学入門』，ヴェリタス書院，1962年。
G. K. チェスタトン『聖トマス・アクィナス：だまり牛』，（中野記偉訳），中央出版社，1967年。
松本正夫・門脇佳吉・K. リーゼンフーバー編『トマス・アクィナス研究：没後七百年記念論文集』，創文社，1975年。

宮本久雄『教父と愛智』，新世社，1990年。

———『聖書と愛智』，新世社，1991年。

———『宗教言語の可能性』，勁草書房，1992年。

宮本久雄／山本巍／大貫隆『聖書の言語を超えて』，東京大学出版会，1992年。

宮本久雄『「関わる」ということ』，新世社，1997年。

――『福音書の言語宇宙』，岩波書店，1999年。

――『他者の原トポス』，創文社，2000年。

水田英実『トマス・アクィナスの知性論』，創文社，1998年。

矢玉俊彦『判断と存在：トマス・アクィナス論考』，晃洋書房，1998年。

山田晶『トマス・アクィナスの〈エッセ〉研究』，創文社，1978年。

――『トマス・アクィナスの〈レス〉研究』，創文社，1986年。

――『トマス・アクィナスのキリスト論』，創文社，1999年。
K. リーゼンフーバー『中世における自由と超越』，創文社，1988年。
――『超越体験』，自費出版，1991年。

――『中世哲学の源流』，創文社，1995年。

――『西洋舌代中世哲学史』，放送大学教育振興会，1995年。

渡部菊郎『トマス・アクィナスにおける真理論』，創文社，1997年。

5　トマス・アクィナス，中世思想研究論文（日本語）

本書における筆者の関心に特に近く，直接参照して検討したもののみを，著者名の五十音順に示す。また，拙稿については，本書の部分とはならなかったが，筆者自身で言及しているもののみを挙げた。


稲垣良典「トマスの愛徳概念」，『トマス・アクィナス倫理学の研究』，所収，九州大学出版会，1997年。

――「愛と観想－トマスにおける霊的生活の概念－」，『トマス・アクィナスの倫理思想』，所収，上智大学中世思想研究所編，創文社，1999年，347-368頁。

稲垣良典「トマス・アクィナスと神学的言語」『神学的言語の研究』，創文社，所収，2000年。

――「神学的言語としてのアテロギア」『神学的言語の研究』，創文社，所収，2000年。

――「神学的言語としての「神の像」(1)(2)」『神学的言語の研究』，創文社，所収，2000年。

印具徹「聖トマスにおける恩寵と自由意思」（日本宗教学会編『宗教研究』，第145号）p.145～p.162，「聖トマスの功徳論」（中世哲学会編『中世思想研究』，第 3 号）p.18～p.31参照。

金子晴勇「アウグスティヌスにおける愛の秩序」『「愛の秩序」の思想史的研究』，岡山大学文学部研究叢書 5，所収，1990，

――「中世哲学における愛の秩序の展開」『「愛の秩序」の思想史的研究』，岡山大学文学部研究叢書 5，所収，1990，
片山寛「全体構造への問い」『トマス・アクィナスの三位一体論研究』，創文社，所収，1995年。

加藤和哉「トマス・アクィナスにおける人間の『ペルソナ』，(persona) の理解」，『ギリシア・中世哲学研究の現在』，『哲学雑誌』，第113巻第785号，哲学会編，有斐閣，1998年。

———「人間の受動的完全性について－トマス・アクィナスの『賜物』，論に関する一考察－」，上智大学中世思想研究所編『トマス・アクィナスの倫理思想』，所収，創文社，1999年，261・286頁。

桑原直己「『根本悪』と『原罪』」，『三重大学教育学部研究紀要』第47巻，1996年。

———「トマス・アクィナスにおける『能動知性』と『個としての人間』」，『哲学』，第47号，日本哲学会，1996年。

———「『憐れみ misericordia』の思想史」，山岡悦郎編『情の探求』，三重大学出版会2002年所収。

———「トマス・アクィナスにおける親和的認識について」(筑波大学哲学・思想学系『哲学・思想論集』，第25号)。

———桑原直己「トマス・アクィナスにおける『兄弟的矯正 correctio fraterna』について」(筑波大学哲学・思想学系『哲学・思想論集』第29号2004年横書き部 p.45-60)。

水田英実「トマス哲学における至福の概念」，『福井大学教育学部紀要』，第1部，人文科学（哲学編)，第27号，1977年。

宮本久雄「トマス・アクィナスにおける肯定，否定，卓越の途」(『古代・中世哲学研究シリーズ　I』，所収，東京大学教養学部哲学研究室，古代・中世哲学研究会，発行1981年)。

———「身・こころ・愛」，井上忠，藤本隆志，山本藪，官本久雄著『倫理－愛の構造』，所収，東京大学出版会，1985年，143-138頁。

———「ドミニコの霊性と説教者兄弟会 (Ordo Fratrum Praedicatorum)－言の新たな次元の開披－」，『宗教言語の可能性：愛智の一風景・中世』，所収，1992年。

———「人間的行為の根拠とわたしの生の成立－トマス・アクィナスに依拠しつつ－」，『宗教言語の可能性：愛智の一風景・中世』，所収，1992年。

———「人間の成立とカリタス的存在体験－Prudentia と Caritas の徳の射程から－」，『宗教言語の可能性：愛智の一風景・中世』，所収，1992年。

———「恩恵的行為論の披く『存在と人間』理解」，『宗教言語の可能性：愛智の一風景・中世』，所収，1992年。

山本芳久「人間本性の自己超越的構造－トマス哲学を手掛かりに－」，『論集（東京大学大学院人文社会系研究料・文学部哲学研究室編)』，17号，1999年3月。

———「トマス・アクィナスにおける神の把握不可能性 (incomprehensibilitas) について」，『中世思想研究（中世哲学会編)』，第41号，1999年9月。

———「人間の自己根源性－トマス・アクィナスにおける被造物としての人間の自立性－」，『倫理学年報（日本倫理学会編)』，第49集，2000年3月。

———「ペルソナと理性－トマス・アクィナスにおける倫理学的概念としてのペルソナ－」，『論集（東京大学大学院人文社会系研究科・文学部哲学研究室編)』，18号，

2000年3月。

山本芳久「トマス・アクィナスにおける根源的な受動性としての愛－人間的行為における情念の意味－」,『清泉女子大学キリスト教文化研究所年報』, 第八巻, 2000年3月。

———「トマス・アクィナスにおける友愛の存在論－自己同一性と自己伝達性という観点から－」,『論集（東京大学大学院人文社会系研究科・文学部哲学研究室編）』, 19号, 2001年3月。

———「トマス・アクィナスにおけるペルソナの存在論－知性認識における実体性と関係性という観点から－」,『哲学』, 第52号, 2001年4月。
K. リーゼンフーバー「中世における善の概念」,『聖ベネディクトゥスと修道院文化』, 上智大学中世思想研究所編。
———「トマス・アクィナスにおける善の認識」,『聖ベネディクトゥスと修道院文化』, 上智大学中世思想研究所編。

———「中世の修道院霊性における自己認識の問題」,『聖ベネディクトゥスと修道院文化』, 上智大学中世思想研究所編。

———「トマス・アクィナス晩年の自由論」,『中世における自由と超越』, 所収, 創文社, 1988年。

———「トマス・アクィナスにおける愛の理論」,『中世における自由と超越』, 所収, 創文社, 1988年。

———「分有による精神の開き－トマス・アクィナスの精神論をめぐって－」,『中世における自由と超越』, 所収, 創文社, 1988年。

———「分有と存在理解－トマス・アクィナスの形而上学において－」,『中世における自由と超越』, 所収, 創文社, 1988年。

———「神認識の構造－トマス・アクィナスの神名論において－」,『中世における自由と超越』, 所収, 創文社, 1988年。

———「中世思想における至福の概念」『中世哲学の源流』, 所収, 創文社, 1995年。

———「被造物としての自然－教父時代および中世における創造論－」『中世哲学の源流』, 所収, 創文社, 1995年。

———「トマス・アクィナスにおける自然理解」『中世哲学の源流』, 所収, 創文社, 1995年。

———「トマス・アクィナスにおける存在理解の展開」『中世哲学の源流』, 所収, 創文社, 1995年。

———「トマス・アクィナスにおける神認識の構造」『中世哲学の源流』, 所収, 創文社, 1995年。

6　その他

Faricy, R. L., The Trinitarian Indwelling, *Thomist*, 35, 1971, p. 369-404.

教皇ヨハネ・パウロ2世回勅『聖霊－生命の与え主』，石脇慶総，宮腰俊光訳，カトリック中央協議会，1995年。

P. アルトハウス『ローマ人への手紙－翻訳と註解』，杉山好訳，（NTD新約聖書註解）NTD新約聖書註解刊行会，1974年。

K. ワルケンホースト『信仰と体のあがないーロマ書の解釈五－八章』，中央出版社　1969年。

フランシスコ会聖書研究所訳注『聖書　原文校訂による口語訳　パウロ書簡第一巻　ローマ人への手紙，ガラテヤ人への手紙』，中央出版社　1968年。

W. バークレー『ローマ』，八田正光訳　（聖書註解シリーズ；8）ヨルダン社，1970年。

―――『ヨハネ福音書下』，柳生望訳（聖書註解シリーズ；6）ヨルダン社，1968年。

Sandel, M. J., *Liberalism and the Limit of Justice*, Cambridge University Press, 1982.（『自由主義と正義の限界』，菊池理夫訳，三嶺書房，1992年）。

MacIntire, A., *After Virtue*, University of Notre Dame Press, 1981.（『美徳なき時代』，篠崎榮訳，みすず書房，1993年）。

神崎繁『ニーチェーどうして同情してはいけないのか』，（シリーズ：哲学のエッセンス），NHK出版，2002年。

伊藤整「近代日本における『愛』，の虚偽」（中村真一郎編『ポケットアンソロジー恋愛について』，岩波文庫別冊，所収，1989年）。

R. ドーキンス『利己的な遺伝子』，日高敏隆［ほか］訳，紀伊国屋書店，1991年（科学選書：9）。